Ettore Ghibellino

Goethe und Anna Amalia
Eine verbotene Liebe

Ettore Ghibellino

Goethe und Anna Amalia
Eine verbotene Liebe

Dr. A. J. Denkena Verlag
Weimar

Ghibellino, Ettore:
GOETHE UND ANNA AMALIA – EINE VERBOTENE LIEBE
4., veränderte Auflage, Weimar 2012

Mit freundlicher Unterstützung von:
Anna Amalia und Goethe Freundeskreis e.V., Weimar
www.AnnaAmalia-Goethe.de

Die Deutsche Bibliothek verzeichnet diese Publikation in der Deutschen Nationalbibliografie; detaillierte bibliografische Daten sind im Internet über http://dnb.ddb.de abrufbar.

© DR. A. J. DENKENA VERLAG, Weimar 2012

Alle Rechte vorbehalten.
www.denkena-verlag.de

Umschlaggestaltung:
Markus Görlich, Weimar
Druck und Bindung: CPI Ebner & Spiegel, Ulm

Printed in Germany
ISBN 978-3-936177-66-4

Für Antje, Leonore, Berenike,
Federico und Lorenzo

… nirgends wollte man zugeben, daß Wissenschaft und Poesie vereinbar seien. Man vergaß, daß Wissenschaft sich aus Poesie entwickelt habe, man bedachte nicht, daß, nach einem Umschwung von Zeiten, beide sich wieder freundlich, zu beiderseitigem Vortheil, auf höherer Stelle, gar wohl wieder begegnen könnten.

Goethe, Zur Morphologie

INHALT

Zum Geleit 9

Prolog: Das Staatsgeheimnis 21
Anna Amalia und Charlotte v. Stein: Fürstin und Hofdame 27
Erste Zugänge: »Das Problem meines Lebens« 37
Der Staatsministers: Aufstieg und Fall 49
Italienflucht: »O welch ein Irrtum« 69
Sizilien: »Auf dem Wendepuncte« 105
TASSO: Eine »gefährliche Unternehmung« 135
Anna Amalia: »Urbild jeder Tugend, jeder Schöne« 153
Ein Blendwerk: Briefe an »Frau v. Stein« 185
Die Liebeslyrik: »Einer Einzigen angehören« 229
Epilog: »Alles um Liebe« 261

ANHANG

Personenregister 283
Werkregister
    Werke Goethes 291
        Werke anderer Autoren 293
Literaturnachweise 295
Abbildungsnachweise 299
Anmerkungen 301

Zum Geleit

DIE MÖGLICHKEIT
Liegt der Irrthum nur erst, wie ein Grundstein, unten im Boden,
Immer baut man darauf, nimmermehr kommt er an Tag.

XENIEN *(um 1796), 165*

... in den Wissenschaften ist die absoluteste Freiheit nötig: denn da wirkt man nicht für heut und morgen, sondern für eine undenklich vorschreitende Zeitenreihe. Gewinnt aber auch in der Wissenschaft das Falsche die Oberhand, so wird doch immer eine Minorität für das Wahre übrig bleiben, und wenn sie sich in einen einzigen Geist zurückzöge, so hätte das nichts zu sagen. Er wird im Stillen, im Verborgenen fortwaltend wirken, und eine Zeit wird kommen, wo man nach ihm und seinen Überzeugungen fragt, oder wo diese sich, bei verbreitetem allgemeinem Licht, auch wieder hervorwagen dürfen.

WILHELM MEISTERS WANDERJAHRE *(1829), III, 14*

Zur 4. Auflage, im August 2012

Fünf Jahre nach Erscheinen der dritten Auflage wird hier eine abermals veränderte Auflage vorgelegt. Die Grundannahmen haben sich seit der Erstveröffentlichung im Jahre 2003 nicht geändert; Änderungen betreffen überwiegend Vertiefungen, neu entdeckte Dokumente und vielfältige neue Erkenntnisse, die auf zahlreichen Tagungen zum Thema „Anna Amalia und Goethe" seit 2006 erarbeitet und teilweise in den Tagungungsbänden „Alles um Liebe" (2008) und „Goethes erstes Weimarer Jahrzehnt" (2010) publiziert wurden.

Dr. Gabriele von Trauchburg (Gingen an der Fils) hat die bisher wenig beachtete Korrespondenzen des Grafen und der Gräfin Görtz in den Beiträgen „Zwei verkannte Weimarer Schöngeister" und „Wer war Gräfin Görtz?" unter verschiedenen Gesichtspunkten untersucht. Darüber hinaus steuerte sie für diese Auflage viele unbekannte Exzerpte aus der Görtz-Korrespondenz bei, die einen einmaligen Blick auf Goethes erstes Weimarer Jahrzehnt erlauben. Diese erwähnen explizit die verbotene Liebe, etwa im Brief vom 10. Oktober 1776, in dem Gräfin Görtz an ihren Mann schreibt: „Man sagt, dass dies eine wahre Leidenschaft ist, diese Zuneigung der Mutter [Anna Amalia zu Goethe], und dass es niemals etwas Gleichartiges von ihrer Seite gegeben hätte."[1] Dr. Jan Ballweg (Jena) kommt der Verdienst zu, als erster die Biographie von Josias von Stein in Angriff genommen zu haben, der bisher so gut wie unbeachtet geblieben war. Wegen der dürftigen Quellenlage mußte eine immense Archivarbeit geleistet werden. In seinem Essay „Wer war Josias von Stein? Erkundungen über einen vermeintlich Abwesenden" liefert Ballweg eine erste Darstellung der Persönlichkeit des vermeintlich Betrogenen, der, anders als bisher angenommen, als schillernder, fähiger Hofmann, der eines der wichtigsten Ämter im Herzogtum bekleidete und sich die Gunst von Carl August und Anna Amalia stets zu sichern wußte, hervortritt. Ein wichtiger Zugang zur verbotenen Liebe ist die „stumme Sprache" der Kunst, derer sich Anna Amalia und Goethe bedienen, um ihre tragische Liebe mittels Gemälden, Skulpturen, Parkanlagen, Gebäuden, Partituren und vor allem in Goethes Liebesdichtung, die nach der hier vertretenen Auffassung ab seiner Ankunft in Weimar Anna Amalia galt, zu erzählen. Ilona Haak-Macht (Weimar) ist es mit „Der Ildefonso-Brunnen in Weimar: Auferstehung oder ein Grabmal der Liebe?" zu verdanken, dass ein zentrales, bisher wenig beachtetes Kunstwerk im Zusammenhang der verbotenen Liebe gestellt werden konnte. Dadurch wurde es möglich, die Intention der heimlich Liebenden bei der Errichtung und Gestaltung des Römischen Hauses im Ilmpark sowie des Weißen Saals im Residenzschloss offenzulegen, was einer späteren Publikation vorbehalten bleibt.

Sehr bereichert wurde die interdisziplinäre Forschung durch die psychoanalytischen Studien von Prof. Dr. Hubert Speidel (Kiel). Kurt R. Eisslers monumentale psychoanalytische Sexualstudie über Goethes erstes Weimarer Jahrzehnt (1963) schmilzt in Speidels „Ist Eisslers ‚Goethe' Goethe?" zu einer äußerst unwahrscheinlichen „dürftigen Sexualtheorie" zusammen. Jedenfalls wurde in der psychotherapeutischen Praxis die plötzliche Heilung von einer schweren Sexualpathologie im 38. Lebensjahr, wie Eissler sie Goethe attestierte, bisher nicht beobachtet. Speidels weitere Studie „Auf dem Weg zu einem Psychogramm der Empfängerin von Goethes Liebesbriefen" weist unabweisbar in Richtung Anna Amalia als der wirklichen Empfängerin. Darüber hinaus vermag die Studie die Rolle Charlotte von Steins plausibel zu verorten: Fürsorge in Goethes Junggesellenhaushalt und Schutz der verbotenen Liebe wird für Nähe zum geistig-politischen Zentrum sowie Sicherung der fürstlichen Gunst erbracht. PD Dr. Stefan Weiß' (Paris) Beitrag „Spionage in der Goethezeit" – soweit ersichtlich der erste Beitrag zum Thema überhaupt – ist ein Meilenstein zum Verständnis, wie Goethes System der Abfassung und Zustellung der Liebesbriefe an die Geliebte funktioniert haben könnte. In „Anna Amalia und Goethe – Eine höfische Liebe. Herausforderung für Forschung und Lehre" erfolgte eine Vertiefung und Erweiterung aus Sicht des Historikers. Weimar als Residenzstadt eines Herzogstums war eine hochkarätige Informationsbörse. Ein Blick auf die Provenienz der Hofgesellschaft, wohl repräsentativ für Residenzstädten überhaupt, bestätigt es: Von den 112 Angehörigen des Ur- und Briefadels stammten 42 aus Thüringen, die restlichen 70 aus nahezu allen Gebieten des Alten Reiches einschliesslich Schottland, Belgien, Schweden und Italien.[2] Goethe, als Minister auf höchster Staatsebene eingebunden, musste von Amts wegen wissen, welche Regeln beim Abfassen von heiklen Briefen zu beachten waren. Damit können viele, wenn auch nicht alle Widersprüche in Goethes Briefen erklärt werden. Goethe und Anna Amalia waren bei der Verschleierung ihrer Liebesbeziehung so raffiniert vorgegangen, dass der regierende Herzog Carl August mit all seinen Möglichkeiten keinen Verdacht schöpfte und erst davon erfuhr, als Goethe ihn in Karlsbad im Sommer 1786 in das Geheimnis einweihte.

Von Bedeutung sind weiter die literarisch-philosophischen Beiträge von Prof. Dr. Jochanan Trilse-Finkelstein (Berlin): „Anna Amalias Gestaltwerdung im Wort Goethes und beider Weltenentwurf – Das Weimarer Reform-Modell" sowie „Goethe und Anna Amalia: Ein neues klassisches Liebespaar der Literatur und die absurd-humane Rolle der ‚Frau von Stein'". Im Letzteren berichtet Trilse-Finkelstein, der von 1959 bis 1966 in Weimar an der Heine-Säkular-Ausgabe mitwirkte, dass – man höre und staune – zu dieser Zeit eine heftige Diskussion um Goethes und Anna Amalias wirkliches Verhältnis entbrannt war – sie wurde aus kulturpolitischen Gründen bald unterdrückt. Goethes Lebensliebe durfte keine Fürstin aus altem Reichsadel sein, sie passte nicht ins kommunistische Weltbild der DDR; Christiane Vulpius, die unterprivilegierte Frau aus dem Volk, hatte als die ideologisch kongeniale Gefährtin des Dichterfürsten zu gelten. Demnach hat nicht nur die Monarchie, vielmehr auch die sozialistische Diktatur das Staatsgeheimnis gewahrt und vertieft. Bei Goethes erhaltenen Liebesbriefen müssen wir immer auch die Möglichkeit von Fälschungen mitdenken, von böswilligen Manipulationen. Man lese etwa Hermann Kantorowicz' „Gutachten zur Kriegsschuldfrage 1914", um sich einen Begriff davon zu machen, zu was Regierungen, Diplomaten, Verwaltungen oder Parlamente fähig sind. Das reicht von Propaganda bis zur Unterdrückung von Dokumenten, von Verbreitung von Unwahrheiten bis zu gefälschten Urkunden oder deren tendenziöse Redaktion wie auch der unwahren Darstellung von deren Inhalten.[3] Die Zeit, die uns interessiert, kannte keine Parlamente. Die Staatsmacht lag im Wesentlichen bei der regierenden fürstlichen Familie, die in diesem Bereich schalten und walten konnte, wie sie wollte. Es sei an die generalstabsmäßige Säuberung der Archive in Weimar erinnert, allen voran das Verschwinden von Anna Amalias Briefschaften – so ist kein einziger offizieller Brief Goethes an Anna Amalia und umgekehrt aus dem ersten Weimarer Jahrzehnt erhalten.

Von den vielen künstlerischen Adaptionen der verbotenen Liebe seien hier nur einige erwähnt: Gedichte Rolf Hochhuths (Berlin), Plastiken von Ulrich Barnickel (Schlitz), mehrere Theateradaptionen, darunter von Sewan Latchinian (Senftenberg) sowie Petra Seitz/Martin Lunz (Badenweiler), Gemälde, Zeichnungen, Siebdrucke unter anderem von Dieter M. Weidenbach (Weimar) und Gisela-Kurkhaus-Müller (Berlin), ein Lied von Elke Heidenreich (Köln) und Marc-Aurel Floros (Hamburg), die MDR-Verfilmung „Glück ohne Ruh – Goethe und die Liebe" von Winifred König (Buch) und Dirk Otto (Regie).

Die junge Theorie fordert das tradierte Paradagima der Forschung um Goethe, Anna Amalia und Frau von Stein heraus. Zu Beginn wurde von Seiten der etablierten Goetheforschung der Theorie mit Schweigen begegnet, dieses ging allmählich in erbitterte Gegenwehr, Verleumdung und Herabsetzung des Verfassers über. Bisheriger Höhepunkt war die Veröffentlichung der anonymen Schrift „Goethe und Anna Amalia – Eine verbotene Liebe? Zum Versuch, eine neue Weimar-Legende zu begründen. Stellungnahme der Klassik Stiftung Weimar zu den Hypothesen Ettore Ghibellinos" Ende Mai 2008 auf der Homepage der Klassik Stiftung. Die Wiedergabe auf der Internetseite einer umfangreichen Erwiderung von PD Dr. Stefan Weiß und des Unterzeichnenden, die die Stellungnahme als unsubstantiiertes, kulturpolitisch motiviertes Pamphlet entlarvte, vor allem mit der Intention verfasst, einem Konkurrenten den Zugang zu Fördermitteln zu verunmöglichen, wurde abgelehnt.[4] Dass Wissenschaft nur der Wahrheitssuche dient, hat die Wissenschaftssoziologie längst widerlegt. Der Soziologe und

Wissenschaftstheoretiker Bruno Latour etwa hat Situationen analysiert, in denen neue Theorien etablierte herausforderten. Ein Durchbruch erfolgte in aller Regel nicht über wissenschaftliche Institutionen, die von Repräsentanten des vorhandenen Wissens beherrscht werden. Selbst, wenn nur Teile einer etablierten Theorie revidiert würden, verlören diese die dominante Position, die sie vorher innegehabt hatten.[5] Dass Sekundärliteratur, Werkausgaben, Biographien Goethes durch das Ernstnehmen der neuen Theorie in hohen Maßen überarbeitungsbedürftig werden würden, etwa die Monumentalbiographie Goethes von Nicholas Boyle, sein Opus magnum, läßt die kulturpolitische Dimension des Problems erahnen. Oder die großangelegte historisch-kritische Neuedition von Goethes Briefen, an der seit 2008 im Goethe- und Schiller-Archiv der Klassik Stiftung Weimar gearbeitet wird – jenes Archiv, das für die anonyme Stellungnahme verantwortlich zeichnete – erwähnt die seit 2003 verfochtene Theorie einer verbotenen Liebe zwischen Goethe und Anna Amalia nicht. Schwerpunkt der Neuedition soll die umfassende Kommentierung der Briefe sein, für Goethes erstes Weimarer Jahrzehnt wurden schon Bände vorgelegt. Sollte sich aber die junge Theorie in Zukunft nicht nur als erörterungswürdig, vielmehr auch als stichhaltig erweisen, so wird sich die Frage stellen, wer für das Desaster einer schon vor deren Veröffentlichung überholten, als Jahrhundertprojekt hochgepriesenen Neuedition verantwortlich zeichnet.

Gewisse Begriffe, die man neuerdings in der Goetheforschung zur Kenntnis nimmt, etwa die „graphologisch-kriminalistische Dimension" in einer Rezension des sechsten Bandes der Neuedition (Anfang 1785 – 3. September 1786), deuten auf zwar noch schweigende, indes durchaus aufmerksam gewordene Gelehrte hin.[6] Goethe schrieb seine Liebesbriefe an „Charlotte von Stein" nicht immer eigenhändig, er diktierte auch welche seinem Faktotum Philipp Friedrich Seidel (1755–1820), der die Handschrift seines Herrn vollendet nachahmen konnte. Der Rezensent moniert, dass die Neuedition systematisch erörtern sollte, woran man erkennen könne, ob ein Brief von Goethes oder von Seidels Hand stamme. Für die hier vertretene Theorie wäre eine solche Erörterung von Interesse, zumal allein die Tatsache, dass Liebesbriefe diktiert wurden, aufmerken lässt. Dahinter steht die übergeordnete Frage nach der Methode, die Anwendung findet, wenn man vergangene Lebenszusammenhänge konkret zu rekonstruieren sucht. Soweit ersichtlich gibt es hierfür keine Methode in der Literaturwissenschaft, gelegentlich findet sich im Schrifttum das Wort strenger, reiner, schlüssiger, echter oder handfester philologischer Beweis,[7] wenn gefragt wird, ob ein Text von einem bestimmten Autor stammt, ob eine Verwandtschaft von Wörtern vorliegt oder wenn es um die Bedeutung bestimmter Begriffe geht. Von „historisch-philologischer Beweis" wird dann gesprochen, wenn höhere Zusammenhänge untersucht werden, etwa ob das Denken und die Lehren eines Autors bei einem anderen nachgewiesen werden können.[8] Einfacher hat es da der juristisch geschulte, da es in der Gerichtspraxis stets darum geht, vergangene Zusammenhänge, die es zu rekonstruieren gilt, zu bewerten.

Als letztes Beispiel für die kulturpolitische Dimension der neuen Theorie sei der Sonderforschungsbereich „Ereignis Weimar-Jena. Kultur um 1800" der Universität Jena genannt (1998 bis 2010), der von der Deutschen Forschungsgemeinschaft mit erheblichen Mitteln ausgestattet wurde. Das Konzept sprach für sich, nämlich Versäumnisse der Forschung von der Großherzogs- über die Kaiser- bis zur DDR-Zeit aufzuarbeiten, ging man doch zu Recht davon aus, dass die Instrumentalisierung Goethes durch die wechselnden Regimes entsprechende Verzerrungen hervorgerufen haben müssen. Nach den aktuellen Methoden vor allem der Geschichtswissenschaft sollten die Quellen neu aufgearbeitet werden. Dabei unterlief bei diesem ersten Aufarbeitungsversuch ein Fehler: Man rückte nicht die Frage in den Vordergrund, warum unter der Monarchie die Archive systematisch bereinigt wurden. Sollte die hier vertretene Theorie sich als tragfähig erweisen, dann steht die Forschungsarbeit, die der Sonderforschungsbereich „Ereignis Weimar-Jena. Kultur um 1800" hätte leisten sollen, erst am Anfang.

Ohne vielfältige tatkräftige Unterstützung wäre es nicht möglich gewesen, die hier vorgelegte Theorie zu vertiefen und auszubauen. Allen voran gebührt dem Anna Amalia und Goethe Freundeskreis e.V mit an die 250 Mitgliedern aus acht Nationen großen Dank – er trug bisher mit zwar bescheidenen, dafür steten Mitteln die gesamte wissenschaftliche Arbeit. Es seien hier stellvertretend für alle Mitglieder die auf der letzten Mitgliederversammlung ernannten Ehrenmitglieder namentlich erwähnt: Karen König (Burgau/Schwaben), Marlies Kessissoglou (Köln), Rolf Vogt (Weimar), Dr. Manfred Ludwig (Jena), Prof. Dr. Detlev Forst (Aalen) sowie die Träger der Ehrengabe des Freundeskreises Prof. Dr. Ilse Nagelschmidt (Leipzig), Dr. Gabriele von Trauchburg (Gingen an der Fils) und Prof. Dr. Jochanan Trilse-Finkelstein (Berlin). Darüber hinaus ist dem viel zu früh von uns gegangenen Prof. Dr. Jörg Drews (Bielefeld), dem der Tagungsband „Goethes erstes Weimarer Jahrzehnt" gewidmet ist, Christiane Heuwinkel (Bielefeld),

Prof. Dr. Birgit Harreß (Weimar/Leipzig), Matthias Huth (Weimar), Prof. Dr. Herbert Stoyan (Erlangen) und Eduard Ritter Consulting (Weimar) für ihre besondere Unterstützung sehr zu danken. Für freundliches Lektorat der vorliegenden Arbeit ist den Freundeskreismitgliedern Andrea Lippmann (Bensheim), Dr. Brigitte Knott-Wolf (Köln) und vor allem Dr. Antje J. Denkena (Weimar) herzlich zu danken.

Ein weiterer Meilenstein auf dem Weg, die neue Theorie um Anna Amalia und Goethe als ernstzunehmend zu etablieren, stellt der Vortrag des Literaturwissenschaftlers Prof. Dr. Wilhelm Solms (Marburg) „Das Bild der Geliebten in Goethes Versen an Lida", gehalten bei der Anna Amalia und Goethe Akademie zu Goethes Geburtstag am 28. August 2012 in Weimar, dar. Wilhelm Solms analysierte ergebnisoffen Goethes Liebeslyrik im ersten Weimarer Jahrzehnt, sein Ergebnis lautet: „Und was hat er [Goethe] über seine Geliebte verraten? Sie ist eine Fürstin, die er mit der Prinzessin Psyche und einer Königin vergleicht, aber ohne Standesdünkel. Wenn sie unter sich sind, spielt der Standesunterschied keine Rolle. Sie ist nicht prüde und bigott, sie beweist ihm Treue und Freundschaft, sie inspiriert ihn, sie verbindet die Künstler und Gelehrten, die sie um sich versammelt hat, zu einem Freundeskreis und stellt für ihn das Idealbild einer aufgeklärten Herrscherin dar.

Dieses Bild passt auf die Herzogin Anna Amalia, die zentrale Figur des Weimarer Musenhofs, aber nicht auf ihre Hofdame und Vertraute Charlotte von Stein. Es zeigt zumindest, wie Goethe die Herzogin gesehen hat oder sehen wollte. Ich kann, wie anfangs betont, nicht beweisen, dass Goethe seine Verse an Lida in Wahrheit an Anna Amalia gerichtet hat. Aber vielleicht konnte ich Sie, meine sehr geduldigen Zuhörerinnen und Zuhörer, die Sie die Rolle des Gegners bis hierhin mitgespielt haben, davon überzeugen, dass dies in der Goetheforschung nicht länger ein verbotenes Thema sein darf."[9]

Ein Paradigmenwechsel in der Forschung zu Leben und Werk von Goethe und Anna Amalia ist eingeleitet worden, der Erkenntnisgewinn, die Forschungsresultate versprechen bedeutend auszufallen. Die verbotene Liebe zwischen Herzogin Anna Amalia von Sachsen-Weimar und Eisenach und Johann Wolfgang Goethe kann bereits jetzt als gut unterlegte Theorie bezeichnet werden, die einen breit angelegten Forschungsauftrag mehr als indiziert. Jeder ist herzlich eingeladen, bei diesem spannenden Unterfangen konstruktiv mitzuwirken.

Ettore Ghibellino.

Zur 2. Auflage, Johanni 2004

Zahllose Darstellungen setzten sich mit dem Leben des Dichters Johann Wolfgang Goethe auseinander, um seine einzigartigen Dichtungen zu deuten, zu erklären, zu verstehen. Über 170 Jahre nach dem Tod des Dichterfürsten bleiben viele Widersprüche: Warum blieb Goethe 1775 in Weimar und wurde dort trotz erbitterter Widerstände mit nur 26 Jahren Minister? Warum heiratete er nicht, um stattdessen eine undefinierbare Liaison mit der verheirateten Frau von Stein einzugehen? Warum brach er 1786 überstürzt nach Italien auf und wartete dann wochenlang in der Hafenstadt Venedig? Warum nahm Goethe nach seiner Rückkehr aus Italien Christiane Vulpius zur Geliebten, obwohl er sie nicht als ebenbürtig behandelte, und warum heiratete er sie dann fast zwei Jahrzehnte nicht, obwohl sein Sohn deswegen als Bastard aufwuchs? Warum kehrt in seinen Dichtungen das Thema einer verbotenen Liebe zu einer hochgestellten, unerreichbaren Frau immer wieder? Warum zeugt Goethes Liebeslyrik von tiefster Liebesempfindung für „eine Einzige", obwohl er nur oberflächliche Beziehungen zu vielen Frauen gehabt haben soll?

Diese und weitere Widersprüche lassen sich erklären, wenn man davon ausgeht, dass Goethe die Herzogin Anna Amalia liebte und ihr ein Leben lang treu blieb. Da diese Liebe verboten war, musste sie verborgen werden. Die Liebenden teilten jedoch auf vielen Wegen ihre tragische Liebesgeschichte der Welt mit. Sie mussten dies aber verschlüsselt tun, deswegen griff Goethe ein Leben lang „zum Enigmatischen, zur Chiffre, zur hermetischen Formel, zur Maske, zur Verkleidung, zur Verhüllung und zur Verschlüsselung".[10]

Warum hat bisher keiner Goethes Beziehung zu Anna Amalia tiefgreifend erforscht? Dies hängt hauptsächlich damit zusammen, dass die Liebe zwischen Goethe und Anna Amalia im Herzogtum Sachsen-Weimar-Eisenach als Staatsgeheimnis erklärt wurde. Alle Mittel, die zur Verfügung standen, scheinen seit 1786 von den Herzögen eingesetzt worden zu sein, um Dokumente, die auf Goethes geheime Liebe zur Fürstin Anna Amalia im ersten Weimarer Jahrzehnt hinwiesen, zu unterdrücken. Die Herzöge konnten mit den Archiven ganz nach ihrem Belieben verfahren. Unter Forschern war bekannt, dass „das weimarische Archiv ... mehr Siegel und Schlösser als irgend ein anderes" hatte (1858).[11] Wo brisante Dokumente verwahrt wurden, wussten Forscher: „Vieles und gewiss mit das Wichtigste liegt gar nicht im Archiv, sondern in der Privatbibliothek des Großherzogs" (1857).[12] Auch wenn sich brisante Dokumente nicht in Besitz des Großherzogs befanden, gab es Mittel und Wege, eine Veröffentlichung zu verhindern. Dies zeigt etwa die Äußerung der Erbin von Carl Ludwig von Knebel, einem engen Freund von Goethe. Beim Verkauf von Handschriften aus Knebels Nachlass 1864 mahnte sie den damit beauftragten Agenten, diese gründlichst auf Äußerungen durchzusehen, die die Familie von Sachsen-Weimar-Eisenach kompromittieren könnten, da ihre „ganze Existenz gefährdet [wäre], wenn das geringste davon in die Öffentlichkeit käme". Knebel adoptierte bei seiner Heirat mit Luise Rudorf 1798 ihren unehelichen Sohn (1796), ein Kind des Herzogs Carl August. In Knebels Nachlass fehlt bis heute „das Tagebuch aus dem ‚ereignisreichen' Jahr 1798".[13]

Anna Amalias Briefe an Goethe und an ihren Sohn Carl August gelten bis auf wenige als verloren. Kanzler von Müller, dem Carl August 1828 die Briefschaften Anna Amalias zur Durchsicht und Katalogisierung anvertraute, berichtet nach deren Lektüre begeistert, dass diese ein „herrliches Licht … auf Goethes und der Herzogin Charakter!" werfen würden.[14] Goethe, dem Kanzler von Müller erste Ergebnisse seiner Arbeit vorlegte, schrieb diesem am 24. Juli 1828: „Es [ist] mir höchst erfreulich, dieses Geschäft in Ihren Händen zu wissen, das ebensowohl mit Einsicht und Treue als mit Vorsicht und Geschmack zu behandeln ist. Auf diesem Wege werden sonderbare Documente gerettet; nicht in politischer, sondern in menschlicher Hinsicht unschätzbar, weil man sich nur aus diesen Papieren die damaligen Zustände wird vergegenwärtigen können". Von diesen Papieren – etliche tausend Briefe – fehlt heute jede Spur. Als das, was davon übrig geblieben war ab 1872 mühsam gesichtet wurde, behielt sich der regierende Großherzog ein zweifaches Korrektur- und Kontrollrecht im Falle einer Veröffentlichung vor, die aber nicht zustande kam.[15]

Bisher konnte nicht geklärt werden, warum Goethes Enkel über ein halbes Jahrhundert Forschern, Schriftstellern und Verlegern, meist glühenden Verehrern Goethes, ohne dass ein Grund ersichtlich gewesen wäre, den Zutritt zum Nachlass verweigert haben. „Man hat sie gemahnt, gescholten und geschmäht, weil sie den Weg zum Tempelschatz nicht freigaben".[16] Goethes Erben waren von Kindesbeinen an dem Haus Sachsen-Weimar-Eisenach verbunden, das ihnen großzügig und wohlwollend entgegentrat. Im Gegenzug scheint die herzogliche Familie erwartet zu haben, dass Dokumente aus Goethes Nachlass, die die verbotene Liebe zu Anna Amalia hätten offenbaren können, nicht an die Öffentlichkeit gelangen. Die Verkaufsverhandlungen über Goethes Nachlass zwischen seinem Enkel Walther Wolfgang (1818–1885) und dem Deutschen Reich 1884 zeigen etwa, dass der regierende Großherzog wie selbstverständlich weitgehende Rechte an Goethes Nachlass beanspruchte. Er stellte als Bedingung für den Verkauf, „daß nie etwas veröffentlicht werde aus demselben ohne mein ausdrückliches Wissen und Genehmigen. Würde man dies nicht beobachten würde ich alle mir zu Gebote stehenden Mittel gebrauchen – Kaiser und Kaiserin mit einbegriffen – um die Transaction mit dem Reich zu verhindern."[17] Goethes Enkel Walther Wolfgang vermachte schließlich der regierenden Großherzogin Sophie das literarische und das Familienarchiv seines Großvaters. Als er am 16. April 1885 starb, trug der Großherzog in sein Tagebuch ein: „Ich befahl, alle wichtigen Räume zu versiegeln". Wohl unterrichtete Archivare wussten, was zunächst geschah: „Die Fürstin [Sophie] hatte sofort gehandelt: Sie hatte ohne Zögern in Körben und Kisten die kostbaren, inzwischen schmählich verstaubten Papieren ins Schloß holen lassen ... Zunächst saß sie selber tagelang, vor dem Staub durch lange Handschuhe geschützt, und blätterte das einmalig kostbare Erbe durch, bewunderte, bestaunte, entsetzte sich wohl auch hie und da mit prüdem Sinn und versuchte sogar, Antikirchliches, Erotisches oder gar Sexuelles zu ändern, ja zu vertuschen."[18] Sie bereinigte wohl Goethes Nachlass, wie dies bereits mit Anna Amalias Papieren geschehen war.

Im Jahre 1998 tauchte ein Dokument auf, das zu jenen gehört, die gezielt unterdrückt worden sind. Ein anonymer Verkäufer bot 1998 dem Goethe-Nationalmuseum ohne Auktion eine Zeichnung Goethes (ABB. 15) an. Diese stellt verschlüsselt die Initialen Anna Amalias dar (siehe S. 112). Die Familie von Sachsen-Weimar-Eisenach trat im 19. Jahrhundert als Schutzpatron und Förderer der Goethe-Forschung auf, indem sie das Goethe-Archiv (1885) gründete, die Bildung einer Goethe-Gesellschaft anregte (1885) und deren Schirmherrschaft übernahm, Goethes Haus als Nationalmuseum der Öffentlichkeit zugänglich machte (1886) und eine umfassende Ausgabe von Goethes Schriften in Auftrag gab (ab 1887). Zugleich scheint sie aber Goethes und Anna Amalias Biographie entstellt zu haben, indem sie entscheidende Dokumente unterdrückte oder zurückhielt. So erschien eine bereinigte Auswahl von Goethes Briefen an „Frau von Stein" – in Wirklichkeit also an Anna Amalia – in drei Bänden von 1848 bis 1851, also erst, als niemand mehr lebte, der die Zeit der vorgetäuschten Liebesbeziehung zu Frau von Stein von 1775 bis 1786 kritisch hätte beurteilen können. Diese Liebesbriefe fasste Goethe verabredungsgemäß mit Bezügen zu Frau von Steins Umfeld ab, damit jeder, der befugt oder unbefugt die Briefe einsah, nicht Anna Amalia als Goethes Geliebte erkennen konnte. Neben der Unterdrückung von Dokumenten waren es diese als Tarnung verwendeten Anhängsel in den Briefen, die das Blendwerk mit Frau von Stein kaum mehr durchschaubar machten. 1874 erschien eine Biographie über Charlotte von Stein als Goethes Freundin in zwei Bänden. Als der Irrtum auf diese Weise wie ein Grundstein in den Boden der Goethe-Forschung gelegt war, wurde ab den 1885er Jahren Goethes bereinigter Nachlass unter der Aufsicht von monarchietreuen Kulturbeamten mehr und mehr zugänglich gemacht.

Kritische Beobachter ahnten, dass die Grundlagen der Goethe-Forschung auf Sand gebaut waren, dies waren die „Folgen des Verheimlichens und des gesamten Verfahrens mit Goethes Schriften und Briefen, mit seinem Leben und seinem Andenken – es fehlte weder an absichtlicher Verheimlichung oder auch Entstellung der Wahrheit, noch an willkürlicher Änderungen und Auslassungen und was dergleichen mehr ist!"[19] Nach dem Übergang von der Monarchie zur Republik 1918 wurden die Grundannahmen der Goethe-Forschung nicht mehr ernsthaft hinterfragt. Dies hängt mit den personellen Kontinuitäten bei allermeist monarchietreuen Kulturverwaltern und Wissenschaftlern zusammen. Goethes Biographie blieb aber voller Rätsel und auffälliger Widersprüche. Dass wichtige Papiere Anna Amalias und Goethes nicht mehr in den Archiven lagerten, etwa die offizielle Korrespondenz zwischen ihnen aus Goethes erstem Weimarer Jahrzehnt, hätte Aufmerksamkeit erregen müssen. Bekannt war, dass Kanzler von Müller ein detailliertes Verzeichnis der Briefschaften Anna Amalias angefertigt hatte; der Frage, warum auch dieses nicht mehr vorhanden ist, wurde nicht nachgegangen.[20]

Dabei fehlt es nicht an zeitgenössischen Quellen, die die Liebe zwischen Goethe und Anna Amalia erwähnen, sie wurden aber bislang nicht ausgewertet. Von großem Wert sind hier Briefe der Gräfin Görtz, deren Mann von 1762 bis 1775 in Weimar Prinzenerzieher und ab 1778 preußischer Spitzendiplomat war. Diese Briefe wurden glücklicherweise im fernen Donzdorf bei Göppingen aufbewahrt, sonst wären sie wie Goethes und Anna Amalias Korrespondenz unterdrückt worden. In einem Brief vom 12. Oktober 1782 schreibt etwa die Gräfin Görtz an ihren Mann, dass „Frau v. Stein … nach wie vor die ihr zugewiesene Rolle so gut sie nur kann spielt, indem sie fast jeden Abend in ihrem Haus Kartoffeln mit Goethe und der Herzogin isst. Der Ehemann Stein sieht über all dies gänzlich hinweg". Ausschnitte aus diesen in französischer Sprache abgefassten Briefen, die Goethe und Anna Amalia als heimliches Liebespaar bezeichnen und Frau von Stein als Strohfrau, gingen in die Sammlungen der Berichte von Zeitgenossen über Goethe ein. Erstmals hier werden aus diesen Briefen Passagen in deutscher Übersetzung wiedergegeben.[21] Auch sonstige Quellen, die ausdrücklich auf eine Täuschung hinweisen, wurden bisher nicht ausgewertet. So kann man in den sonst immer wieder zitierten Erinnerungen der Gräfin Henriette von Egloffstein, die erst nach dem Untergang der Monarchie 1919 zugänglich gemacht wurden, Sätze lesen wie: „Indessen muß man die Geschicklichkeit bewundern, womit diese Frau [Charlotte von Stein] ihr künstliches Spiel durchzuführen wußte, so daß sie noch in späterer Zeit für Goethes Geliebte galt."

Ettore Ghibellino.

Prolog:
Das Staatsgeheimnis

Heiß mich nicht reden, heiß mich schweigen,
Denn mein Geheimnis ist mir Pflicht;
Ich möchte dir mein ganzes Innre zeigen,
Allein das Schicksal will es nicht.

Zur rechten Zeit vertreibt der Sonne Lauf
Die finstre Nacht, und sie muß sich erhellen;
Der harte Fels schließt seinen Busen auf,
Mißgönnt der Erde nicht die tiefverborgnen Quellen.

Ein jeder sucht im Arm des Freundes Ruh,
Dort kann die Brust in Klagen sich ergießen;
Allein ein Schwur drückt mir die Lippen zu,
Und nur ein Gott vermag sie aufzuschließen.

Mignon, Wilhelm Meisters Lehrjahre *(1796) V, 16*

Zieret Stärke den Mann und freies mutiges Wesen,
Oh! so ziemet ihm fast tiefes Geheimnis noch mehr.
Städtebezwingerin du, Verschwiegenheit! Fürstin der Völker!
Teure Göttin, die mich sicher durchs Leben geführt,
Welches Schicksal erfahr ich! Es löset scherzend die Muse,
Amor löset, der Schalk, mir den verschlossenen Mund.

Römische Elegien *(1790), XX*

Der Dichter, Wissenschaftler und Staatsmann Johann Wolfgang von Goethe (1749–1832) musste zeitlebens die Identität der von ihm unsterblich geliebten Frau als Geheimnis bewahren. Ohne die Kenntnis dieses Geheimnisses ist ein wesentlicher Teil seines Werkes nicht zu verstehen, seine Größe als wahrhaft liebender Dichter nur erahnbar. Als am Ende der Dichtung TORQUATO TASSO (1780–1790) offenbar wird, dass der Held verbotenerweise die Prinzessin liebt und nicht ihre vorgeschobene Hofdame gleichen Namens, folgen die Verse (3290 ff.):

> Wenn ganz was Unerwartetes begegnet,
> Wenn unser Blick was Ungeheures sieht,
> Steht unser Geist auf eine Weile still,
> Wir haben nichts, womit wir das vergleichen.

Goethe sagte im Alter, auf das Geheimnis hindeutend: „Die wahre Geschichte der ersten zehn Jahre meines Weimarischen Lebens könnte ich nur im Gewande der Fabel oder eines Mährchens darstellen; als wirkliche Thatsache würde die Welt es nimmermehr glauben. ... Ich würde Vielen weh, vielleicht nur Wenigen wohl, mir selbst niemals Genüge thun ... was ich geworden und geleistet, mag die Welt wissen; wie es im Einzelnen zugegangen, bleibe mein eigenstes Geheimnis."[22] Der Minister Goethe war zum Schweigen verpflichtet, er durfte nur auf das Geheimnis hindeuten, um Aufmerksamkeit zu erregen: „Dir, Hexameter, dir, Pentameter, sei es vertrauet", wie er in seinen RÖMISCHEN ELEGIEN (1788–1790) mit Bezug auf ein „tiefes Geheimnis" dichtete.

Goethes Autobiographie DICHTUNG UND WAHRHEIT (1811–1831) endet mit dem Aufbruch nach Weimar im 26. Lebensjahr. Einzelne autobiographische Werke geben jeweils nur einen Ausschnitt aus Goethes späterem Leben wieder. Die Aufgabe, seinen Lebensgang doch ganz mitzuteilen, sollte vor allem der aus zwei Teilen bestehende Roman WILHELM MEISTER erfüllen, allerdings in verschlüsselter Form. Nur an zwei Werken hat Goethe fast sein ganzes Leben lang geschrieben, an FAUST (um 1772–1831) und an WILHELM MEISTER (1777–1829). Im MORGENBLATT FÜR GEBILDETE STÄNDE bedankte sich Goethe für Interpretationsversuche von WILHELM MEISTERS WANDERJAHRE (21. März 1822): „Diesen werten Freunden kann ich für den Augenblick nur soviel erwidern: daß es mich tiefrührend ergreifen muß das Problem meines Lebens, an dem ich selbst wohl noch irre werden könnte, vor der Nation so klar und rein aufgelöst zu sehen".[23] Diese Äußerung Goethes ist ein Beispiel für seine berüchtigte Ironie, von der sein enger Mitarbeiter Friedrich Wilhelm Riemer (1774–1845) sagte, dass sie „nicht allen verständlich [ist], manche ahnden sie gar nicht".[24] Goethes Problem seines Lebens ist, dass er den Spagat vollbringen muss, einerseits das ihm auferlegte Geheimnis um die Herzogin Anna Amalia (1739–1807) zu wahren, andererseits seine Biographie als Grundlage für seine Werkinterpretation mitzuteilen.

Die bisherige Darstellung von Goethes Leben im ersten Weimarer Jahrzehnt überzeugt besonders in einem wesentlichen Punkt nicht: seiner angeblichen Liebe zu Charlotte Albine Ernestine[25] von Stein, geborene von Schardt (1742–1827). Die Liebesbeziehung zu ihr soll kurz nach Goethes Ankunft in Weimar im November 1775 begonnen und bis ins Jahr 1789 bestanden haben. Nur Goethes Briefe an „Frau von Stein" sind erhalten. In den MITTHEILUNGEN ÜBER GOETHE (1841) von Riemer – ein Versuch des über drei Jahrzehnte lang engen Mitarbeiters, ein lebendiges Bild des Dichters und Staatsmannes zu geben – wird Frau von Stein nur in einer Fußnote erwähnt.[26] Nicht ein einziges Mal verherrlicht Goethe in seiner Dichtung den Namen der Charlotte von Stein. Erst mit der Veröffentlichung von Goethes Briefen an „Frau von Stein" in drei Bänden von 1848–1851 – Briefe, die in Wirklichkeit an Anna Amalia gerichtet waren – wurden Details von der angeblichen Liebesbeziehung zur Hofdame publik. Seitdem ist sie Gegenstand vieler Auseinandersetzungen, die sich zwischen „Nichtswürdigkeit" der Frau von Stein und der „schönsten Schöpfung" Goethes, zwischen „Erbärmlichkeit" und „ideellem Bild" bewegen. Der Dichter Friedrich Martin von Bodenstedt (1819–1892) wollte mit den Versen „Gesegnet sei der hohe Bund,/ Der so viel herrliches gebar"[27] die immer wieder aufflammende Diskussion, ob die Beziehung auch eine erotische war, als überflüssig abtun.[28]

Noch heute sind Versuche, das angebliche Liebesverhältnis zu charakterisieren, ein Zeugnis dafür, dass es nicht überzeugt.[29] Von „eigenartigem Verhältnis",[30] „einer der mysteriösesten Liebesgeschichten der Weltliteratur", „diesem Luftgespinst einer Beziehung",[31] „dieser halb irrealen Halb-Liebesgeschichte"[32] oder von „einer der widersprüchlichsten Erscheinungen der deutschen Literaturgeschichte"[33] ist die Rede. Die „Wahrheit zu erfahren ist ein Wunsch, ein Traum" schreibt eine Biographin.[34] Ein neuerlicher Versuch, das Verhältnis der beiden darzustellen, gelangt am Ende zur traurigen Schlussfolgerung: „... man kann sich nicht des Eindrucks erwehren, daß das Schreiben ihn [Goethe] am Ende glücklicher gemacht hat", als Frau von Stein wirklich zu sehen.[35] Ein Biograph schreibt zusammenfassend über die Persönlichkeit der Frau von Stein: „Faßt man alles Sichtbare zusammen, so erhält man eine Art von Doppelwesen".[36]

Schon zu Lebzeiten des Dichters wussten viele „mit diesem seltsamen Verhältnis Goethes zur Gattin des Oberstallmeisters" nichts anzufangen.[37]

Henriette Freiin von Egloffstein (1773–1864) schreibt etwa ein Jahr nach dem Tod der Frau von Stein: „Der Charakter dieser Frau [Charlotte von Stein] gehörte unstreitig zu den edelsten, und ihr Verstand, der mir zwar nie bedeutend erscheinen wollte, führte sie glücklich an den mannigfachen Klippen des Hoflebens vorüber … Es läßt sich nicht leugnen, daß Frau von Stein bei dem besten Herzen viel Schlauheit und Weltklugheit besitzen mußte; sonst wäre es ihr unmöglich gewesen, bis ans Ende ihrer sehr langen Laufbahn ohne die mindeste Unterbrechung eine Stellung zu behaupten, die sie der Herzogin Luise und Goethen so nahe brachte, daß nur der Tod dieses innige Verhältnis lösen konnte, auf welchem selbst jetzt noch, wo ich dies schreibe, ein undurchdringlicher Schleier ruht. Goethe allein vermöchte es, ihn zu lüften; aber schwerlich wird er sich dazu verstehen. Folglich [wird] auch die Nachwelt über eine Sache nicht klarer urteilen, die den Zeitgenossen des großen Mannes stets rätselhaft blieb. Dem sei nun, wie ihm wolle! Was auch jener Schleier verhüllen mag, Unwürdiges kann es nicht sein".[38]

Frau von Stein weicht krass von dem großartigen poetischen Bild ab, das Goethe von seiner Geliebten entwirft. Selbst bei Zugrundelegung der positivsten Berichte über sie bleibt für die siebenfache Mutter das von Goethe gezeichnete Idealbild in unerreichbarer Ferne. Sie kann als eine kühle und lebenskluge Frau, als interessant, nicht schön und durchschnittlich gebildet bezeichnet werden. Goethe besingt aber so etwas wie eine Göttin, eine hochgebildete, wunderschöne, reiche, in jeder Hinsicht überragende Frauengestalt. Dichter stellen die Wirklichkeit gerne idealisiert dar, doch Goethe wird nicht müde darauf hinzuweisen, dass seine Geliebte eine reale Frau sei, ihm gar die Worte fehlen würden, sie treffend zu besingen. In einem Brief an „Frau von Stein" vom 20. März 1782 heißt es etwa: „O du beste! Ich habe mein ganzes Leben einen idealischen Wunsch gehabt wie ich geliebt seyn möge, und habe die Erfüllung immer im Traume des Wahns vergebens gesucht, nun da mir die Welt täglich klärer wird, find ichs endlich in dir auf eine Weise daß ich's nie verlieren kann." Am 17. Juni 1784 schreibt er an dieselbe: „Durch dich habe ich einen Maasstab für alle Frauens ia für alle Menschen, durch deine Liebe ein Maasstab für alles Schicksal." Diese Vergleiche passen nicht zu der verheirateten Hofdame von Stein, denn damit erhebt Goethe die Geliebte in die höchsten Sphären. Eine Gleichstellung von Charlotte von Stein mit berühmten Frauengestalten der Dichterwelt wie Dantes Beatrice und Petrarcas Laura hat bezeichnenderweise nicht stattgefunden, sie bleibt eine geheimnisumwitterte, widersprüchliche Gestalt im Hintergrund. Dass

Goethe die Geliebte so gezeichnet hat, wie sie ihm tatsächlich auch erschienen ist, lässt er den Dichter in TASSO bekennen (Vers 1092 ff.):

> Was auch in meinem Liede widerklingt,
> Ich bin nur *einer, einer* alles schuldig!
> Es schwebt kein geistig unbestimmtes Bild
> Vor meiner Stirne, das der Seele bald
> Sich überglänzend nahte, bald entzöge.
> Mit meinen Augen hab ich es gesehn,
> Das Urbild jeder Tugend, jeder Schöne;
> Was ich nach ihm gebildet, das wird bleiben …
>
> Und wenige Verse später (Vers 1105 ff.):
> Und was hat mehr das Recht, Jahrhunderte
> Zu bleiben und im stillen fortzuwirken,
> Als das Geheimnis einer edlen Liebe,
> Dem holden Lied bescheiden anvertraut?

Vom „Geheimnis einer edlen Liebe" ist in TASSO, Goethes Liebesdenkmal für seine Geliebte, die Rede. Mit Frau von Stein gab es aber kein Geheimnis, alles lag scheinbar offen zu Tage. Hier müssen die Fährten, die Goethe und Anna Amalia gelegt haben, aufgenommen werden. Deren Fülle macht deutlich, dass Goethe und Anna Amalia wollten, dass das Geheimnis einmal gelüftet wird.

Für Goethe ist die Aufdeckung seines Lebensgeheimnisses von fundamentaler Bedeutung. Sein Leben ist kein „gewissermaßen selbst verpfuschtes Leben",[39] wie die ihn zutiefst verehrende Johanna Schopenhauer (1766–1838) urteilte. Im Alter galt Goethe „als steife, kalte Person [, die] mit seinen poetischen Werken in keinem Zusammenhang zu stehen scheine".[40] Die Wahrhaftigkeit von Goethes Gesamtwerk steht auf dem Spiel, da dieses ohne Anna Amalia als die ihm sein ganzes Leben über auf das Engste verbundene Frau nicht wirklich interpretiert werden kann. „Je feuriger und überzeugender seine Worte klingen, um so mehr sind sie gedichtet", heißt es etwa bei einem Biographen in Bezug auf seine Briefe an „Frau von Stein".[41] Die nach mancher Ansicht „liebenswürdigsten und liebevollsten aller jemals geschriebenen Liebesbriefe"[42] wären demzufolge lediglich aus Goethes Phantasie entsprungen. Demnach wäre Goethe zu Recht „der großen Liebe und rechten Treue für unfähig zu erklären."[43] Mit der Aufdeckung des Weimarer

Staatsgeheimnisses kann Goethe jedoch als liebender Dichter erkannt werden, dessen Dichtung im Zeichen der Wahrheit steht. Die Dichtkunst ist „das, was die Natur allein verleiht,/Was jeglicher Bemühung, jedem Streben/ Stets unerreichbar bleibt, was weder Gold,/Noch Schwert, noch Klugheit, noch Beharrlichkeit/Erzwingen kann" (TASSO, Vers 2324 ff.). Goethe ist kein Unwürdiger für dieses hohe Amt, er verwebte immer nur sein eigenes Leben in seinen Dichtungen, doch musste er es verschlüsselt tun. Ein Leben lang konnte der Dichter nicht von dem Grundsatz abweichen, „dasjenige was mich erfreute oder quälte, oder sonst beschäftigte, in ein Bild, ein Gedicht zu verwandeln und darüber mit mir selbst abzuschließen … Alles was daher von mir bekannt geworden, sind nur Bruchstücke einer großen Konfession"[44]. Das Wort Dichtung verwendet Goethe nie im Sinne von freier Erfindung. „Die Wahrheit sei der Körper", so Riemer, „die Dichtung nur das Kleid, der Rahmen, der ein wirkliches Bild abgrenzend umschloß".[45] Goethes Hinweise sind ernst zu nehmen, sie weisen den Weg zur Aufdeckung seines Lebensgeheimnisses. Auf die Aufforderung seines langjährigen Mitarbeiters Friedrich Kräuter (1790–1856), über die Glanzzeit der Herzogin Anna Amalia in seinem ersten Weimarer Jahrzehnt etwas zu schreiben, antwortete ihm der greise Goethe: „… ich wüßte nicht, wie ich diese Zeit beschreiben sollte, ich müßte es denn in der Form eines Märchens thun, in dem die Amalie als allmächtige Fee Alles belebt und schafft."[46] An diesem „Märchen" hat Goethe von 1775 bis zu seinem Tod geschrieben und es kommt nur darauf an, den Schlüssel dazu zu finden, damit in aller Deutlichkeit das „ganze Innre" eines wahrhaft liebenden Dichters sichtbar werden kann: „Zur rechten Zeit vertreibt der Sonne Lauf/Die finstre Nacht, und sie muß sich erhellen".

ANNA AMALIA UND FRAU VON STEIN:
FÜRSTIN UND HOFDAME

„Ich hatte gerade einen ziemlich zärtlichen Besuch von Herder, der Euch viele Dinge ausrichten lässt, der unsere Freude teilt, der mit uns fühlt. Er ist ständig traurig und bedauert das unglückliche Schicksal von Weimar, die Verirrungen des Meisters [Carl August], die Situation der Frau [Luise]. Er verachtet mehr als jemals zuvor die Mutter [Anna Amalia] und tadelt den Favoriten [Goethe]."

Gräfin Caroline von Görtz an Graf Johann Eustachius von Görtz, 1. Mai 1778

„Die Frau von Stein ist eine recht gute Frau gewesen, aber eben kein großes Licht."

Herzog Carl August nach Frau von Steins Tod 1828[47]

Goethes Ankunft im etwa 6.000 Einwohner zählenden Weimar am 7. November 1775 steht unter dem Zeichen des Regierungswechsels von der Herzogin Anna Amalia zu ihrem am 3. September 1775 von Kaiser Joseph II. (1741–1790) für volljährig erklärten Sohn Carl August (1757–1828). Anna Amalia trägt nun den Titel Herzogin-Mutter, unter dem man nicht eine schöne, lebenshungrige 36-jährige Frau vermuten würde. „Sie ist klein von Statur", so ein unbekannter Beobachter um diese Zeit, „sieht wohl aus, hat eine spirituelle Physiognomie, eine braunschweigische Nase, schöne Hände und Füße, einen leichten, doch majestätischen Gang, spricht sehr schön, aber geschwind und hat in ihrem ganzen Wesen viel Angenehmes und Einnehmendes".[48] Eine Veranstaltung Ende 1775, an der auch Goethe und Carl August teilnahmen, gibt einen Einblick in das Verhältnis zwischen der Herzogin Anna Amalia und ihrer Hofdame Frau von Stein. Ein Teilnehmer berichtet: „Mit eins ging die Tür auf, siehe: die alte Herzogin kam herein mit der Oberstallmeisterin, einer trefflichen, guten, schönen Frau von Stein. Beide trugen zwei alte Schwerter aus dem Zeughause, eine Elle höher wie ich und schlugen uns zu Rittern. Wir bleiben bei Tische sitzen, und die Damen gingen um uns herum und schenkten uns Champagner ein. Nach Tisch ward Blindekuh gespielt; da küßten wir die Oberstallmeisterin, die neben der Herzogin stand. Wo läßt sich Das sonst bei Hofe tun?"[49] Anna Amalia ist zwar am Spiel beteiligt, doch bei allem, was gegen die fürstliche Etikette verstoßen würde, bildet die Hofdame einen Schutzschild für die Herzogin, denn geküsst wird Frau von Stein.

Das Herzogtum Sachsen-Weimar-Eisenach war aufgrund von Erbteilungen ein unzusammenhängendes Staatsgebiet, in dem damals um die 100.000 Menschen lebten.[50] 1741 hatte Ernst August I. (1688–1748), „der Tyrann", das Herzogtum Eisenach, das eine gesonderte Verwaltung beibehielt, sowie Jena und Allstedt zu Weimar hinzugeerbt. Bei seinem Tod hinterließ er neben mehreren Töchtern aus zwei Ehen den kränklichen elfjährigen Erbprinzen Ernst August Constantin (1737–1758) und ein hoch verschuldetes Land. Zunächst stand der Erbprinz unter der Vormundschaft des Herzogs von Gotha. Dieser machte sich Hoffnungen auf das Herzogtum, wenn der Erbprinz kinderlos sterben würde, sodass dieser „wie ein Staatsgefangener in strengster Aufsicht gehalten" wurde, man ließ „dem armen verwaisten Knaben die unwürdigste Behandlung widerfahren ..., um seine ohnehin schwankende Gesundheit gänzlich zu zerstören, oder wenigstens die Verstandeskraft so sehr zu schwächen, daß er für unfähig zum Regieren erklärt werden könne."[51] Auf Betreiben des Herzogs von Coburg ließ man ihn im Dezember 1755 durch den Kaiser in Wien vorzeitig für volljährig erklären. Drei Monate später befand sich Ernst August Constantin auf Brautschau in Braunschweig. Im März 1756 fand die Hochzeit mit der Prinzessin Anna Amalia statt.

Als die junge Herzogin mit ihrem Gefolge von Braunschweig nach Weimar übersiedelte, spottete eine ihrer Kammerfrauen: „Hier wird wohl das Tor mit einer Rübe zugesteckt?"[52] Das herzogliche Paar sei „ein junges, lebenslustiges Paar" gewesen, sie „bewohnten mit Vorliebe Schloß Belvedere, wo sie wie fröhliche Kinder auf dem Platz davor ihr Spiel trieben."[53] 1757 brachte Anna Amalia den Erbprinzen Carl August zur Welt. Bereits 1758 starb ihr Ehemann. Bei seinem Tod war Anna Amalia wieder schwanger und im selben Jahr wurde ihr zweites Kind, Friedrich Ferdinand Constantin (1758–1793), geboren. Durch die Geburt ihrer Söhne waren die

Hoffnungen der benachbarten Fürstenhäuser in Coburg und Gotha, dass das Herzogtum an sie fallen könnte, zunichte gemacht worden. Dank eines heimlichen Testaments ihres Gatten sollte Anna Amalia die alleinige Vormünderin Carl Augusts und Regentin des Herzogtums Sachsen-Weimar-Eisenach werden.⁵⁴ Erst nach einem zähen Hin und Her mit der Kanzlei von Kaiser Franz I. (1708–1765) in Wien – einem Mann, der selbst im Schatten seiner Frau, Kaiserin Maria Theresia (1717–1780), stand – konnte Anna Amalia alleinige Regentin werden. Zuvor war die gemeinschaftliche Vormundschaft zwischen Anna Amalia und König Friedrich V. von Dänemark im Gespräch gewesen. Dann sollte der Kurfürst von Sachsen, Friedrich August II. (1696–1763), Mitvormund und -regent werden, jener Fürst, der die Regierungsgeschäfte seinem berüchtigten Minister Heinrich Graf von Brühl (1700–1763) überließ. Auch gegen diese Lösung wurden in Weimar alle Hebel in Bewegung gesetzt, zumal Anna Amalias Onkel, der Preußenkönig Friedrich II. (1712–1786), Graf Brühl „glühend haßte", weil er als brillanter Diplomat die Erzfeinde Frankreich und Österreich miteinander zu Lasten Preußens ausgesöhnt hatte; die preußisch beeinflusste Geschichtsschreibung rückte ihn lange wohl zu Unrecht in ein schlechtes Licht.⁵⁵

Am 30. August 1759 trat Anna Amalia 19-jährig mitten im Siebenjährigen Kriege (1756–1763) die Regentschaft für ihren Sohn an, wobei bis zu ihrer Volljährigkeit mit 21 Jahren ihr Vater Mitregent war. Wenige Monate nach Übernahme der Regentschaft stürzte sie den mächtigen Minister Graf Heinrich von Bünau (1697–1762), womit sie die Regierungsgeschäfte in den Händen hielt. Während der letzten Phase des Siebenjährigen Krieges, der das Ergebnis hatte, dass der Gebietsstand von 1756 unverändert blieb, wusste Anna Amalia geschickt zwischen dem Preußenkönig Friedrich II. und der kaiserlichen Partei zu lavieren. Für beide Kriegsparteien musste sie Soldaten zur Verfügung stellen, wobei sie inoffiziell eine Generalamnestie für jeden Fahnenflüchtigen anordnete.⁵⁶

Anna Amalias 16-jährige Regierungszeit stand im Geiste des aufgeklärten Absolutismus – eine Staatsform, bei der es noch keine Gewaltenteilung und verbrieften Grundrechte gab, bei der sich jedoch der Herrscher, ohne Möglichkeiten der Kontrolle, immerhin als erster Diener seines Gemeinwesens verstand. Soweit ersichtlich blieben die mit Regierungsantritt 1759 von Anna Amalia übernommenen hohen Schulden bis zur Abgabe der Regierungsverantwortung an Carl August in etwa gleich,⁵⁷ wobei bei der Jenaer Landschaft der Schuldenstand sogar etwas abgetragen werden konnte.⁵⁸ In Zeiten von Krieg, Missernten, einer durch schlechte Beratung verursachten

Währungskrise, der sogenannten Sechserplage, mit verheerenden Folgen für die Wirtschaft,[59] wie auch in Anbetracht der erheblichen Kosten des Regierungswechsels von 1775 ist das insgesamt eine beachtliche Bilanz. Beachtlich vor allem, weil Anna Amalia, wo sie nur konnte, erhebliche Gelder für die Förderung von Wissenschaft, Kunst und Kultur einsetzte, was von entscheidender Bedeutung für die Zukunft des kleinen Herzogtums war. Unter ihrer Ägide, vor und gerade nach dem Regierungswechsel, entstand ein einzigartiger Musenhof, der Weltgeschichte schrieb. Schon 1763 hatte sich Anna Amalia den Schriftsteller und Lehrer Johann C. A. Musäus (1735–1787) in ihren Kreis geholt. Musäus' Berufung als Pfarrer bei Eisenach war an dem erbitterten Widerstand der dortigen Bauern gescheitert, die ihn deswegen für völlig ungeeignet hielten, weil er bei einem Fest getanzt hatte.[60] Mit devoten Gedichten wartete er bei Anna Amalias Geburtstagen auf, etwa am 24. Oktober 1771 mit dem Vorspiel DIE STUFEN DES MENSCHLICHEN ALTERS, deren Schlussverse lauten:

> Voll Hoheit Menschenlieb und Milde
> Ist unsres Dorfes Edelfrau.
> Wem bleibet bei der Fürstin Bilde
> Das Herz in seinem Busen lau?
> Stets muß der Schutzgeist um Sie schweben,
> Der gute Fürsten nie verläßt!
> Ein jeder Tag von ihrem Leben
> Ist für Ihr ganzes Land ein Fest!

Später trat Musäus oft als Schauspieler im Liebhabertheater auf, über ihn wird berichtet: „Dem kindlich guten, frohen und originellen Musäus gelangen die niedrig-komischen Rollen, wozu sein drolliges Äußere so herrlich sich schickte, ungemein wohl".[61]

1772 berief Anna Amalia – nach hartnäckiger Vorarbeit des Weimarer Prinzenerziehers Graf Johann Eustach von Schlitz, genannt Görtz (1737–1821) – den damals berühmten Dichter und Philosophen Christoph Martin Wieland (1733–1813) als Prinzenerzieher. Die Nachricht davon verbreitete sich in ganz Deutschland. Carl Ludwig von Knebel (1744–1834), 1774 als Erzieher von Anna Amalias zweitem Sohn berufen, schrieb noch als preußischer Soldat (seit 1765) in einem Brief über Wieland: „Der erste deutsche Dichter, der als solcher zum Hofmanne die Bahn bricht; so klein auch immer der Hof ist."[62] Vor seiner Berufung war Wieland oft von Erfurt nach Weimar gefahren, wo er, „ich mag es nicht leugnen, der schönen, damals 34jährigen Regentin mit vollem Enthusiasmus huldigte. Als ich einst allein in dieser Stimmung nach Erfurt zurückfuhr, entwarf ich im Wagen den Plan zu einem Geburtstagsvorspiel Aurora, worin ich der Herzogin die süssesten Dinge sagen durfte."[63] Die Berufung Wielands war von großer Bedeutung, denn es war eine Epoche, in der das Theater vorwiegend als eine Stätte angesehen wurde, in der die Sitten verdorben werden. Wieland schrieb 1773 über Anna Amalia, die, nachdem man sich vom verheerenden siebenjährigen Krieg erholt hatte, um ein Theater in Weimar bemüht war: „Und so genoß Weimar eines Vorzugs, dessen keine andere Stadt in Teutschland sich zu rühmen hatte: ein teutsches Schauspiel zu haben, welches jedermann dreimal in der Woche unentgeltlich besuchen durfte."[64] Im selben Jahr wurde zu Anna Amalias Geburtstag das Drama MEROPE von Friedrich Wilhelm Gotter (1746–1797) aufgeführt. Zuvor war Gotter in Wetzlar mit Goethe Praktikant am Reichskammergericht (1693–1806) gewesen und hatte mit ihm Freundschaft geschlossen.[65] Bereits den siebenjährigen Carl August ließ Anna Amalia im Theater auftreten, wobei er „ohne die geringste Verlegenheit, mit richtigem Gefühlsausdruck und gutem Gedächtnis" gespielt haben soll.[66] Auch später übernahm Carl August an dem von ihm und seiner Mutter finanzierten Liebhabertheater immer wieder Rollen als Schauspieler.[67]

Anna Amalia legte großen Wert auf eine erstklassige Ausbildung ihrer Kinder: „Ein auslangend bildender Unterricht ihrer fürstlichen Söhne", so Goethe 1813, „war das Hauptaugenmerk einer zärtlichen, selbst höchst gebildeten Mutter".[68] Als Anna Amalia die Schauspieltruppe von Heinrich Gottfried Koch (1703–1775) nach Weimar holte (1768–1771), schrieb Christian Felix Weiße (1726–1804) gefällige Singspiele nach französischem Vorbild, zu denen Johann Adam Hiller (1728–1804) lieblich-volkstümliche Melodien setzte. Weiße widmete 1770 seine wohl bedeutendste Operette, DIE JAGD, mit einem Dankgedicht bei der Uraufführung in Weimar Anna Amalia als Beschützerin der deutschen Musen.[69] Weiße schrieb am 4. Februar 1770 über Anna Amalia: „Eine Prinzessin deren herausragenden Eigenschaften des Geistes und des Herzens dem Volk zum Glück, den Fremden zur Bewunderung und dem Jahrhundert zum Schmuck gereichen."[70] Unter dem Einfluss der beliebten Weiße-Hillerschen Singspiele schrieb Goethe Texte wie CLAUDINE VON VILLABELLA (ab 1774), JERY UND BÄTELY (1779) oder LILA (ab 1776).[71] Goethe kannte die Schauspieltruppe von Koch aus seiner Studentenzeit in Leipzig (1765–1768), diese gab auch 1774 die Uraufführung seines GÖTZ VON BERLICHINGEN in Berlin. Als Anna Amalia die Seylersche

Schauspieltruppe für Weimar gewinnen konnte (1771–1774), war dies ein „äußerst glücklicher Griff. Die Seyler'sche Truppe war die beste Schauspielgesellschaft, welche in jener Zeit in Deutschland existierte".[72] Nach der Regierungsübergabe an Carl August beabsichtigte Anna Amalia sich besonders dem Ausbau eines Liebhabertheaters zu widmen. Goethe bot kurz nach seiner Ankunft in Weimar im November 1775 in Anna Amalias Auftrag der berühmten Sängerin und Schauspielerin Corona Schröter (1751–1802) eine Stelle an, die sie 1776 annahm. Für die Bühnendekorationen und die Kostüme des Liebhabertheaters (1775–1784) arbeitete neben Georg Melchior Kraus (1737–1806), der seit Oktober 1775 in Weimar angestellt war, der Leipziger Maler, Bildhauer und Kunsttheoretiker Adam Friedrich Oeser (1717–1799).[73] Oeser hatte bereits 1755, kurz vor Anna Amalias Vermählung, ein Reiterportrait von ihrem Bräutigam angefertigt. Von 1767 bis 1774 wurde Oeser als Künstler und Ratgeber für den Bau des Wohnhauses des Ministers Jakob Friedrich Freiherr von Fritsch (1731–1814) herangezogen. Dieses Haus bezog Anna Amalia 1774 nach dem Brand des Stadtschlosses. Fortan hieß es Wittumspalais und sollte von der Fürstin bis zu ihrem Tod bewohnt werden (Abb. 12).[74]

Eine der Hofdamen Anna Amalias war Charlotte von Stein. Ihr Vater Johann Wilhelm Christian von Schardt (um 1711–1790) diente bereits unter dem „Tyrannen" Ernst August I. Nach dessen Tod war er Erzieher von Anna Amalias späterem Gatten. Sein Drang zu pompöser Repräsentation und seine Leidenschaft, Kunstobjekte zu sammeln, brachten ihn dem Konkurs nahe, der nur durch Einsatz von annähernd der gesamten Aussteuer seiner Frau abgewendet werden konnte. Dieses Geld war für die Ausbildung der Kinder vorgesehen gewesen. Als 1755 Ernst August Constantin seine Regierung antrat und es seine Erzieher zu belohnen galt, bekam von Schardt demonstrativ nur 275, sein Kollege hingegen 20.000 Taler.[75] Anna Amalia hielt ihn für einen Verschwender, der über seine Verhältnisse lebt, sie entließ ihn kurzerhand in den Ruhestand. Er scheint sich seinem Umfeld in unangenehmer Weise als selbst ernannter Humanist und Kunstkenner aufgedrängt zu haben. Ein „Hofmarschall, den man mit Recht außer Tätigkeit gesetzt hat", urteilte im Februar 1776 der musikalisch und schriftstellerisch ambitionierte, seit Ende 1775 am Weimarer Hof beschäftigte Kammerherr Siegmund von Seckendorff (1744–1785).[76] Ein pedantischer Theologiestudent sowie der angeblich in seinen Qualitäten verkannte Vater waren die Erzieher der Geschwister von Schardt, die ihre Jugend als unglücklich empfanden. Die Grundausbildung von Charlotte von Schardt beinhaltete neben den häuslichen Arbeiten Lesen, Schreiben, Rechnen, Bibelstudium und Gesang. Die höhere Bildung umfasste Französisch, Tanzen, Klavierspiel und Konversation.[77] Charlotte war 1758 Anna Amalias Hofdame geworden,[78] die Fürstin „hatte die Güte, sie zu einem ihrer Hoffräulein zu erwählen".[79] Nach den dienstrechtlichen Vorstellungen des späten 18. Jahrhunderts blieb sie auch nach ihrem Ausscheiden aus dem aktiven Dienst 1764 aufgrund ihrer Heirat bis zu Anna Amalias Tod dem Status nach deren Hofdame, dies war „ihr formell bis zum Tode ihrer Herrin [Anna Amalia] 1807 ausgeübter ‚Hauptberuf'".[80] Als solche wurde sie auch wahrgenommen, wie etwa von der kurz vor Anna Amalias Tod in Weimar angekommene Johanna Schopenhauer, die an ihren Sohn am 22. Dezember 1806 schreibt, sie habe Frau von Stein kennen gelernt, Anna Amalias Hofdame.[81]

Nur die Kopie eines verschollenen Selbstbildnisses von 1787 vermittelt einen Eindruck, wie Charlotte von Stein aussah (ABB. 24),[82] ansonsten sind nur einige Silhouetten und wenige undeutliche Alterszeichnungen überliefert.[83] „Über das Äußere von Charlotte von Stein ... ist letzte Klarheit heute nicht mehr zu gewinnen", heißt es bei einem Biographen.[84] Bei den vielen Kunstmalern, die in Weimar arbeiteten, wäre es an sich selbstverständlich gewesen, gemalt zu werden. Die Herzogin Luise (1757–1830) ließ sich sogar vom berühmten Johann F. A. Tischbein (1750–1812) ein Portrait anfertigen, nur um es der Freundin Charlotte von Stein zu schenken. In einem Brief berichtet Frau von Stein einem ihrer Söhne: „Der Herzogin ihr Porträt ziert nun mein Kabinett, aber der allzu prächtige Rahmen daran schlägt meine übrigen Möbel tot."[85] Frau von Stein ließ auch keine Büste von sich anfertigen. Der Hofbildhauer Gottlieb Martin Klauer (1742–1801), den Anna Amalia 1774 von Rudolstadt nach Weimar berief, wäre jederzeit bereit gewesen, hatte er doch auch eine andere Hofdame Anna Amalias, Luise von Göchhausen (1752–1807), abgebildet.[86] Frau von Stein wollte also bis auf ein Selbstportrait, angefertigt mit Hilfe von zwei Spiegeln, das sie im Halbprofil zeigt, nicht abgebildet werden. Ein kleines Bildnismedaillon (ABB. 25), das um 1785 datiert wird, zeigt Frau von Stein in genau der gleichen Stellung wie auf dem Selbstportrait.[87] Nur im Profil sollte man die „Seelenfreundin" Goethes erblicken können. Getreue Abbildungen der Frau von Stein, die für Friedrich von Schiller (1759–1805) nie schön gewesen sein konnte,[88] hätten das Weimarer Staatsgeheimnis erschüttern können.

Nach der strengen Erziehung im Elternhaus hatte Charlotte als Hofdame auf einmal Zugang zum prächtigen Hof Anna Amalias mit seinen vielfältigen Festen und Vergnügungen. Ein Lächeln der Fürstin zu erhalten, machte eine

Hofdame glücklich. 1764 vermählte sich die 21-Jährige mit dem 28-jährigen Josias von Stein (1735–1793), der unter Anna Amalia zum Stallmeister avanciert und zugleich Erb- und Gerichtsherr auf seinem Gut Kochberg war. Josias von Steins Mutter, Elisabeth Rosina Dorothea Charlotte (1712–1778), eine geborene von Rotenhan, gehörte zum engsten Kreis um Anna Amalia;[89] sein Vetter Friedrich Carl Freiherr von Rotenhan war ab 1773 Hofjunker und Regierungsrat.[90] Unter Carl August wurde Josias von Stein zum Oberstallmeister befördert, er war verantwortlich für um die 130 Zug- und Reitpferde, den Wagenpark und das Gestüt in Allstedt.[91] Josias von Stein war ein gut aussehender Mann sowie ein ausgezeichneter Tänzer und Reiter: „Er trinkt nicht, spielt nicht und besitzt praktischen Verstand. Seine Frau behandelt er gut, vertraut ihr, achtet sie."[92] Neueste Forschungen zeigen inzwischen ein ganz anderes Bild von Josias von Stein, weg vom „naiv-gutmütige[n] Trottel im Gewande des eleganten Kavaliers", hin zu einem durchsetzungsstarken, konfliktfreudigen Spitzenbeamten, der zu den treuesten Mitarbeitern Anna Amalias und Carl Augusts zählte.[93] Die Familie von Stein war zudem hochverschuldet, allein im Hochzeitsjahr nahm Josias von Stein einen zu verzinsenden Kredit von 5.700 Reichstalern auf – von Herzogin Anna Amalia; die Rückzahlung erfolgte im Rahmen einer Umschuldung erst 24 Jahre später.[94]

Mit der Heirat scheint Frau von Stein zur besonderen Vertrauten Anna Amalias aufgestiegen zu sein.[95] Sie gebar sieben Kinder, von denen nur drei Söhne das Säuglingsalter überlebten. Um die Erziehung ihres jüngsten Sohnes Gottlob Friedrich Constantin von Stein (1772–1844), genannt Fritz, sollte sich Goethe später besonders bemühen. 1762 gewährte die Herzogin Anna Amalia einem Bruder Charlottes ein Stipendium, damit dieser die Rechte studieren konnte. Alle drei Brüder Charlottes traten in den Weimarer Staatsdienst und wurden von Anna Amalia gefördert. 1773 verlieh Anna Amalia dem Vater Schardt das Ehrenprädikat „Exzellenz" und einen Orden; zwar blieb der alte Schardt ohne eine konkrete Aufgabe, aber die Ehrung genügte ihm. Die in Weimar zu Besuch weilende baltische Schriftstellerin Sophie Becker (1754–1789) notierte am 2. März 1785 in ihr Tagebuch: „Der alte Schardt machte nunmehr auch seinen Besuch, und gleich bei seinem Eintritte [im Salon der Gräfin Bernstorff] lief Goethe davon. Der alte Mann ist gleichsam das Schreckbild jedes klugen Kopfes, eine verjahrte Hofschranze, die ihre Existenz in dem Lächeln der Fürsten sucht."[96] Schiller urteilte: „… in dieser Familie [von Schardt] sind die Weiber gescheit und die Männer dumm bis zum Sprichwort".[97]

Frau von Stein leistete in den Jahren des Regierungswechsels wichtige Dienste für ihre Herrin Anna Amalia. Caroline Gräfin Görtz (1749–1809) berichtet in einem Brief an ihren Mann vom 29. Dezember 1774: „... die Stein wird von Tag zu Tag mehr die Favoritin [der Herzogin Anna Amalia], in Kürze wird sie all die anderen in den Schatten gestellt haben".[98] Am 24. April 1775 berichtet dieselbe an ihren Mann: „Die Stein ist nach wie vor auf bestem Fuß mit der Herzogin [Anna Amalia] ... sie wird zur Dichterin, man sagte mir, sie hätte ganz niedliche Verse gemacht."[99] Nach „langem, beharrlichen Werben"[100] wurde sie die Vertraute von Carl Augusts Frau, Herzogin Luise, und gute Freundin ihrer beiden Hofdamen.[101] Damit war Anna Amalias treu ergebene Hofdame im engsten Umfeld ihrer Schwiegertochter Luise, mit der sie zeitlebens kein gutes Verhältnis pflegte. Eine weitere Aufgabe war ungleich schwieriger und betraf die „Geheimsache Goethe".

Erste Zugänge:
„Das Problem meines Lebens"

Maman [Anna Amalia] steht mit dem Genie par Excellence [Goethe] auf besserem Fuß als jemals zuvor; und trotz seiner Zurückhaltung in der Öffentlichkeit spricht die Verleumdung darüber. Er ist bei nahezu allen Soupers letzter.

Gräfin Görtz an ihren Mann, 15. März 1778

Mein Gott dem ich immer treu geblieben bin hat mich reichlich geseegnet im Geheimen, denn mein Schicksaal ist den Menschen ganz verborgen, sie können nichts davon sehen noch hören.

Goethe an Lavater, 8. Oktober 1779

Im Jahr 1785 verlor Goethe die Nerven, als er von der Halsbandaffäre in Paris erfuhr. Im Eintrag von 1789 in den Tag- und Jahresheften (1817–1830) berichtet er: „… im Jahr 1785 hatte die Halsbandgeschichte einen unaussprechlichen Eindruck auf mich gemacht. In dem unsittlichen Stadt-, Hof- und Staatsabgrunde, der sich hier eröffnete, erschienen mir die greulichsten Folgen gespensterhaft, deren Erscheinung ich geraume Zeit nicht loswerden konnte; wobei ich mich so seltsam benahm, daß Freunde … [mir] gestanden, daß ich ihnen damals wie wahnsinnig vorgekommen sei." Durch den darauf folgenden Prozess schien Goethe „die Axt an die Wurzel des Königtums gelegt".[102] „Wir wissen", so Riemer, „daß die berüchtigte Halsbandgeschichte unsern Dichter wie das Haupt der Gorgone [weibliches Ungeheurer mit Schlangenhaaren] erschreckte".[103] Hier stellt sich die Frage, ob Goethe bei der Nachricht überreagierte, weil er um die politische Stabilität Frankreichs fürchtete oder ob er andere Gründe hatte.

Bei der Halsbandaffäre spielte die Gräfin de la Motte (1756–1791) dem am Hofe in Ungnade gefallenen Kardinal Rohan (1734–1803) vor, dass er die Gunst der Königin Marie-Antoinette (1755–1793) zurückgewinnen könne, wenn er ihr beim Erwerb eines sagenhaften, aus 647 Diamanten bestehenden Halsbandes als Bürge behilflich sein würde. Der Kardinal fiel auf den Schwindel herein, der unter anderem mit gefälschten Briefen und einem Treffen mit der angeblichen Königin im Venushain von Versailles glaubhaft gemacht wurde. In Wirklichkeit traf Rohan sich mit einer Schauspielerin, einer gewissen Nicole Leguay d'Oliva (1761–1789), die der Königin ähnlich sah. Er bestellte das Halsband für die Königin und übergab es am 1. Februar 1785 ihrem angeblichen Kammerdiener, der es der Betrügerin la Motte aushändigte. Als die Ratenzahlungen durch die Königin ausblieben, flog der Schwindel auf. Ab Mitte August 1785 fanden Verhaftungen statt. Wie ein Lauffeuer verbreitete sich die Kunde von der Halsbandaffäre in ganz Europa. Der Prozess fand im Mai 1786 statt. Der Ausgang war, dass Kardinal Rohan in ein Kloster verbannt und verpflichtet wurde, den Schaden der Juweliere aus Kircheneinnahmen abzutragen.[104] Im französischen Volk erregte die Affäre Widerwillen und wurde rückblickend als ein Fanal für die Französische Revolution gesehen. Der Umstand, dass die Juweliere glauben konnten, dass die Königin auf zwielichtige Art und Weise die Käuferin des Halsbandes gewesen sei, reichte, um das Vertrauen in die ohnehin leichtsinnige Marie Antoinette vollends zu verlieren. Goethe urteilte am 15. Februar 1831 in einem Gespräch mit Eckermann: „Das Faktum [Ereignis] geht der Französischen Revolution unmittelbar voran und ist davon gewissermaßen das Fundament. Die Königin, der fatalen Halsbandgeschichte so nahe verflochten, verlor ihre Würde, ja ihre Achtung, und so hatte sie denn in der Meinung des Volkes den Standpunkt verloren, um unantastbar zu sein. Der Haß schadet niemand, aber die Verachtung ist es, was den Menschen stürzt."

Der Grund, warum Goethe, der im Gedicht PROMETHEUS (1774) selbst gegen die Götter Sturm lief („Ich kenne nichts Ärmeres/Unter der Sonn als euch, Götter!"), wegen der Halsbandaffäre seinen Freunden wie wahnsinnig vorkam, ist zunächst nicht nachvollziehbar, zumal damals die dramatischen Folgen für die Königsfamilie noch nicht absehbar waren. Goethes Reaktion macht dann Sinn, wenn man davon ausgeht, dass sich auch in Weimar eine vergleichbare Affäre abspielte, die, wäre sie bekannt geworden, schlimmste Folgen für ihn und die herzogliche Familie nach sich gezogen hätte. Im Lustspiel DER GROßKOPHTA verarbeitete Goethe 1791 den Stoff der Halsbandaffäre (1785), legte ihm seine eigene verbotene Liebe unter und stellte sich als besseren Schwindler als den berühmt-berüchtigten Graf Cagliostro (1743–1795) dar. Graf Cagliostro, der mit dem Kleinbetrüger Giuseppe Balsamo aus Palermo identifiziert wird, war ein Abenteurer, Wunderheiler und Freimaureroberhaupt. Bei der Halsbandaffäre spielte er eine undurchsichtige Rolle und wurde ebenfalls verhaftet. Goethe besuchte während seines Sizilienaufenthaltes die Familie Balsamo in Palermo (13./14. April 1787). Dabei verhält er sich selbst zwielichtig: Um Zutritt zu der zurückgezogen lebenden Familie zu erhalten, gibt er sich als Engländer aus, behauptet Nachrichten und einen Gruß von Cagliostro aus London zu überbringen; er erklärt sich bereit, einen Brief an Cagliostro zu übermitteln; er antwortet auf die Frage, ob Cagliostro wirklich seine Familie in Palermo verleugne, dass er bei „Freunden und Bekannten kein Geheimnis daraus mache". Im Halsbandprozess wurde Cagliostro zwar freigesprochen, um von London über Umwege nach Rom zu gelangen. Doch als die Französische Revolution ausbrach, statuierte der Kirchenstaat an ihm ein Exempel gegen Geheimbünde und der „Erzketzer" wurde von der Inquisition zum Tode verurteilt. Anna Amalias Bibliothekar Christian Joseph Jagemann (1735–1804) übersetzte die römischen Prozessakten ins Deutsche (1791). Papst Pius VI. wandelte Cagliostros Todesstrafe in lebenslänglichen Kerker um, dort starb er unter nie geklärten Umständen 1795.

Goethes Liebesbeziehung zu Anna Amalia durfte nicht bekannt werden, da es einem Bürgerlichen, der 1782 Mitglied des niederen Reichsadels wurde, nicht erlaubt war, eine Verbindung mit einer Fürstin einzugehen. Hätten sich die Liebenden über dieses Verbot öffentlich hinweggesetzt, so hätte Anna Amalia das kleine Fürstentum der Gefahr von schweren Sanktionen ausgesetzt, die vor allem ihr Sohn Carl August als regierender Herzog zu spüren bekommen hätte. An der Spitze der im Heiligen Römischen Reich Deutscher Nation (etwa 962–1806) organisierten Fürstentümer standen nur wenige, dem Hochadel angehörende Familien, die nur innerhalb ihres Standes das Heiraten erlaubten. Um die verbotene Liebesbeziehung zu Anna Amalia zu ermöglichen, wurde Frau von Stein als Goethes Geliebte ausgegeben. Goethes Reaktion bei der Halsbandaffäre spiegelte seine Angst vor den Konsequenzen einer Entdeckung seines Geheimnisses wider. Dieses Geheimnis ist eine potenzierte Halsbandaffäre, so brillant inszeniert, dass es über 200 Jahre unentdeckt bleiben sollte. Goethes Angst wird verständlich, wenn man die Versuche denkt, die rigiden Schranken des Hochadels zu lockern, die oft tragisch endeten. Caroline Mathilde, Königin von Dänemark (1751-1775), wurde beispielsweise wegen eines Verstoßes gegen die monarchischen Schranken geschieden und verbannt. Ihr wohl geisteskranker Ehemann Christian VII. (1749-1808) hatte 1769 den deutschen Arzt Johann Friedrich Struensee kennengelernt, der mit seinem Leiden umgehen konnte und ihm etwas Erleichterung verschaffte. Der bürgerliche Arzt begann ein Verhältnis mit Caroline Mathilde, führte als allmächtiger Minister, ab 1771 als Graf von Struensee, die Regierungsgeschäfte und leitete – 17 Jahre vor der Französischen Revolution – umfassende Reformen im Sinne der Aufklärung ein, etwa die Abschaffung der Folter und der Pressezensur. Der unliebsame bürgerliche Emporkömmling wurde 1772 gestürzt und, da er eines Verhältnisses mit der Königin überführt wurde, grausam hingerichtet.[105] Graf Struensee wurde geköpft, geviertuelt und auf das Rad geflochten, sein Kopf und seine rechte Hand wurden an einer Stange aufgespießt und verblieben zwei Jahre lang zur allgemeinen Abschreckung auf dem Richtplatz; treibende Kraft für die Entmachtung und Abschlachtung war die Stiefmutter des Königs, Juliane Marie von Braunschweig-Wolfenbüttel, Königin von Dänemark (1729-1796) gewesen, Anna Amalias Tante. Anna Amalias Onkel wiederum, König Friedrich II. von Preußen, stand seiner Schwägerin Juliane Marie bei und begrüßte eine baldige Vernichtung des bürgerlichen Emporkömmlings Struensee; er stellte sogar militärischen Beistand Preußens für Dänemark in Aussicht, falls England, aus deren Herrscherhaus Caroline Mathilde stammte, die angekündigte Strafexpedition durch ihre Flotte wahr machen sollte.[106]

Als Herzog Anton Ulrich von Sachsen-Meiningen die Kammerjungfer Philippine Elisabeth Cäsar, die Tochter eines hessischen Hauptmanns, die ihm zehn Kindern gebar, ehelichte, versagte Kaiser Carl VI. diesen die Anerkennung als legitime Rechtsnachfolger des Herzogs. Nach zähem Hin und Her zwischen den Kanzleien erteilte der Kaiser dennoch „1727 die nachgesuchte Standeserhöhung, mit hinzugefügter Warnung gleichwohl, sich inskünftige dergleichen Mißheirathen zu enthalten; aber Kaiser Carl VII. erklärte 1744 ... die Ehe für eine wirkliche Mißheirath und die daraus herrührenden Kinder für unfähig, in die vornehmen Reichslehen, Land und Leute zu succedieren. Hierbei blieb es auch".[107] Ein anderes Beispiel liefert der Reichsfürst Carl Anselm von Thurn und Taxis, als Prinzipalkommissar der Stellvertreter des Kaisers auf dem Reichstag in Regensburg.[108] Seine erste standesgemäße Frau, die württembergische Prinzessin Augusta Elisabeth, unternahm drei Mal den Versuch, ihn zu ermorden. Beim letzten Versuch wollte sie auch ihren Bruder, den schwäbischen Herzog Karl Eugen, vergiften, jenen Fürsten, der den Dichter Friedrich Schiller zur Emigration zwang. Carl Anselms Ehefrau wurde unter haftähnlichen Bedingungen verbannt und nachdem sie gestorben war, heiratete er die Bürgerliche Elisabeth Hillebrand. Für sie wurde ein Adelsdiplom besorgt, die Gesandten des Reichstages in Regensburg protestierten dennoch vehement gegen diese Verbindung. Die Begründung der bis auf wenige Ausnahmen, etwa den ehemaligen Weimarer Prinzenerzieher Graf Görtz, samt ihren Frauen an sexuellen Ausschweifungen beteiligten Gesandten war, dass die Bürgerliche Elisabeth Hillebrand eine Prostituierte gewesen sei.[109] Napoleon bezeichnete den Reichstag, als er ihn 1806 auflöste, „ein Affenhaus voll der Lächerlichkeit und Bosheit der Tiere".[110] Elisabeth Hillebrand wurde jedenfalls nicht als ihresgleichen akzeptiert, die Ehe scheiterte und sie wurde verbannt.

Umgekehrt gab es auch in bürgerlichen Kreisen Standesdünkel, etwa wenn ein reicher Student aus Frankfurt sich in die Tochter eines Leipziger Zinngießers und Weinwirts verliebte. Das widerfuhr Goethe am eigenen Leib als Student in Leipzig. Wenige Briefe seiner Korrespondenz mit seinen engsten Frankfurter Jugendfreunden sind erhalten geblieben, denn jene, die Goethe später habhaft werden konnte, vernichtete er.[111] Johann Adam Horn (1749–1806) berichtet entsetzt am 12. August 1766 an Friedrich Maximilian Moors (1747–1782), dass Freund Goethe sich in ein Weibsbild verliebt habe, dass „die abgeschmackteste Kreatur der Welt" sei, er solle ihm dringend helfen, Goethe wieder zur Vernunft zu bringen. Im nächsten Brief vom 3. Oktober 1766 ist Horn wieder beruhigt, denn in Leipzig würde sich lediglich eine Camouflage abspielen: „Er [Goethe] hatte sich verstellt, daß er nicht allein mich, sondern noch mehrere Leute betrog und mir niemals den eigentlichen Grund der Sache entdeckt haben würde, wenn Deine Briefe ihm nicht den nahen Verlust eines Freundes vorherverkündigt hätten. ... Er liebt – allein nicht jenes Fräulein, mit der ich ihn im Verdacht hatte. Er liebt ein Mädchen [Kätchen Schönkopf], das unter seinem Stand ist ... Er liebt sie sehr zärtlich, mit den vollkommen redlichen Absichten eines tugendhaften Menschen, ob er gleich weiß, daß sie nie seine Frau werden kann. ... Merke nun seine List! Damit niemand ihn wegen einer solchen Liebe in Verdacht haben möchte, nimmt er vor, die Welt grad das Gegenteil zu bereden, welches ihm bisher außerordentlich geglückt ist. Er macht Staat und scheint einer gewissen Fräulein, von der ich Dir erzählt habe, die Kur zu machen. Er kann zu gewissen Zeiten seine Geliebte sehen und sprechen, ohne daß jemand deswegen den geringsten Argwohn schöpft ... Mittlerweile hält man ihn nun in die

Fräulein ... verliebt, und man vexiert ihn wohl gar in Gesellschaft deswegen. ... Er hat mich seit der Zeit einer näheren Vertraulichkeit gewürdigt, mir seine Ökonomie entdeckt und gezeigt, daß der Aufwand, den er macht, nicht groß ist, wie man glauben sollte. ... Ich bedaure ihn und sein gutes Herz, daß würklich in einem sehr mißlichen Zustande sich befinden muss, da er das tugendhafteste und vollkommenste Mädchen ohne Hoffnung liebt."[112] Die Liebe zwischen dem standesungleichen Paar Anna Amalia und Goethe scheint ab dem Jahr 1776 nachweisbar zu sein. „Mit der Herzoginn Mutter hab ich sehr gute Zeiten", schreibt der Dichter am 14. Februar 1776 an Johanna Fahlmer (1744–1821), „[wir] treiben auch wohl allerley Schwänck und Schabernack." Nach außen wird ihre Liebe durch die Inszenierung von Frau von Stein als platonische Geliebte Goethes geschützt. Um diese sonderbare Verbindung glaubhaft zu machen, wird ein Treffen in Ilmenau arrangiert. Frau von Stein befindet sich Anfang August 1776 auf der Rückreise von einem Badeaufenthalt in Pyrmont und macht einen Umweg über Ilmenau, um Goethe zu sehen. Dieser ist dort amtlich unterwegs. Auch der Herzog weilt mit seinem Hofstaat in Ilmenau, also mit zumindest einem Teil seiner knapp 40 persönlichen Diener, einschließlich zweier Mohren,[113] mit seinen Mitarbeitern und sonstigen Begleitern wie etwa dem Maler Kraus. Frau von Stein trifft am Abend des 5. August 1776 in Ilmenau ein. Goethe verbringt einen Teil des 6. Augusts mit seiner „Geliebten" und besucht mit ihr die in der Nähe gelegene Hermannsteiner Höhle. Wer es noch nicht mitbekommen hat, weiss nun, dass zwischen Goethe und Frau von Stein sich etwas abspielt. An Johann Gottfried Herder (1744–1803), der in Pyrmont Frau von Stein kennen gelernt hatte und bald auf Vermittlung Goethes für das höchste kirchliche Amt nach Weimar berufen wurde, schreibt er am 9. August von der Begegnung: „Den Engel die Stein hab ich wieder ... einen ganzen Tag ist mein Aug nicht aus dem ihrigen kommen".

In seinem Brief vom 8. August 1776 an „Frau von Stein", der auf den „gemeinsamen" Tag am 6. August 1776 Bezug nimmt, ergibt sich ein anderes Bild. Goethe schreibt: „Lieber Engel! Ich hab an meinem Falken geschrieben, meine Giovanna wird viel von Lili haben, du erlaubst mir aber doch, daß ich einige Tropfen deines Wesen's drein gieße, nur so viel es braucht um zu tingieren [färben]." Es sind also einige Tropfen des Wesens der Dame, der er schreibt, vonnöten, denn „viel" von Lili Schönemann (1758–1817), Goethes früherer Frankfurter Verlobten (1775), reicht nicht aus, um die gewünschte Substanz zu erhalten. Aufschlussreich ist Goethes Angabe in dem Brief vom 8. August, dass er an DER FALKE arbeitet, ein Stück, das er bald wieder beiseite legt. Der Titel und die darin auftretenden Personen weisen auf Boccaccios (1313–1375) Novelle DER FALKE (DEKAMERON V, 9) hin.[114] In Boccaccios Geschichte geht es um den jungen Edelmann Federigo, der sein Vermögen für ritterlichen Aufwand verbraucht, um die Liebe der reichen adeligen Dame Giovanna zu gewinnen. Doch erst später, als er völlig verarmt ist, gelingt es ihm, die Witwe Giovanna mit seiner edlen Gesinnung zu erobern. Vom Bruchstück DER FALKE sind nur wenige Worte auf einer Seite Konzeptpapier festgehalten, darunter: „Noch zittern! Beben! Überrascht zu werden …", „Drängt mich's nicht hin zu ihr, küß ich nicht ihre Hand, ihren Handschuh, den Lippen ihres Kleids vor!" Goethe, der bald nach seiner Ankunft in Weimar schon mit der Notwendigkeit zu täuschen konfrontiert war, beschreibt im Fragment sein Lebensgefühl, das Zittern, das Beben, das ihn ergreift beim Gedanken, mit seiner Geliebten überrascht zu werden. Doch hätte Goethe das ihm auferlegte Geheimnis nicht wahren können, wenn er dieses Stück, in dem eine schöne, reiche Witwe die Hauptrolle spielte, ausgearbeitet hätte. Bereits in Goethes Fragment ist Giovanna als eine Fürstin erkennbar, da nur einer Fürstin der Saum ihrer Kleider geküsst wurde. Die Untertanen mussten sich dazu tief verneigen und verliehen damit ihrer untertänigen Gesinnung Ausdruck. Bei Hofbällen und im Theater wurden die Herrschaften vor der Aufführung zum Rockkuss zur Herzogin Anna Amalia vorgelassen.[115]

Bei Anna Amalias Hofdame Frau von Stein wäre ein Rockkuss protokollarisch eine Anmaßung gewesen. Ihre offizielle Aufgabe bestand darin, die Fürstin, der sie diente, zu unterhalten, ihr treu zu Diensten zu stehen und für ihr Wohlbefinden zu sorgen – vom Fürstenstand trennten auch sie Welten. Anna Amalias Amtstitel lautete: „Verwittwete Herzogin zu Sachsen, Jülich, Cleve und Berg auch Engern und Westphalen, gebohrne Herzogin zu Braunschweig und Lüneburg, Landgräfin in Thüringen, Markgräfin zu Meißen, gefürstete Gräfin zu Henneberg, Gräfin zu der Marck und Ravensberg, Frau zu Ravenstein etc." Münzen mit ihrem Abbild als regierende Herzogin wurden geprägt.[116] In einer bedachten Gondel, die groß genug war, um auch Musikern Platz zu bieten, ließ sich Anna Amalia durch künstlich angelegte Teiche fahren (ABB. 13). Spaziergänge Anna Amalias waren öffentliche Ereignisse, ihr ehemaliger Page erinnert sich: „Die Herzogin pflegte zuweilen an Sonn- und Festtagen nach der Tafel in die Esplanade spazieren zu gehen; die Stunde wurde der Noblesse unter der Hand bekannt gemacht, welche sich dann zahlreich versammelte und sich harrend auf den zur Seite stehenden Bänken niederließ. Die Regentin erschien gewöhnlich im Reifrock und mit dem ganzen Hofe; der Obermarschall ging voraus, ein Page trug ihre Schleppe ... Hinter diesen folgte die niedere Hofdienerschaft; sie bestand aus Laufer, Heiducken und einem Zwerg ... Auch viele Honoratioren und Bürger eilten zur Esplanade, weil sie außerdem ihre Fürstin nur selten so nahe zu Gesicht bekamen".[117] Die Eingangsformulierung, mit der die Fürstin Gesetze verkündete, zeigt eindrücklich die allmächtige Stellung ihres Standes: „Von Gottes Gnaden Wir Anna Amalia ... Entbieten allen und jeden Unsern ... Prälaten, Grafen und Herren, denen von der Ritterschaft und Adel, Beamten, GerichtsHerren, Bürgermeistern und Räthen in Städten, Schultheissen, Richtern, Heimbürgen, wie auch insgemein allen Unterthanen ...".[118] Goethes Gedanken waren an jenem 6. August also nicht mit Frau von Stein, sondern mit der Fürstin Anna Amalia beschäftigt.

Im Brief vom 8. August 1776 ist außerdem ein Gedicht für „Frau von Stein" beigelegt:

> Ach wie bist du mir,
> Wie bin ich dir geblieben!
> Nein an der Wahrheit
> Verzweifl ich nicht mehr.
> Ach wenn du da bist
> fühl ich, ich soll dich nicht lieben
> Ach wenn du fern bist
> Fühl ich, ich lieb dich so sehr.

Goethe verzweifelt an der Wahrheit nicht mehr, denn, um Anna Amalia zu lieben, ist er bereit zu täuschen. Im gleichen Brief heißt es hinsichtlich Frau von Steins Anwesenheit in der Höhle: „Es ist wie in der Geisterwelt, ist mir auch wie in der Geisterwelt. Ein Gefühl ohne Gefühl". Am Ende des Briefes schreibt Goethe: „... dein Verhältnis zu mir ist so heilig sonderbar ... Menschen könnens nicht sehen". Auf Frau von Stein können sich diese Zeilen nicht beziehen, denn in Ilmenau hatte sie jeder neben ihm gesehen. Nach dem Aufenthalt in der Hermannsteiner Höhle mit Frau von Stein am 6. August 1776 meißelte Goethe am 8. August ein großes S in die Felswand. Das S soll für die Sonne stehen, angeblich das Symbol für Frau von Stein. Goethe ordnete in seinen Tagebüchern seinen engsten Freuden am Weimarer Hof Symbole aus dem Planetensystem zu. Demnach war Anna Amalia der Mond (☾), „Frau von Stein" die Sonne (☉).[119] Am Anfang des 13. Buches seiner Jugendbiographie DICHTUNG UND WAHRHEIT (1811–1831) beschreibt Goethe den Übergang seiner Neigung von Charlotte Kestner (1753–1828) zu Maximiliane Brentano (1756–1793), seine Vorbilder für die Charlotte im Roman WERTHER (1774), mit den folgenden Worten: „Es ist eine sehr angenehme Empfindung, wenn sich eine neue Leidenschaft in uns zu regen anfängt, ehe die alte noch ganz verklungen ist. So sieht man bei untergehender Sonne gern auf der entgegengesetzten Seite den Mond aufgehn und erfreut sich an dem Doppelglanze der beiden Himmelslichter." Demnach musste Goethe, nachdem er die große Liebe seines Lebens gefunden hatte, dieser beide Symbole, Sonne und Mond, zuordnen. Goethe widmete eine Beschreibung von Sonne und Mond der Herzogin Anna Amalia. In einem Brief an „Frau von Stein" aus der Schweiz berichtet er am 24. Oktober 1779, am 40. Geburtstag Anna Amalias, von einem erhabenen Erlebnis: „d. 24. Octor. a la Vallee de Joux ... Wir [Goethe und Carl August] machten uns mit Pferden, erstlich Mont hinan [den Berg hinauf] und hatten steigend die herrlichste Aussicht auf den Genfer See, die Savoyer und Wallis Gebürge hinter uns konnten Lausanne erkennen und durch einen leichten Nebel auch die Gegend von Genf. Grad über sahen wir den Montblanc der über alle Gebürge des Faucigny hervorsieht. Die Sonne ging klar unter es war ein so groser Anblick daß ein menschlich Auge nicht hinreicht ihn zu sehen. Der fast volle Mond kam herauf, und wir höher; durch Tannen Wälder stiegen wir immer den Jura hinan, und sahen den See im Duft und den Widerschein des Mondes drinne. Es wurde immer heller". Dass sie auch in der Schweiz Anna Amalias Geburtstag gefeiert hatten, berichtet Carl August in einem Brief vom 28. Oktober: „Ihren Geburtstag, liebste Mutter, haben wir in einen wunderbaren Tale gefeiert; gewiss wir haben ihn gut gefeiert". Anna Amalias Geburtstage sind ein Schlüssel, um das Weimarer Staatsgeheimnis zu durchschauen. Geburtstage spielten allgemein im höfisch-ständischen Leben eine herausragende Rolle, die Geburtstage der Fürsten wurden groß gefeiert. In Weimar erschienen seit 1764 Gedichte auf die Fürsten sowie die Beschreibung der Feierlichkeiten, bei denen der ganze Hofstaat beteiligt war und die Untertanen „ihre devotesten Glückwünsche ablegten".[120] Goethe und Anna Amalia gedenken an ihren Geburtstagen stets einander. Zu Goethes Geburtstag am 28. August 1781 ließ Anna Amalia etwa das Schattenspiel DIE GEBURT DER MINERVA aufführen, einer Huldigung Goethes als dem Gott Apoll gleich.[121] Sein Geburtstag wurde selbst dann gefeiert, wenn er abwesend war. So feierte man etwa den Geburtstag des in Italien weilenden Goethe in Weimar mit Gartenfest, Illumination und Feuerwerk und sandte ihm einen Bericht hiervon.[122]

Die Reise in die Schweiz hatte am 12. September 1779 begonnen und dauerte mehrere Monate. Am 4. November 1779 schreibt Anna Amalia an Goethes Freund, den Kriegsrat Johann Heinrich Merck (1741–1791): „Ich kann Ihnen nicht genug danken, lieber Merck, für die Sorge, die Sie tragen, die unleidlichen Winterabende, besonders in diesem Jahre, da ich so allein bin, mir [durch Besorgung von Kupferstichen und dergleichen] erträglich zu machen … Die Nachrichten, die ich von den Reisenden bekomme, machen mir öfters den Kopf schwindelig. Es tut weh, von nichts als den herrlichen Sachen zu hören und sich ihnen nicht anders als durch ein trübes Fernglas nähern zu können."[123] Es tauchte sogar das Gerücht auf, Anna Amalia würde der kleinen Gesellschaft in die Schweiz nachreisen,[124] denn diese hatte kurzerhand die vorgesehene Reiseroute, die nach Frankfurt und an den Rhein führen sollte, in Richtung Schweiz geändert.[125] In einem Brief vom 1. Januar 1780 an „Charlotte von Stein" aus Darmstadt, wohin auf der Rückreise ein Abstecher gemacht wurde, wird Goethe unmissverständlich (ABB. 23): „Hier gefällt mir die Pr[inzessin] Charlotte, |: der verwünschte Nahme verfolgt mich überall :| doch habe ich auch [sic!] nichts mit ihr zu schaffen aber ich seh sie gerne an, und dazu sind ia die Prinzessinnen." Diesen Brief kann Goethe kaum Charlotte geschrieben haben, denn der Name seiner Angebeteten kann ihm unmöglich verwünscht sein. „Seine Charlotte" soll ihm ja so etwas wie eine Göttin sein. „Auch" mit dieser Charlotte in Darmstadt hat er nichts zu schaffen, demnach auch nicht mit jener in Weimar. Verständlich wird diese Äußerung, dass der Name Charlotte ihm verwünscht ist, wenn man davon ausgeht, dass Goethe an Anna Amalia schrieb. Diese Äußerung ist eine von vielen in Goethes Briefen an „Frau von Stein", die einen Blick hinter das Blendwerk ermöglichen.

Die Schweizer Reise wurde zu einer erzieherischen Meisterleistung. Im Tagebucheintrag vom 17. Januar 1780 heißt es: „Jedermann ist mit *** [Carl August] sehr zufrieden preist uns nun und die Reise ist ein Meisterstück! eine Epopee [Heldengedicht]!" Bei dem jungen, in seinem Herzogtum fast allmächtigen Carl August bedurfte es großer Anstrengungen, um zu verhindern, dass aus ihm ein gewaltsamer, ungerechter Fürst wurde. Eine Begebenheit im Hause von Friedrich Johann Justin Bertuch (1747–1822), der frisch ernannte Geheimsekretär und Verwalter der Privatschatulle Carl Augusts, zeigt, dass Sorgen bei dem jungen Herzog durchaus angebracht waren. Als Bertuch seine Frau Caroline (1750–1810) Anfang Mai 1776 erstmals in seinem Haus einführte, bekam er Besuch vom Herzog Carl August und Goethe: „Der Herzog debütirte damit, daß er gehört habe, er habe sich verteufelt spießbürgerisch eingerichtet, einen prächtigen Nachtstuhl machen lassen, und triebe großen Luxus. Er müsse doch also sehen, was daran sey. Sogleich fielen ihm ein paar neue schöne Spiegel ins Auge, die er mit seinem Hieber zertrümmern wollte, sich aber doch, als Bertuch vorstellte, daß er sie auf des Herzogs Unkosten noch einmal so kostbar anschaffen würde, zureden ließ, u. mit der Aeuserung abstand, daß man die Spiegel um der Frau willen lassen müsse, damit sich diese bespiegeln könne. Darauf hielt der Herzog Revision [Prüfung] auf Bertuchs Schreibpult, fand einen Roman von Göchhausen, mit dem er sogleich eine Exekution vornahm, Blätter herausriß, u. herausbrannte, Taback hineinstreute, u. so die Bescheerung der Fräulein von Göchhausen versiegelt unter Bertuchs Namen zuschickte. Endlich hieb u. stach er in die neuen Tapeten, weil dieß verflucht spießbürgerisch sei, daß man die nackten Wände überkleistern wollte. ... Bertuch verbiß seinen Ärger, ward aber einige Tage darauf sterbenskrank. Als der Arzt von Todesgefahr sprach, kam der Herzog noch um Mitternacht um gleichsam Abbitte zu thun, u. Goethe ging mit Thränen aus der Kammer, u. drückte der tiefgekränkten Frau die Hand mit den Worten: sie habe einen harten Anfang."[126] Es gibt noch ganz andere Berichte über das Gebaren von Fürsten, gerade politisch Unbedeutende ragen hier hervor. So wird von Prinz Joseph von Hildburghausen berichtet, dass er im Geheimen Consilium einen scharf geschliffenen Dolch neben sich liegen hatte, mit dem er nach den Räten warf, wenn ihm ein Vorschlag missfiel. Der Markgraf von Bayreuth soll einen Jägerburschen nur deswegen erschossen haben, weil dieser es gewagt hatte, ihm zu widersprechen, und Fürst Hyazinth von Nassau-Siegen ließ einen Bauern hinrichten, um seinen Untertanen zu demonstrieren, dass ihm die Gewalt über deren Leben und Tod oblag.[127]

Carl Augusts Schwiegervater, der Landgraf Ludwig IX. von Hessen-Darmstadt (1719–1790), wollte von Regierungsgeschäften nichts wissen. Lieber beschäftigte er sich mit dem Militär oder mit seiner Mätresse, die „den Trunk nicht wenig" liebte, in Dorfweihern nackt badete und dann den Bauern zurief: *„N'ai je pas le C.[ul] plus beau que vos visages"* (Habe ich nicht einen H.[intern], der schöner ist als eure Gesichter). Er ließ unentwegt Soldaten in allen erdenklichen Uniformen malen und komponierte Marschmusik. Merck berichtet weiter in einem Brief vom 18. September 1780 an Carl August über dessen Schwiegervater: „Zwey Capellmeister sind mit ihren Untergebenen angehalten, von Morgens 8 biß Nachmittags 4 Uhr, wenn die Bettpfanne gebracht wird, da zu seyn, um die Märsche in Noten zu sezen, die der Landgraf componiert. Mit 2 Fingern spielt er auf dem Clavier die Märsche vor, und alsdenn müssen sie gesezt und auch offt sogleich probirt werden. Er hat es so weit gebracht, daß er in Einem Tag gegen 300 componirt hat, und gegenwärtig stehen von seiner Arbeit aufm Papier 52.365 Stück Märsche. Die Zahl der gemalten Soldaten ist unglaublich".

DER STAATSMINISTER:
AUFSTIEG UND FALL

Ich richte mich ein in dieser Welt, ohne ein Haar breit von dem Wesen nachzugeben was mich innerlich erhält und glücklich macht.

Goethe an Merck, 14. November 1781

Unsere Neuigkeiten werden für Sie gar nicht so neu sein, indes wird Sie die Entlassung von Kalb ganz schön erstaunt haben, wohl nicht minder als die Nachricht der Erhebung Goethes in den Adelsstand. Die Liebschaften von letzterem mit seiner alten Schindmähre [Anna Amalia] sind immer noch ganz aktuell, die Macht, die diese Clique über den Herzog und die Herzogin ausübt, ist größer denn je.

Gräfin Giannini an die Gräfin Görtz, 12. August 1782

Goethes Mutter Catharina Elisabeth Goethe (1731–1808) gibt ihrem Sohn in einem Brief vom 17. Juni 1781 eine Äußerung seines Freundes Merck wieder: „… auf alle fälle solten Sie [Frau Goethe] suchen Ihn wieder her zu kriegen, das dortige Infame Clima ist Ihm gewiß nicht zuträglich – Die Hauptsache hat Er zu stande gebracht – der Herzog ist nun wie Er sein soll, das andere Dreckwesen – kan ein anderer thun, dazu ist Goethe zu gut u. s. w." . Goethe antwortet am 11. August 1781 seiner Mutter: „Merk und mehrere beurteilen meinen Zustand ganz falsch, sie sehen das nur was ich aufopfre, und nicht was ich gewinne, und sie können nicht begreifen, daß ich täglich reicher werde, indem ich täglich so viel hingebe. Sie erinnern sich, der letzten Zeiten die ich bei Ihnen, eh ich hierherging [nach Weimar], zubrachte, unter solchen fortwährenden Umständen würde ich gewiß zu Grunde gegangen sein. Das Unverhältnis des engen und langsam bewegten bürgerlichen Kreises, zu der Weite und Geschwindigkeit meines Wesens hätte mich rasend gemacht ... Wie viel glücklicher war es, mich in ein Verhältnis gesetzt zu sehen, dem ich von keiner Seite gewachsen war ... wo ich, mir selbst und dem Schicksal überlassen, durch so viele Prüfungen ging die vielen hundert Menschen nicht nötig sein mögen, deren ich aber zu meiner Ausbildung äußerst bedürftig war." Von Anna Amalia beraten, bekleidete Goethe viele Staatsämter, um aus einer bedeutenden Stellung heraus wichtige Erfahrungen zu machen, die ihm als Dichter zugute kommen sollten. Die Rolle Anna Amalias beschreibt Goethe in einem Brief vom 8. März 1781 an „Frau von Stein": „Da ich der ewige Gleichnißmacher bin, erzählt ich mir auch gestern, Sie seyen mir was eine Kayserliche Kommission den Reichsfürsten ist. Sie lehren mein überall verschuldetes Herz haushältlicher werden, und in einer reinen Einnahme und Ausgabe sein Glück finden." Anna Amalia hat mit ihrer ganzen Kraft dafür gesorgt, dass sich der Dichter unter idealen Bedingungen entwickeln konnte, daher schreibt Goethe an „Frau von Stein" Sätze wie (12. März 1781): „Ich bitte dich fusfällig vollende dein Werck, mache mich recht gut!"

Goethes Aufstieg zum einflussreichsten Minister war das Ergebnis eines harten Kampfes. Vor und unmittelbar nach Carl Augusts Regierungsantritt buhlten verschiedene Parteien um die Macht im Herzogtum und die Gunst des jungen Herzogs: Neben den Konservativen, einschliesslich Anna Amalia, die auf Kontinuität unter Carl August hofften, standen der Prinzenerzieher Graf Görtz und seine Getreuen, sie verkörperten die Ideale der Aufklärung. Dank neuer Forschungsergebnisse ist es nun möglich, die Persönlichkeit des Grafen Görtz, die bisher als Weimarer Unperson abgestempelt und überwiegend negativ gezeichnet worden war, anhand von zeitgenössischen Quellen neu zu beurteilen.[128] Graf Görtz war von vorzüglicher Bildung, mit knapp fünf Jahren war ihm Carl August zur Erziehung überantwortet worden. Görtz stellte sich Reformen nach den neuesten Erkenntnissen von Wissenschaft und Staatskunst auf allen Gebieten vor. Je näher die Inthronisierung Carl Augusts rückte, desto mehr hielt Anna Amalia Graf Görtz für „ehrgeizig, intrigant und unruhig"[129] und hätte ihn im heftigsten Zorn gerne „mit Schanden fortgejagt".[130] Görtz, der Meinung, dass umfassende Reformen und eine Sanierung des Haushaltes dringend erforderlich seien, scheute nicht davor zurück, gegen Anna Amalia Stellung zu beziehen. Etwa ab 1772 plante

Görtz mit dem Gothaischen Minister Silvius von Franckenberg (1728–1815) im Geheimen eine Verkürzung von Anna Amalias Regentschaft.[131] Carl August sollte demnach vom Kaiser bereits mit Vollendung seines 17. Lebensjahres 1774 als regierender Herzog inthronisiert werden. Da Anna Amalia „nicht durch göttliche Inspiration" entsprechend handeln würde, so Görtz, „müsse man es ihr eben durch menschliche Mittel beibringen!" Anna Amalia wäre „zu Gemüte [zu] führen, daß sie nichts anderes tun könne, als ihren Sohn so schnell als möglich volljährig zu erklären. Dadurch werde sie sich das unbestreitbare Anrecht auf seine Dankbarkeit sichern und friedlich die Früchte ihrer Regentenarbeit genießen."[132] Je näher die Inthronisierung Carl Augusts heranrückte, desto mehr verlor Anna Amalia an Einfluss. Görtz nahm dabei eine offene Feindschaft zu Anna Amalia in Kauf, am 12. Oktober 1775 berichtet er etwa seiner Frau, dass ihn die Herzogin Anna Amalia 1771 „bereits genauso hasste wie jetzt."[133] Überraschend schlug die entnervte Anna Amalia am 9. Dezember 1773 dem Ersten Minister von Fritsch vor, Carl August mit seinem 17. Lebensjahr für volljährig erklären zu lassen: „Kurz und gut, ich bin des Lebens müde, welches ich jetzt zu führen gezwungen werde; ich bin nicht politisch genug, um meine Entrüstung immer vor denjenigen Leuten unterdrücken zu können, die selbige verdienen; ich sehe recht wohl ein, daß ich dadurch nichts gewinne; ich bin daher entschlossen, mich von der Regentschaft loszumachen". Minister von Fritsch – Görtz hielt den versierten Minister aus kursächsischem Briefadel für seinen größten Feind[134] – redete Anna Amalia diese Gedanken aus, indem er den Plan einer Kavaliersreise der Prinzen aktualisierte, die diese bis nach Paris führen sollte.[135] Noch vor seiner Inthronisierung schrieb ihr Carl August am 16. März 1775, wie sehr es ihn und Graf Görtz freuen würde, dass sie sich nicht auf ihren im Heiratsvertrag festgelegten Witwensitz in Allstedt zurückziehen wolle, sondern in Weimar zu bleiben gedenke. Carl August als Herzog hätte aber genau dies jederzeit von ihr verlangen können. Nur eine Wiederverheiratung hätte dann Anna Amalia von einer Verbannung auf das Land retten können.

Mit Goethes Ankunft in Weimar gesellte sich eine dritte Partei in den tobenden Kampf um die Gunst des jungen Herzogs: jene der Stürmer und Dränger.[136] Die Konservative Partei um von Fritsch arrangierte sich mit den Stürmern und Drängern und wurde in kürzester Zeit Graf Görtz los. In einem Brief an Merck vom 22. Januar 1776 schreibt Goethe: „Ich bin nun ganz in alle Hof- und politische Händel verwickelt und werde fast nicht wieder weg können. Meine Lage ist vortheilhaft genug, und die Herzogthümer

Weimar und Eisenach immer ein Schauplatz, um zu versuchen, wie einem die Weltrolle zu Gesichte stünde." Die konservative Fraktion sollte aber noch lange Zeit dem jungen Genie ablehnend gegenüber stehen, sodass Goethe sich ohne Anna Amalia wohl nicht in Weimar hätte halten können. Umgekehrt wäre auch Anna Amalia ohne Goethe wohl nicht in Weimar geblieben, denn sie hätte überhaupt keinen Einfluss mehr ausüben können. Da Anna Amalia nicht als Goethes Geliebte erkannt wurde, wurde immer wieder gerätselt, warum Carl August an Goethe festhielt: „Für die Hofkreise und die Weimarer Gesellschaft war es jedenfalls genauso überraschend wie für spätere Betrachter, daß sich der Herzog mit Goethe verbündete und dieser mit ihm, und man wußte sich keinen rechten Reim darauf zu machen."[137] Anna Amalia hingegen wurde sogar mit einem Meißner Rokokofigürchen verglichen und ihre lenkende Rolle völlig verkannt: „Mehr als früher zeigte es sich jetzt, wie anpassungsfähig Anna Amalia sein konnte, und wieviel Unbefangenheit in dem Meißner Rokokofigürchen steckte, das im Wittumspalais Hof hielt. Hervorgelockt durch den großen Zauberer Goethe wagte sich ihre Lebensneugier heraus. Es ist, als ob sie in der ausgelassenen Gesellschaft ein Stück entgangener Jugendfröhlichkeit nachholen wolle."[138]

Nur ganz wenige Zeilen von „Frau von Stein" an Goethe sind aus dem ersten Weimarer Jahrzehnt erhalten, nach ältester Überlieferung[139] gehört ein Brief dazu, den Goethe im Stück DIE GESCHWISTER (1776) wiedergegeben hat: „Die Welt wird mir wieder lieb, ich hatte mich so los von ihr gemacht, wieder lieb durch Sie. Mein Herz macht mir Vorwürfe; ich fühle, daß ich Ihnen und mir Qualen zubereite. Vor einem halben Jahre war ich so bereit zu sterben, und ich bin's nicht mehr." Diese Zeilen passen genau auf Anna Amalias Situation, nicht aber auf die der Frau von Stein, deren Lebenswandel im Wesentlichen unverändert blieb. Die Herzogin hingegen musste die Regentschaft ihrem unreifen Sohn übergeben und hatte bereits Ende 1773 mit Blick auf den Regierungswechsel dem Minister von Fritsch geschrieben: „… ich bin des Lebens müde". Im Gedicht AN DEN MOND (um 1777) – Goethe ordnete in seinen Tagebüchern dem Mondsymbol (☾) Anna Amalia zu – soll sich die Geliebte vor der Welt „ohne Hass" verschließen: „Selig, wer sich vor der Welt/Ohne Haß verschließt,/Einen Mann am Busen hält/Und mit dem genießt". In Anna Amalias Schreiben vom 9. Dezember 1773 an Minister von Fritsch heißt es: „… man sieht jetzt nur nach der aufgehenden Sonne [Carl August]; ich bin darauf nicht eifersüchtig; ich bin zufrieden, die Unterthanen glücklich gemacht zu haben, die vielleicht seit langer Zeit nicht eine ähnliche Glückseligkeit genossen haben wie während meiner Regentschaft; das ist die ganze Belohnung, die mir zu Theil wird, und ich schätze mich sehr glücklich ... ich wiederhole, daß ich nichts sehnlicher wünsche als mich von der Regentschaft und der Vormundschaft zu befreien."[140] In Goethes offiziellem Nachruf auf die Fürstin (1807) heißt es: „Das ruhige Bewußtsein ihre Pflicht gethan, das was ihr oblag, geleistet zu haben, begleitete sie zu einem stillen, mit Neigung gewählten Privatleben". Anna Amalia verschließt sich demnach ohne Haß vor der Welt. Die letzte Strophe des Gedichts AN DEN MOND lautet (letzte Fassung):

>Was, von Menschen nicht gewußt
>Oder nicht bedacht,
>Durch das Labyrinth der Brust
>Wandelt in der Nacht.

Was nicht gewusst oder nicht bedacht wird, ist, dass Goethe die Identität seiner wirklichen Geliebten verheimlichen muss. Das, was Goethe ergreift, was seiner Brust den Stoff für seine Liebesdichtung gibt, muss durch ein Labyrinth hindurch. In der Brust des Dichters wird ein Schleier um seine angebetete Anna Amalia gebreitet. Goethes Liebesdichtung fehlt für Außenstehende zunächst die Bezugsperson, um sie ist so lange Nacht, bis Anna Amalia als Goethes Frau erkannt wird. Ihre Zusammengehörigkeit stellen sie nur verschlüsselt dar, in Dichtungen, Kunstwerken oder auch in Andeutungen in der erhaltenen Korrespondenz. Gerade historische Bildquellen erweisen sich hier als jene „stumme Sprache", die Anna Amalias und Goethes verborgene Biographie über Jahrzehnte hindurch detailliert mitteilen, weil sie mit dieser Intention ausgeführt oder in Auftrag gegeben wurden.[141] Im Jahr 1779 lassen die heimlich Liebenden etwa zwei Brustbilder im Profil als Pendants von sich malen, Goethe blickt nach rechts, Anna Amalia nach links (ABB. 4 und 5). An seinen Freund Johann Caspar Lavater (1741–1801) schreibt Goethe am 8. Oktober 1779: „Mein Gott dem ich immer treu geblieben bin hat mich reichlich gesegnet im Geheimen, denn mein Schicksaal ist den Menschen ganz verborgen, sie können nichts davon sehen noch hören." Am 1. September 1780 schreibt Knebel an Lavater: „Verkannt muß er [Goethe] werden, und er selbst scheint drin zu existieren. Die Schönheit, die sich unter der Maske zeigt, reizt ihn noch mehr. Er ist selbst ein wunderbares Gemisch – oder eine Doppelnatur, von Held und Komödiant. Doch prävaliert [überwiegt] die erste".[142] Knebel dürfte bei der Optimierung der nach außen gespielten Komödie mit Frau von Stein tatkräftig mitgearbeitet haben, am 15. Dezember 1778 trägt Goethe im Tagebuch ein: „Mit Knebeln über die Schiefheiten der Sozietät. Er kam darauf mir zu erzählen wie meine Situation sich von aussen aus nähme. Es war wohl gesagt von aussen." Mit Freund Knebel, der auch Vertrauter von Anna Amalia und Frau von Stein war und auf dessen Verschwiegenheit man sich absolut verlassen konnte,[143] bespricht Goethe immer wieder seine schwierige Lage, etwa am 30. April 1785: „Wie gut ist es, vertraulich über seinen Zustand mit Freunden hin- und widerreden!"[144]

Hätte das ungleiche Liebespaar seine Liebe offenbart, so wäre es ihnen nicht möglich gewesen, entscheidenden Einfluss auf den Herzog auszuüben und damit die Geschicke des Landes maßgeblich zu bestimmen. Goethes wichtigste Aufgabe war es, dafür zu sorgen, dass aus dem überforderten 18-jährigen Herzog ein tüchtiger Landesvater wurde. Der Staatsapparat und seine Gesetzmäßigkeiten waren Carl August noch nicht vertraut, seine Ehe mit Luise von Anfang an unglücklich, da sich diese als kühl und dem Genietreiben verschlossen erwies. Über Luise urteilte Goethe in einem Brief an „Frau von Stein" vom 12. April 1782: „Die arme Herzogin dauert mich von Grund aus. Aus diesem Übel seh ich keine Hülfe. Könnte sie einen Gegenstand finden, der ihr Herz zu sich lenkte, so wäre, wenn das Glück wollte, vielleicht eine Aussicht vor sie." Zwar sei Luise liebenswürdig und gemacht, einen Mann anzuziehen und zu erhalten, „nur daß es bey ihr wenn ich so sagen darf immer in der Knospe bleibt. ... Man kann nicht angenehmer seyn als die Herzogin ist, wenn es ihr auch nur Augenblicke mit Menschen wohl wird". Über Carl August urteilte Goethe am 11. März 1781 in einem Brief an „Frau von Stein", in Wirklichkeit also an dessen Mutter: „Mich wundert nun gar nicht mehr daß Fürsten meist so toll, dumm, und albern sind. Nicht leicht hat einer so gute Anlagen als der Herzog [Carl August], nicht leicht hat einer so viel verständige und gute Menschen um sich und zu Freunden wie als er, und doch wills nicht nach Proportion vom Flecke, und das Kind der Fischschwanz gucken eh man sich's versieht wieder hervor. Das größte Übel hab ich auch bemerckt. So passioniert er fürs gute und rechte ist, so wirds ihm doch weniger darinne wohl als im unschicklichen, es ist ganz wunderbar wie verständig er seyn kan, wie viel er einsieht, wieviel kennt, und doch wenn er sich etwas zu gute thun will so muß er etwas Albernes vornehmen, und wenns das Wachslichter Zerknaupeln wäre." Die Herzogin Luise machte zuweilen Goethe als engsten Freund Carl Augusts für dessen Unzufriedenheit und Untreue verantwortlich, eine Biographin urteilt: „... unter dem Druck der Verhältnisse [gewann] mitunter ein nicht zu bannender Mißmut [gegen Goethe] in der Seele der Fürstin die Oberhand".[145]

Nach seiner vorzüglichen jedoch strengen Erziehung unter Graf Görtz wollte der übermütige junge Herzog sich erst einmal austoben, das Lebensgefühl des Sturm und Drang entsprach gänzlich seiner Verfassung. Goethe, ein junger Mann von 26 Jahren, war der kongeniale Partner. An Lavater schrieb er am 6. März 1776: „Verlass dich – Ich bin nun ganz eingeschifft auf der Woge der Welt – voll entschlossen: zu entdecken, gewinnen, streiten, scheitern, oder mich mit aller Ladung in die Lufft zu sprengen". Die Geniejahre zu Beginn von Carl Augusts Regierungszeit bedeuteten neben den Regierungsgeschäften ausgelassene Feste, weite Ausritte, Wanderungen, Klettertouren in den Bergen, durchzechte Nächte, Schlittschuhläufe, Fechten, dabei wurde nach allen Seiten karikiert, gespottet und gescherzt. „Die Neigung der damaligen Zeit zum Leben, Verweilen und Genießen in freier Luft ist bekannt", bemerkte Goethe im Alter.[146] Der Herzog war besonders auf Bürgerschreck in den Kleidern von Goethes Romanhelden Werther aus: blauer Frack, gelbe Kniehose und ein runder grauer Hut. „Alle Welt mußte damals im Wertherfrack gehn, in welchem sich auch der Herzog kleidete, und wer sich keinen schaffen konnte, dem ließ der Herzog einen machen. Nur Wielanden nahm der H[erzog] selbst aus, weil er zu alt zu diesen Mummereien wäre."[147] In einem Brief von Frau von Stein vom 6. März 1776 an ihren Bekannten, den Arzt Johann Georg von Zimmermann (1728–1795) heißt es über Goethe: „… ich wünschte selbst er mögte etwas von seinen wilden Wesen darum ihn die Leute hier so schieff beurtheilen, ablegen, daß im Grund zwar nichts ist als daß er jagd, scharff reit, mit der grosen Peitsche klatscht, alles in Gesellschaft des Herzogs. Gewiß sind diese seine Neigungen nicht, aber eine Weile muß ers so treiben um den Herzog zu gewinnen und dann gutes zu stifften".[148] Der griesgrämige und auf den bürgerlichen Emporkömmling Goethe eifersüchtige Kammerherr von Seckendorff berichtet in einem Brief vom 5. Februar 1776: „Jeder Tag zeichnet sich durch neue außerordentliche Vergnügungen aus, ohne sich den mindesten Gedanken zu machen, was darüber geredet wird, denn nach der leider allzu genau befolgten Anschauung seiner Ratgeber, gibt es keinen Anstand in der Welt und es darf keins geben. Nach ihrer Anschauung stammen die herrschenden Regeln nur aus menschlichen Grillen, und der erste Mann im Staate ist in der Lage, sie abzuschaffen."[149]

Goethe, der Fremde, wurde von den Untertanen für alles Negative im Verhalten des jungen Herzogs verantwortlich gemacht. In ganz Deutschland war die „Geniewirtschaft" in Weimar Gesprächsstoff, der Dichterkollege Friedrich Gottlieb Klopstock (1724–1803) prophezeite Goethe schon einen gewaltsamen Tod.[150] Nur dank Anna Amalias Erfahrung als Regentin konnte Goethe alle politischen Klippen umschiffen und seine Stellung am Hof ausbauen und festigen. Im Hochgefühl einer solchen Liebe und Sicherheit konnte er verärgert Klopstocks väterlich-warnenden Brief vom 8. Mai 1776 am 21. Mai 1776 mit den Worten abweisen: „Verschonen Sie uns ins Künftige mit solchen Briefen, lieber Klopstock!"; was zum Bruch zwischen den Dichtern führte. Anna Amalias und Goethes Einfluss ist es zu verdanken, dass Carl August schließlich seine Pflichten als Landesvater ernst nahm. Knebel schrieb am 1. September 1780 an Lavater über Carl August: „… bedenken Sie, daß ihm Goethe zwei Drittel von seiner Existenz gegeben!" Im Alter sprach Wieland gegenüber dem Kanzler Friedrich von Müller (1779–1849) davon, dass Goethe „unglaubliche Verdienste … um unsern Herzog in dessen erster Regierungszeit gehabt, mit welcher Selbstverleugnung und höchsten Aufopferung er sich Ihm gewidmet, wie viel Edles und Großes, das in dem fürstlichen Jüngling noch schlummerte, Er erst zur Entwicklung gebracht und hervorgerufen hat".[151] In GESPRÄCHE MIT GOETHE (1836/1848) von Eckermann heißt es am 23. Oktober 1828 über den einige Monate zuvor verstorbenen Carl August: „Er war wie ein edler Wein, aber noch in gewaltiger Gärung. Er wußte mit seinen Kräften nicht wo hinaus, und wir waren oft sehr nahe am Halsbrechen … Doch aus dieser Sturm- und Drangperiode hatte sich der Herzog bald zu wohltätiger Klarheit durchgearbeitet … so daß es eine Freude wurde, mit ihm zu leben und zu wirken."

Goethes rasanter Aufstieg wurde ihm geneidet, dem Genie wurde mit Wut und Hass begegnet.[152] Goethe wurde als Fremdling und Eindringling betrachtet, „dessen ‚Bürgerlichkeit' Verdruß" bereite.[153] Mitte Dezember 1778 trägt der Minister Goethe etwa im Tagebuch ein: „Ich bin nicht zu dieser Welt gemacht, wie man aus seinem Haus tritt geht man auf lauter Koth." Noch Mitte 1776 wurde er Geheimer Legationsrat mit dem beachtlichen Gehalt von 1.200 Talern, was seine endgültige finanzielle Unabhängigkeit von seinen Eltern in Frankfurt bedeutete. Er hatte, zunächst als Minister ohne Geschäftsbereich, Sitz und Stimme im höchsten Regierungsgremium, dem Geheimen Consilium, das den Herzog beriet und seine Entscheidungen vorbereitete. Den entscheidenden Beitrag für seine Anstellung leistete Anna Amalia, denn sie machte ihren ganzen Einfluss als ehemalige Regentin für ihn geltend. Der einflussreiche wie verdiente Minister von Fritsch drohte mit seinem Rücktritt. Von Fritsch gehörte zur Delegation, die 1757 Ernst August Constantin auf Brautschau nach Braunschweig begleitete, wo Anna Amalia als Braut ausgesucht wurde; seine Karriere unter Anna Amalia verlief steil.[154] Nun brachte ihn Anna Amalia, nachdem es Carl August nicht gelungen war,[155] dazu, trotz Goethes Ernennung zum Minister nicht seinen Rücktritt zu erklären, indem sie ihm in einem Brief vom 13. Mai 1776 schrieb: „Die Gründe, die Sie anführen, haben mich tief bekümmert: sie sind eines geistreichen Mannes wie Sie, der die Welt kennt, nicht würdig. Sie sind eingenommen gegen Goethe, den Sie vielleicht nur aus unwahren Berichten kennen oder den Sie von einem falschen Gesichtspunkt aus beurteilen. Sie wissen, wie sehr mir der Ruhm meines Sohnes am Herzen liegt und wie sehr ich darauf hingearbeitet habe und noch täglich arbeite, daß er von Ehrenmännern umgeben sei. Wäre ich überzeugt, daß Goethe zu den kriechenden Geschöpfen gehörte, denen kein anderes Interesse heilig ist als ihr eigenes und die nur aus Ehrgeiz tätig sind, so würde ich die Erste sein, gegen ihn aufzutreten. Ich will Ihnen nicht von seinen Talenten, von seinem Genie sprechen; ich rede von seiner Moral. Seine Religion ist die eines wahren und guten Christen; sie lehrt ihn, seinen Nächsten zu lieben und es zu versuchen, ihn glücklich zu machen. Und das ist doch der erste, hauptsächlichste Wille unseres Schöpfers! Aber lassen wir jetzt Goethe und reden wir von Ihnen! Gehen Sie in sich, mein Freund! … Sie sagen, man würde meinen Sohn überall tadeln, wenn er Goethe in das Consilium setze. Aber wird man Sie nicht auch tadeln, Sie, der Sie den Dienst meines Sohnes einer so geringfügigen Ursache wegen verlassen? Machen Sie doch Goethes Bekanntschaft, suchen Sie ihn selber kennen zu lernen! Sie wissen, daß ich meine Leute erst gehörig prüfe, bevor ich über sie urteile, daß die Erfahrung mich in solcher Menschenkenntnis vielfach belehrt hat … Glauben Sie einer Freundin, die Ihnen sowohl aus Dankbarkeit wie aus Zuneigung wahrhaft zugetan ist! … Noch einmal, gehen Sie in sich!"[156]

Während Anna Amalia diese Zeilen schrieb, arbeitete sie an der Vertonung von Goethes Singspiel ERWIN UND ELMIRE, die Uraufführung war bereits am 24. Mai 1776 im Liebhabertheater. Heinsius malte 1775/76 das Gemälde ANNA AMALIA ALS KOMPONISTIN (ABB. 2). Die Fürstin wird darin in lebensgroßer Halbfigur am Klavier dargestellt, eine Notenrolle in der Hand haltend. Zur gleichen Zeit gab Anna Amalia bei Kraus das Gemälde DER VERLIEBTE GOETHE (ABB. 3) in Auftrag,[157] wobei die Geliebte nur auf einem Schattenriss zu sehen ist und als unbekannt gilt.[158] Der Brief machte auf von Fritsch einen starken Eindruck, der „treubewährte[n] Staatsdiener ... traute seinem eigenen Urteil nicht mehr".[159] Weil Anna Amalia im Brief angibt, ihr Sohn habe sie um Vermittlung gebeten, sieht es so aus, als wäre der 18-jährige Carl August allein die treibende Kraft für die Ernennung gewesen. Bei kritischen Goethe-Biographen heißt es: „Dennoch bleibt es erstaunlich, mit welcher Zielstrebigkeit der junge Herzog die förmliche Bestellung Goethes zum weimarischen Minister betrieb."[160] Anna Amalia schreibt zu Beginn des Briefes an den Minister von Fritsch: „Ich beschwöre Sie, einer Freundin Gehör zu schenken, die nur das Beste will!" Weiter heißt es: „Mein Sohn, der Herzog, hat mir das Vertrauen bewiesen, mir den Briefwechsel zu zeigen, der zwischen ihm und Ihnen ... stattgefunden hat". In Wirklichkeit war Anna Amalia durch Goethe – ohne dass Carl August es ahnte – wieder ins Zentrum der politischen Macht zurückgekehrt. Die unterdrückte Briefe Anna Amalias an ihren Sohn würden indirekt darüber Auskunft geben, „auch spätere, mehrfach von verschiedenen Seiten angestellte ... Bemühungen, sie doch noch aufzuspüren, [sind] ergebnislos gewesen".[161] Ein einziger Brief vom 28. Juli 1795 hat sich erhalten. Darin beschwert sich Anna Amalia bei Carl August über einen Besucher in ihrem Landhaus in Tiefurt, der sich anschließend in Weimar negativ über angebliche Äußerungen Herders ausließ: „... Du kannst dir leicht vorstellen, lieber Sohn, wie sehr diese Geschichte mir verdrießlich sein muss, dass man sogar mein Haus nicht respektiert und sucht Leute, die in meiner Gesellschaft aufgenommen werden, zu verläumden und zu verklatschen. Ich habe dir das alles melden wollen, lieber Sohn, damit du auch von der Wahrheit informiert wärest. Ich wünschte, dass alle solche niederträchtige, kleingesinnten und schmutzigen Geklätsche könnten ans Licht gebracht werden als diese ... Lebe wohl, herzlich liebe ich dich."[162] Erst als Goethe 1786 in Karlsbad den Herzog von seinem Geheimnis unterrichtete, begriff dieser, dass seine Mutter von Anfang an Goethes Geliebte war, beide ihr Verhalten also ständig aufeinander abgestimmt hatten. Am 14. Oktober 1786 nimmt Goethe in einem Brief an Carl August Bezug auf das Gespräch, bei dem er sein Geheimnis offenbart hatte: „Wie sonderbar unser Zusammenseyn in Carlsbad mir vorschwebt, kann ich nicht sagen. Daß ich in Ihrer Gegenwart gleichsam Rechenschafft von einem großen Theil meines vergangenen Lebens ablegen mußte, und was sich alles anknüpfte". Später kündigte er seine Rückkehr von seinem zweijährigen Italienaufenthalt am 17. März 1788 mit dem Versprechen an, den Herzog künftig nicht mehr hinters Licht zu führen: „... ich komme! ... mein erster und nächster Dank soll eine unbedingte Aufrichtigkeit seyn."

Die Ernennung zum Minister eröffnete Goethe die Möglichkeit zu zeigen, dass er aufgrund seines Könnens mit an der Spitze des Herzogtums stand. Am 22. Juni 1776 schrieb Wieland an Lavater: „Er [Goethe] ist nun Geheimer Legationsrat, und sitzt im Ministerio unsers Herzogs – ist Favorit-Minister, Factotum [Mädchen für alles] und trägt die Sünden der Welt. Er wird viel gutes schaffen, viel Böses hindern, und das muß – wenn's möglich ist – uns dafür trösten, daß er als Dichter wenigstens auf viele Jahre für die Welt verloren ist. Denn Goethe tut nichts halb. Da er nun einmal in diese Laufbahn getreten ist, so wird er nicht ruhen, bis er am Ziel ist; wird als Minister so groß sein, wie er als Autor war."[163] Im Geheimen Consilium lernte Goethe die ganze Vielfalt an Verwaltungs- und politischen Entscheidungen kennen, die erforderlich waren, um das Herzogtum zu regieren und zu verwalten. Während seines ersten Jahrzehnts in Weimar wurden um die 23.000 Fälle in rund 750 ordentlichen Sitzungen, von denen Goethe über 500 beiwohnte, behandelt.[164] Carl August befand in einem Brief an Lavater vom 22. Februar 1786 über seinen Minister Goethe: „Seine Existenz ist eine der fleißigsten, moralischsten, besten, die sich über dreißig erhalten hat." Dem Dichter und Staatsmann wird 1783, obwohl das Geheime Consilium nicht zuständig war, sogar ein Votum abverlangt, ob eine Kindesmörderin hingerichtet werden sollte; eine Tragödie, wie sie mit Gretchen im ersten Teil der FAUST-Dichtung (ab 1772) dargestellt ist. Nach langem Ringen gab Goethe, im Einklang mit dem geltenden Reichsrecht (1532),[165] zu den Akten, dass es „räthlicher seyn mögte die Todesstrafe beyzubehalten"; der 26-jährige Carl August unterschrieb daraufhin das Todesurteil.[166] Nach und nach erhielt Goethe neben seiner Tätigkeit im Geheimen Consilium zusätzlich leitende Funktionen in der Bergwerkskommission (1777), in der Kriegskommission (1779) und in der Wegebaudirektion (1779). Im Juni 1782 wurde der Minister noch an die Spitze der Finanzkammer berufen, 1784 kam die Leitung der Ilmenauer Steuerkommission hinzu.

Silber und Kupfer sollten in Ilmenau aus einem alten, stillgelegten Bergwerk gefördert werden. Carl August trieb, mit großen Hoffnungen auf baldigen Reichtum, das Projekt energisch voran. Die Briefe Anna Amalias an Goethes Mutter zeigen, dass die Fürstin von Goethes Aufenthalten und Arbeiten in Ilmenau bestens unterrichtet war. Am 13. Juli 1781 schreibt sie etwa der Freundin nach Frankfurt: „Auch könte ich erzählen daß der viel Geliebte Herr Sohn Wolff, Gesund und wohl ist, daß Er in Ilmenau auf eine Comission gewesen und daneben noch allerley kleine Excurtions gemacht und vergnügt und Gesund wiedergekommen ist."[167] Am 22. Februar 1784 schreibt Anna Amalia an diesselbe: „Der Herr Sohn ist nach Ilmenau in Bergwerksangelegenheiten. Sie wollen Silbergruben suchen und Weimar damit reich machen. Gott gebe sein Gedeihen!"[168] Planung und Ingangsetzung des alten Bergwerks unter Federführung Goethes kostete viel Arbeit, Aktenberge dokumentieren das Unternehmen, das fast vier Jahrzehnte ohne jeden Erfolg vorangetrieben wurde.[169] Rückblickend sagte Goethe über die Ursache, die das Unternehmen zu Fall brachte, im Eintrag 1794 seiner TAG- UND JAHRESHEFTE (1817–1830): „An dem Bergbaue zu Ilmenau hatten wir uns schon mehrere Jahre herumgequält; eine so wichtige Unternehmung isoliert zu wagen, war nur einem jugendlichen, thätig-frohen Übermuth zu verzeihen. Innerhalb eines großen eingerichteten Bergwesens hätte sie sich fruchtbarer fortbilden können; allein mit beschränkten Mitteln, fremden, obgleich sehr tüchtigen, von Zeit zu Zeit herbeigerufenen Officianten konnte man zwar in's Klare kommen, dabei aber war die Ausführung weder umsichtig noch energisch genug, und das Werk, besonders bei einer ganz unerwarteten Naturbildung, mehr als einmal im Begriff zu stocken."[170] Als Wegebaudirektor unterstanden Goethe alle Verkehrswege, die die 285 Ortschaften im Herzogtum miteinander verbanden, sowie der Stadtpflasterbau. Goethes Aufgabe war der Erhalt, die Verbesserung und der Neubau der insgesamt sehr schlechten Straßen und Wege.[171] Durch das Herzogtum Sachsen-Weimar führten zwei der ältesten und wichtigsten Handelswege; das Straßenrecht mit seinem Geleit, Geleitprivilegien, Heergeleit, Zöllen und ähnlichem fußte noch im Mittelalter. Mit seinem Mitarbeiter, dem Ingenieur Jean Antoine Joseph de Castrop (1731–1785),[172] war Goethe ständig unterwegs, um die Straßen zu besichtigen, er trieb energisch den Bau der Chaussee Weimar-Erfurt und Weimar-Jena voran. Die Straße nach Jena „befand sich vor ihrem Ausbau zur Chaussee in dem für alle damaligen Landstraßen üblichen Zustand: ohne Steingrund, im Sommer fahrbar, im Herbst und Frühjahr voll sumpfiger Stellen, durchflossen von Bächen, die von den benachbarten Abhängen in die Straße fielen, und im Winter oft so unpassierbar, daß Pferd und Wagen manchen schweren Schaden erlitten".[173]

Wie auch im Bereich der Steuereinnahmen und als Leiter der Kriegskommission ging es Goethe zunächst darum, Faulheit, Schlendrian und Korruption im Beamtenapparat einzudämmen sowie Ordnung und Sparsamkeit durchzusetzen. Als Kriegsminister hatte Goethe eine Fülle von Tätigkeiten zu verrichten, musste mit Desertionen und drückender Armut der Soldaten umgehen lernen. Etwa alle drei Jahre war die Erhebung von Rekruten im Herzogtum durchzuführen. Energisch betrieb er die Verringerung der

Miniatur-Armee, deren Kern, die Infanterie, von 532 auf 248 Mann reduziert wurde voran.[174] Die Tragezeit von Uniformen erhöhte er dadurch, dass er die abgetragenen Uniformen umarbeiten ließ.[175] Als Goethe um 1782 merkte, dass die durch harte Arbeit erzielten Einsparungen von Carl August bedenkenlos vergeudet wurden, gab es bei ihm ein Umdenken, sodass er seinen Etat voll ausnutzte.[176] In einem Brief an Knebel vom 17. April 1782 beklagt sich der 32-jährige Minister Goethe darüber: „So steig ich durch alle Stände aufwärts, sehe den Bauersman der Erde das Nothdürftige abfordern, das doch auch ein behaglich auskommen wäre, wenn er nur für sich schwitze. Du weißt aber wenn die Blattläuse auf den Rosenzweig sitzen und sich hübsch dick und grün gesogen haben, dann kommen die Ameisen und saugen ihnen den filtrierten Safft aus den Leibern. Und so gehts weiter, und wir habens so weit gebracht, daß oben immer in einem Tage mehr verzehrt wird, als unten in einem beygebracht werden kann."

Neben der Regierungs- und Verwaltungsarbeit – Goethe galoppierte durch das Herzogtum auf einem Schimmel, der auf den Namen Poesie hörte – leistete der Dichter den entscheidenden Beitrag zum Aufblühen des Weimarer Liebhabertheaters (1775–1784), das von ihm und Anna Amalia geleitet wurde. In Weimar wurde nach dem Schlossbrand von 1774 im Redoutenhaus an der Esplanade gespielt, das sonst für Maskenbälle und sonstige Feste vorgesehen war und vom Hofjäger, Bauunternehmer und Postmeister Anton Georg Hauptmann (1735–1803) bewirtschaftet wurde.[177] Je nach Bedarf wurde eine Bühne aufgestellt und wieder abgebaut.[178] Später drängte Goethe, der wohl von der „Bequemlichkeit der Hauptmannschen Bordell Wirthschafft"[179] genug hatte, mit Plänen und Skizzen darauf, dass ein Komödienhaus errichtet wurde und Anna Amalia stellte dafür das Grundstück gegenüber dem Wittumspalais zur Verfügung (ABB. 12).[180] Außerhalb der Stadt befand sich in Anna Amalias Waldschloss Ettersburg eine Bühne, die 1777 vergrößert wurde. Bei gutem Wetter wurde im Freien gespielt. Mit dem Wechsel von Anna Amalias Sommerresidenz von Ettersburg nach Tiefurt 1781 fanden Aufführungen auch im dortigen Park statt. Neben seinen umfangreichen Verpflichtungen als Minister schrieb Goethe an Werken wie IPHIGENIE, TASSO, EGMONT und WILHELM MEISTER, es entstanden viele Gedichte, darunter Perlen der Weltpoesie, etwa die Balladen DER ERLKÖNIG, DER FISCHER oder DER SÄNGER. Als sich nach acht Jahren die Begeisterung für das Liebhabertheater gelegt hatte, wurde Anfang 1784 die Schauspielertruppe von Joseph Bellomo (1754–1833) engagiert. Als diese Anfang 1791 weiterzog, beschloss man ein ständiges Hoftheater mit Berufsschauspielern einzurichten und Goethe wurde die künstlerische Oberdirektion anvertraut. Er sollte in etwa einem Vierteljahrhundert an die 650 Stücke auf die Bühne bringen.[181] Goethe konnte dabei auf die achtjährige Erfahrung in der Leitung des Liebhabertheaters zurückgreifen, mit über 20 Rollen als Tänzer, Schauspieler und Pantomime auf mehreren Spielbühnen, die bereits mit einer ansehnlichen Technik ausgestattet waren.[182] Auch mit Fragen der Dekoration und der Kostümierung wurde Goethe vertraut. Der mit ihm zusammenarbeitende Maler Kraus erwarb sich den Ruf eines der bedeutendsten Kostümzeichner der Epoche.[183]

„Eine der glücklichsten Perioden war die Zeit wo die Herzogin, die noch etwas vom Glanz ihrer Regentschaft beibehalten und nun ihrer Muße genießen wollte, in Ettersburg lebte. Zigeunerwirtschafft. Comödie bey Fackelschein im Walde", so Karl August Böttiger (1760–1835).[184] In schönen Sommernächten ließ Anna Amalia die Umgebung des Schlosses erleuchten und lud zu Musik, Tanz und Feuerwerk ein.[185] Von einem Ball, den Anna Amalia im Waldschloss Ettersburg 1777 gab und bei dem gegen 200 Paare zugegen waren, vor allem junge Leute aus den nahe gelegenen Ortschaften, wird berichtet: „Ehe die Frau Herzogin ... und die adliche Begleitung aus dem Schlosse trat – wurde das Landvolk mit Wein und Bier erfrischet. ... Frau Herzogin Amalia nahm auf Stühlen vor dem Schlosse mit älteren Damen und untanzlustigen Herrens Platz, wohin Frau Geheime Räthin von Fritsch, Hr. Cammerrath von Lyncker, Hr. v. Göthe pp. gehörten. Vor dem Sitze der Frau Herzogin war ein Loch in den Hof gegraben, welches wohl 15 Ellen im Durchmesser hielt und sich in flachen Ufern endigte. Dieses Loch war mit Wasser angefüllt ... Der Tanz begann mit einer Polonaise, wo man erst in mancherley Figuren im Hofe sich herumschwenkte, und dann gieng mit einem male der Tanz mitten durch das Loch. Die Fräuleins sträubten sich freylich sehr, ins Wasser zu gehen, doch wurden sie mit Gewalt von den rüstigen Bauernpurschen hinein gerissen. Nach diesem Auftritt gewann trotz den durchnässeten und besudelten Kleidungsstücken der Tanz mehr Ordnung und dauerte bis zur späten Nacht fort, wo sich alles nach und nach verlor."[186] Anfang 1778 berichtet die Gräfin Görtz ihrem Mann: „Die *Maman* [Anna Amalia] wird von Tag zu Tag jünger" und „die *Maman* hat wie eine kleine Närrin getanzt".[187] Ein ungenannter Reisender berichtet über einen Maskenball: „Die Herzogin [Anna Amalia] war prächtig *en domino* [im Maskenkostüm] und brillierte auch sonst mit ihrem Schmuck und Juwelen. Sie tanzt schön, leicht und mit vielem Anstand ... sie tanzte mit jeder Maske, die sie aufnahm, und blieb bis früh um drei, da fast Alles aus war."

Über einen anderen Maskenball berichtet derselbe: „Die Herzogin [Anna Amalia] war *en reine greque* [als griechische Königin maskiert], eine sehr prächtige Maske, die ihr wie Alles sehr gut ließ."[188]

Anna Amalia nahm an allem, was Goethe betraf, Anteil. So lud sie Goethes Freund Merck ein, von dem er vor seiner Weimarer Zeit wichtige Anregungen und Förderung erhalten hatte, an ihrer Reise nach Frankfurt und an den Rhein teilzunehmen (1778). Wieland berichtet Merck am 1. August 1778: „Ich habe die Herzogin [Anna Amalia] von Anfang biß zu Ende gleich mit sich – auch gegen mich gefunden. Das allerschönste ist, wie bei dem Sohn, der gesunde große Verstand, daß man im Urtheil mit ihr coincidirt [übereinstimmt], gerad über Punkte, wo's Einem am liebsten ist, mit gescheuten Leuten zu coincidiren – wie über Dich, und über Goethe … Daß mir aber kein Mensch außer der Herzogin von G.[oethe] mit Liebe hat reden wollen, das befremdete mich, u. Gott weiß, Er kans nicht um die Menschen verdient haben. Denn Er ist nicht böse – thut aber den Leuten den Willen nicht, und wer kan das thun?"[189] Ebenso lud Anna Amalia Merck ein, nach Weimar zu kommen (1779), führte mit ihm einen Briefwechsel, schätzte ihn als Kunstkenner und beauftragte ihn, als Agent Kunstkäufe für sie zu tätigen. Aus einem Brief Wielands an Merck vom 8. Januar 1781 geht indirekt hervor, wie sehr Goethe im Wittumspalais zu Hause war, er bewegte sich dort ganz ungezwungen. Wieland war bei Anna Amalia und zeigte ihr ein Manuskript von Merck, Goethe kam hinzu und fragte nach, was sie lesen würden, nahm dann das Manuskript und las laut daraus hervor. Es wurde „eine ordentliche akademische Vorlesung daraus, und das Resultat davon war, daß Goethe, nach verschiedenen Deliberationen [Beratungen] und pro und contras, eine große Rabenfeder von der Herzogin Schreibtisch holte, und einen armsdicken Strich durch die Präfation [Vorwort] machte".[190]

Der geräumige Garten des Wittumspalais' (ABB. 10 und 12) bestand aus zwei Teilen, die durch die Stadtmauer getrennt waren. Seit 1776 hatte Anna Amalia den hinter der Stadtmauer (abgerissen 1793) liegenden Streifen Land, den sie von ihrem Hof aus betreten konnte, gepachtet. Einen Turm der Stadtbefestigung ließ sie zu einem Pavillon umbauen und beauftragte Oeser damit, ihn mit chinesischen Landschaften auszumalen.[191] Ein Aquarell von Anna Amalia zeigt den englischen Garten (ABB. 10), darin konnte sie ungestört jeden Besucher empfangen. In beiläufigen Erwähnungen wird immer wieder die Nähe Goethes zu Anna Amalia deutlich. So berichtet Luise von Göchhausen an Merck am 26. April 1780, Wieland hätte von auswärts ein Manuskript „auf einige Tage geliehen bekommen, mit der ausdrücklichen

Bedingung, es nicht aus seinen Händen kommen zu lassen. Die Herzogin [Anna Amalia] und Goethe habens' ... gelesen".[192] In einem Gespräch mit Eckermann vom 7. Oktober 1827 deutet Goethe an, die Bewohnerin des Wittumspalais geliebt zu haben. Im Gespräch geht es um magnetische Kräfte zwischen Menschen: „So erinnere ich mich eines Falles aus den ersten Jahren meines Hierseins, wo ich sehr bald wieder in leidenschaftliche Zustände geraten war. Ich hatte eine größere Reise gemacht und war schon einige Tagen zurückgekehrt, aber durch Hofverhältnisse, die mich spät bis in die Nacht hielten, immer behindert gewesen, die Geliebte zu besuchen. Auch hatte unsere Neigung bereits die Aufmerksamkeit der Leute auf sich gezogen, und ich trug daher Scheu, am offenen Tage hinzugehen, um das Gerede nicht zu vergrößern. Am vierten oder fünften Abend aber" ging Goethe zu ihrem Haus, merkte, dass sie Besuch von Damen hatte. Später ist alles verdunkelt, Goethe streift durch die Stadt und hofft, dass aufgrund seines starken Sehnens nach ihr sie auch herauskäme und ihn treffen würde: „Indessen war ich an der Esplanade hinuntergegangen und bis an das kleine Haus gekommen, das in späteren Jahren Schiller bewohnte, als es mich anwandelte, umzukehren und zurück nach dem [Wittums]Palais und von dort eine kleine Straße rechts zu gehen. Ich hatte kaum hundert Schritte in dieser Richtung getan, als ich eine weibliche Gestalt mir entgegenkommen sah, die der Ersehnten vollkommen gleich war. ... Wir gingen dicht aneinander vorbei, so daß unsere Arme sich berührten; ich stand still und blickte mich um, sie auch. ‚Sind Sie es?' sagte sie, und ich erkannte ihre liebe Stimme. ‚Endlich!' sagte ich und war beglückt bis zu Tränen. ... Ich begleitete sie bis vor die Tür, bis in ihr Haus. Sie ging auf der finsteren Treppe mir voran, wobei sie meine Hand hielt und mich ihr gewissermaßen nachzog. Mein Glück war unbeschreiblich".

Über seine Ernennung zum Wirklichen Geheimen Rat im Jahre 1779 schreibt Goethe in einem Brief an „Frau von Stein" vom 7. September 1779: „... es kommt mir wunderbar vor dass ich so wie im Traum, mit dem 30ten Jahre die höchste Ehrenstufe die ein Bürger in Teutschland erreichen kan, betrete". 1782 folgt ein Adelsdiplom, das ihn erst hoffähig machte, die Herzogin Luise nahm erst jetzt, „weil er von Adel ist", Goethes Einladungen an seine Tafel an.[193] „Der jungen Fürstin [Luise] ... mag es widerwärtig gewesen sein", so ein Biograph im 19. Jahrhundert, „daß ein wie auch immer begabter, bürgerlicher Jüngling [Goethe] in der allerengsten Verbindung mit dem Herzog [Carl August] stand".[194] Im Gegensatz zu Anna Amalia war Luise eine scharfe Verfechterin der Trennung der Gesellschaft nach Standesschranken; als Charlotte von Lengefeld (1766–1826) den bürgerlichen Dichter Friedrich Schiller heiratete, brachte Luise darüber der Braut ihr tiefstes Bedauern zum Ausdruck.[195] Gemischte adlig-bürgerliche Eheschliessungen kamen in Goethes Weimarer Zeit äußerst selten vor. Für Ur- und Briefadel war trotz des Nebeneinanders im Staatsdienst und der ungezwungenen Geselligkeit am Hofe unter Anna Amalia und Carl August Ebenbürtigkeit und Standesbewußtsein bei der Wahl des Ehepartners so etwas wie ein Naturgesetz.[196] Das von Kaiser Joseph II. ausgestellte Adelsdiplom hatte Goethe Anna Amalia zu verdanken; in einem Brief vom 18. November 1781 schreibt Goethe an „Frau von Stein", indem er der Geliebten über sie wie von einer dritten Person schreibt: „Die Herz[ogin] Mutter hat mir gestern eine weitläufige Demonstration gehalten daß mich der Herzog müsse und wolle adlen lassen, ich habe sehr einfach meine Meinung gesagt". Außerdem erlangte Goethe den Meistergrad in der Freimaurerloge ANNA AMALIA ZU DEN DREI ROSEN (gestiftet 1764), in die er 1780 aufgenommen worden war.[197]

Die angesehensten Einwohner Weimars wurden Mitglieder in der Loge ANNA AMALIA, darunter Carl August, von Fritsch, Musäus, Kraus, Wieland und Bertuch. Auch Herder war Freimaurer in Riga gewesen, engagierte sich aber nicht in Weimar. Die geheime Gesellschaft der Freimaurer baut auf mittelalterliche Vorläufer auf und ist in ihrer modernen Ausprägung ab 1688 in Schottland nachweisbar. Logenmitglieder durchlaufen danach ein Lehrsystem mit den Rangunterschieden Lehrling, Geselle und Meister.[198] Doch schon um 1740 wurden Versuche unternommen, über den Meister weitere Grade zu setzen. Als Goethe Freimaurer wurde, tobte gerade ein Streit, ob die Loge ANNA AMALIA sich nach der „Strikten Observanz" ausrichten sollte. Danach sind über dem Meister-Grad drei weitere Grade vorgesehen: der Schottengrad, das Noviziat und als Endstufe schließlich der Innere Orden. Vor der Endstufe musste gegenüber unbekannten Oberen durch Eid unbedingter Gehorsam geschworen werden.[199] Man entschied sich in Weimar gegen das System der „Strikten Observanz", die Arbeit der Loge ANNA AMALIA ruhte daher ab 1782, um 1808 im traditionellen Rahmen von drei Graden wieder aufgenommen zu werden.[200] Historisch ist das Phänomen der Geheimbünde wohl damit zu begründen, dass sich im 18. Jahrhundert die gesellschaftlichen und wirtschaftlichen Bedingungen weiterentwickelten, während die politische Ordnung auf der Stufe der Monarchie verharrte, für die Geburt und Stand, nicht aber die individuelle Fähigkeiten systemischer Dreh- und Angelpunkt waren.[201] Kurz vor seinem Tod urteilte der Dichter Johann Gottfried Seume (1763-1810) sarkastisch über den „Kastengeist": „Bei uns mußte man Edelmann sein oder viel Geld haben, um im Staate ein Mann zu werden; zwei Verdienste, deren philosophische Gültigkeit jedem Vernünftigen sogleich in die Augen springt."[202]

Im Sommer 1782 bekam Goethe noch den Vorsitz über die Finanzkammer. Das Jahr 1782 war überhaupt der Höhepunkt von Goethes Karriere als Staatsmann, er war der wichtigste Mann im Herzogtum nach Carl August. An Knebel schreibt er jedoch am 26. Februar 1782: „So viel von der glänzenden Schale unseres Daseins, das Innere ist im Alten, nur daß mit einem immerwährenden Wechsel, sich das eine Capitel verschlimmert, indem sich das andere verbessert." Goethe machte die Notwendigkeit, über seine verbotene Liebe täuschen zu müssen, immer mehr zu schaffen, was ihn oft in eine depressive Stimmung versetzte.

Mit dem Problem der Täuschung beschäftigte sich Goethe immer wieder. Während seiner Harzreise im Winter 1777 trägt er am 8. Dezember in sein Tagebuch ein: „Nachmittag durchgelogen." Auf der Reise legte er sich eine Identität als Zeichenkünstler zu, hieß Weber, stammte aus Gotha und war in Familienangelegenheiten unterwegs. Am nächsten Tag schreibt er: „In meiner Verkappung seh ich täglich wie leicht es ist ein Schelm zu seyn, und wieviel Vortheile einer der sich im Augenblick verläugnet, über die armlose Selbstigkeit der Menschen gewinnen kann." Später wird Goethe das Problem der Lüge und der Täuschung eingehend in DER GROSSKOPHTA und in WILHELM MEISTER verarbeiten. Auf der einen Seite liebt Goethe und diese Liebe wird aufs Schönste erwidert, auf der anderen Seite ist er gezwungen, diese Liebe täglich zu verleugnen:

> Alles gaben Götter die unendlichen
> Ihren Lieblingen ganz
> Alle Freuden die unendlichen
> Alle Schmerzen die unendlichen ganz.

In dem Brief an Gräfin Augusta Louise zu Stolberg-Stolberg (1753–1835) – die Schwester von Freunden, mit der Goethe seit 1775 Briefe austauschte, die er aber nie persönlich kennen lernte – vom 17. Juli 1777, in dem dieser Vierzeiler enthalten ist, heißt es erläuternd: „So sang ich neulich als ich tief in einer herrlichen Mondnacht aus dem Flusse stieg der vor meinem Garten durch die Wiesen fliest; und das bewahrheitet sich täglich an mir." Bereits am 13. Juni 1777 beklagte Wieland in einem Brief an Merck Goethes Verschlossenheit: „… statt der allbelebenden Wärme, die sonst von ihm ausging, ist politischer Frost um ihn her. Er ist immer gut und harmlos, aber – er teilt sich nicht mehr mit".[203] Am 13. Mai 1780 trägt Goethe im Tagebuch ein: „Was ich trage an mir und andern sieht kein Mensch. Das beste ist die tiefe Stille in der ich gegen die Welt lebe und wachse, und gewinne was sie mir mit Feuer und Schwert nicht nehmen können." Doch Goethes innere und äußere Belastungen, das Blendwerk aufrechtzuerhalten, steigern sich Monat für Monat, Jahr für Jahr. In einem Brief an „Frau von Stein" vom 18. Februar 1782 heißt es etwa: „… ich habe eine Sorge auf dem Herzen eine Grille die mich plagt, und schon lange ängstigt du must mir erlauben daß ich dir sie sage, du must mich aufrichten. Mit Schmerzen erwart' ich die Stunde da ich dich wiedersehe. Du must mir verzeihen. Es sind Vorstellungen die aus meiner Liebe aufsteigen, Gespenster die mir furchtbar sind, und die nur du zerstreuen kannst." Leute aus seiner Umgebung, die nicht erkennen konnten, dass Goethe sich um seine verbotene Liebe sorgte, bezogen sein sichtlich wachsendes Unwohlsein nur auf die Ausübung der vielen Ämter, etwa Wieland in einem Brief an Merck vom 5. Januar 1784: „[Goethe] leidet aber nur allzusichtlich an Seel' und Leib unter der drückenden Last, die er sich zu unserem Besten aufgeladen hat. Mir tut's zuweilen im Herzen weh, zu sehen, wie er bei dem allen Contenance hält, und den Gram gleich einem verborgnen Wurm an seinem Inwendigen nagen läßt."[204]

Goethe war bewusst, dass er seine Arbeitsbelastung als Staatsminister reduzieren und sein Liebesverhältnis endlich aus dem nervenaufreibenden Zustand einer Nachtliebe herausführen musste. Die Liebe zu Anna Amalia hält ihn indes in Weimar fest. Am 23. November 1783 schreibt er an „Frau von Stein": „… wenn du nicht wärst hätt ich alles lange abgeschüttelt". Am 24. August 1784 schreibt er an „Frau von Stein":

> Gewiß, ich wäre schon so ferne, ferne,
> Soweit die Welt nur offen liegt, gegangen,
> Bezwängen mich nicht übermächt'ge Sterne,
> Die mein Geschick an Deines angehangen,
> Daß ich in Dir nun erst mich kennen lerne!
> Mein Dichten, Trachten, Hoffen und Verlangen
> Allein nach Dir und Deinem Wesen drängt.

Vermutlich wäre diese Situation lange so geblieben, wenn Goethe nicht durch äußere Umstände zu einer Flucht gezwungen worden wäre. Ein gemeinsamer Aufbruch nach Amerika war zwar von Goethe minutiös geplant worden, der Roman WILHELM MEISTER berichtet hiervon, das Vorhaben scheiterte jedoch. Die Hoffnung aber, dass die Auswanderung nach Amerika gelingen könnte, verlieh den Liebenden lange Zeit die nötige Kraft, um das Blendwerk aufrechtzuerhalten. Wenn die Liebenden etwa in ihrem auf die Nächte beschränkten gemeinsamen Leben Reiseabenteuer lasen, so malten sie sich eine gemeinsame glückliche Zukunft aus. In einem Brief an „Frau von Stein" vom 5. Dezember 1783 heißt es: „Kom ia bald Liebste damit ich das beste meines Lebens geniese. Wir wollen im Pagé lesen". Von Vicomte de Pagès (1748–1793) waren 1782 seine Reiseabenteuer VOYAGES AUTOUR DU MONDE erschienen. Auch von einer Flucht ohne Anna Amalia sprach Goethe in seinen Briefen an „Frau von Stein", um „die lästigste Seite meines Zustandes" endlich loszuwerden. Am 8. Juli 1781 heißt es aus Ilmenau: „Ich sehne mich heimlich nach dir ohne es mir zu sagen, mein Geist wird kleinlich und hat an nichts Lust, einmal gewinnen Sorgen die Oberhand, einmal der Unmuth, und ein böser Genius misbraucht meiner Entfernung von euch, schildert mir die lästigste Seite meines Zustandes und räth mir mich mit der Flucht zu retten; bald aber fühl ich daß ein Blick, ein Wort von dir alle diese Nebel verscheuchen kan … Wir sind wohl verheurathet, das heist: durch ein Band verbunden wovon der Zettel aus Liebe und Freude, der Eintrag aus Kreuz Kummer und Elend besteht."

ITALIENFLUCHT:
»O WELCH EIN IRRTUM«

Es gibt indes wenige Menschen, die eine Phantasie für die Wahrheit des Realen besitzen, vielmehr ergehen sie sich gerne in seltsamen Ländern und Zuständen, wovon sie gar keine Begriffe haben und die ihre Phantasie ihnen wunderlich genug ausbilden mag. Und dann gibt es wieder andere, die durchaus am Realen kleben und, weil es ihnen an aller Poesie fehlt, daran gar zu enge Forderungen machen.

GOETHES GESPRÄCHE MIT ECKERMANN, *25. Dezember 1825*

Baron v. Goethe ... hat immer noch den gleichen starken Einfluss, sei es über den Mann [Carl August] als auch über die Frau [Luise] sowie über Frau v. Stein, die nach wie vor die ihr zugewiesene Rolle so gut sie nur kann spielt, indem sie fast jeden Abend in ihrem Haus Kartoffeln mit Goethe und der Herzogin isst. Der Ehemann Stein sieht über all dies gänzlich hinweg ...

Gräfin Görtz an ihren Mann, 12. Oktober 1782

Mit Knebel unternahm Goethe 1785 erstmals eine Reise in den westböhmischen Kurort Karlsbad. Im darauffolgenden Jahr wurde die Reise wiederholt, der Dichter kehrte aber nicht wieder nach Weimar zurück, sondern floh am 3. September 1786 überstürzt nach Italien. Goethe kehrte Deutschland nicht deshalb den Rücken, weil er das Hofleben nicht mehr ertragen konnte oder weil die Amtsgeschäfte sein künstlerisches Talent zu ruinieren drohten, seine Abreise aus Karlsbad war eine staatspolitisch bedingte Flucht. Goethe nennt seine Reise nach Italien in einem Brief an Carl

August vom 20. Januar 1787 unmissverständlich eine Flucht. Kurz zuvor bezeichnet er sie in einem Brief an „Frau von Stein" vom 23. Dezember 1786 auch als einen Sturz. In TASSO wird er schreiben (Vers 2701 ff.): „Es brennen mir die Sohlen/Auf diesem Marmorboden; eher kann/Mein Geist nicht Ruhe finden, bis der Staub/Des freien Wegs mich Eilenden umgibt."

Am 17. August 1786 starb der Preußenkönig Friedrich II. Seine erste Amtshandlung 1740 war ein Angriffskrieg auf das österreichische Schlesien gewesen, von ihm als „Rendezvous des Ruhmes" bezeichnet. Er tat dies unter dem Vorwand, dass er die österreichische weibliche Thronfolge, durch die 1740 die Erzherzogin Maria Theresia von Österreich an die Macht gelangt war, nicht akzeptieren wolle. In Goethes Satire DIE VÖGEL (1780) wird Preußen als Adler dargestellt: „Schwarz, die Krone auf dem Haupt, sperrt er seinen Schnabel auseinander, streckt eine rote Zunge heraus und zeigt ein Paar immer bereitwillige Krallen ... Es wird niemanden recht wohl, der ihn ansieht". Während des Bayerischen Erbfolgekrieges (1778/79) riet Goethe als Kriegsminister Carl August, den Preußen freiwillig Truppen zur Verfügung zu stellen, da andernfalls diese „mit offenbarer Gewalt, brauchbare, verheuratete, angesessene Leute mit wegnehmen" würden (Brief vom 9. Februar 1779). Der am 5. Januar 1779 zum Kriegsminister ernannte Goethe versuchte, König Friedrich II. hinzuhalten. Noch im Januar schrieb er in sein Tagebuch: „Wir haben noch einige Steine zu ziehen, dann sind wir matt. Den Courier an den König. in dessen Erwartung Frist." Friedrich II. drohte mit einer Okkupation des winzigen Herzogtums. Das Geheime Consilium erließ eine Anordnung, wonach jede Diskussion über den Krieg in den Wirtshäusern des Herzogtums verboten war, weil man fürchtete, einen Vorwand für eine Intervention zu geben.[205] Man hatte noch den Siebenjährigen Krieg gut in Erinnerung, bei dem das reiche Kurfüstentum Sachsen 1756 von Preußen überfallen, ausgeplündert und blindwütig zerstört wurde; insgesamt blieb 1763 ein ausgebranntes Land zurück.[206] Kein Geringerer als der Vater des Weimarer ersten Ministers von Fritsch, der kursächsische Diplomat und Minister Thomas Freiherr von Fritsch (1700–1775), leitete mit größtem Erfolg den Widerautbau des verwüsteten und finanziell ruinierten Landes.[207] Als sich Goethe 1765 in Leipzig immatrikulierte, war der Krieg erst zwei Jahre vorbei. In DICHTUNG UND WAHRHEIT (1811–1831) erinnert sich Goethe (II, 7): „Die gehässige Spannung, in welcher Preußen und Sachsen sich während dieses Kriegs gegen einander befanden, konnte durch die Beendigung desselben nicht aufgehoben werden. Der Sachse fühlte nun erst recht schmerzlich die Wunden, die ihm der überstolz gewordene Preuße geschlagen hatte." Noch 1920 blickte man mit folgenden Worten auf die über sechs Jahre währende Besetzung Leipzigs zurück: „Friedrich der Große hatte die Stadt in einer Weise drangsaliert, für die sich auch jetzt kaum die Worte finden lassen."[208]

Von einer Art Verschwörung gegen Preußen spricht Goethe im Alter, damals, „als man die Übermacht Friedrich des Großen fürchtete".[209] Der preußische Thronfolger Friedrich Wilhelm II. (1744–1797) war noch unberechenbarer. Knebel hatte, bevor er als Prinzenerzieher nach Weimar kam (1774), lange in dessen Militäreinheit gedient und beurteilte ihn als wenig geistreich und gleichgültig.[210] Dass Carl August nicht mehr an der Schaffung eines selbständigen Fürstenbundes als dritte Macht in Deutschland neben Preußen und Österreich arbeitete und sich dem von Preußen beherrschten anschloss (1785), machte ihn noch nicht zum Inbegriff eines treuen Bündnispartners. Während des preußischen Thronwechsels war kein Verlass mehr auf die bisherigen politischen Verhältnisse, nur Preußen und Österreich standen als entgegengesetzte Pole fest. In diplomatischen Kreisen kursierte sogar das Gerücht, der neue preußische König wolle zum katholischen Glauben übertreten, um auch für die Kaiserwürde, die seit 1438 fast ohne Ausnahme von den Habsburgern in Wien beansprucht wurde, in Frage zu kommen.[211] Ausgerechnet um diese Zeit geschah in Weimar etwas Unerwartetes: Jemand wusste um Goethes Geheimnis, um seine verbotene Liebe zur Fürstin Anna Amalia, und gab dies anonym zu erkennen.

Goethes Briefe aus Italien an den Herzog Carl August berichten verschlüsselt von der Suche und dem Auffinden des „Verräters". In dieser Zeit politischer Ungewissheiten war die Kenntnis des Geheimnisses durch einen unbekannten Dritten brisant. Goethe befürchtete, dass seine verbotene Liebe zu einer Fürstin hätte instrumentalisiert werden können, um am berühmten Dichter ein Exempel zu statuieren. Am 3. September 1786 zog Goethe seine politischen Konsequenzen aus der angeblichen Entdeckung und flüchtete von Karlsbad unter dem Namen Johann Philip Möller nach Italien. Am 2. September 1786 schreibt Goethe dem Herzog: „Nur bitt ich lassen Sie niemanden nichts mercken, daß ich außenbleibe. Alle die mir mit und untergeordnet sind, oder sonst mit mir in Verhältnis stehen, erwarten mich von Woche zu Woche, und es ist gut daß das also bleibe und ich auch abwesend, als ein immer erwarteter würcke". Frau von Steins Sohn Fritz, der bei Goethe wohnte, berichtet: „Ich blieb noch, weil man stets seine Rückkehr erwartete, fast ein halbes Jahr in seinem Hause".[212] Da der Entdecker des Geheimnisses nicht bekannt ist, sollen alle möglichst im Unklaren über seinen Verbleib sein.

In Goethes Brief an Carl August vom 18. September 1786 aus Verona kommt die Außenpolitik zur Sprache: „Manchmal wünscht ich denn doch zu wissen wie es in Berlin geht und wie der neue Herr sich beträgt? was Sie für Nachricht haben? Was Sie für Theil daran nehmen?" Weiter heißt es: „Die Zeitungen lehren mich etwas spät wie es in der Welt bunt zugeht. Görtz im Haag, der Statthalter und die Patrioten in Waffen, der neue König für Oranien erklärt! Was wird das werden?" Entscheidend ist hier der Name Görtz, Goethes und Anna Amalias erbitterter Feind aus früheren Tagen. Dieser ist der Schlüssel zum Verständnis von Goethes Flucht. Graf Görtz war seit 1778 offiziell in preußischen Diensten und nun vom neuen König als außerordentlicher Gesandter nach Den Haag geschickt worden.[213] Zuvor war Görtz in Weimar und Gotha seit 1755 tätig gewesen, ab 1762 war er 25-jährig von der Herzogin Anna Amalia zur Erziehung ihrer Söhne berufen worden. Vor der Regierungsübernahme seines Zöglings Carl August versuchte Graf Görtz hinter Anna Amalias Rücken, um aus seiner Sicht dringende Staats- und Finanzreformen einzuleiten, Carl August vor dem 18. Lebensjahr als Herzog zu inthronisieren.[214] Als dieser Plan nicht zur Ausführung kam, trachtete Görtz danach, mit der Regierungsübernahme die konservative Fraktion um Minister von Fritsch, die er für unfähig zu Wirtschaftsreformen hielt, zu entfernen. In einem Brief an von Fritsch kurz nach dem Regierungsübergang am 3. September 1775 befürchtete Anna Amalia „ernstlich ... daß der ganze Plan von Görtz zur Ausführung kommt".[215] Görtz' Plan war eine sofortige Umbesetzung der Schlüsselpositionen in Regierung und Verwaltung, etwas, was der kurmainzische Statthalter in Erfurt Karl Theodor von Dalberg (1744–1817) in einem Brief an Anna Amalia vom 12. Juli 1775 erwähnt: „... er [Graf Görtz] tut Unrecht, wenn er seiner Durchlaucht dem Herzog rät, seinen [Regierungs-]Antritt mit Veränderungen zu verbinden".[216] Kurz zuvor, in einem Brief vom 9. Juli 1775, ermahnte von Dalberg den Grafen Görtz, sich zu mäßigen: „Wozu sofortige Änderungen; schon lärmt es von überall her, dass Carl August mit seiner Mutter nicht auf gutem Fuß stehe und mehr als ein Mal vernahm ich mit eigenen Ohren ...: Er [Carl August] tut darin Unrecht, denn seine Mutter versah eine gute Verwaltung. Was ist denn daran so schlecht, wenn Carl August in den ersten Monaten keine Veränderungen vornimmt? Ich hatte nie den Eindruck, das gestehe ich ein, dass das Geheime Consilium der Herzogin schlechte Arbeit leistete oder sich je derart lächerlich machte, dass eine sofortige Reform desselben sich aufdringen würde, was wirklich eine schwere Beleidigung für die Mutter sein würde ... Ich bitte Sie, beruhigen Sie sich: es wird schon alles gut gehen."[217] Anna Amalia entließ Görtz demonstrativ zwei Monate vor der Volljährigkeit Carl Augusts; in einem Brief an den Minister von Fritsch vom 2. Juli 1775 schreibt sie: „Die Angelegenheit mit Görtz ist vollständig beendet", wobei sie am 4. Juli 1775 noch vom Minister von Fritsch verlangte, zwei zu starke Dankbarkeitsfloskeln im Entlassungsdekret abzuschwächen, denn sie war „überzeugt daß er [Görtz] meinen Sohn verzogen hat und zwar gründlich".[218] Görtz hielt weiter an dem Plan fest, mit Carl Augusts Regierungsübernahme alle Schlüsselpositionen im Herzogtum neu zu besetzen, doch der eingeweihte Wieland offenbarte diesen Plan samt Details Anna Amalia. In einem Brief von Dalberg an Görtz vom 17. August 1775 heißt es: „Wenn Wieland dem Herzog gesagt hat, dass ich ihn beauftragt hätte gegen Franckenberg Stellung zu beziehen, dann lügt er. Wenn er es ist, der Carl Augusts Plan an die Herzogin verraten hat, ein Plan der ihm anvertraut wurde, wenn Sie sich darüber gewiss sind, werde ich ihn für immer verachten."[219] Am 17. September 1775 berichtet die Gräfin Görtz an ihren Mann: „Der Stadthalter [Dalberg] sagte mir ihn [Wieland] mit Kälte empfangen zu haben, mich dünkte Wieland wollte sich entschuldigen, aber er wich dem aus. ... Die Herzogin versicherte dem Stadthalter, dass sie sich ganz unabhängig zu ihrem Vorgehen gegen Sie [Görtz' Entlassung im Juli] entschlossen hätte."[220]

Wieland schlug sich auf Anna Amalias Seite, dabei ging er ein hohes Risiko ein, nämlich die Verbannung, möglicherweise sogar ohne Pension. Mehrere Briefe vom jungen Bertuch an den Dichter Johann W. L. Gleim (1719–1803) geben über die Ungewissheit im Vorfeld des Regierungsübergangs Auskunft. Friedrich Johann Justin Bertuch war mittellos und Vollwaise, er besaß keine abgeschlossene Ausbildung; Anna Amalias Aufmerksamkeit erregte er unter anderem mit dem Trauerspiel ELFRIDE (1773), aber vor allem als glänzender Übersetzer, ab 1775 mit der bedeutenden Übertragung von Cervantes (1547–1616) Roman DON QUIXOTE (1605–1615). 1774 legte er Anna Amalia ein Konzept zur Errichtung einer freien Zeichenschule vor, die 1776 gegründet wurde.[221]

Bertuch und sein väterlicher Freund Wieland mussten im Vorfeld der Regierungsübernahme am 3. September 1775 damit rechnen, Graf Görtz zu unterliegen, alles hing ausschliesslich vom Verhalten des Fürsten ab. Carl August und sein Bruder kehrten am 21. Juni 1775 von ihrer ausgedehnten Kavalierstour nach Weimar zurück, mit ihnen unter anderem die Prinzenerzieher Graf Görtz und Knebel. Am 27. Juni schreibt Bertuch an Gleim in ungewöhnlicher Offenheit über die Lage kurz vor der Amtsübernahme, weil man im Falle eines Obsiegens von Graf Görtz plante, zu Gleim nach Halberstadt ins Exil zu gehen: „Wir müßen ihm [Carl August] einige Tage Zeit laßen, der erste Anschein ist nicht immer der wahre, sagte ich zu Wielanden. Dies thaten wir, und mit Hülfe unseres Knebels, der uns einige Winke über gewisse Dinge gegeben hatte, entdeckte sichs, daß ihn Graf Görtz während dieser Reise so ganz umstrickt und mit einem Zauberduft übergossen hatte, daß es beynahe unmöglich schien, ihm die Binde von den Augen zu reißen. ... denken Sie sich den Gr. G.[örtz] als einen äußerst stolzen und ehrsüchtigen Menschen; als den ausgelerntesten Hypokriten, als einen Feind der Herzogin Mutter [Anna Amalia] und der jungen Herzogin, und als einen Mann, der neben der Sucht, sich zu bereichern keine geringere Absicht hat, als hinter der Scene selber Herzog zu seyn. ... In den ersten Tagen war es unserem W.[ieland] nicht möglich an ihn und zu einem vertrauten tête à tête zu kommen, immer wich er aus; denn dazu war er schon von G.[örtz] angewiesen, und dieser verließ ihn auch sehr wenig. Zum Glück mußte vorige Woche Gr. G.[örtz] Schwiegermutter in Gotha sterben, wodurch G.[örtz] gezwungen wurde auf einige Tage abwesend zu sein. Diesen Augenblick benutzte W.[ieland]; er brach durch, griff C.[arl] A.[ugust] ans Herz, sagte ihm erstaunende Wahrheiten, und riß ihm die Binde über G.[örtz] völlig von den Augen. ... eben gestern und heute sind erstaunend heiße Scenen zwischen ihm und C. A. hierüber vorgefallen. ... Die Wiederkunft des Gr. G., welche heut seyn wird, muß entscheiden wozu er greift, kann ihn dieser wieder übermeistern, sich aufs neue seines Vertrauens bemächtigen, so gängelt er ihn fort, wird Liebling, erster Minister, Regent und um W. sowohl als um mich ists für immer in Weimar gethan. ... Kurz ... sinkt die Waage, die itzt noch schwebt, auf die Seite der Schurken und Narren, so gehen wir beyde ... geschworen ist es, ehe will ich Gaßenfeger verden, als einem Schurken zu dienen, oder sein Werkzeug seyn einen verruchten Plan auszuführen.

Abends 9 Uhr. Ich komme aus dem Concert, Gr. G. ist zurück, was ich fürchte, scheint sich zu bestätigen. Ich fragte W. ob er nichts an Sie zu bestellen hätte, weil ich heute an Sie schrieb. ‚Grüßen Sie meinen Herzensbruder von mir, und bitten ihn, er soll mir indeßen die Federn und Strohalme zu einem Nestchen bei sich zusammentragen, weil summa probabilitas da ist, daß ich in Zeit von einem Jahre nicht mehr hier bin' ... Eine Bitte ... verbrennen Sie diesen und die folgenden meiner Briefe ja ja gleich wenn Sie

sie gelesen haben, damit sie in keine unrechten Hände kommen. Nur unter dieser Gewißheit kann ich ohne Schleyer an Sie schreiben."[222] Am 7. Juli 1775, inzwischen war Graf Görtz vom Amt des Prinzenerzieher entlassen, schreibt Bertuch an Gleim: „... Der große Hauptpunkt auf den nun alles ankommt, ist die Wahl der neuen Minister ... Ich spreche unserem Wieland täglich neuen Muth zu, unsern Herkules auf dem Scheidewege nicht zu bald zu verlassen ... Noch immer bin ich geneigt mein liebes Halberstadt als den Hafen anzusehen, wohin wir beyde, Wieland und ich, uns aus diesem Orkan retten."[223]

Nach seiner Inthronisierung am 3. September 1775 machte der 18-jährige Carl August jedoch keine Anstalten, irgendeinen Plan in die Tat umzusetzen. Carl August ließ seinen verdienten Erzieher nicht fallen, er schloss ihn nur aus der Innenpolitik aus. Er erhöhte Graf Görtz großzügig die Abfindung und ernannte ihn am 30. Oktober 1775 zum Oberhofmeister seiner Frau Luise, die ihn gewählt hatte; sie war keine Geringere, als unter anderem die Schwester von Wilhelmine Luise von Hessen Darmstadt (1755–1776), die Frau vom nachmaligen russischen Zaren Paul I. (1754–1801) sowie die Schwester des preußischen Thronfolgers Friedrich Wilhelm II., Friederike Luise von Hessen-Darmstadt (1751–1805). Nunmehr konnte Bertuch in einem Schreiben an Gleim vom 16. September 1775 Entwarnung geben: „Endlich mein theuerster Gleim haben wir in der Atmosphäre unseres Hofes, nach einem gewaltigen Orcane, wieder Ruhe. Unser Carl August sitzt nun seit dem 3. September auf dem Throne seiner Väter ... Seit 12 Tagen bin ich auch schon sein Geheimer Kabinets Secretär und Scatolier."[224] Bertuch hatte einen großen Karrieresprung gemacht, war also Geheimsekretär und Verwalter der Privatschatulle von Herzog Carl August und engagierte sich weiter tüchtig im Liebhabertheater Anna Amalias; er sollte später aus dem Staatsdienst scheiden und einer der erfolgreichsten und schillerndsten Unternehmerpersönlichkeiten der Epoche mit hunderten von Mitarbeitern werden.[225]

Graf Görtz' Stern in Weimar begann zu sinken, am 7. Oktober 1775 schrieb ihm seine Frau: „Ich bin mir sicher, dass der Stadthalter alles unternehmen wird, um Sie der Herzogin [Anna Amalia] wieder näher zu bringen, aber ich fürchte, dies wird nie gelingen. Mein Freund, Sie sind zu vertrauensvoll, man hat Sie verraten. ... ich wünschte, wir würden nicht mehr hier bleiben."[226] Spätestens Goethes Ankunft in Weimar Anfang November 1775 und sein kometenhafter Aufstieg zwang Graf Görtz zu einer beruflichen Umorientierung. Vom „Urheber unserer Qualen" spricht Graf Görtz über

Goethe in einem Brief an seine Frau vom 2. April 1776.[227] Am 8. Oktober 1776 reichte Görtz sein Abschiedsgesuch von Weimarer Diensten ein und schaute sich im November und Dezember 1776 nach einer neuen Anstellung um.[228] Zwei Audienzen beim König Friedrich II. im Frühjahr 1776 sollen angeblich ergebnislos geblieben sein.[229] Friedrich II. war Graf Görtz als Prinzenerzieher im unmittelbaren Umfeld Anna Amalias 1763 und 1771 begegnet; kurz vor dem letzten Treffen im April 1776 war sein Bruder Graf Fritz von Görtz aus dänischem Heeresdienst in den preußischen übernommen worden.[230] Es erscheint mehr als wahrscheinlich, dass Graf Görtz, der glänzende Fürstenerzieher und Diplomat, bereits bei den zwei Audienzen im Frühjahr 1776 von König Friedrich II. als Informant, vielleicht bereits als geheimer Sonderbotschafter in preußischen Diensten aufgenommen wurde, was auch seine ausgedehnten Reisen im Alten Reich erklärt. Seine Frau Caroline liebäugelte mit einem Umzug von Weimar nach Berlin, der tatsächlich erst im Sommer 1778 stattfand, bereits um Mai 1776, darin bestärkt vom Schwager Graf Fritz von Görtz, inzwischen preußischer General.[231]

Die bisherige Darstellung, dass Graf Görtz auf der Suche nach einer neuen Anstellung durch die Lande zog und dabei verbittert das Genietreiben in Weimar anprangerte, entspricht nicht seinem Format als brillanter Staatsmann. Zur Verleumdung von Graf Görtz trug maßgeblich Wieland bei, ausgerechnet jener Schriftsteller, der, wie neu entdeckte Briefe zeigen, nur dank Graf Görtz in Weimar zu märchenhaften Bedingungen als Prinzenerzieher eingestellt wurde.[232] Anna Amalias Oberhofmeister Moritz Ulrich Graf von Putbus (1729–1776) urteilte in einem Brief vom 29. Juli 1776: „Wieland, ehemals sein [Goethes] Gegner und für den Augenblick sein übertreibender Schmeichler, ist politischer und versteckter als er. Er ändert seinen Charakter ebensooft wie den Stil in seinen Schriften".[233] Vor dem Hintergrund dieses wohl aus Opportunismus verübten Freundesverrats sind Wielands Aussagen im Sinne Anna Amalias über Görtz zu lesen, etwa an seinem Freund Merck am 5. Juli 1776: „Laßt die schäbichten Kerls schwatzen. Graf Goertz rüstet sich nun auch, in eure Gegenden und nach Mainz und Mannheim zu gehen, und dort alles gegen Goethen und mich aufzuwiegeln. Der Elende! – Nichts weiter von dem Geschmeiß. Kommt nur einmal und seht selbst, wie wir's treiben. Es gereut euch gewiß nicht."[234] Am 24. Juli 1776 heißt es an denselben: „Goertz [malt] uns überall mit Dreckfarbe".[235] Wenn der offiziell als Privatmann reisende Graf Görtz im geheimen Auftrag der europäischen Großmacht Preußen auf Reisen war, dürfte er wohl mit wichtigeren Dingen befasst gewesen sein. Aus einem Brief von Anna Amalias Schwester, Sophie

Caroline Marie Markgräfin von Brandenburg-Bayreuth (1737–1817) an Graf Görtz vom 21. März 1776 geht hervor, dass Karl Theodor von Dalberg maßgeblich an der Verbreitung von Gerüchten beteiligt war, Goethe und Wieland schien er zu diesem Zweck instrumentalisieren zu wollen: „Der Stadthalter von Erfurt hat viele seiner Verrücktheiten [von Herzog Carl August] verbreitet. Er schreibt an jemanden, aber ich wage nicht, ihn zu nennen: ‚Alles geht hier in Weimar drunter und drüber. Und wie ich es mir wünschte, unterstützen mich Goethe und Wieland sehr, der letztere führt den ersteren'."[236]

Um sich von der mitlesenden Weimarer Zensur nicht in die Karten schauen zu lassen, riet Goertz im April 1776 seiner Frau, Briefe an ihn nicht direkt nach Berlin zu adressieren, sondern an einen Freund in Dessau.[237] Man interessierte sich lebhaft für Graf Görtz Beschäftigung, an seiner Frau schreibt dieser am 8. April 1776 aus Potsdam: „Die Regierung Fritsch hat hier einer Reihe von Leuten geschrieben, um zu erfahren, was ich hier mache und was das Ziel meiner Reise ist. Ich bezeichne ihn sozusagen nicht, aber für das, was er ist, ist er bekannt. Sicher ist, dass derjenige, über dessen Protektion er so prahlt, einer meiner engsten Freunde ist.[238] Von der Weimarer Innenpolitik war Graf Görtz von Goethe und Anna Amalia ausgeschlossen worden, dafür eröffnete sich ihm die ungleich großartigere Perspektive, als Diplomat auf dem Parkett der europäischen Großmächte seine Fähigkeiten unter Beweis zu stellen. Deswegen behandelte Carl August seinen ehemaligen Erzieher sehr zuvorkommend, im Bereich der Außenpolitik war er auf vertrauliche Konsultationen mit Graf Görtz geradezu angewiesen. Im Bayerischen Erbfolgekrieg – auch Kartoffelkrieg genannt, weil abgesehen von kleinen Scharmützeln nur Feldfrucht gestohlen wurde – spielte Graf Görtz eine entscheidende Rolle. König Friedrich II. versuchte mit allen diplomatischen Mitteln zu verhindern, dass weite Teile Bayerns an Österreich fielen. Die bayerische Linie der Wittelsbacher war ausgestorben, der Erbe, Kurfürst Karl Theodor von der Pfalz (1724–1799), ein konfliktscheuer Lebemann und Kunstliebhaber, schloss einen Vertrag mit Kaiser Joseph II., der für Geldzahlungen und Adelsprädikate an seine illegitimen Kinder eine Abtretung weiter Teile Bayerns vorsah. Die Aufgabe des Grafen Görtz als angeblicher Privatmann aus dem neutralen Weimar bestand darin, in Zweibrücken den Neffen und Erben des Kurfürsten dazu zu bewegen, lautstark seine Stimme gegen seinen leichtsinnigen Onkel zu erheben, der sein Erbrecht für ein Linsengericht verkauft habe – also nichts geringeres als Friedrich II. einen Kriegsgrund zu liefern.[239] Friedrich II. schrieb an seinen Bruder am 3.

März 1778: „Die Herren in Sachsen bereiten mir Arbeit. Diese Reichsfürsten sind alle schwankende Rohrhalme, ohne Energie und Ehrgefühl. Den Fürsten von Zweibrücken habe ich voranstoßen müssen; sich selbst überlassen, würde er sich die Schande haben gefallen lassen wie sein Onkel, der Kurfürst von der Pfalz … Ich weiß, was für ein jämmerlicher Haufen diese Reichsfürsten sind, und ich habe nicht die Absicht, ihr Don Quixote zu werden. Aber wenn man zuläßt, daß Österreich sich widerrechtlich despotische Macht über Deutschland aneignet, gibt man ihm Waffen gegen uns selbst in die Hand … Ich betrachte den Krieg als unausweichlich".[240]

Da Graf Görtz den Herzog Carl August von seinem diplomatischen Auftrag erst im Nachhinein unterrichtete, kam es scheinbar zwischen beiden zu einer Verstimmung. In einem Schreiben vom 19. März 1778, dessen Entwurf von Goethes Hand stammt, schreibt Carl August an Görtz:

> Zu einer Zeit, da sich das Interesse der Mächtigen des deutschen Reichs gegeneinander neigt, kann ich nach Verhältnis und Pflicht nichts anderes tun als die Krise in der Stille abwarten, und da für mich und die Meinen nichts zu gewinnen, wohl aber zu verlieren steht, im Notfall irgendeiner Partei nur ungern folgen. Diese von Ihnen genährte und so oft gebilligte Gesinnungen müssen durch den Schritt, den Sie getan haben, dem Publico zweideutig werden. Nach so einem nahen Verhältnis mit mir, sich mit einen Charakter noch zu mir bekennend, gehen Sie von meinem Hofe aus, ohne mein Wissen, öffentlich für einen Teil entscheidende Unterhandlungen zu führen. Ich muß wünschen, daß Sie bedacht hätten, wie ich denen, die mein Mitwissen um diesen Vorgang glauben oder nicht glauben, beiden in einen seltsamen Lichte vorkommen muß, indem sie sich entweder über das Betragen der Meinigen gegen mich oder über mein Verhalten in der jetzigen kritischen Lage Deutschlands wundern werden … Sein Sie übrigens versichert, daß meine Gesinnungen gegen Sie unwandelbar sind.[241]

Formvollendet, als gelte es den Brief zeitgleich zur eigenen Entlastung in Kopie an Wien weiterzuleiten, wird Graf Görtz Untreue, ja Parteienverrat an Sachsen-Weimar im engeren und am Kaiser im weiteren Sinne vorgeworfen, Carl August von einer etwaigen Mitwirkung an den heiklen diplomatischen Aktionen seines Großonkels Friedrich II. freigesprochen. In diesem Sinne antwortet auch Graf Görtz am 5. April 1778:

Das Mißfallen, welches Euer Hochfürstliche Durchlaucht mir über die von mir getanen Schritte bezeugen, ist mir äußerst schmerzhaft … Ich wage es auch nicht, mich rechtfertigen zu wollen … nur dieses Wenige zu meiner einstweiligen Entschuldigung … Der Auftrag des Königs kam ohne einige Veranlassung von mir auf das ohnvermutetste. Er war eigenhändig vom König. Mein eigener Bruder, den ich zärtlich liebe, dessen Glück von dem König abhängt, überbrachte ihn mir. Euer Durchlaucht [hatten] mir verschiedentlich schriftlich und mündlich geäußert, Sie hielten mich für ganz frei. Ich kann dabei dieses versichern, daß aus dem ganzen Auftrag nicht zu ergründen war, daß dadurch einer oder der andre große Hof demselben sich für nachteilig halten könnte … Dieses, zur Erhaltung und Ruhe Teutschlandes etwas beitragen zu können, verdoppelte meinen Eifer. … Ich bin nicht imstande, mit Vorsatz etwas Unrechtes zu tun. … verzeihen Sie mir, wenn ich so unglücklich bin, Ihnen mißfallen zu haben, und schenken Sie demjenigen Ihre Gnade wieder …[242]

Das Dossier, das man vertraulich Wien vorlegen konnte, war umfangreich, denn inzwischen war man genau über Graf Görtz' Mission informiert. Graf Görtz schreibt etwa am 6. Februar 1778 aus München an seine Frau: „Also, liebste aller Frauen, jetzt bin ich hier und man empfängt mich wie einen Rettungsengel. Ich hatte meine Audienz beim Herzog [von Zweibrücken] und der Herzogin [Maria Anna] von Bayern gleich nach meiner Ankunft und noch in meiner Reisekleidung. Ich bin sehr zufrieden und ich habe die Zusage, dass meine Angelegenheit erledigt ist. … Wenn ich keine öffentliche Rolle spiele, dann spiele ich immer eine herausragende Rolle, und ich muss nicht daran zweifeln, dass der König sowohl mit meinem Diensteifer, als auch mit meiner Vorgehensweise zufrieden wäre. Daraus erwächst mir zwar auf ewig die Abneigung der Österreicher, aber es ist nun mal unmöglich, zwei Herren gleichzeitig zu dienen."[243] Aus Regensburg berichtete Graf Görtz an seine Frau zuvor, dass man ihn als der Partei Österreichs zugehörig hielt: „… Das gute daran ist, dass man mich hier so wenig durchschaut, dass man mich für österreichischer hält, als die Österreicher; man denkt sogar, dass ich ihnen zuneige. Und zumindest von dieser Seite aus betrachtet, spiele ich meine Rolle gut."[244] ."[245] Nach Abschluss der Geheimverhandlungen in München verschwand Graf Görtz genauso unauffällig wie er auch dorthin gekommen war. Eine Woche später, am 15. Februar 1778, wurde das Protestschreiben von Herzog Carl II. August von

Pfalz-Zweibrücken (1746–1795) gegen das Tauschabkommen zwischen Kurbayern und Österreich beim Reichstag in Regensburg, eingereicht – ein Vorgang, der die Österreicher völlig überraschte. Görtz befand sich zu diesem Zeitpunkt bereits in Zweibrücken, wo er als preußischer Gesandter arbeitete. Am 21. März 1778 berichtet Gräfin Görtz an ihren Mann: „Was sagt Ihr mein Freund, wenn ich Euch berichte, daß [Wilhelm von] Edelsheim [Badischer Minister] gestern nach dem Diner hier angekommen ist ... Hier zerbricht man sich den Kopf. ... Der Herzog hat ihn sofort gesehen und hat ihn bei sich untergebracht. Der Freund Kalb schien darüber ein wenig erschreckt zu sein. ... Ich meinerseits hoffe, daß er erreicht, daß der Herzog bezüglich Eures Projektes Vernunft annehmen wird. Man hat mir berichtet, daß man nach Wien geschrieben hätte, um dort zu versichern, daß man von der größten Unkenntnis bezüglich Eurer Unternehmungen gewesen wäre. All die Anstrengungen, die diese [...] Politiker auf sich nehmen. Das ist wirklich amüsant."[246]

Dabei wurden Briefe abgefangen und geöffnet, am 28. März 1778 berichtet dieselbe an ihren Mann: „ ... (30. März) Die Fortsetzung Eurer Erfolge im Dienste des Königs haben mir ein deutliches Vergnügen bereitet. Tausend Dank für Eure politischen Nachrichten, aber ich muß Euch sagen, mein Freund, daß Euer letzter Brief den Anschein hatte, geöffnet worden zu sein. Trefft deshalb in der Folge Eure Maßnahmen, bedient Euch nicht länger Eures Siegels und wenn Ihr diesbezüglich entscheidet, gebt mir eine andere Adresse, beispielsweise Frau Seckendorf, geborene Künsberg, und ich werde auf der Post mitteilen lassen, daß diese Briefe für mich bestimmt sind."[247] Gräfin Görtz beschwerte sich über das Öffnen der Briefe beim Herzog Carl August, der wiederum erweckte den Eindruck, es handle sich um Spione und Spitzel Anna Amalias. Dies folgt aus einer Bemerkung der Gräfin Görtz im Brief vom 31. März/1. April 1778: „Ich war Teil des Spiels bei der D.M. [Duchesse Mère, Anna Amalia], der Herzog hat lange sein Spiel gespielt. Er war ziemlich höflich, alles schien vergessen; er hat mich gefragt, ob Eure Briefe nicht mehr geöffnet wurden; und Maman war dabei."[248]

Die Großmächte bedienten sich für das Abfangen und Kopieren von Briefen, die mit der Post versendet wurden, unter anderem sogenannter Schwarzer Kabinette. Darin wurden interessante Briefe geöffnet, kopiert und weitergeleitet; je nach Stand des Absenders oder Empfängers setzte man auch Methoden ein, die das Siegel unbeschädigt erscheinen ließ.[249] Duodezfürstentümer wie Sachsen-Weimar und Eisenach lavierten bei Konflikten zwischen Preußen und Österreich, immer bedacht, keine Nachteile zu erleiden, etwa die zwangsweise Erhebung von Soldaten oder Verwüstungen, aber auch in der Hoffnung, aus dem Konflikt der Großen gar Vorteile herauszuschlagen. In Weimar arbeiten daher alle Kräfte daran, das Gleichgewicht zwischen Preußen und Österreich zu halten. Auch das Ehepaar Stein wird öffentlichkeitswirksam eingeschaltet, Gräfin Görtz berichtet ihrem Mann am 21. April 1778: „Stein ist tatsächlich verrückt. Gestern schließlich hat er mit mir von Euch gesprochen und hat mir die lebhaftesten Vorwürfe bezüglich Eurer neuen Stellung gemacht, indem er sagte, 'es wäre ein Wurm, der an seinem Herzen nagte', und dann derartig viele Dinge, daß ich Sorge hatte, Haltung zu bewahren. Die Frau [Charlotte von Stein] konnte es nicht verhindern, mir etwas zu sagen, sie sagte es auf eine so hinterhältige, so einzigartige Weise und mit einem so außergewöhnlichen Gesichtsausdruck, daß es mich unwillig machte. Ich beglückwünsche mich jeden Tag, daß ich bald nichts mehr mit dieser Sippschaft zu tun haben werde."[250]

Am 14. März 1778 resümiert Gräfin Görtz die Lage.[251] Darin wird ausdrücklich die verbotene Liaison zwischen Goethe und Anna Amalia angesprochen. Es zeigt das Bestreben Anna Amalias, sich über Goethe und Carl August an Graf Görtz in irgendeiner Weise zu rächen, sei es seine Pension von 1.500 Talern einzufrieren oder seinem Ruf Schaden zuzufügen. Zu diesem Zeitpunkt konnte Görtz sich jedoch der Gunst des übermächtigen König Friedrich II. sicher sein, was Carl August gewußt haben muss. :

[15.3.] Maman [Anna Amalia][252] steht mit dem Genie par Excellence [Goethe] auf besserem Fuß als jemals zuvor; und trotz seiner Zurückhaltung in der öffentlichkeit spricht die Verleumdung darüber. Er ist bei nahezu allen Soupers letzter. [...]
[16.3.] Nein, mein Freund, unsere Lebensweise wird von Tag zu Tag unerträglicher. [...] es ist notwendig, daß ich Euch von einer Angelegenheit in Kenntnis setze. Klinck.[owström, Reisemarschall] ist heute morgen zu mir gekommen, um mich ins Vertrauen zu setzen, was Fr.[itsch] ihm gegenüber getan hat. Der Herzog hat ihm [Fritsch] gesagt, daß er ihm im Geheimen Consilium einen Brief zugänglich machen wird, den er von Euch erhalten hätte. Man hat wohl Mittel und Wege gefunden, um ihn wütend darüber zu machen, daß Ihr abgefahren seid, ohne ihn ins Vertrauen zu ziehen. Das ist zweifellos die Liaison der Maman und G.[oethe], die sich zusammengetan haben, um Euch einen Streich zu spielen.

Fr.[itsch] gibt vor, Eure Partei ergriffen zu haben, aber der Herzog hat versichert, daß er Euch schreiben wird, um Euch darüber Vorwürfe zu machen. Ich hoffe nicht, daß er jemals den Mut besitzen wird, dies zu tun, aber ich bitte Euch inständig, daß, falls dies eintritt, Ihr ihn wie einen Verrückten oder wie ein Kind behandelt, und daß Ihr Euch nicht durch eine heftige Regung davontragen laßt.

Ich sehe sehr gut, wohin all das führen wird, man hat es auf Eure Pension abgesehen, aber der König [Friedrich II.] wird Eure Rechte unterstützen, und ich wünschte, daß man die Undankbarkeit bis dorthin vorantreibt. In dieser Ratssitzung ist beschlossen worden, daß man die Stelle in Regensburg nicht einem Mann geben kann, der derartig schlechte Dienste dem Kaiser geleistet hat, und ich hoffe, daß Eure Zurückweisung übrigens hier zuerst ankommen wird.

Die Maman [Anna Amalia] hat kein reines Gewissen, ich erkenne dies an ihrer Art, wie sie mich behandelt. Ich mache mich über all dies lustig und befinde mich in der glücklichen Lage, sehr froh darüber zu sein, daß ich mich darüber lustig machen kann. Aber im Grunde würde ich alles auf der Welt geben, um weit weg von diesen Verschwörungen, diesen Unwürdigkeiten und diesen Schurkenstreichen zu sein [...] Huffland hat mich gerade verlassen. Er kann mir gar nichts Positives über meinen Zustand sagen, aber er ist sicher, daß mir ziemlich wenig Hoffnung übrig bleibt. Meine Koliken dauern weiter an [...]

Ich bin in der grössten Verlegenheit. All Eure Arrangements deuten auf eine lange Abwesenheit hin, und ich erhalte noch in diesem Augenblick einen Brief von Eurem Herrn Bruder [Fritz, Preußischer General], der mir von Eurer sehr nahe bevorstehenden Reise nach Berlin erzählt und von all den möglichen Ehrungen, die man gedenkt, Euch dort zuteil werden zu lassen. Was tun in dieser Verlegenheit? [...] mein Freund hoffentlich unternehme ich nichts, das Euch verstimmen würde.

Verlegenheiten aller Art häufen sich. Ich habe an Euren Herrn Bruder im Namen von mehreren hiesigen Offizieren wegen dem Bataillon von Stein geschrieben. Er antwortet mir in diesem Augenblick, daß er sie gerne für ein Dragonerregiment hätte, das er aufstellen soll. Mein Gott, was tun? Man wird es ziemlich schlecht aufnehmen, wenn ich sie abwerbe, ein neuer Grund für diesen Gendarmen, um gegen Euch vorzugehen und Euch das wegzunehmen, was Euch zusteht.

Darf ich auf der anderen Seite das Glück dieser armen Menschen verhindern? Ich bemühe mich, mich dieser Affäre zu entziehen, damit dieses weder auf mich noch auf Euch zurückfallen wird. Ach, wenn ich doch aus dieser Galere heraus wäre!
[...] Weimar ist für mich die Hölle. Ich halte es hier nicht mehr aus.
[...] Adieu, bester aller Ehemänner, empfangen Sie die Versicherungen meiner lebhaftesten Zärtlichkeit und die Eurer Kinder.

Wenige Tage später schreibt die Gräfin Görtz an ihren Mann: „Das einzige was ich befürchte, ist ein Schreiben von Herrn Goethe, das vom Herzog nur unterschrieben wird."[253] Die Familie Görtz, zunächst einmal die großen Verlierer von Goethes Aufstieg zum Vertrauten Carl Augusts, wurden bald von der „Hölle Weimar" befreit, denn der mit der Ausführung der geheimen diplomatischen Mission zufriedene König Friedrich II. ernannte Graf Görtz am 15. Februar 78 zum preußischen Gesandten in Zweibrücken und am 2. Mai 1778 zum preußischen Staatsminister und ‚Grand Maitre de la Garderobe'. Schon bald hieß es vom Herzog von Zweibrücken, dass er um den Schutz von Friedrich II. ersuchen würde und dass er nie seine Zustimmung zu dem Vertrag mit dem Kurfürsten geben würde; der Vorwand für den Krieg gegen Österreich lag auf einem silbernen Tablett. Friedrich II. antwortete ihm: „Ihr Brief ist mir eine große Genugtuung. Ihre Zustimmung würde Bayern ohne Aussicht auf Wiedergutmachung verstümmeln. Sie haben dadurch alles zu verlieren und nichts zu gewinnen."[254] Bereits 1779 wurde Graf Görtz auf einen der wichtigsten diplomatischen Posten, die in Preußen zu vergeben war, entsandt: die Gesandtschaft am Hofe der Zarin Katharina II. in Sankt Petersburg. Diese steile Karriere spricht ebenfalls dafür, dass Graf Görtz als der Spezialist betrachtet wurde, der selbst in den aussichtslosesten Situationen noch etwas bewirken konnte. Am 10. April 1778 schreibt Graf Görtz an den Weimarer Carl August aus Zweibrücken: „... Seine Majestät haben ... mir die Stelle als Staatsminister und Grand Maître de la Garderobe ... erteilt und befohlen, mich nach Berlin zu begeben. Ich würde alsdann nur erst diese Stelle mit Vergnügen annehmen, wenn Sie, gnädigster Herr, mir Dero alte Gnade und Wohlwollen wiederschenken und sich von meiner Höchstdenenselben gewidmeten Treu versichert halten wollten ..."[255] Im Mai 1778 fuhr Herzog Carl August in Begleitung seines Ministers Goethe zu politischen Sondierungsgesprächen inkognito nach Berlin. Die Reise war geheim, Gräfin Görtz war aber bestens informiert, an ihren Mann schreibt sie am 22. Mai 1778: „Ich habe aus sicherer Quelle erfahren, dass der Herzog nach Berlin gefahren ist. Ich bin neugierig, ob sich der Herzog an Euch wenden wird, aber ich erwarte davon gar nichts. Man hat mir versichert, dass er 2000 Louis und seine beste Kleidung mitgenommen hat."[256] Bei einem hochrangig besetzten Arbeitsessen im Palais Unter den Linden am 17. Mai 1778 war Graf Görtz zugegen. Ernst Ahasverus Heinrich Graf von Lehndorff (1727–1811) notiert darüber in sein Tagebuch: „Er [Carl August] macht den Eindruck eines hübschen jungen Mannes, indes hat sein Gesicht einen unfreundlichen Zug. Mit ihm ist der berühmte Verfasser des ‚Werther' und des ‚Götz von Berlichingen', Herr Goethe, den der Herzog zum Geheimen Rat gemacht hat. Dieser beherrscht ihn jetzt, nachdem er den früheren Hofmeister, den Grafen Goertz, der eben jetzt in unsere Dienste getreten ist, verdrängt hat."[257] Goethe war vom aalglatten diplomatischen Parkett in Berlin zugleich verunsichert und angewidert. Bereits vor den Toren Berlins schrieb Goethe an „Frau von Stein" am 14. Mai 1778: „Die grosen [spielen] mit den Menschen, und die Götter mit den Grosen". Über seine Reise nach Berlin resümierte er am 19. Mai in einem Brief an „Frau von Stein": „So viel kann ich sagen ie gröser die Welt desto garstiger wird die Farce". Es sollte seine erste und letzte Reise nach Berlin sein, vor allem, weil er offenbar schwer gedemütigt wurde. Graf Görtz schreibt am 22. Mai 1778 seiner Frau: „… und am letzten Tag seines Aufenthaltes erhielt er eine Lektion, die Sie zum Lachen bringen wird, indes erzähle hiervon nichts in Weimar, auch nicht an die Gräfin Giannini, denn man kann nicht umsichtig genug sein."[258]

Der Gymnasialprofessor Johann Jacob Engel (1741–1802) – einer der vielen Gelehrten und Literaten, die Goethe nicht besucht hatte und die pikiert reagierte – berichtete dem jungen Theologen Friedrich Münter (1761–1830) später, was sich ereignet hatte. Dieser hielt in seinem Tagebuch hierzu fest: „… er [Engel] wartete auf Göthens Faust. Um s[einen] Herauszugeben. Von Göthe. er [Goethe] hat gesagt in Berlin sein keine Kraftleute. Engel sagte ein Unteroffizier hätte ihn das besser gelehrt."[259] Scheinbar stellte der Unteroffizier mit Goethe etwas an, was Gräfin Görtz zum Lachen gebracht hätte; eine derbe, demütigende Handlung wäre zu vermuten. An Freund Merck berichtete Goethe am 5. August 1778: „Dem alten Fritz bin ich recht nah worden, da ich hab sein Wesen gesehn, sein Gold, Silber, Marmor, Affen, Papageien und zerrissene Vorhänge, und hab über den großen Menschen seine eignen Lumpenhunde räsonniren hören. … die Gestalten der Generale, die ich hab halb dutzendweis bei Tisch gegenüber gehabt, machen mich auch bei dem jetzigen Kriege gegenwärtiger. Mit Menschen hab ich sonst gar Nichts zu verkehren gehabt und hab in preußischen Staaten kein laut Wort hervorgebracht, das sie nicht könnten drucken lassen. Dafür ich gelegentlich als stolz etc. ausgeschrieen bin." Im Juni 1778 brach wiederum Anna Amalia zu einer Rheinreise auf, Hofkreise im Fürstentum Hessen-Darmstadt waren sich sicher, dass Anna Amalias Hauptreisezweck politischer Natur war, gemeint ist hier Geheimdiplomatie auf Seiten Wiens in Sachen Bayerischer Erbfolgekrieg.[260] Die politische Führung des kleinen Herzogtums lavierte virtuos zwischen Berlin und Wien.

Die Beziehungen des Ehepaars Görtz zu Weimar brachen nicht ab. Gräfin Görtz, eine geborene von Üchtritz aus Gotha, kam gelegentlich zu ihren Verwandten nach Weimar. Die Briefe, die sie an ihren Mann schrieb, erwähnen von Anfang an ausdrücklich die verbotene Liebe zwischen Goethe und Anna Amalia. In einem Brief vom 10. Oktober 1776 schreibt sie etwa an ihren Mann: „Man sagt, dass dies eine wahre Leidenschaft ist, diese Zuneigung der Mutter [Anna Amalia zu Goethe], und dass es niemals etwas Gleichartiges von ihrer Seite gegeben hätte."[261] Am 5. Oktober 1776 berichtet Gräfin Görtz an denselben über eine Begegnung mit Anna Amalia in ihrem Wittumspalais: „Ich hatte auch das Vergnügen den Favoriten zu sehen, der dort den gesamten Tag verbrachte, und ich bin der Meinung, dass er noch immer derselbe ist, jedoch mehr als zuvor gefeiert wird. Ihr könnt seine Büste als Gegenstück zu der des Herzogs sehen, die beide zusammen die Verzierung eines Kamins bilden. Ich konnte dabei meinen Augen kaum trauen, und ich ließ mir eine Erklärung dafür geben."[262] Die Erklärung wird nicht mitgeteilt, das Bild gibt aber über Anna Amalias Lebensgefühl kurz nach der Abgabe der Regierungsverantwortung Auskunft; Goethe steht bei ihr auf gleicher Stufe wie ihr Sohn, der regierende Herzog. Am 17. März 1778 schreibt Gräfin Görtz an ihren Mann: „Feronce [von Rotenkreutz, Minister in Braunschweig] schrieb gestern unsere Freundin [Gräfin Giannini]: ‚Euer Freund Goethe bewirkt Wunder.' Ich wünschte, dass von irgendwoher man dies dieser lieben Maman [Anna Amalia] schreiben würde. Es würde mir großes Vergnügen bereiten, wenn sie wegen ihrer Unwürdigkeiten ein wenig gedemütigt würde."[263] Am 1. Mai 1778 heißt es an denselben: „Ich hatte gerade einen ziemlich zärtlichen Besuch von Herder, der Euch viele Dinge ausrichten lässt, der unsere Freude teilt, der mit uns fühlt. Er ist ständig traurig und bedauert das unglückliche Schicksal von Weimar, die Verirrungen des Meisters [Carl August], die Situation der Frau [Luise]. Er verachtet mehr als jemals zuvor die Mutter [Anna Amalia] und tadelt den Favoriten [Goethe]."[264] Zugleich berichtet Gräfin Görtz über eine Annäherung zwischen

Goethe und Frau von Stein, das Blendwerk wird gerade inszeniert, sie durchschaut es zunächst nicht. Entlang der Inszenierung nimmt sie eine Konkurrenzsituation wahr. Am 3. Oktober 1776 schreibt sie an ihren Mann: „Lotte ist mit Herrn Lenz auf dem Land, um das offene Gerede bezüglich ihres Freundes [Goethe], der einen Besuch dort nicht wagt, zu ersticken. Man behauptet, dass diese heikle Angelegenheit den Mißmut der Mutter [Anna Amalia] gegen sie hervorgerufen hat."[265] Am 5. November 1776 heißt es: „Während man auf den Herzog wartete, dinierte, tanzte und soupierte seine Mutter, die Steins und die Waldner zusammen mit allen Schöngeistern und der Dame Tusnelda in Tiffurt. Man erzählt sich, dass die Liebe der Lotte [für Goethe] sich munter weiter entwickelt und dass außer ihr niemand im Stande ist, jemanden derartig anzuhimmeln."[266] Die „Liebe" entwickelte sich demnach direkt unter den Augen des Gatten Josias von Stein, der – man staune – daran überhaupt kein Anstoss zu nehmen scheint. Ein Höhepunkt der Inszenierung für die Hoföffentlichkeit findet im Liebhabertheater statt. Am 21. November 1776 wurde Goethes DIE GESCHWISTER mit dem Dichter in der Hauptrolle gegeben. Frau von Stein sorgte dabei als Zuschauerin dafür, dass jeder ihre angeblichen Gefühle für Goethe richtig einordnen konnte.[267]

Gräfin Görtz berichtet am gleichen Tag: „Also mein lieber Freund, jetzt muss ich Euch von diesem kleinen Stück berichten. Es ist wirklich gut. Man war sowohl vom Stück selbst, als auch von dessen Aufführung bezaubert. Nach der Art und Weise wie Lotte ihren Freund [Goethe] bewunderte, wie sie bei seinem Spiel aufgeschrien hat, war sie vollkommen hingerissen. Man hat dieses Stück derartig gerühmt, dass ich nicht den Mut hatte zu sagen, dass ich Herrn G. darin jedoch nicht als das empfunden habe, was man als einen guten Schauspieler bezeichnet. Trotz alledem hat sie [Lotte] mich interessiert, und die Zufriedenheit ihrer Freunde hat mich amüsiert."[268] Am 26. April 1778 berichtet Gräfin Görtz: „Die Nachricht des gestrigen Tages war eine Vergnügungsreise nach Jena, um dort eine von Studenten aufgeführte Komödie anzusehen. Die Frau Herzoginmutter ist dorthin zusammen mit ihrem lieben Freund Goethe gegangen. Und Lotte, die sich über alles, sogar über die Laune der Maman stellt, wenn es sich darum handelt, ihren Freund zu sehen, hat eine eigene Reise unternommen, um auch dorthin zu gehen. Das Abendessen wurde in Kötschau eingenommen und ob oder wann man zurückkehrte, davon habe ich keine Kenntnis."[269] Auch andere Zeitzeugen beobachten über ein merkwürdiges Hin und Her Goethes zwischen Anna Amalia und Frau von Stein, also über eine maßgeschneiderte Inszenierung, die am Hof verbreitet werden sollte. Luises Hofdame Johanna

Marianne Henriette von Wöllwarth-Essingen (1750–1815) schreibt in einem Brief vom 9. Juli 1781 an die Gräfin Görtz: „Der Großmutter [Anna Amalia] blutet das Herz, weil ihr Idol, der Poet, in Begriff ist, sie zu verlassen, um sich enger denn je an seine göttliche Lotte anzuschließen. Es ist unglaublich, dass diese Liebe so lange Zeit währt, denn sie altert zusehends."[270] Auch Gerüchte über eine angebliche Verwerfung der heimlich Liebenden wurden gestreut. Am 13. Oktober 1776 schreibt Gräfin Görtz an ihren Mann: „Die D.M. [Duchesse Mère, Anna Amalia] ist gestern zu sehr früher Stunde aus Kochberg zurückgekehrt, das läßt mich glauben, dass sie sich dort langweilte. Man behauptet, dass es eine Abkühlung zwischen ihr und dem Favoriten [Goethe] gibt. Ich kann mir nicht vorstellen, dass das von Dauer sein wird, und selbst wenn, dann wäre davon nichts als ein Krach zwischen Mutter und Sohn zu erhoffen, der aber zu nichts führen würde, da es ja übrigens kein Vertrauen mehr gibt."[271] Am 26. Oktober 1776 heißt es dann: „Sicher ist, dass G. sich mit der Mutter vollständig verkracht hat, und ich hoffe, dass sie endlich erkennt, dass Ihr nicht wie er das Vertrauen ihres Sohnes zu ihr zerstört habt."[272]

Frau von Stein machte zu Beginn das bunte Treiben im Umfeld Goethes und Carl Augusts mit.[273] Soweit ersichtlich, beteiligte sie sich nur einmal an einer Aufführung des Liebhabertheaters als Miss Russport aus Richard Cumberlands Komödie DER WESTINDIER (1771), die am 29. Februar 1776 zur Aufführung kam, Goethe und Josias von Stein spielten mit. Als es am 14. Januar 1778 zur Widerholung kam, wurde das Ehepaar Stein ersetzt.[274] Als Zuschauerin blieb sie meist, wie die Herzogin Luise, den Veranstaltungen fern, wenn nicht, wie etwa am 21. November 1776 anläßlich der Aufführung von Goethes DIE GESCHWISTER, durch übertriebene Bekundungen einer verliebten Verehrung die Hofgesellschaft geblendet werden sollte. Anna Amalias Witwenhof vermochte Luise nichts entgegenzusetzen. „Nur Görtz hielt es mit der regierenden Herzogin. Sonst zog die verwitwete alles an sich", berichtet Böttiger.[275] Mehr und mehr entzog sich Frau von Stein der Gesellschaft. Jedes Jahr hielt sie sich im Hochsommer und im Herbst auf ihrem südlich von Weimar gelegenen Landgut Kochberg auf. Daneben unternahm sie lange Badeaufenthalte, oft war sie angeblich krank oder sonst unpässlich. Dies passte zu ihrer Stellung als intime Freundin der jungen Herzogin Luise, die sich auch gerne von allem fern hielt und der sie damit ihre angebliche Seelenverwandtschaft demonstrieren konnte. Die Herzoginnen Luise und Anna Amalia waren extrem entgegengesetzte Charaktere und hatten nur den offiziellen Umgang miteinander. Luise pflegte einen intensiven Umgang mit dem Pastor Herder, der sie in seine Arbeiten einführte und in Latein unterrichtete.[276] Bei Herders Frau heißt es über Luise: „Sie verehrte ihn besonders wegen seiner [Herders] strengen Moralität."[277] Goethe fungierte als Seelendoktor der fürstlichen Ehe von Carl August und Luise.[278]

Den Hang Luises, sich von allem geselligen Treiben zurückzuziehen, sowie ihre Beziehung zu ihrer Schwiegermutter Anna Amalia illustriert ein Brief, den sie im Juli 1777 Frau von Stein schrieb: „Vorgestern war ich zu Ettersburg [bei Anna Amalia] und habe mich zu Tode gelangweilt. Ich versichere Ihnen, daß ich mich immer fürchte, dorthin zu gehen, obgleich die Stimmung meiner sehr teuren Schwiegermutter ein wenig besser ist als zu Ihrer Zeit. … Was mich in [Schloss] Belvedere betrifft, so kümmere ich mich wenig um das Menschengeschlecht und wünschte, es kümmerte sich wenig um mich. … Leben Sie wohl, meine teuere Stein! Ich liebe Sie von ganzem Herzen, seien Sie Dessen versichert! … Kommen Sie bald zurück und vergraben sich nicht in Kochberg."[279] Ein Jahr später heißt es: „Ich muß wegen Ihrer langen Abwesenheit mit Ihnen zanken! Welchen unüberwindlichen Reiz hat denn Ihr Kochberg, daß Sie es trotz des kalten und trüben Wetters solange zurückhält? Oder sind Sie gegen Ihre Freunde gleichgültig geworden, daß es Ihnen nichts verschlägt, ob Sie Diese sehen oder nicht?"[280] In einem anderen Brief fragt die Herzogin Luise Frau von Stein: „Sind Sie allein mit Ihren Ochsen und Kühen oder haben Sie noch andere Gesellschaft?"[281] Doch allein die Erfüllung ihrer von Anna Amalia übertragenen Aufgabe hielt die treue Hofdame von Stein fern von Weimar. Wäre sie ständig um Goethe gewesen, so hätte dies die Gefahr erhöht, sich in Widersprüche ob der Identitätstäuschung zu verwickeln. Frau von Stein war vor allem Anna Amalia treu ergeben. Diese hatte ihre Fähigkeiten erkannt und gefördert, sie als Hofdame erwählt, wohl über ihre enge Freundin Elisabeth Rosina Dorothea Charlotte, die Mutter von Josias von Stein, ihre Ehe angebahnt sowie immer wieder ihre Geschwister und Eltern unterstützt. Als ihre Fürstin nach der Regierungsübergabe an den unreifen 18-jährigen Carl August dabei war, mit Goethe sicherzustellen, dass das Land auch weiterhin ordentlich regiert wurde, stand Frau von Stein ihr uneingeschränkt zur Verfügung. In die geheime Verbindung zu Goethe, ab 1786 von Carl August zum Staatsgeheimnis erklärt, war sie von Anfang an eingeweiht. Sie sorgte mit allen ihr zur Verfügung stehenden Mitteln dafür, dass es auch ein Geheimnis blieb, daher zog sie sich so weit wie nötig vom öffentlichen Leben zurück. Die Herzogin Luise interpretierte es als Zeichen einer gemeinsamen Gesinnung, für Anna Amalia war es Ausdruck unbedingter Treue.

Auch nach ihrem Umzug nach Berlin, berichtet Gräfin Görtz über die verbotene Liebe. So schreibt sie an ihren Mann am 11. Juni 1780: „Goethe drechselt ständig an der perfekten Liebe; und der arme Stein – viel dümmer als er es bisher gewesen ist – erträgt geduldig das Geschwätz der Öffentlichkeit und von Herrn Goethe sowie die Launen seiner Frau. Ihr seht, dass alles beim Alten geblieben ist."[282] Goethe drechselt sich demnach die perfekte Liebe, er tut also nur so als ob; Josias von Stein muss beim Blendwerk mitspielen und öffentlich als Trottel dastehen, auch wenn er es besser weiß: seine Frau ist ihm nicht untreu. Am 22. Dezember 1780 berichtete Gräfin Görtz ihrem Mann: „ ... (23. Dezember) Frau von Stein stellt sich mehr denn je mit ihrem Freund [Goethe] öffentlich zur Schau, letztlich ist das meiste so geblieben, wie wir es verlassen haben."[283] Die Gräfin Görtz stand in Kontakt mit Hofdamen aus Weimar, die sie über Neuigkeiten unterrichteten, auch über die verbotene Liebe zwischen Goethe und Anna Amalia.

Die Oberhofmeisterin der Herzogin Luise, Gräfin Wilhelmine Giannini (um 1719–1784), durchschaute ebenfalls das Blendwerk, da sie aber aus Braunschweiger Hofkreisen stammte und Anna Amalia ihr die Stelle vermittelt haben soll,[284] könnte sie wie Charlotte von Stein bewußt in Luises Nähe installiert worden sein. Einblick in das Verhältnis zu Frau von Stein geben Briefe wieder, die Gräfin Giannini an Graf und Gräfin Görtz geschrieben hat. Am 12. März 1779 heißt es etwa „ich bin davon überzeugt, dass meine Herzogin [Luise] mir Gutes will, aber könnte ich ihr nicht doch das Tuch, das sie in Bezug auf diese Verrückte von St.[ein] vor ihren Augen hat, herunterreißen? Der Ehemann der letzteren ist im Begriff vor lauter Liebe für das Freuden Pferdt [Hofdame Luise Adelaide Waldner von Freundstein] verrückt zu werden, dies wird schmachtend; was wird daraus noch werden, wenn Einsiedel ihr sein Juwel abnimmt, was – wie man mir versichert – ernsthaft passieren kann.[285] Am 22. Oktober 1779 heißt es: „Die Abwesenheit des Herzogs hätte es erlaubt, dass Ihr Eure Zeit hier ziemlich gut hättet verbringen können, denn Gott weiß, wann er zurückkehrt. Die Herzogin und ich, wir stehen auf engem Fuße miteinander, ich kann es kaum erwarten, ob die alberne Dame von Kochberg bei ihrer Rückkehr darauf Rücksicht nehmen wird – zumindest bereite ich mich darauf vor; ihr Ehemann hingegen mag mich dermaßen, dass ich ihn alle Tage nach dem Mittagessen einige Stunden auf der Pelle habe; ouf, das ist hart." Und am 8. Januar 1780 schreibt die Gräfin Giannini: „Ich habe Grund, bezüglich des Verhältnisses zu meiner Herzogin sehr zufrieden zu sein. Sie erweist mir Freundschaft und Vertrauen; das Hin und Her mit der St. ist nicht mehr dasselbe. Sie kennt G.[oethe] – und mit einem Wort, im Augenblick verhält sich alles anders. Aber ich fürchte sehr, dass die Rückkehr des Herzogs mir alles verderben wird, denn er schwört auf diese Verrückte und wird danach trachten, sie wieder bei seiner Frau einzuführen und mich bei Seite zu drängen – wir werden sehen."[286]

Goethe und Anna Amalia sind bei Gräfin Giannini ebenfalls Thema. An Gräfin Görtz berichtet sie am 29. August 1781: „… die zuletzt erwähnte [Anna Amalia] beging soeben erneut eine nette Verrücktheit, Sie feierte gestern in Tiefurt Goethes Geburtstag mit einer Schattenspielkomödie und einem kleinen Feuerwerk, wie gefällt Ihnen das?"[287] In einem Brief vom 12. August 1782 an Gräfin Görtz erwähnt Gräfin Giannini die bevorstehende Entlassung des Präsidenten der Finanzkammer August von Kalb (1747–1814) und gleich danach die verbotene Liebe: „Unsere hiesigen Neuigkeiten werden für Euch keine solchen sein; während man auf die Entlassung von Kalb wartet, werdet Ihr dennoch erstaunt sein, zumindest über die Neuigkeit von der Erhebung Goethes in den Adelsstand; die Liebschaften des letzteren mit seiner alten Schindmähre [Anna Amalia] nehmen noch immer im großen Umfang ihren Lauf; die Macht dieser Sippschaft auf den Herzog und die Herzogin ist größer als jemals zuvor. Meine Krankheit und meine Abwesenheit hat dazu geführt, daß sie auf eine Weise an Terrain gewonnen haben, daß es zum Kotzen ist; aber ich bin deswegen sehr ruhig, wenn sie es zu weit treiben, weiß ich, wohin ich gehen kann, und wo ich mit offenen Armen empfangen werde."[288] Bei Durchsicht der erhaltenen Briefe der Gräfin Giannini, etwa 90 Stück, ergibt sich, dass mit der „alten Schindmähre" Anna Amalia gemeint ist. Frau von Stein wird selten erwähnt, soweit ersichtlich immer als „la Stein" bzw. „Madame Pierre".[289] Anna Amalia hingegen wird mit ihrer zwei Jahre älteren Schwester Sophie Caroline Marie Markgräfin von Brandenburg-Bayreuth verglichen, mit der Gräfin Giannini in brieflichem Kontakt stand. Am 29. Oktober 1781 schreibt die Gräfin Giannini an die Gräfin Görtz über einen Besuch der Markgräfin in Weimar auf der Rückfahrt von einem Besuch in der braunschweigischen Heimat: „Sie [die Markgräfin] schien zehn Jahre jünger als die Frau Schwester [Anna Amalia], auch hatte letztere während des Aufenthaltes Launen wie eine Dogge …".[290]

Auf der Hinfahrt war die Markgräfin ebenfalls für wenige Tage in Weimar zu Besuch gewesen (25.-27. Juli 1781), Gräfin Görtz wusste darüber am 21. Juli 1781 an ihren Mann zu berichten: „Ihre Schwester [Anna Amalia] ist über den anstehenden Besuch völlig verzweifelt, auch im Allgemeinen befindet sie sich in der denkbar schlechtesten Laune, weil Goethe ihr seine göttliche Lotte vorzieht, hat sie sich hübsch einsam mit der Göchhausen in Tiefurt begraben."[291] Die Ironie dieser Zeilen, die den Gatten, der von allen Arten von Zensur geplagte preußische Botschafter in Rußland, dort erreichen sollten, verraten die Worte „hübsch einsam" („fine seule"), denn Anna Amalia war auch in Tiefurt alles andere als einsam, gestaltete sie doch von dort aus ihren Musenhof. Man betrachte den Kontext: Anna Amalia verlegte ihren Musenhof 1781 vom Waldschloss Ettersburg ins Landhaus Tiefurt. Für eine Fürstin völlig unüblich reduzierte sie dabei ihren Hofstaat von dutzenden Bediensteten auf drei, darunter ihre Hofdame von Göchhausen. Ansonsten kreiste ihre Welt um ihren Musenhof, deren Zentrum Goethe war. Am 13. Juli 1781 schreibt sie etwa an Goethes Mutter: „Auch könte ich erzählen daß der viel Geliebte Herr Sohn Wolff, Gesund und wohl ist, daß Er in Ilmenau auf eine Comission gewesen und daneben noch allerley kleine Excurtions gemacht und vergnügt und Gesund wiedergekommen ist."[292]

Ein Brief Anna Amalias an Merck vom 4. August 1781 zeigt, wie selbstverständlich Goethe in Tiefurt von Anfang an verkehrte: „Das Basrelief, welches ich gestern mit dem Postwagen bekommen habe, hat mich unendlich gefreut. Der Abguß ist vortrefflich, das ganze Stück ist schön, *il nudo* [das Nackte], wie die Italiener sagen, *è tanto dolce e soave per inginocchiarsi* [ist so zart und sanft, dass man niederknien möchte]. Goethe war eben bei mir, als ich es bekam; er machte große Augen, es mißfiel ihm gewiß nicht!"[293]

An Merck schreibt Goethe am 14. November 1781: „Ich richte mich ein in dieser Welt, ohne ein Haar breit von dem Wesen nachzugeben was mich innerlich erhält und glücklich macht." Am 23. August 1781 las Goethe die später vernichtete erste Fassung von TASSO erstmals vor. Zu Goethes Geburtstag am 28. August 1781 ließ Anna Amalia das Schattenspiel DIE GEBURT DER MINERVA aufführen und huldigte dabei Goethe als dem Weimarer Apoll: „... Minerva ... verkündete aus dem Buch des Schicksals den 28. August als den glücklichen Tag, an welchem der Welt einer der weisesten und besten Männer geboren. Alsbald schwebte zwischen Wolken ein geflügelter Genius, Goethe's Namen tragend, auf die Bühne herab, Minerva bekränzte diesen Namen und weihte ihm die goldne Leier Apollo's und die Blüthenkränze der Musen. Dann erschienen Iphigenie und Faust als Feuer-Transparents in den Wolken. Das ganze Stück war nur darauf berechnet, Goethen eine Huldigung darzubringen."[294] Anna Amalia galt bei den Zeitgenossen als die „Gründerin Weimars, die Wohltäterin des ganzen Landes, die Beschützerin aller Künste und Wissenschaften".[295] Im Scherzgedicht AN LUISE von Göchhausen, das um 1778 entstand, vergleicht Goethe Anna Amalias Hofdame mit einem Kauz auf dem Schild der Göttin Minerva, des römischen Äquivalents der Athene, die damit für Anna Amalia steht:

> Der Kauz, der auf Minervens Schilde sitzt,
> Kann Götter wohl und Menschen nützen;
> Die Musen haben dich so treu beschützt,
> Nun magst du ihnen wieder nützen.

Schon bei einer punktuellen Kontextualisierung der Ereignisse bleibt von Anna Amalias „schlechtesten Launen" nichts übrig, vielmehr schritt die Inszenierung mit Frau von Stein bei schwierigen Besuchern der Residenzstadt „hübsch einsam" voran. Dabei hatte Anna Amalia allen Grund, ihrer Schwester zu misstrauen, denn diese interessierte sich von Anfang an für Goethe und unterhielt beste Kontakte zu Graf Görtz. Bereits am 23. November 1775 schreibt sie an Graf Görtz: „Der ungeheuerliche Göte ist also einer von den Eurigen geworden. Man wird einen Parnass bilden. Pegasos wird offenbar Herr von Witzleben, denn er ähnelt dem Pferd Isabelle von meiner Mutter."[296] Und am 14. Dezember 1775 heißt es: „Ich würde Herrn Goethe gerne dabei beobachten, wie er seine kleinen Spielchen spielt."[297]

Nach Berlin wollte also Gräfin Giannini, wenn Goethe und Anna Amalia es zu toll treiben sollten. Goethe wurde als Nachfolger von Kalb berufen. Die einflussreiche Partei von Kalb versuchte vergeblich, aus der Entlassung einen Skandal zu Lasten Goethes zu machen, indem sie ihm vorwarfen, als gerade nobilitierter Minister nicht genug Ämter zu bekommen.[298] Mittendrin die Gräfin Görtz, an die sich viele in Hoffnung auf Abhilfe empört wandten, immerhin die Gattin eines preußischen Staatsminister und Grand Maître de la Garderobe, die wiederum ihrem Gatten ausführlich berichtete.[299] Carl von Lyncker (1767–1843) teilt in seinen Erinnerungen eine Vermutung mit, warum von Kalb, der immerhin eine üppige Pension von 1.000 Taler im Jahr zugesprochen bekam, in Ungnade fiel: Er soll in seiner Eigenschaft als Kammerpräsident erhebliche Landzukäufe um sein Gut Kalbsrieth „auf eine sehr zweideutige Weise" getätigt haben.[300] In einem Brief vom 11./12. Oktober 1782 berichtet die Gräfin Görtz ihrem Mann erneut bedeutungsschwer aus Weimar: „Meinen Tag verbrachte ich gestern am Hof … Der Baron Goethe begegnete mir sehr herzlich und erkundigte sich bei mir mit großem Interesse nach Neuigkeiten über Dein Befinden. Er setzte die Konversation bis zu jenem Augenblick fort, als man mich zum Spiel rief. Frau von Stein hat mich mit ihrer Zärtlichkeit erdrückt. [12. Oktober] Was den Herrn Baron von Goethe anbelangt, ist er sehr artig und gesprächig geworden und er hat ein wenig den Stil eines Kavaliers angenommen, er hat immer noch den gleichen starken Einfluss, sei es über den Mann [Carl August] als auch über die Frau [Luise] sowie über Frau von Stein, die nach wie vor die ihr zugewiesene Rolle so gut sie nur kann spielt, indem sie fast jeden Abend in ihrem Haus Kartoffeln mit Goethe und der Herzogin isst. Der Ehemann Stein sieht über all dies gänzlich hinweg, ist wieder dick und fett geworden, wie er auch abgeschmackt und falsch wie immer bleibt."[301] Vor ihrem Umzug nach Berlin im Sommer 1778 schreibt Gräfin Görtz immer „Herzogin" („Dsse") wenn sie Luise meint. Hier stellt sich die Frage, ob aufgrund der neuen Lebensumstände und der nur noch sporadischen Anwesenheit in Weimar die Bezeichnung auf Anna Amalia zutrifft, weil der Empfänger genau weiß, wer gemeint ist. Die Erwähnung der Kartoffeln als Abendspeise ist eine Anspielung auf den Standesunterschied zwischen Goethe und einer Fürstin. König Friedrich II. zwang ab 1756 seine Bauern zum Anbau der genügsamen Kartoffelpflanze, die 1493 aus Mittelamerika nach Europa gekommen war. Die preußische Aristokratie war sich bis ins 19. Jahrhundert hinein zu fein, wie das einfache Volk Kartoffeln zu essen. Wenn die Gräfin Görtz ihrem Mann nach St. Petersburg mitteilt, dass Goethe und eine Fürstin jeden Abend Kartoffeln essen würden, drückt sie damit aus, dass diese Fürstin sich mit etwas Niedrigem abgeben würde. Goethe war aus Sicht des Adels ein bürgerlicher Emporkömmling, sein Großvater väterlicherseits, Friedrich Georg Göthé (1657–1730), ein weitgereister Schneidermeister aus Thüringen, der sich in Frankfurt niederließ und einen der führenden seiner Zunft wurde; durch seine zweite Ehe mit Cornelia, geborene Walther (1668–1754) wurde er Gastwirt eines der führenden Häuser in Frankfurt; von dessen legendärem Weinkeller zehrten die Goethes noch 1788.[302] Vom genialen Wirtschaften des Großvaters Friedrich Georg stammte übrigens der Grundstock des Goeth'schen Vermögens, insgesamt um die 100.000 Gulden – bis zum Auslöschen der Linie durch Goethes letztem Enkel Walther 1885.[303] Auch mütterlicherseits gehörten die Textors nicht dem Frankfurter Patriziat an, sie standen diesem nur nahe, Goethe befand sich erst auf gutem Weg ins Frankfurter Patriziat, wenn er nicht in Weimar sein Glück versucht hätte und in Frankfurt geblieben wäre.[304]

Die Situation, über die die Gräfin Görtz berichtet, hat unverkennbar eine erotische Konnotation: eine Fürstin gibt sich fast jeden Abend – also nicht etwa zur Mittagszeit – mit dem Emporkömmling Goethe ab, Frau von Stein spielt eine ihr zugewiesene Rolle, der Ehemann Stein sieht darüber hinweg, obwohl er es nicht sollte, er spielt falsch. Dass Goethe fast jeden Abend ungehindert mit der regierenden Herzogin Luise verbringt, ist undenkbar. Luise hatte bereits zwei Töchter geboren und man erwartete sehnlichst die Geburt eines Thronfolgers. Eine Affäre Goethes mit der Herzogin wäre ein Kapitalverbrechen gewesen, die Aufdeckung wäre für Goethe einem Todesurteil gleichgekommen, niemand hätte eine solche Affäre gedeckt. Die grausame Hinrichtung des berühmten Grafen Struensee 1772 in Kopenhagen muss unter bürgerlichen Emporkömmlingen im höfischen Milieu noch gut in Erinnerung gewesen sein, zumal Goethe Literatur zum Fall Struensee in der FRANKFURTER GELEHRTE ANZEIGEN rezensiert hatte (1772).[305] Weiter ist der Brief der Gräfin Görtz auf dem Weg nach Sankt Petersburg, auf der Postroute einer europäischen Großmacht, bestimmt für den preußischen Botschafter. Die „ehelichen, die amoureusen und die sexuellen Beziehungen der einzelnen Herrscher waren ... von äußerster politischer Wichtigkeit", hatten also höchsten Stellenwert bei diplomatischen Nachrichten.[306] Entsprechend finden wir in Goethes Tagebuch – es bricht im Juni 1782 ab – wenige Treffen mit der Herzogin Luise und immer in Anwesenheit anderer Personen. Demnach kann in dem Brief mit „Herzogin" nur Anna Amalia gemeint sein, Frau von Stein spielt „die ihr zugewiesene Rolle so gut sie nur kann" und der Oberstallmeister von Stein wusste um die Täuschung mit seiner Frau, die als Goethes Geliebte zu fungieren hatte. Da er in Wirklichkeit nicht betrogen wurde, konnte er die von seiner Gönnerin Anna Amalia befohlene Inszenierung leicht hinnehmen. Der scheinbar nach außen hin betrogene Ehemann gab zudem dem Hofklatsch Anlass zu glauben, er unterhalte eine Liaison mit der Hofdame von Waldner.[307]

An Graf Görtz dachte Goethe, als er eine Verschwörung nach dem Thronwechsel in Berlin befürchtete, vielleicht den Einzigen, dem er um seiner eigenen Karriere Willen Schaden zugefügt hatte. Er hielt es für möglich, dass Görtz nur auf den Thronwechsel gewartet hatte, um das Weimarer Geheimnis politisch auszunutzen. Der neue König, Friedrich Wilhelm II., hatte bereits früh in Frauensachen einen üblen Charakter bewiesen, vor allem gegenüber Anna Amalias jüngerer Schwester, die ihm 1765 angetraute Elisabeth Christine Ulrike von Braunschweig (1746–1840). Der preußische Thronfolger Friedrich Wilhelm II. hatte nach seiner Eheschließung wie selbstverständlich noch mehrere Geliebte und verkehrte mit diesen ungeniert, seine Ehefrau tat es ihm daraufhin offenbar gleich. König Friedrich II. beurteilte die Angelegenheit – es ging um die Tochter seiner geliebten Schwester Philippine Charlotte – wie folgt: „Der Gatte, jung und sittenlos, einem ausschweifenden Leben hingegeben, übte täglich Untreue an seiner Gemahlin; die Prinzessin, die in der Blüte ihrer Schönheit stand, sah sich gröblich beleidigt durch die geringe Rücksicht, die man ihren Reizen zeigte. Ihre Lebhaftigkeit und die gute Meinung, die sie von sich selber hatte, brachten sie dazu, sich für das Unrecht zu rächen, das man ihr antat. Bald ergab sie sich Ausschweifungen, die denen ihres Gatten kaum nachstanden; die Katastrophe brach aus und wurde bald publik".[308] Hier wird der Zynismus von Friedrich II. erkennbar. Seine zur Schau getragene Ablehnung einer skrupellosen Machtpolitik, wie sie angeblich Machiavelli (1469–1527) vertrat, sollte nur seine politische und menschliche Skrupellosigkeit verdecken, denn es ist nicht vorstellbar, dass das so wohl unterrichtete Staatsoberhaupt nicht seiner politisch unerfahrenen Nichte hätte helfen können. Die Schuld an dem Eheskandal wurde jedoch einhellig auf Seiten von Elisabeth Christine Ulrike gesehen, die Ehe 1769 geschieden und die erst 22-Jährige nach Stettin unter haftähnlichen Bedingungen verbannt, wo sie noch 72 Jahre leben sollte. König Friedrich II. muss der Ausgang des ehelichen Konflikts aus irgendwelchen Gründen recht gewesen sein. Seine Frau, Anna Amalias Tante Elisabeth Christine von Braunschweig-Wolfenbüttel (1715–1797), war sicher nicht in der Lage zu helfen. Friedrich II. musste sie 1733 heiraten, seit der Thronbesteigung (1740) lebten sie getrennt voneinander.[309] Als neue Ehefrau für Friedrich Wilhelm II. bestimmte Friedrich II. Wilhelmine Luise von Hessen-Darmstadt (Eheschließung 1769), die Schwester von Herzogin Luise.

Die Nerven lagen bei Goethe und Anna Amalia nach zehn Jahren Täuschung blank, bei den heimlich Liebenden herrschte längst eine paranoide Stimmung. Noch Ende 1785 verursachte Anna Amalias leichtlebiger jüngerer Sohn durch tadelnswertes Verhalten gegenüber dem König Friedrich II. einen diplomatischen Zwischenfall. Deswegen schrieb Anna Amalia als Herzogin-Mutter gleich mehrere Entschuldigungsbriefe an ihren Onkel, etwa am 9. Oktober 1785: „Ich würde überaus glücklich sein, wenn ich mir schmeicheln könnte, daß Ew. Majestät fortfahren wollten, mir und meinen Söhnen die Ehre Ihrer Gnade zu erweisen". Carl August bat sogar um eine persönliche Audienz beim preußischen König, um sich für das Verhalten seines Bruders entschuldigen zu können, was ihm gnädig gewährt wurde.[310] Seit dem Frühjahr 1786 wurde der Tod des erkrankten Königs Friedrich II. erwartet, und gerade in dieser Zeit gab jemand anonym zu erkennen, um das Weimarer Geheimnis „Goethe und Anna Amalia" zu wissen. Was lag da näher, als Graf Görtz zu verdächtigen, der als politisches Schwergewicht die Täuschung mit Frau von Stein durchschaut hatte. Graf Görtz war es etwa, der zwischen dem preußischen und dem russischen Thronfolger, Friedrich Wilhelm II. und Paul I., anlässlich eines Staatsbesuchs in Sankt Peterburg 1780 eine „Bruderfreundschaft" am Willen der Zarin Katharina II. vorbei angebahnt hatte.[311] Goethe und Anna Amalia dachten, Görtz könnte sich mit einem bösen Streich an ihnen rächen wollen. Vom neuen König war nach damaliger Informationslage nichts Gutes zu erwarten. Der Bildhauer Johann Gottfried Schadow (1764–1850) berichtete über dessen Regierungszeit: „Die größte Liederlichkeit herrschte am Hof. Alles besoff sich mit Champagner, fraß die größten Leckereien und frönte allen Lüsten. Ganz Potsdam war ein Bordell."[312] Die Darstellung von Leben und Leistung Friedrich Wilhelm II. scheint bereits von Friedrich II. bewußt ins Negative manipuliert und auch später in seinem Sinne weiter tradiert worden zu sein; heute kommt man zu einem günstigeren Urteil,[313] nur Anna Amalia und Goethe mussten dem neuen König alles zutrauen, ebenso dem Spitzendiplomaten Graf Görtz.

Als Goethe in Karlsbad den Herzog Carl August in das Geheimnis einweihte, sondierte dieser sofort die Lage in Berlin. An seinen ehemaligen Erzieher Görtz, mit dem er in Kontakt stand, schreibt Carl August etwa am 18. September 1786: „Unser neuer König scheint den Willen zu haben, sich durch Wohltun und Mäßigung eine allgemeine Achtung und Zutrauen gewinnen zu wollen, wie leicht wird ihm dieses bei den vortrefflichen Eigenschaften seines Herzens glücken!"[314] Der preußische Diplomat Johann Friedrich von Stein, Carl Augusts Gewährsmann in Berlin, berichtet am 6. Oktober 1786 aus Potsdam: „... vergeblich wartet das Auge des Forschers auf solche Tätigkeit, die auch nur die ersten Spuren der Ausführung wohlausgearbeiteter Pläne verkündigen würde."[315] An den Minister von Franckenberg in Gotha schrieb Carl August am 16. Oktober 1786: „... der König bleibt trotz allen Anfechtungen dem politischen Systeme treu."[316] Spätestens als der neue preußische König Carl August das Vertrauen aussprach und nach Berlin berief, um ihm eine diplomatische Mission in Mainz anzuvertrauen, war klar, dass vom neuen König keinerlei Gefahr drohte. Am 13. November 1786 schreibt Carl August an Graf Görtz: „Nur mit wenigen Worten kann ich Ihnen, mein werter Herr Graf, melden, daß ich auf Befehl des Königs übermorgen von hier ab und über Dessau nach Berlin reise; alles, was ich von dorther höre, erfüllt meine Seele mit Freude."[317] Görtz hatte demnach überhaupt nicht versucht, sein Wissen um die verbotene

Liebe zwischen Goethe und Anna Amalia auszunutzen. Carl August wird ihn weiter entgegenkommend behandeln und in seine außenpolitische Arbeit einbinden, er beschwichtigte sogar die Sorgen von Graf Görtz um die schwankende Gunst des neuen Königs in einem Brief vom 15. Januar 1787: „Ich kann Ihnen gewiß versichern, daß der König nicht mit Ihnen unzufrieden ist, sondern daß er gewiß Ihre Verdienste einsieht und schätzt ... Sie haben, wenn Sie in dem Dienste bleiben, wo Sie sind und wo gewiß tüchtige Männer gebraucht werden können, blühende Aussichten".[318] 1788 übertrug Carl August Graf Görtz seine Stimmrechte beim Reichstag in Regensburg, die er bis 1806 wahrnahm.[319]

Goethe erkannte bald, dass er und Anna Amalia mehr als überreagiert hatten. Ihre scharfen Sicherheitsvorkehrungen hatten es ohnehin fast unmöglich gemacht, sie einer geheimen Liaison zu überführen. In den RÖMISCHEN ELEGIEN (1788–1790) wird Goethe das Bild einer Vogelscheuche für die unbegründete, gemeinsame Furcht vor preußischen Intrigen wählen. Der Geliebten legt er die Worte in den Mund (ELEGIE XVI): „'O welch ein Irrtum ergriff dich!/Eine Scheuche nur war's, was dich vertrieb! Die Gestalt/Flickten wir emsig zusammen aus alten Kleidern und Rohren;/Emsig half ich daran, selbst mir zu schaden bemüht.'" Goethe musste aufgrund des anonymen Verräters Carl August in sein Liebesgeheimnis einweihen, dass dies eine zumindest zeitweilige Entfernung von Weimar nach sich ziehen würde, war ihm bewußt. Immer wieder schreibt Goethe im Sommer 1786 von einem längeren Ausbleiben von Weimar, das bevorstünde. Im August 1786 war es in Carlsbad so weit, in einem Brief vom 14. Oktober 1786 an Carl August nimmt Goethe Bezug auf das Gespräch, in dem er sein Geheimnis offenbart hatte: „Wie sonderbar unser Zusammenseyn in Carlsbad mir vorschwebt, kann ich nicht sagen. Daß ich in Ihrer Gegenwart gleichsam Rechenschafft von einem großen Theil meines vergangenen Lebens ablegen mußte, und was sich alles anknüpfte". Die Entfernung von Goethe aus Weimar war beschlossen, damit verbunden war die Trennung von Anna Amalia. Weiter musste der Verräter in Weimar gefunden, der mögliche politische Hintergrund ausgeleuchtet werden. Einen Tag vor seiner Abreise teilt Goethe am 2. September 1786 seinem Sekretär Philipp Seidel mit, er sei im Notfall über den Bankier Cioja in Rom zu erreichen: „Wenn ich alles überlege; so kann ich dir keine frühere Adresse als nach Rom geben und zwar: A Monsieur/Monsieur Joseph/Cioja/pour remettre/a Mr Jean Philippe Möller a/Rome/ du schreibst mir aber nicht dorthin als bis du wieder einen Brief von mir hast, es müsste denn ein Nothfall seyn." Am 28. September war der

Dichter in Venedig eingetroffen, einer Stadt mit einem großen Hafen. Hätte er wirklich nur so schnell wie möglich Rom erreichen wollen, so hätte er nicht einen ganz erheblichen Umweg über Venedig gemacht sowie dort einen wochenlangen Aufenthalt eingelegt. Goethes Brief an Carl August aus Verona vom 18. September klingt so, als könnte er nie wieder zurückkehren: „Es wäre möglich daß der Fall käme da ich Sie unter fremden Nahmen etwas zu bitten hätte. Erhalten Sie einen Brief von meiner Hand, auch mit fremder Unterschrift; so gewähren Sie die Bitte die er enthält." Goethe scheint in Venedig seine Lebenssituation gründlich überlegt und auf politische Informationen gewartet zu haben, um sich bei entsprechender Entwicklung einzuschiffen. Bei den venetianischen Bankiers Reck und Lamnit war Goethe in der Lage, sich Geld zu beschaffen.[320]

In TASSO ist der Dichter auch nicht festgelegt (Vers 2238 ff.): „Wohin, wohin beweg' ich meinen Schritt,/Dem Ekel zu entfliehn, der mich umsaust,/Dem Abgrund zu entgehn, der vor mir liegt?" Da aber Goethes Befürchtungen um eine politische Intrige sich bald als falsch erwiesen, konnte er daran gehen, der aus der Not geborenen Reise einen Sinn zu geben. Vor allem musste er sein künftiges Verhältnis zu Anna Amalia klären und den „Verräter" in Weimar identifizieren. Dass eine Bildungsreise nach Italien Unendliches zur weiteren Ausbildung und Veredelung beitragen konnte, hatte Goethe schon lange gewusst. Bereits 1775 wollte er nach Italien aufbrechen, als die Kutsche, die ihn nach Weimar bringen sollte, zunächst ausblieb. Aus Rom schreibt er am 3. November 1786 dem Herzog die Bitte: „… so laßen Sie mich das gut vollenden was gut angefangen ist und was jetzt mit Einstimmung des Himmels gethan scheint". Im Brief vom 20. Januar 1787 aus Rom dankt Goethe dem Herzog, dass er bis zur Klärung der Identität des „Verräters" und seines zukünftigen Verhältnisses zu Anna Amalia in Italien bleiben kann: „Wie sehr danck ich Ihnen, daß Sie mir so freundlich entgegen kommen, mir die Hand reichen und mich über meine Flucht, mein Aussenbleiben und meine Rückkehr beruhigen." Der inzwischen als Studien- und Arbeitsreise deklarierte Italienaufenthalt des Dichters war von Carl August genehmigt worden, dessen Dauer aber noch ungewiss. In einem Brief an Merck vom 25. Februar 1787 beschreibt Anna Amalia Goethes Lebenswandel in Rom: „Soviel kann ich Ihnen sagen, daß er sehr wohl ist und sich da wie einheimisch findet. Er gehet fast mit keinem andern Menschen als mit dem jungen Tischbein um. Wenige Menschen gibt's und wird es geben, die Rom auf solche Weise sehen und studieren wie er."[321] Rückblickend stellte Goethe in Bezug auf seinen Italienaufenthalt fest: „Im Laufe von zwei vergangenen Jahren hatte ich ununterbrochen beobachtet, gesammelt, gedacht, jede meiner Anlagen auszubilden gesucht."[322]

In einem Brief Goethes an Carl August vom 23. Oktober 1787 kommt nach über einem Jahr Italienaufenthalt Anna Amalia zur Sprache. Goethe wählt den 23. Oktober als Verschlüsselung, um auf das Thema an sich hinzuweisen. Da der 24. Oktober Anna Amalias Geburtstag ist, weiß ihr Sohn Carl August, ohne dass es weiterer Hinweise bedurfte, dass es um sie geht. Goethe ist bei diesem Thema sichtlich verlegen, denn er, 38-jährig, spricht zum 30-jährigen Carl August über dessen 48-jährige Mutter: „So sehr mein Gemüth auch gewohnt ist sich mit Ihnen zu unterhalten, so gewiß ich nichts Gutes genieße ohne Sie dessen theilhaftig zu wünschen, so verlegen bin ich jetzt doch gewissermassen wenn ich die Feder ansetze Ihnen zu schreiben." Es folgt ein Hinweis auf den vulkanischen Ursprung der Albaner Berge, die vor den Toren Roms liegen: „Und wie auf ausgebrannten Vulkanen leben wir auch hier auf den Schlachtfeldern und Lagerplätzen der vorigen Zeit". Die stürmische Leidenschaft zu Anna Amalia soll bei Goethe also angeblich „ausgebrannt" sein. „Nur zu sehr spüre ich in diesem fremden Lande daß ich älter bin. Alle Verhältniße knüpfen sich langsamer und loser, meine beste Zeit habe ich mit Ihnen mit den Ihrigen gelebt und dort ist auch mein Herz und Sinn, wenn sich gleich die Trümmern einer Welt in die andre Wagschale legen". Nach seiner Rückkehr aus Italien wird Goethe in den RÖMISCHEN ELEGIEN (1788–1790) hinsichtlich seines ersten Weimarer Jahrzehnts, seiner Flucht und seiner Rückkehr dichten (XV, Vers 43 f.): „Sahst eine Welt hier entstehn, sahst dann eine Welt hier in Trümmern,/Aus den Trümmern aufs neu fast eine größere Welt!"

Weiter beschäftigt sich der Brief vom 23. Oktober 1787 mit dem „Verräter". Goethe knüpft an den Zweiten Schlesischen Krieg (1744/45) an, der ebenfalls von Preußen als Angriffskrieg begonnen wurde, um etwas zu verschlüsseln. Ihm sei am Rande des Nemisees bei Rom ein alter hölzerner Trog aufgefallen. Diesen hätten die Österreicher im Zuge dieses Krieges bei ihrem Versuch, in Süditalien einzufallen, was in der Schlacht von Velletri 1744 vereitelt wurde, benutzt, um ihre Pferde zu tränken. Dann heißt es: „Gleich erinnerte ich mich, was Sie mir einst von ihrem Anteil, an der Schlacht bey Velletri schrieben". Da Carl August 1757 geboren wurde, also 13 Jahre nach der Schlacht von Velletri, konnte er an dieser keinen direkten Anteil gehabt haben, es geht hier also um einen Angriffskrieg im übertragenen Sinn. Mit diesem Vergleich bestätigt Goethe, Nachrichten über den „Verräter" seines Geheimnisses erhalten und verstanden zu haben. Weiter schreibt er: „Fast hätte ich Ihnen einen Span aus dem Troge geschnitten und Ihnen so eine recht landsmännisch militarische Reliquie geschickt". Damit gibt er Carl August zu verstehen, dass er verstanden hat, dass es in Sachen „Verräter" noch keine Entwarnung gibt. Im nächsten Brief vom 17. November 1787 wird die „Reliquie" besonders erwähnt: „Sie haben indeß zwey Briefe von mir erhalten ... [einer] enthielt die Nachricht von einer militärischen Reliquie der dortigen Gegend". Doch erst, wenn der „Verräter" gefunden ist, wird er berichten, dass er die „Reliquie" hat. Noch im Brief vom 7. Dezember 1787 bezeichnet Goethe Preußen als „halb feindlichen Lande", obwohl Carl August am 25. September 1787 in die preußische Armee im Range eines Generalmajors eingetreten war. Inzwischen war es am 24. August 1787 zu einer türkischen Kriegserklärung gegen Russland gekommen. Österreich war mit Russland verbündet, Preußen, England und Holland bildeten einen Schutzbund auf Seiten der Türkei. Carl August nahm auf Seiten Preußens an den Verhandlungen des Schutzbundes in Den Haag teil.[323]

In einem Brief an den Herzog Carl August vom 29. Dezember 1787 spottet der Minister Goethe zwischen den Zeilen über seine Überwachung in Rom: „... wenn Sie mir manchmal etwas bedeutenderes schreiben wollen; können Sie es ohne Sorge thun. Niemals habe ich an einem Briefe nur eine Spur einer Eröffnung bemerckt". Goethe scheint hier ganz naiv, in Wirklichkeit wiegt der Staatsmann die Spione etwa auf Seiten des Kirchenstaates oder Österreichs in falscher Sicherheit.[324] Der österreichische Gesandte in Rom, Graf Kardinal Herzan, berichtete etwa am 3. März 1787 nach Wien: „Herr Göthe hat sich zwei Monate hier aufgehalten: er trachtete unbekannt zu bleiben und änderte deswegen seinen Namen in jenen Müller, unter welcher Aufschrift auch seine Briefe an ihn gekommen. ... mit eben diesem [Maler Tischbein] ist er nach Neapel gereiset. Ich habe meinen Sekretär, auf dessen Rechtschaffenheit ich mich verlassen kann, aufgetragen, daß er bei seiner Zurückkunft ... sich mit jenen in einen näheren Umgang setzen soll, um hiedurch imstande zu sein, mit Sicherheit ein wachsames Auge auf seine Aufführung und allfällig geheime Absichten tragen zu können".[325] Die Überwachung Goethes seitens der Österreicher ist ein Beleg dafür, dass dieser im Lavieren der Regierung von Sachsen-Weimar und Eisenach zwischen Berlin und Wien, etwa im Bayerischen Erbfolgekrieg, nie soweit ging, als Vertrauter, gar als Informant und Parteigänger Wiens zu gelten. Dass Goethes Mitbewohner, der Maler Johann Heinrich Wilhelm Tischbein (1751–1829), ihn für den Kirchenstaat ausspioniert hat, ist sehr wahrscheinlich[326] – ausgerechnet der Maler, der das wohl bekannteste Bild des Dichters, GOETHE IN

DER CAMPAGNA DI ROMA (ABB. 16), gemalt hat. Tischbein wurde von Goethe zunächst günstig geschildert, etwa: „... mein herzlicher Freund ... wo hätte mir ein werterer Führer erscheinen können?" (ITALIENISCHE REISE, 7. November 1786). Dann aber am 2. Oktober 1787: „... er ist nicht so rein, so natürlich, so offen wie seine Briefe. Seinen Charakter kann ich nur mündlich schildern".[327] Goethe scheint hier auf Tischbeins Tätigkeit als Spion anzuspielen. Erst als 1799 Tischbein nach Deutschland zurückkehrte und mit Anna Amalia, die mit ihm während ihres Italienaufenthalts oft verkehrte, in Kontakt stand, überwand Goethe seinen Zorn und näherte sich ihm wieder etwas an. Da Goethe mit Spionen rechnete, schickte er am 10. Januar 1787 seinen Freunden in Weimar einen geschnittenen Stein mit der Bitte, künftig die Briefe damit zu siegeln, „Frau von Stein" bekam einen extra. Am 17. Februar 1787 teilt er „Frau von Stein" mit: „Deine Briefe werden alle gleich verbrannt, wie wohl ungern. Doch dein Wille geschehe."

Dabei scheinen ihre Briefe ohnehin stets bedeckt formuliert worden zu sein, so heißt es etwa in einem Brief vom 8. Juni 1784 aus Eisenach: „Deine liebe Briefe sind angekommen, und ach ich bin deiner Gegenwart so gewohnt daß sie mir kalt vorkamen, daß ich erst wieder mich gewöhnen musste deiner Handschrift eben den Sinn zu geben den die Worte von deinen Lippen haben." Die Liebende rechneten also damit, dass ihre Briefe jederzeit unbefugt geöffnet werden konnten, der Briefwechsel war aber so verschlüsselt, dass er sich deswegen keine allzu großen Sorgen zu machen brauchte. Für besonders wichtige Mitteilungen gab es ohnehin sicherere Wege, wie aus dem Eintrag vom 16. Februar 1788 hervorgeht: „Mit dem preußischen Kurier erhielt ich vor einiger Zeit einen Brief von unserm Herzog ... Da er ohne Rückhalt schreiben konnte, so beschrieb er mir die ganze politische Lage, die seinige und so weiter." Der Herzog berichtet in einem Brief an seine Mutter Anna Amalia vom 11. Januar 1788: „Göthen schrieb ich gestern durch einen Kurier, der nach Rom ging, einen Brief von 12 Seiten." Dieser nicht erhaltene Brief von Carl August war für Goethe von entscheidender Bedeutung. Goethe antwortet am 25. Januar 1788, dass er den Tag des Erhaltes des zwölfseitigen Briefes „als den fröhlichsten ... den ich in Rom erlebt habe", ansieht: Der „Verräter" ist nämlich endlich entdeckt. Damit ist seine Rückkehr nach Weimar ohne Ungewissheiten möglich, die paranoiden Befürchtungen hinsichtlich Graf Görtz und Preußen endlich überwunden: „Anfang Dezembers durchlief ich noch einmal das vulkanische Gebirg hinter Rom, von Fraskati bis Nemi und schnitt bey dieser Gelegenheit einen Span aus jenem Troge. Mit nächstem Transport wird diese Reliquie sich Ihrem Hausaltar empfehlen."

Versteckt hinter unscheinbaren Personalfragen war in Weimar von Carl August und Anna Amalia nach dem „Verräter" gefahndet worden. Goethe verdächtigte zunächst seinen Diener und Sekretär Philipp Friedrich Seidel (1755–1820), der ihn von Frankfurt nach Weimar begleitet hatte. Im Brief vom 7. Dezember 1787 an Carl August heißt es: „Nun ein Wort, daß sich auf Ihre innere Wirthschafft bezieht ... Ich wünschte Sie veranlaßten Schmidten, daß er Seideln ... prüfe ... Lassen Sie ihn prüfen, prüfen Sie ihn bey Ihrer Rückkunft selbst, ich müßte mich sehr betrügen, wenn Sie in dieser Classe Menschen einen gleichen fänden". Vordergründig ging es nur um eine Beförderung Seidels zum Rentkommissar. Bei diesem alltäglichen Vorgang wäre aber eine derart sorgfältige Mehrfachprüfung nicht nötig gewesen, schon gar nicht durch den Herzog selbst. Mit „Prüfung" ist hier eine kriminalistische Untersuchung gemeint, die zur Demaskierung des „Verräters" führen soll. Weiter stellte Goethe eine Liste zusammen, die die Namen aller Personen beinhaltet, die theoretisch vom Geheimnis wissen konnten. In einem Brief an den Herzog vom 15. Dezember 1787 heißt es: „Noch eine andere Übung habe ich vor: daß ich ... heroische Süjette nach meinen Anläßen zeichnen lasse ... Fr. von Stein kann etwas näheres, wenigstens die Liste der Süjette mittheilen". Mit dem zwölfseitigen Brief Carl Augusts erhielt Goethe nunmehr Kenntnis von der Identität des „Verräters", denn in seiner Erwiderung vom 25. Januar 1788 heißt es: „Meine größte Sorge, die ich zu Hause habe ist Fritz. Er tritt in die Zeit wo die Natur sich zu regen anfängt und so leicht sein übriges Leben verdorben werden kann. Sehen Sie doch ein wenig auf ihn." Der 14-jährige Fritz von Stein, der jüngste Sohn der Frau von Stein, war also der „Verräter" gewesen, jener Fritz, um dessen Erziehung Goethe sich seit dessen siebtem Lebensjahr gekümmert hatte und der seit 1783, also mit elf Jahren, im von fünf Bediensteten unterhaltenen Haus des Dichters und Ministers wohnte. Der Knabe verlebte bei Goethe seine schönsten Jugendjahre als „der allgemeine Liebling der gebildeten Kreise der Stadt".[328] Der kleine Fritz war ständig um Goethe gewesen, er begleitete ihn auf Reisen, bekam Briefe diktiert – auch an „Frau von Stein". Rechnungen, Kassenbücher und anderes gingen durch seine Hände, er lernte allerlei, darunter in verschiedenen Schrifttypen zu schreiben.[329] In einem Brief vom 19. Januar 1788 an „Frau von Stein", unmittelbar bevor Goethe den zwölfseitigen Brief von Carl August bekam, hieß es bereits: „Grüse Fritzen. Seine Augen machen mir Sorge". Von einem Augenleiden von Fritz war jedoch nie die Rede, Goethe weist damit darauf hin, dass dieser in seiner Nähe zuviel gesehen haben könnte. Indem Goethe für Carl August eine Liste der „heroischen Süjette" zusammenstellte, also alle Personen, mit denen er in Weimar zu tun gehabt hatte, daraufhin prüfte, ob sie theoretisch das Geheimnis erkannt haben könnten, musste Goethe besonders gegen Fritz misstrauisch geworden sein. So hatte Fritz im Sommer 1786 einen bereits versiegelten Brief Goethes an „Frau von Stein" aufgebrochen. Dies geht aus einem Nachtrag zu einem Brief an „Frau von Stein" vom 6. Juli 1786 hervor: „Da Fritz den Brief wieder aufgebrochen hat, kann ich dir auch noch ein Wort sagen." Was zunächst als verzeihliche Ungezogenheit hingenommen wurde, erschien nun in einem anderen Licht: Fritz hatte Goethe ausspioniert. Nachdem Goethe Gewissheit darüber bekam, dass Fritz ihn „verraten" hatte, berichtet er ihm tief enttäuscht am 16. Februar 1788, sein Grab gezeichnet zu haben: „Vor einigen Abenden, da ich traurige Gedanken hatte, zeichnete ich meines [Grab] bei der Pyramide des Cestius, ich will es gelegentlich fertig tuschen, und dann sollst du es haben."[330] Fritz soll Goethes „Grab" erhalten, der Dichter drückt damit aus, was ihm sein Pflegesohn mit seinem „Verrat" angetan hat. An der Pyramide des Cestius sollte vier Jahrzehnte später – makabere Ironie des Schicksals – Goethes einziger Sohn bestattet werden.

Goethe bestellte, nachdem er von der Italienreise mit dem Vollmond nach Weimar zurückgekommen war, als Erstes Fritz um 6 Uhr früh zu sich. Dieser berichtete anschließend dem Bruder Carl: „[Ich hatte mich] so gefreut ihn wieder zu sehen daß ich ihm kein Wort sagen konnte".[331] Diese Sprachlosigkeit war tatsächlich durch sein schlechtes Gewissen bedingt, denn er hatte durch sein anonymes Bekenntnis, dass das Geheimnis ihm bekannt sei, bei den heimlich Liebenden eine panische Überreaktion ausgelöst, die zur Trennung führte. Später verarbeitete Goethe den „Verrat" in seinem autobiographischen Roman WILHELM MEISTERS WANDERJAHRE, den er unmittelbar nach dem Tod Anna Amalias 1807 zu diktieren begann. Darin wird der Held durch einen Knaben mit dem Namen Fitz in eine Falle gelockt, es fällt „auf einmal … ein Schuß … zu gleicher Zeit [schlossen] sich zwei verborgene Eisengitter". Der Held wird aber sogleich befreit, es handelt sich also, wie bei dem „Verrat" von Fritz, nur um einen Schreckschuss (I, 4). Der Name Fitz ist auf Fritz zurückzuführen, als Koseform für Friedrich.[332] Auch der Titel „Wo stickt der Verräter?" in der ersten Romanfassung (1821), der in der zweiten (1829) in „Wer ist der Verräter?" geändert wurde, weist in Richtung „Verrat".

Fritz konnte nicht ahnen, welche Folgen sein anonymes Bekenntnis auslösen würde, doch sind seine Beweggründe nachvollziehbar. Für den Knaben hatten Goethe und Anna Amalia sich eine Ungeheuerlichkeit mit seiner Mutter geleistet, als sie diese zur Täuschung der Öffentlichkeit als platonische Geliebte ausgaben. Wenn Fritz als Inschrift seines Wappens „Trachte nach Wahrheit" wählte, die auch auf seinen Grabstein kam, so knüpft dies an seine Rechtfertigungsgründe. Obwohl Goethes Verhältnis zu seinem ehemaligen Zögling nach seiner Rückkehr aus Italien kühl blieb,[333] wies er seinen Vertrauten Seidel bereits in einem Brief vom 9. Februar 1788 an, Fritz in die Lehre zu nehmen: „Nun habe wegen Fritzens etwas mit dir zu reden. Überlege doch, ob du Zeit Muße und Lust hast dich seiner anzunehmen und ihm einigen Unterricht zu geben." Es folgt Goethes Vorstellung über die Ausbildung von Fritz im Bereich des Rechnungswesens, damit soll er auf eine Karriere als Weimarer Beamter vorbereitet werden. Verziehen wurde ihm sein „Verrat" in Wirklichkeit nicht, der Jugendstreich sollte sein ganzes Leben überschatten. Fritz wurde zum Hofjunker und 1793 zum Kammerassessor mit 300 Talern Jahresgehalt ernannt. Er studierte in Jena, Hamburg und London. Danach wollte ihn Carl August aber überraschend als Volontär ins rückständige Schlesien schicken. Auch Fritz traute Goethe und dem Herzog Carl August nie ganz und so zog er eine zunächst unbezahlte Anstellung in Breslau dem weimarischen Dienst vor, den er 1797 quittierte. Seine Karriereaussichten in Breslau wurden immer schlechter, was an seinen unzulänglichen Fähigkeiten lag. So war Goethes Freund Wilhelm von Humboldt (1767–1835), der Friedrich von Stein zu sich holte, um ihn an der Reform des preußischen Bildungswesens mitarbeiten zu lassen, bald von ihm enttäuscht: „Stein ist ein sehr guter Mensch, allein zur Arbeit doch nur sehr bedingter Weise tauglich … fast keine Sache, die er macht, hat Hand und Fuß; man muß immer ändern und weiß nie anzufangen, weil man eigentlich das Ganze ausstreichen müßte."[334] Mehrmals endeten Rückkehrverhandlungen mit Carl August ergebnislos, wobei Frau von Stein immer um Vermittlung für ihren Lieblingssohn durch Goethe bemüht war. Als Fritz sich 1801 entschloss, wieder in Weimarer Dienste einzutreten, zeigten ihm sowohl Goethe als auch der Hof die kalte Schulter, was für Frau von Stein ein schwerer Schlag war. Fernab von Weimar sollte Fritz von Stein sowohl privat als auch beruflich scheitern.[335] Als der ehemalige Zögling sich 1803 verlobte, später heiratete und Vater wurde, gratulierte ihm Goethe nicht.[336]

SIZILIEN:
»AUF DEM WENDEPUNCTE«

Daß du kranck, durch meine Schuld kranck warst, engt mir das Herz so zusammen daß ich dirs nicht ausdrücke. Verzeih mir ich kämpfe selbst mit Todt und Leben und keine Zunge spricht aus was in mir vorging, dieser Sturz hat mich zu mir selbst gebracht. Meine Liebe! Meine Liebe! ... Im Leben und Todt der deine.

Goethe an Anna Amalia („Frau von Stein"),
23. Dezember 1786

Die Hauptabsicht meiner Reise war: mich von den phisisch moralischen Übeln zu heilen die mich in Deutschland quälten und mich zuletzt unbrauchbar machten; sodann den heisen Durst nach wahrer Kunst zu stillen, das erste ist mir ziemlich das letzte ganz geglückt.

Goethe an Carl August, 25. Januar 1788

Goethe wird rückblickend seinen 22-monatigen Italienaufenthalt als den Wendepunkt seines Lebens bezeichnen. Nach über einem Jahrzehnt leidenschaftlicher Liebe zu Anna Amalia wurde Goethe von ihr plötzlich getrennt, nachdem er in Karlsbad den Herzog Carl August in das Geheimnis eingeweiht hatte. In der ITALIENISCHEN REISE (ab 1816) beschrieb Goethe diesen Aufenthalt ausführlich. Den ersten von drei Teilen (Karlsbad – Ankunft in Rom) hat Goethe einmal mit Bezügen zur geliebten „Frau von Stein" und einmal ohne diese abgefasst. Jener mit Bezügen zur Geliebten, das TAGEBUCH FÜR „FRAU VON STEIN" aus dem Jahr 1786, ist erst 1886 aus dem Nachlass veröffentlicht worden.[337] Ein Brief der Frau von Stein an Knebel vom 30. Oktober 1816 rief immer wieder Erstaunen hervor:[338] „Goethens ‚italienische Reisen' höre ich von meinen auswärtigen Freunden loben; er hat mir sie aber nicht mitgeteilt. Er schickt mir manchmal von einem guten Gericht von seinem Tisch, aber von höherer Speise würdigt er mich nicht." Es war Goethes ITALIENISCHE REISE 1816 erschienen und Frau von Stein, für die diese angeblich geschrieben worden war, bekam nicht einmal ein Geschenkexemplar.

Eine kritische Überprüfung von Goethes ITALIENISCHER REISE zeigt, dass Anna Amalia die wirkliche Empfängerin der Reisebriefe war. Auffällig ist, dass in mehreren Eintragungen Inschriften nur auf Lateinisch wiedergegeben sind. Am 21. September 1786 heißt es etwa über eine solche: „Das Ganze, besonders der Schluß, ein herrlicher Text zu künftigen Unterredungen." Am 26. September findet sich ohne Übersetzung eine lateinische Inschrift, am 1. Oktober der italienisch-lateinische Text eines Oratoriums, am 7. Oktober ein italienischer Satz. Frau von Stein konnte diese Texte aber nicht verstehen, da sie diese Sprachen nicht beherrschte und stets auf Übersetzungen angewiesen war.[339] Anna Amalia konnte hingegen sowohl Latein als auch Italienisch. Als Anna Amalia regierende Herzogin war, trugen ihr Schüler des Gymnasiums auf Lateinisch „gelehrte Sachen" zu ihrem Geburtstag vor.[340] Mit Beendigung ihrer Regentschaft vertiefte Anna Amalia systematisch ihre Sprachkenntnisse.[341] Es ist jedoch nicht vorstellbar, dass Goethe seiner Geliebten Texte schickte, die diese nicht verstehen konnte, zumal er in seinem Brief vom 18. September 1786 bat, die Texte keinem Dritten zu zeigen, indem er das Tagebuch mit den Worten ankündigte: „Sag aber niemanden etwas von dem, was Du erhältst. Es ist vorerst ganz allein für Dich." Am 14. Oktober 1786 heißt es aus Venedig: „Mein Tagebuch ist zum erstenmal geschlossen; … Behalt es aber für Dich, wie es nur für Dich geschrieben ist". Diese Bitte wurde auch ernst genommen, denn im Brief vom 6. Januar 1787 heißt es schließlich: „Mit meinem Tagebuch wenn es ankommt mache was du willst … Gieb davon zu genießen wem und wie du willst, mein Verbot schreibt sich noch aus den stockenden Zeiten her, mögen die doch nie wieder kehren."

Der offenbare Widerspruch mit den Sprachkenntnissen der vermeintlichen Empfängerin taucht auch in anderen Briefen Goethes an „Frau von Stein" auf, etwa am 14. November 1781, in dem er schreibt: „Schicke mir meine liebste, den Schädel, die Zeichnung davon, das lateinische Büchel in Oktav, und eine Versicherung deiner Liebe." Die Geliebte trieb hier offensichtlich anatomische Studien und las dafür ein lateinisches Buch, es konnte sich also nicht um Frau von Stein handeln. In einem Brief an „Frau von Stein" vom 19. November 1784 heißt es: „Ich bringe den Spinoza lateinisch mit wo alles viel deutlicher und schöner ist". Das klingt nicht so, als wolle er laufend der Geliebten übersetzen.

Dass Goethe nicht an Frau von Stein, sondern an Anna Amalia schrieb, beweist in aller Deutlichkeit ein Brief vom 12. Dezember 1781. Goethe hatte eine italienische Übersetzung seines Briefromans DIE LEIDEN DES JUNGEN WERTHER (1774) von Michele Salom aus Padua erhalten, mit deren Qualität er nicht zufrieden war, er schreibt daher an „Frau von Stein" (ABB. 23): „… seine Übersetzung ist fast immer Umschreibung; aber der glühende Ausdruck von Schmerz und Freude, die sich unaufhaltsam in sich selbst verzehren, ist ganz verschwunden und darüber weis man nicht was der Mensch will. … Du sollst es sehen und selbst urtheilen." Um selber urteilen zu können, sind ausgezeichnete Kenntnisse der italienischen Sprache erforderlich, über die nur Anna Amalia verfügte, denn diese ließ sich bereits seit Mitte der 1760er Jahre in Italienisch unterrichten und fertigte Übersetzungen aus dem Italienischen ins Französische und ins Deutsche, später aus dem Deutschen ins Italienische an.[342] Am 23. Oktober 1765 nennt sich Anna Amalia in einem Brief an ihren Minister von Fritsch eine „Novizin" der italienischen Sprache.[343] Zu dem Zeitpunkt, als Goethe ihr die WERTHER-Übersetzung zur Prüfung vorlegen will, ist Anna Amalia gerade dabei, das Märchen AMOR UND PSYCHE von Apuleius (um 125–nach 161 n. Chr.) aus dem Italienischen ins Deutsche zu übersetzen, das ab November 1781 in ihrem TIEFURTER JOURNAL erschien, einer Zeitung mit einer Auflage von elf handschriftlichen Exemplaren (1781–1784). Ab 1775 nahm sie Italienischunterricht bei Christian Joseph Jagemann (1735–1804), den sie als Bibliothekar bei sich angestellt hatte. Jagemann war in Deutschland einer der besten Kenner der italienischen Sprache. Als Mönch hatte er lange in Florenz gelebt und war dann nach Erfurt als Direktor des katholischen Gymnasiums berufen worden. Anlässlich seiner Einstellung konvertierte er zum Protestantismus. In Erscheinung trat er etwa mit einer italienischen Grammatik und einem umfassenden italienischen Wörterbuch. Als der treue Jagemann einmal Anna Amalia um seine Pensionierung bat, um sich erneut von der Welt zurückzuziehen, stimmte ihn, den Übersetzer von Dantes INFERNO (ab 1780), die Fürstin mit einem in italienischer Sprache abgefassten Brief um: „Wenn Ihre Philosophie Ihnen den Entschluss gebietet, fortan ein einsames Leben zu führen, bin ich damit einverstanden und ihr habt Recht, denn was kann die heutige Welt einem Mann sein, der denken kann und der so voller Verdienste ist wie

Sie ... Wie dem auch sei, meine Freundschaft wird sie verfolgen und sei es auch in die Hölle!"[344] Jagemann blieb bei seiner Fürstin, von der Böttiger 1791 schrieb: „Diese edle Fürstin widmet all ihre Muse den Wissenschaften und Künsten. Nichts ist ihr fremd, nichts wissenswürdiges liegt auser ihrem Kreise. Doch ist die Italienische Sprache, in die sie unsere Classiker übersetzt und ihren Freundinnen in Rom u. Neapel zuschickt, wenn sie es vorher ihrem Bibliothekar, dem Rath Jagemann zur Prüfung vorgelesen hat, die Musik und die Malerei ihr Lieblingsgeschäft."[345] Anna Amalia baute die umfangreichste Italienbibliothek einer deutschen Fürstin im 18. Jahrhundert auf.[346] Wenn Goethe im Brief vom 25. Mai 1787 aus Neapel an „Frau von Stein" schreibt: „Es freut mich daß du von Italien so viel liesest, du wirst mit den Gegenständen bekannter", so trifft dies auf Frau von Stein nicht zu, denn diese interessierte sich nicht besonders für Italien. In einem Brief an Charlotte von Lengefeld vom 12. Januar 1788 spottet Frau von Stein über das Italienfieber, das seit Goethes Reise in den Süden ausgebrochen sei: „Alles will nach Italien bei uns; ich sage Alles, und es ist doch nicht so ganz wahr; ich selbst lobe mir mein Zuhaus, und wem Zuhaus nicht wohl ist, dem ist nirgend wohl".[347] In einem Brief an Freund Knebel vom 21. März 1787 schreibt die angeblich trauernde Frau von Stein mit spöttischem Unterton: „Neapel hat uns Goethen weggefischt."[348]

Seit Beginn der Flucht nach Italien hatte Goethe jeden Tag einen Eintrag in seinem TAGEBUCH FÜR „FRAU VON STEIN" vorgenommen, am 23. und am 24. Oktober 1786, dem Geburtstag Anna Amalias, findet sich erstmals eine Lücke von zwei Tagen. Am 25. Oktober versichert Goethe „Frau von Stein": „Ich habe dir so viel gedacht diese zwei Tage, daß ich wenigstens etwas zu Papier bringen möchte." In diesem Tagebucheintrag ist eine Auslassung gegenüber der allgemeinen Fassung der ITALIENISCHEN REISE, wo das Gespräch mit einem Graf Cesare als Reisegefährte wiedergegeben wird. Den Grafen interessierte es, dass Goethe Protestant ist, und er stellte die Frage, ob man nach diesem Glauben „mit einem hübschen Mädchen auf einem guten Fuß leben [kann], ohne mit ihr gerade verheiratet zu sein". Goethe bejahte dies, denn die protestantischen „Priester sind kluge Leute, welche von solchen Kleinigkeiten keine Notiz nehmen". Goethe spricht als Nachtrag von Anna Amalias Geburtstag den Grund seiner Flucht an, denn er lebte „auf gutem Fuß" mit seinem hübschen protestantischen Mädchen Anna Amalia, doch durfte er sie nicht heiraten.

Am 26. Oktober erwähnt Goethe, nicht ohne Spott, Frau von Steins Gut Kochberg: „Da ich die armen Bauern auch hier so mit Mühseligkeit die Steine umwenden sah, dacht ich an dein Kochberg und sagte recht mit innerlichen Herzenstränen: Wann werd ich einmal wieder in Kochberg einen schönen Abend mit ihr feiern? Ich sage dir, meine Liebe, wenn sie nur hier das Klima nicht voraus hätten!" Der Dichter spielt mit den Worten „dein", „ihr" und „dir" und erweckt den Eindruck, nur zu einer Person zu sprechen. Anna Amalia konnte leicht unerkannt ins 35 Kilometer entfernte Kochberg reisen, um sich dort ungestört auf dem Gut ihrer Hofdame von Stein heimlich mit Goethe zu treffen. Als etwa im Herbst 1776 Frau von Stein in Kochberg von Goethes Freund Jakob Michael Reinhold Lenz (1751–1792) in Englisch unterrichtet wurde, hielt sich Anna Amalia mehrere Tage dort auf.[349] Dies würde erklären, warum Goethe öfter in Kochberg war, wenn Frau von Stein abwesend war. Wenn Frau von Stein selbst anwesend war, kam der Dichter meist in Begleitung von Freunden,[350] damit er bei seiner „Geliebten" gesehen wurde. Die Gräfin Görtz, die die Täuschung durchschaute, berichtete mit Bezug auf solche Inszenierungen am 24. Dezember 1780 ihrem Mann, dass Frau von Stein sich mit Goethe „öffentlich zur Schau" stellen würde.[351] Dennoch fühlte sich Goethe in Kochberg nie wohl, am 22. August 1779 trug der Dichter in sein Tagebuch ein: „Nachmitt[ag] nach Kochberg. Rein und gut da gelebt. Das erste mahl dass mirs da wohl war, doch kann ich mich noch nicht mit dem Ort noch der Gegend Befreunden". Frau von Steins großzügige Räumlichkeiten standen dem Liebespaar Goethe und Anna Amalia demnach für heimliche Treffen zur Verfügung, auch in Weimar. Gräfin Görtz berichtet am 12. Oktober 1782, dass „Frau v. Stein, die nach wie vor die ihr zugewiesene Rolle so gut sie nur kann spielt, ... fast jeden Abend in ihrem Haus Kartoffeln mit Goethe und der Herzogin [Anna Amalia] isst."[352] Für die Witwe Anna Amalia war es unverfänglich, sich bei ihrer treuen Hofdame, scheinbar „außer Dienst", einzufinden.

Am 27. Oktober 1786 heißt es aus Terni: „Wieder in einer Höhle sitzend ... wend ich mein Gebet zu Dir, mein lieber Schutzgeist. Wie verwöhnt ich bin, fühl ich erst jetzt. Zehn Jahre mit Dir zu leben, von Dir geliebt zu sein, und nun in einer fremden Welt. Ich sagte mir's voraus, und nur die höchste Notwendigkeit konnte mich zwingen, den Entschluß zu fassen. Laß uns keinen anderen Gedanken haben, als unser Leben miteinander zu endigen. ... Spoleto hab ich bestiegen und war auf dem Aquädukt, der zugleich Brücke von einem Berg zum andern ist. Die zehen Bogen, die das Tal füllen, stehn, von Backsteinen, ihre Jahrhunderte so ruhig da, und das Wasser quillt noch immer in Spoleto an allen Orten und Enden." Es gibt eine Zeichnung Goethes, die an diese Schilderung des Aquädukts von Spoleto anknüpft, und zwar ein Aquarell von 1806, das ein Aquädukt in gebirgiger Landschaft darstellt, das aus den Buchstaben AMALIE gebildet wird (ABB. 28). Anna Amalia ist für Goethe die Brücke zu einer Lebensweise gewesen, die die Entfaltung seines Genies ermöglichte. Sie verbindet aber nicht nur, sie führt zugleich Wasser, für Thales von Milet (um 625–um 547 v. Chr.), einen der Sieben Weisen der Antike, der Ursprung aller Dinge, die Grundbedingung für alles Leben. Am 13. Dezember 1786 schreibt Goethe: „Ich erhole mich nun hier nach und nach von meinem Salto mortale". Goethe versucht sich Klarheit über seine Zukunft mit Anna Amalia zu verschaffen, wobei seine Sizilienreise die Entscheidung bringen wird. Den einzigen Brief aus Sizilien, den Goethe nicht verbrannt hat, schenkte er am 16. Februar 1818 seinem Freund Carl Friedrich Zelter (1758–1832) mit den Worten: „… so sende ich Dir ein uralt Blättchen, das ich nicht verbrennen konnte, als ich alle Papiere, auf Neapel und Sicilien bezüglich, dem Feuer widmete. Es ist ein so hübsches Wort auf dem Wendepuncte des ganzen Abenteuers und gibt einen Dämmerschein rückwärts und vorwärts." In diesem Brief vom 18. April 1787 aus Palermo erscheint Goethe erleichtert, da er nun wusste, wie die Zukunft seiner Liebe zu Anna Amalia aussehen muss: „Meine liebe noch ein Wort des Abschieds aus Palermo. … Leb wohl Geliebteste mein Herz ist bey dir und jetzt da die Weite Ferne, die Abwesenheit alles gleichsam weggeläutert hat was die letzte Zeit über zwischen uns stockte so brennt und leuchtet die schöne Flamme der Liebe der Treue, des Andenkens wieder fröhlich in meinem Herzen." Am 1. März 1818 antwortet Zelter – Frau von Stein lebte noch: „Dein Zettelchen aus Palermo macht mir unsägliche Freude. Wer ist denn die Glückselige, der diese Frühlingssonne aufgeht?" Goethe erwiderte hierauf nichts.[353]

In Goethes Brief vom 18. April 1787 ist von Abschied und Lebewohl in tieferem Sinne die Rede, das Motiv der Entsagung wird erstmals erkennbar. Goethe wird in seiner ITALIENISCHEN REISE, die er ab 1813 ausarbeitet, unter dem Eintrag Palermo, den 13. April 1787 schreiben: „Italien ohne Sicilien macht gar kein Bild in der Seele: hier ist erst der Schlüssel zu allem." Der Schlüssel zum Verständnis von Goethes zweiter Lebenshälfte ist in Sizilien zu suchen, denn dort fasst er den Entschluss zur Entsagung einer sinnlichen Liebe zu Anna Amalia. Nach über einem Jahrzehnt künstlicher Verstellungen kommt die Eingebung der Entsagung für Goethe der Befreiung von einer ihn erdrückenden Bürde gleich. Die Entsagung bedeutet die Wandlung seiner Liebe zu Anna Amalia. Sie selbst gibt später, in dem ersten ihrer FÜNF BRIEFE ÜBER ITALIEN, die in den 1790er Jahren geschrieben wurden,[354] einen wichtigen Einblick in ihr Verständnis von Liebe: „Daher muß man bey den Römischen Weibern keine zärtliche liebe noch das Sitliche Gefühl suchen welches die Sinnlichen Triebe fesselt u veredelt auch sind sie der art von Freundschaft, welche sonst nach erloschene Leidenschaft überbleibt, nicht fähig." Das sittliche Gefühl fesselt und veredelt die sinnlichen Triebe, doch auch ohne sinnliche Leidenschaft bleibt bei ihr und Goethe eine besondere Art der Freundschaft. Die Sizilienfahrt brachte die erlösende Entscheidung, der Konflikt, der in Goethe vorging, spiegelte sich in den Arbeiten TASSO und NAUSIKAA wider.

Nur die Dichtung TASSO wollte Goethe zur Bearbeitung nach Sizilien mitnehmen: „Tasso wird mit auf den Weg genommen, allein von allen und ich hoffe er soll zu eurer Freude vollendet werden".[355] Doch auf Sizilien drängt sich ihm der Stoff der NAUSIKAA aus Homers (8. Jh. v. Chr.) ODYSSEE (VI, Vers 13 ff.) auf. Danach lernt der schiffbrüchige, göttergleiche Odysseus bei den Phäaken Nausikaa, die Tochter des Königs, kennen. Sie ist schön wie eine Göttin, doch Odysseus kann nicht Nausikaas Gatte werden, denn er ist mit Penelope verheiratet, zu der er zurück will. Goethe nahm während der Schifffahrt von Neapel nach Palermo, angeblich wegen der Seekrankheit, mehrere Tage nur Brot und Wein zu sich (Eintrag vom 30. März 1787), das Gleiche machte er auf der Rückfahrt von Messina nach Neapel (Eintrag vom 13. Mai 1787). In einem Brief von Tischbein an Goethe nach dem 10. Juli 1787, den der Dichter in seiner ITALIENISCHEN REISE (ab 1813) zitiert, weil er die damalige Stimmung gut wiedergeben würde, berichtet Tischbein, dass Goethes sizilianischer Begleiter ihm erzählte, wie „Sie [Goethe] für Ihr gutes Geld, teils aus Übelbefinden, teils aus Vorsatz gefastet und so gut als gehungert [hätten]." Goethe verstand demnach seine Reise nach Sizilien als eine Art Wallfahrt. Auf diesem „überklassischen Boden" mit Homer in der Hand wollte der „Grieche" Goethe von den Göttern eine Weissagung über sein künftiges Verhältnis zu seiner Prinzessin Anna Amalia erhalten, Sizilien war für ihn eine Orakelstätte. Am 2. April meldet er noch: „Der Plan meines Dramas [TASSO] war diese Tage daher, im Wahlfischbauch, ziemlich gediehen." Am 16. April in Palermo heißt es aber, dass er sich mit dem Plan der NAUSIKAA herumtrage. Laut Tagebucheintrag denkt er am 8. Mai bei Messina am Strand weiter an den Plan zu NAUSIKAA. Aus der Erinnerung fügt er dem Eintrag 1814 drei Seiten hinzu, die über den geplanten Aufbau der NAUSIKAA, die er als Tragödie behandeln wollte, Auskunft geben: Nausikaa wird von vielen Freiern umworben, sie fühlt sich aber nur von Odysseus, dem namenlosen, seltsamen Fremdling, angezogen. Ihre Liebe entflammt für ihn und die treffliche Nausikaa „kompromittiert sich unwiderruflich mit ihren Landsleuten". Doch Odysseus gibt Nausikaa zu erkennen, dass er schon verheiratet ist und sie verlassen muss, weshalb sie im Meer den Tod sucht. „Es war in dieser Komposition nichts, was ich nicht aus eigenen Erfahrungen nach der Natur hätte ausmalen können." Goethe berichtet 1814 weiter, beinahe seinen ganzen Aufenthalt in Sizilien an NAUSIKAA verträumt zu haben: „Nach meiner löblichen oder unlöblichen Gewohnheit schrieb ich wenig oder nichts davon auf, arbeitete aber den größten Teil bis aufs letzte Detail im Geiste durch, wo es denn, durch nachfolgende Zerstreuungen zurückgedrängt, liegengeblieben, bis ich gegenwärtig nur eine flüchtige Erinnerung davon zurückrufe." Nach der Konzeption besteht für eine Liebe zwischen Nausikaa und Odysseus von Anfang an keinerlei Hoffnung, nach dem befreienden Entschluss zur Entsagung wird die Ausarbeitung von NAUSIKAA zugunsten der Dichtung TASSO aufgegeben.

Das Nausikaa-Manuskript ist auf demselben Papier niedergeschrieben worden wie eine Zeichnung, die Goethe 1787 in Sizilien anfertigte und die Felsen im Meer zeigt (ABB. 15). Goethe wurde sie aufgrund der charakteristischen Strichführung und des verwendeten Papiers zugeschrieben.[356] Ein Zweifel an Goethes Autorschaft kann dann nicht mehr aufkommen, wenn man darin den Bezug zu Anna Amalia sieht. Die Felsen bilden zwei Bögen, durch die ein Blick auf den Horizont frei wird; der Strich für den Meeresspiegel macht aus den Bögen zwei A. „AA" ist das Siegel Anna Amalias, in ihrem Wappen stehen zwei goldene A auf blauem Grund. Als Anna Amalia regierende Herzogin war, wurden Münzen mit den Initialen AADS geprägt für: Anna Amalia Ducissa Saxoniae.[357] Kurz bevor Anna Amalia im Mai 1779 mit einem Festumzug vom Wittumspalais nach ihrem Waldschloss Ettersburg aufbrach, berichtet Goethe, der den Schmuck für die Spitze des Umzugs ausgewählt hatte an „Frau von Stein": „Hier schick ich indess ein doppelt A. Ich möchte Ihnen jede Stunde was zu geben haben".[358] In seinen Briefen sprach Wieland von „der Durchlauchtigsten AA", so etwa am 1. August 1779 an Merck.[359]

Da der „Verräter" noch nicht erkannt worden war, schreibt Goethe noch am 5. Januar 1788: „Es spitzt sich gegen Ostern eine Epoche zu, das fühl ich; was werden wird, weiß ich nicht." Als er einige Tage später aber einen zwölfseitigen Brief vom Herzog Carl August erhielt, erwiderte er am 25. Januar 1788 hinsichtlich des „Verräters" endlich die Nachricht der Entwarnung erhalten zu haben, da von Fritz von Stein keine Gefahr ausging. Nun musste Anna Amalia von der Richtigkeit des sizilianischen Orakelspruchs, künftig einander zu entsagen, überzeugt werden. Anna Amalia glaubte immer noch an eine gemeinsame Zukunft als heimliches Liebespaar. Sie bietet Goethe an, noch 1787 zu ihm nach Italien zu reisen. Plötzlich kommt ihr Bibliothekar Jagemann auf die Idee, eine Wochenzeitung in italienischer Sprache in Weimar herauszugeben, die nicht nur über Italien, sondern auch über andere Länder einschließlich Deutschland berichtete. Von Anfang 1787 bis Mitte 1789 gab Jagemann in Anna Amalias Wittumspalais LA GAZZETTA DI WEIMAR heraus.

Goethe war inzwischen von der Notwendigkeit der Entsagung überzeugt. In einem Brief vom 17. November 1787 an den Herzog heißt es: „Und nun ein Wort von Ihrer Frau Mutter Reise, die mir schwer auf dem Herzen liegt. Sie wollte noch dieses Jahr hierher". Goethe rät von einer Reise im Herbst dringend ab: „[Ich] bin nun über ein Jahr im Lande und weiß was vornehme Reisende hier erwartet und wie schwer es für fremde ist Genuß, Menage [Verpflegung] und Anstand nur einigermassen zu verbinden." Gegen Ende des Berichts vom Oktober 1787 in der ITALIENISCHEN REISE spricht Goethe an, dass einige „Zurückgelassene" sich anschickten, auch eine Italienfahrt anzutreten, um „das gleiche Glück zu genießen", darunter Anna Amalia: „Freilich, in dem geistreichen und kunstliebenden Kreise unserer Herzogin Amalie war es herkömmlich, daß Italien jederzeit als das neue Jerusalem wahrer Gebildeter betrachtet wurde und ein lebhaftes Streben dahin, wie es nur Mignon ausdrücken konnte, sich immer in Herz und Sinn erhielt." Diese Erwähnung von Mignon im Zusammenhang mit Anna Amalia deutet bereits an, wofür die geheimnisvolle Frauengestalt aus dem autobiographischen Roman WILHELM MEISTER steht, in deren Mund Goethe eine Reihe seiner schönsten Lieder legt, so etwa ein Lied über die Schmerzen der Geliebten bei der Trennung (LEHRJAHRE IV, 11):

> Nur wer die Sehnsucht kennt
> Weiß, was ich leide!
> Allein und abgetrennt
> Von aller Freude,
> Seh' ich an's Firmament
> Nach jener Seite.
> Ach! der mich liebt und kennt
> Ist in der Weite.
> Es schwindelt mir, es brennt
> Mein Eingeweide.

> Nur wer die Sehnsucht kennt
> Weiß, was ich leide!

Anna Amalia will nunmehr 1788 nach Italien kommen und hofft, dass Goethe mit ihr in Italien bleibt. Am 25. Januar 1788 schreibt Goethe dem Herzog: „Sie wünschen daß ich Ihre Frau Mutter in Italien erwarten möge, ich will mich darüber aufrichtig erklären ... Die Hauptabsicht meiner Reise war: mich von den phisisch moralischen Übeln zu heilen die mich in Deutschland quälten und mich zuletzt unbrauchbar machten; sodann den heisen Durst nach wahrer Kunst zu stillen, das erste ist mir ziemlich das letzte ganz geglückt. Da ich ganz frei war, ganz nach meinem Wunsch und Willen lebte; so konnte ich nichts auf andere, nichts auf Umstände, Zwang, oder Verhältnisse schieben". Hiermit lehnt Goethe auch die zweite Möglichkeit eines gemeinsamen Aufenthalts in Italien ab und nennt als Motiv, dass er die Täuschungen über seine Liebe nicht mehr ertragen könne. „Bestimmt mich nun aber Ihr Wille hier zu bleiben, Ihrer Frau Mutter zu dienen", so will Goethe es gerne tun, aber es passt ihm nicht, „weil ich täglich mehr Abneigung empfinde etwas halb zu thun". Für den Fall, dass er doch in Rom bleiben soll, gibt er Carl August zu erkennen, dass er weiter der Geliebte seiner Mutter sein würde: „Was den Genuß der Natur und der Kunst betrifft; so bin ich gewiß daß ihr ihn niemand so verschaffen kann, wie ich es im Stande bin". Daraufhin ruft Carl August Goethe nach Weimar. Am 17. März 1788 antwortet Goethe „mit einem fröhlichen: ich komme! ... mein erster und nächster Dank soll eine unbedingte Aufrichtigkeit seyn."

Indem Goethe die Möglichkeit, in Italien zu bleiben und Anna Amalia bei ihrem Aufenthalt als Hofmarschall zu dienen, ablehnte, machte er deutlich, dass ihm eine Wiederaufnahme ihrer früheren Nachtliebe unmöglich ist. Dabei hoffte Anna Amalia lange, Goethe werde diesem Plan doch noch zustimmen und gemeinsam mit ihr vor der italienischen Kulisse eine unvergessliche Zeit verbringen. In einem Brief an Merck vom 6. Januar 1788, worin Anna Amalia über ihr „kühnes Unternehmen", nach Italien zu reisen, berichtet, heißt es: „Goethe wird wohl Ostern zurückkommen, doch ist es noch nicht ganz gewiß."[360] Mit der Entscheidung für die Ausarbeitung von TASSO ist Goethe an dem Wendepunkt seines Lebens angelangt, denn aus dem heimlichen Liebespaar werden „Die Entsagenden", der Untertitel zu WILHELM MEISTERS WANDERJAHRE. Nur als Entsagender einer sinnlichen Liebe zu Anna Amalia kann Goethe zurück nach Weimar. Deswegen sagt der Dichter im Alter gegenüber dem Kanzler von Müller am 30. Mai 1814: „Seit ich den Ponte

Molle [nördliche Tiberbrücke in Rom] heimwärts fuhr, habe ich keinen rein glücklichen Tag mehr gehabt". Dennoch fällt es den Liebenden nicht leicht, den Entschluss, einander zu entsagen, auch einzuhalten. Am 31. Oktober 1788 schreibt Goethe etwa aus Weimar der seit kurzem in Rom weilenden Anna Amalia: „Warum bin ich doch zurückverschlagen!", und fast zeitgleich heißt es bei Anna Amalia (Brief vom 5. November 1788): „Appropos man erwartet Ihnen hier ach komen Sie auch!" Nach über zehn Jahren wollte Goethe jedoch nicht mehr eine nur durch ständige Täuschung mögliche Liebesbeziehung aufrechterhalten, daher blieb nur die Entsagung, die Hauptmelodie von Goethes künftiger Liebeslyrik, so etwa im Gedicht NÄHE DES GELIEBTEN:

>Ich denke dein, wenn mir der Sonne Schimmer
>>Vom Meere strahlt;
>Ich denke dein, wenn sich des Mondes Flimmer
>>In Quellen mahlt.
>
>Ich sehe dich, wenn auf dem fernen Wege
>>Der Staub sich hebt;
>In tiefer Nacht, wenn auf dem schmalen Stege
>>Der Wandrer bebt.
>
>Ich höre dich, wenn dort mit dumpfen Rauschen
>>Die Welle steigt.
>Im stillen Haine geh' ich oft zu lauschen,
>>Wenn alles schweigt.
>
>Ich bin bei dir, du seist auch noch so ferne,
>>Du bist mir nah!
>Die Sonne sinkt, bald leuchten mir die Sterne.
>>O wärst du da!

Anna Amalia akzeptiert die Entsagung als Lösung, was sie im Gemälde ANNA AMALIA IN POMPEJI AM GRABMAL DER PRIESTERIN MAMMIA von 1789 (ABB. 17) darstellen lässt; eine von zwei Fassungen schenkte sie Goethe.[361] Dieses Gemälde ist ein Pendant zu dem ebenfalls von Tischbein stammenden Gemälde GOETHE IN DER CAMPAGNA DI ROMA von 1786/87 (ABB. 16), was die Haltung Anna Amalias im Gemälde zu erkennen gibt, denn sie und

Goethe schauen sich an, wenn die Bilder entsprechend nebeneinander aufgestellt werden. Während Goethe auf einem umgestürzten und zerbrochenen Obelisken ruht, sitzt Anna Amalia auf einer Exedra, einer halbrunden Steinbank, die zugleich das Grabmal einer antiken Priesterin ist. Damit kann sie genial an die Priesterin Iphigenie anknüpfen, die hinter Goethe auf einem Relief zu sehen ist.[362] In seiner Dichtung IPHIGENIE AUF TAURIS (1779/1787) identifizierte sich der junge Goethe mit dem Helden Orest, der von Rachegöttinnen verfolgt wird und halb dem Wahnsinn verfallen umherirrt. Seine Schwester, die Priesterin Iphigenie, rettet ihn vor dem drohenden Untergang und richtet ihn wieder auf. Mit der Auswahl dieses Stoffes konnte Goethe am besten Anna Amalias Rolle zum Ausdruck bringen, die die Wandlung vom planlosen Stürmer und Dränger, der sich wie sein Romanheld Werther am Rande des Abgrunds bewegte, zum einzigartigen klassischen Dichter bewirkte. Im Gemälde ANNA AMALIA IN POMPEJI weist die Fürstin nicht nur auf sich als Goethes Iphigenie hin. Nun, da ihre Liebe von der Notwendigkeit der Täuschung gereinigt werden muss, will sie ihr Leben, wie bei einer Priesterin, Höherem weihen: als Hüterin von Goethes poetischem Genie. Die Bank schließt mit einem Greifenfuß. Der Greif, ein Fabeltier, ist eine Mischung aus Löwe und Adler und war im klassischen Altertum vor allem der Hüter von Goldschätzen. In dieser Funktion behandelten ihn Goethe und Wieland in ihren Dichtungen.[363] Die im Gemälde dargestellte halbrunde Steinbank ließ Anna Amalia nachbilden und am Eingang zum Goethe-Park gegenüber dem Haus der Frau von Stein aufstellen.

Anna Amalia hatte in die Entsagung einer sinnlichen Liebe zu Goethe eingewilligt. Schon zwischen 1775 und 1786 haben die Liebenden Verzicht üben müssen, denn ihr Glück durften sie nicht offen zeigen. Nunmehr ist auch dem verborgenen Glück einer erfüllten Liebe zu entsagen. Goethe ist nicht mehr zur Täuschung bereit, weil Anna Amalia auf diese Weise nie seine Ehefrau werden kann, am 21. Februar 1787 drückt er dies aus: „An dir häng ich mit allen Fasern meines Wesens. Es ist entsetzlich was mich oft Erinnerungen zerreisen. Ach liebe Lotte du weist nicht welche Gewalt ich mir angethan habe und anthue und daß der Gedanke dich nicht zu besitzen mich doch im Grunde, ich mags nehmen und stellen und legen wie ich will aufreibt und aufzehrt. Ich mag meiner Liebe zu dir Formen geben welche ich will, immer immer – Verzeih mir daß ich dir wieder einmal sage was so lange stockt und verstummt." In TASSO lässt Goethe den Dichter den Standpunkt formulieren: „Erlaubt ist, was gefällt" (Vers 994), worauf ihm die Prinzessin erwidert: „Noch treffen sich verwandte Herzen an/Und teilen den

Genuß der schönen Welt:/Nur ... Erlaubt ist, was sich ziemt" (Vers 1006). Dies ist ein Dauerkonflikt zwischen den Liebenden. Anna Amalia fügte sich dem monarchischen System, das ihr als Fürstin verbat, sich offiziell mit jemandem unter ihren Stand zu verbinden, auch wenn es der größte Dichter war. Für Anna Amalia hätte eine offizielle Heirat mit Goethe zudem den finanziellen Ruin bedeutet, denn in ihrem Ehevertrag war ausbedungen worden, dass ihr Witwengehalt zu halbieren sei, wenn sie wieder heiraten sollte, und zwar „standesgemäß".[364] Der gerade in den Briefadel aufgenommene Goethe war für eine Fürstin aus uraltem Reichsadel definitiv nicht standesgemäß, ihr hätte kein Witwengehalt mehr zugestanden. Deswegen wollte Goethe am liebsten mit allem brechen und Anna Amalia in Amerika zur Frau nehmen. Während seines Aufenthalts in Sizilien, auf „überklassischem Boden", fand Goethe die gesuchte Lösung aus dem Dilemma, dass er einerseits die Liebe seines Lebens gefunden hat, andererseits nicht weiter täuschen will: Die Entsagung seiner sinnlichen Liebe zu Anna Amalia, die zum Wendepunkt seines Lebens wird.

Vor diesem Hintergrund ist keine nur zufällige Annäherung von Christiane Vulpius (1765–1816) an den entsagenden Goethe denkbar. Goethe kam nach 22 Monaten Italienaufenthalt zurück nach Weimar. Seine große Liebe Anna Amalia bereitet sich gerade für eine ebenfalls 22 Monate währende Italienreise vor, die am 15. August 1788 beginnen wird. Nach der Überlieferung soll Goethe am 12. Juli Christiane kennen und gleich lieben gelernt haben. Die genauen Umstände dieser Begegnung bleiben im Dunkeln.[365] Angeblich soll Christiane monatelang unbemerkt mit Goethe in seinem Gartenhaus gelebt haben – wie ihnen das gelingen konnte, „wird wohl ewig das Geheimnis der beiden Verliebten bleiben".[366] Dass Goethe noch vor Anna Amalias Abreise mit einer anderen Frau eine Liebesaffäre begonnen haben will, legt nahe, dass dies vom Herzog Carl August als unerlässlich für sein Bleiben in Weimar verlangt wurde. Der Herzog nahm auch Goethe gleich nach seiner Ankunft lange Zeit in Beschlag,[367] um dessen künftige Stellung im Herzogtum mit seinen eigenen Interessen in Einklang zu bringen. Carl August forderte Lebensverhältnisse, die die Wahrung des nunmehr zum Staatsgeheimnis erklärten Liebesverhältnisses auch künftig ermöglichen würden. Für den Hofklatsch war Goethe zunächst als Anna Amalias Reisebegleiter in Italien im Gespräch. Die Schwägerin von Anna Amalias Kammerherrn Friedrich Hildebrand von Einsiedel (1750–1828), Emilie, befand etwa hämisch: „... es ist doch eigen, dass die H[erzogin] M[utter] so drauf besteht [auf die Italienreise]. Ich will mich prellen lassen, wenn die alte Neigung zu Göthen nicht allein Schuld an dieser Beharrlichkeit ... Hatten ihre Reitze vor 10 Jahren nicht die Gewalt ihn zu fesseln, wo doch sehr mäßige Schönheiten mit ihr Rivalisirten; u[nd] itzt in Rom zu Reeüssiren glaubt, wo Ideale von Schönheiten ihm umgeben, und Göthe sicher auch in Rom zu siegen weis: Aber nicht so die poverina Duchessa [ärmste Herzogin]!!!"[368] Sophie von Schardt (1755–1819), Frau von Steins Schwägerin, berichtete in einem Brief vom 19. Juni 1788: „Freund Goethe ist gestern spät Abend zurückgekommen; man sagt, dass die Herzogin-Mutter [Anna Amalia] Himmel und Erde in Bewegung setzen wird um ihn zu verpflichten, mit ihr nach Italien zurückzukehren".[369] Luises Hofdame von Wöllwarth-Essigen, verheiratete von Wedel, berichtete an die Gräfin Görtz am 23. Juni 1788: „... die alte *Maman* [Anna Amalia] schien seit dieser Zeit [Goethes Ankunft am 18. Juni] schlechter Stimmung zu sein, ich glaube sie hoffte, dass Goethe mit ihr zurückkehren würde, anscheinend hat er hierzu aber gar keine Lust."[370] Die bewusste Fehlinformation war im Herzogtum ein erprobtes Instrument. Der sich für den preußischen König auf einer diplomatischen Mission befindende Carl August bat etwa Anfang Februar 1787 Knebel aus Berlin, eine Lüge über seinen Aufenthaltsort zu verbreiten: „Es ist mir unmöglich, den 10. in Jena einzutreffen. Gehe also gerade fort nach Weimar und erzähle dort überall, daß Du statt meiner einen Brief von mir in Augsburg gefunden hättest, wo ich Dir schriebe, daß ich nach Frankreich gegangen sei und noch nicht wisse, wann ich wiederkomme. Sollte mein Schwager [Christian von Hessen-Darmstadt] mit Dir sein, so sage ihm, daß er diese Lüge mit bestärke und erzähle. Meine Frau ist von allem unterrichtet; Du mußt Dich aber öffentlich anstellen, als ob Du einen Brief von mir an sie mitbrächtest."[371] Erst am Tag nach der Abreise seiner Mutter Anna Amalia nach Italien zog der preußische Generalmajor Carl August in seine Garnison Aschersleben,[372] also nachdem er die für ihn gefährliche Liaison zwischen Goethe und der Fürstin Anna Amalia in seinem Sinne gelöst hatte. Goethe blieb als Reisebegleiter Anna Amalias im Gespräch, erst im Winter 1788/89, dann im Sommer 1789,[373] etwas, was ihm für jeden sichtbar nicht recht war.

Eine Schilderung in den Lebenserinnerungen der Gräfin Henriette von Egloffstein, die trotz ihrer Integrität bisher nicht ernst genommen wurde,[374] gibt näheren Aufschluss über die Pläne, die für Goethes Rückkehr nach Weimar geschmiedet wurden. Henriettes Bruder hatte eine Anstellung in Weimarischen Diensten erhalten, sie besuchte ihn im Herbst 1787 und sollte den Winter über in Weimar bleiben. Eine ihrer Erzieherinnen schrieb etwa ein Jahr zuvor über Henriette, sie berechtige „zu den schönsten Hoffnungen, da bei ihr Körper und Geist den Jahren voraneilt … so daß dies 13-jährige Mädchen für eine vollendete Jungfrau gehalten und bewundert wird. Wer sie sieht ist von ihr bezaubert."[375] In ihren Erinnerungen schreibt Frau von Egloffstein, dass plötzlich „der geheime Plan der Frau von Stein", ihre Cousine,[376] aufgetaucht sei, sie „mit dem von Weimar fernen Goethe zu verbinden". Weiter schreibt die standesbewusste uradlige Gräfin angesichts der Liaison zwischen Goethe und Christiane: „Ich zürnte im Herzen auf Frau von Stein, daß sie jemals auf den Einfall kommen konnte, eine Verbindung zwischen mir und Goethen stiften zu wollen."[377] Als Henriettes Mutter Sophie von Thüna (1742–1807) von dem Plan einer Verheiratung mit Goethe erfuhr, beschloss sie Henriette „unverzüglich von Weimar zu entführen, obgleich die Wege durch Eis und Schnee völlig ungangbar gemacht waren und noch immer die strengste Kälte herrschte … trotz der Vorstellungen und Bitten aller Freunde, die eine Reise nach Franken in der rauhen Jahreszeit ernstlich widerrieten … mußte ich Ende Februar 1788 meinem Jugendparadies sowie seinen teuern Bewohnern Lebewohl sagen."[378] Obwohl viele in Weimar sich um die Hand der schönen Gräfin bewarben,[379] wurde Henriette überstürzt von Weimar weggebracht, als der Plan, sie mit Goethe zu verheiraten, geschmiedet wurde. Ihre Mutter wusste also, dass die treibenden Kräfte dahinter so mächtig waren, dass eine unverzügliche Entfernung aus dem Herzogtum angebracht erschien; die Heirat mit ihrem Vetter Graf Leopold von Egloffstein (1766–1830) fand noch 1788 statt.[380]

Man suchte demnach in Weimar nach einer geeigneten Frau für Goethe. Wer Goethe die schöne Henriette ausgesucht hatte, wird klar, wenn eine andere Begebenheit berücksichtigt wird. Anna Amalia lud, nachdem sie Henriette im Gesang ausbilden ließ, diese ein, einen Abend bei ihr zu singen. Henriette berichtet in ihren Erinnerungen: „Ich sehe das liebe, grüne Zimmer im traulichen Halbdunkel verschwimmen … mit rührendem Ausdruck, der dem Herzen zu entströmen scheint, wiederholt sich die Strophe: ‚aber dieses Herz verwahren, ach, das kann, das kann ich nicht' – und kaum ist der letzte Ton verhallt, so fühle ich mich von den Armen der Herzogin umschlungen. – … sie versicherte, sie habe nie etwas harmonischeres gehört und gesehen, als die Worte des Liedes und meine jugendliche Gestalt, die in demütiger Stellung klagende Töne, wie eine Nachtigall, ausgehaucht."[381] Da Carl August an Goethes Rückkehr die Bedingung geknüpft hatte, dass dieser sich mit einer Frau verbindet, suchte Anna Amalia die aus ihrer Sicht geeignetste aus. Interessanterweise wählte Goethe im Winter 1801/02

Henriette als seine Partnerin, als er zum ersten und letzten Mal einen *Cour d'amour* nach Art der Minnesänger in seinem Haus einrichtete.

Dass vor Goethes Heimkehr aus Italien eine Frau für ihn gesucht wurde, bestritt Riemer, dessen Frau eine enge Freundin von Christiane gewesen war, 1841 energisch: „Goethes Bekanntwerden und nachheriges Zusammenleben mit diesem Frauenzimmer [Christiane] schildert einer der neuesten Berichterstatter, wahrscheinlich aus weiblicher Nachrede, gehässig und falsch. Nicht sogleich als Goethe aus Italien gekommen war, lernte er das Mädchen kennen, noch weniger war es der Fall, daß seine Freunde sie ihm zugeführt hätten, sondern auf einem Spaziergang im Park, bei Überreichung einer Bittschrift für ihren Vater."[382] Christiane konnte aber keine Bittschrift für ihren Vater überreichen, denn dieser war bereits zwei Jahre zuvor gestorben.[383] Aufgrund dieses Widerspruchs wurde nicht etwa der unbeholfene Versuch Riemers, eine Legende zu weben, durchschaut, sondern „Vater" mit „Bruder" gleichgesetzt. Seitdem heißt es, dass Christiane Goethe kennen lernte, als sie ihm auf einem Spaziergang im Park eine Bittschrift für ihren Bruder überreichte. Böttiger berichtet in seinem Buch LITERARISCHE ZUSTÄNDE UND ZEITGENOSSEN, dessen Wahrheitsgehalt von der Forschung heute bestätigt wird,[384] von einer weiteren Frau, die für Goethe ausgesucht worden war: „Göthe wollte eine gewiße Fräulein von Voß heirathen, jetzige Fr[au] von Staff in Eisenach. Diese aber zog Staffen vor. *Par depit* [aus Verbitterung] gegen die Fr[au] von Stein (die ihn eigentlich moralisch ausgesogen, u. alles das Mistrauen eingeflößt hat, was ihm jetzt die Menschheit verleidet) griff er zur Dame Vulpia."[385] Nach Henriette von Egloffstein fiel demnach die Wahl auf Friederike von Voß (1764–1796), keine Geringere als Herzogs Carl Augusts Cousine, denn ihre Mutter Ernestine Auguste Wilhelmine von Brenn (1730–1771) war die Tochter aus einer Ehe zur Linken zwischen seinem Großvater Ernst August I. und der bürgerlichen Eleonore Wilhelmine Christiani (gest. 1731).[386] Friederike kannte Goethe. Am 21. Januar 1782 hatte Goethe als Zauberer verkleidet mit ihr getanzt und am 23. November 1782 an „Frau von Stein" geschrieben: „Du gehst wohl heute zu Vossens ich will auch hinkommen."

Im Liebhabertheater ist ein „Fräulein von Voss" ab 1782 als Mitspielerin belegt.[387] Am 21. Januar 1782 berichtet Anna Amalias Geheimsekretär Johann August Ludecus (1742–1801) an Knebel: „Am Freitag war Redoute; Goethe und Herr von Stein stellten bei einer Repräsentation Zauberer vor, Frau von Fritsch und Fräulein Voß wurden in Portechaisen hinter ihnen hergetragen, baten aus den Chaisen herausgehen zu dürfen, welches geschah, und die

Zauberer tanzten mit den beiden Damen. Hierzu kamen, nachdem die Zauberer für Müdigkeit eingeschlafen waren, zwei Helden, der Herzog und Herr von Schardt, tanzten um die eingeschlafenen Zauberer herum, letztere erwachten, wollten mit Gewalt die Helden vertreiben, diese zuckten ihre Schwerter, worauf sie bezaubert wurden, und auf ihrem Platz unverrückt bleiben mußten; die Tänzerinnen wunden endlich die Zauberstäbe den Zauberern aus den Händen, befreiten die Helden, und die Zauberer wurden in den Portechaisen hinausgetragen. Kleidung, Vorstellung und Musik waren sehr gut gewählt."[388] Am 23. Juli 1784 war Friederike mit ihrer Mutter in Goethes Garten zu Gast gewesen.[389] Carl August pflegte mit der älteren Schwester von Friederike, seine Cousine Amalie (1763–1808), zu tanzen: „Alle acht oder vierzehn Tage wurden Redouten [Maskenbälle] gegeben, welche die Herrschaften und der Adel jederzeit besuchten ... Die Feste waren jederzeit voll und belebt. ... Der Herzog, gewöhnlich in einem Tabarro [Wintermantel], tanzte mehrerenteils nur Walzer, fast ohne Ausnahme mit dem ältesten, schlanken und großen Fräulein von Voß, der man wegen ihrer zierlichen Bewegungen den Zunamen Grâce Voß gegeben hatte".[390] Friederike heiratete aber den Oberforstmeister Christian Friedrich August von Staff, der es 1815 bis zum Oberjägermeister brachte.[391] Im Fourierbuch wurde am 6. Juli 1788 kurz nach der Hochzeit eingetragen: „... [das] neue Ehe-Paar, der Hr. Camerj. von Staff nebst Gemahlin war heute Durchl.[auchtige] Herrschaft vorgestellt und speißeten mittags mit an Tafel."[392] Goethe und Anna Amalia waren ebenfalls anwesend. Friederike, die nach mehreren Geburten 1796 im Kindbett starb, düfte wie Ihre Schwester ihre Zeit in der Nähe von Goethe und Carl Augusts in bester Erinnerung behalten haben; Amalie schrieb etwa am 1. November 1800 an Goethe: „[Erinnern] Sie sich einer entfernten Freundin ..., welche die Augenblicke so sehr zu den Glück ihrer Jugend rechnet, wo sie am runden Tisch, unter den grünen hohen Lichtern Ihr Gast war. So weit auch schon diese frohen Tage entflohen, so nahe sind sie oft meinem Andenken."[393] Anders als Böttiger berichtet, liegt es nahe, dass nicht Friederike von Voß, sondern Goethe gegen eine Verbindung mit ihr war, denn eine Frau aus den höher gestellten Kreisen der Gesellschaft, mit Friederike sogar aus fürstlichem Geblüte, passte nicht in den von ihm gefassten Plan der Entsagung.

Goethe schwebte als Gefährtin eine Frau wie Clärchen aus seinem Trauerspiel EGMONT (1788) vor, das er gerade zum Abschluss brachte. Seine Leser konfrontierte Goethe darin mit einer merkwürdigen Heldin. Der Fürst und Freiheitskämpfer Egmont erwählt für sich Clärchen, ein Mädchen aus dem Volk, eine einfache und aufrichtige Seele. Für Egmont ist sie keine ebenbürtige Partnerin und er liebt sie nicht, er kann ihr nur seine Freundschaft anbieten. Sie nimmt diese als Liebende an und wird am Ende des Dramas zur Heldin und schließlich zur Siegesgöttin.[394] Indirekt gab Goethe, der in Weimar mit Egmont gleichgesetzt wurde,[395] mit der Frauenfigur Clärchen zu erkennen, welche Frau er nach der Entsagung der sinnlichen Liebe zu Anna Amalia an seiner Seite wünschte. Offen wie sonst selten spricht Goethe in einem Brief an „Frau von Stein" aus Italien vom 3. November 1787 über diese Romanfigur: „Was du von Klärchen sagst, verstehe ich nicht ganz, und erwarte deinen nächsten Brief. Ich sehe wohl, daß dir eine Nüance zwischen der Dirne und der Göttin zu fehlen scheint. Da ich aber ihr Verhältniß zu Egmont so ausschließlich gehalten habe; da ich ihre Liebe mehr in den Begriff der Vollkommenheit des Geliebten, ihr Entzücken mehr in den Genuß des Unbegreiflichen, daß dieser Mann ihr gehört, als in die Sinnlichkeit setze; da sie im innigsten Gefühl der Ewigkeit der Liebe ihrem Geliebten nachgeht, und endlich vor seiner Seele durch einen verklärenden Traum verherrlicht wird: so weiß ich nicht, wo ich die Zwischennüance hinsetzen soll, ob ich gleich gestehe, daß aus Nothdurft des dramatischen Pappen- und Lattenwerks die Schattierungen, die ich oben hererzähle, vielleicht zu abgesetzt und unverbunden, oder vielmehr durch zu leise Andeutungen verbunden sind; vielleicht hilft ein zweites Lesen, vielleicht sagt mir dein folgender Brief etwas Näheres."[396]

Goethe, dem für seine Rückkehr nach Weimar bereits die Fräulein von Egloffstein und von Voß als Ehefrauen angeboten worden waren, setzt nun „Frau von Stein" auseinander, dass ihr zwischen Dirne und Göttin eine Nuance, ein feiner Unterschied,[397] fehle. Die Abstufung zwischen Dirne und Göttin, die Goethe vorschwebt, bedeutet eine Frau, die den Geliebten als vollkommen ansieht und daher entzückt ist „in dem Genuß des Unbegreiflichen, daß dieser Mann ihr gehört". Diese Beschreibung passt genau auf Christiane Vulpius, die als einfache Frau aus dem Volk zu Goethe als einer göttergleichen Gestalt hinaufblickte. Sie war die Tochter eines niederen Weimarer Beamten und wuchs in ärmlichen Verhältnissen auf. Christiane hatte ausreichende Kenntnisse im Schreiben und trug erheblich zum Unterhalt der Familie durch ihre Arbeit in der Werkstatt für künstliche Stoffblumen von Caroline Bertuch (ab 1778) bei. Ein Brief Goethes an Fritz Jacobi (1743–1819) vom 9. September 1788 legt nahe, dass Christiane Vulpius eine frühere Geliebte Carl Augusts war. Jacobi hatte bei Goethe angefragt, ob er einen tüchtigen jungen Sekretär kenne, worauf Goethe Christianes

Bruder Christian August Vulpius (1762–1827) empfahl, um dabei zu bekennen: „Ich habe mich seiner vor einigen Jahren angenommen, in meiner Abwesenheit verlohr er jede Unterstützung und ging wie schon gesagt nach Nürnberg. Freylich kann ich nicht sagen daß ich ihn genau kenne. Ich habe mich für ihn interessirt ohne ihn zu beobachten, ich habe ihm einige Unterstützung verschafft, ohne ihn zu prüfen." „Interesse ohne Beobachtung" und „Unterstützung ohne Prüfung" sind Formeln für die Günstlingswirtschaft bei Hofe, sie umschreiben, dass es sich um eine Anordnung des Herzogs Carl August handelte, der seinen Mätressen nach Möglichkeit seine Unterstützung zukommen ließ. Carl August sei ein „sexuell sehr agile[r] Fürst" gewesen, so eine wohlwollende Charakterisierung,[398] von „erotischen Ausschweifungen" ist woanders deutlicher die Rede.[399] Carl August hatte Affären mit unzähligen Frauen und Mädchen, besuchte Bordelle und holte sich dort Geschlechtskrankheiten. Mädchen aus allen Ständen mussten im Herzogtum vor Nachstellungen des Herzogs geschützt werden.[400] Mit Dorfmädchen hatte Carl August Dutzende von unehelichen Kindern gezeugt, „man kannte sie im Weimarischen daran, daß der Herzog zu seinen Söhnen ‚Du' sagte, während die andern mit ‚Er' tituliert wurden".[401] Auf seiner Kavalierreise nach Paris wurde der 17-jährige Carl August – nachdem er zuvor in Karlsruhe mit der Prinzessin Luise von Hessen-Darmstadt verlobt worden war – in Epernay bei Paris durch eine gewisse Jeanette Brossard in die körperliche Liebe eingeführt, wofür diese jahrzehntelang eine jährliche Pension von 500 Franken erhielt.[402] Wenige Tage vor seiner Hochzeit in Karlsruhe vergnügte sich Carl August gleich mit drei Frauen. Gräfin Görtz berichtet darüber ihrem Mann am 11. September 1775: „Gestern hielt er [Carl August] sich bis ein Uhr bei der Werther auf, er trank Punsch, sang und küsste sich mit der Bechtolsheim und der Kauffberg; es sollte ermittelt werden, wer besser küssen kann."[403] Für ein Freudenmädchen in Den Haag, das Carl August mit Tripper infiziert hatte, ist folgende Anweisung an einen Mitarbeiter überliefert: „Suchen Sie … ein Fräulein, das Enkchen genannt wird, dem ich die warme Pisse zu verdanken habe, sagen Sie ihr, dass ich genesen bin und dass ich hoffe, dass dies auch auf sie zutrifft, und versichern Sie ihr meine Zuneigung".[404] Selbst im Ausland spottete man über Carl Augusts sexuelle Ausschweifungen, so etwa in der Zeitschrift MONITEUR, die deswegen viele französische Emigranten im kleinen Herzogtum vermutete, weil der Landesherr es auf die schönen Französinnen abgesehen hätte.[405]

Goethe wollte nach seiner Rückkehr aus Italien nur vordergründig seine Göttin Anna Amalia, die er als die Frau seines Lebens betrachtete, durch eine andere Frau ersetzen. Die Entsagung sollte nur die sinnliche Liebe zur Fürstin ausschließen, ansonsten diese Liebe dadurch veredeln, dass er sie in die höchsten geistigen Regionen erhöhte. Treu bis in den Tod wollte der wahrhaft liebende Dichter sein, deswegen wollte er keine Henriette von Egloffstein, keine Friederike von Voß, vielmehr die unterprivilegierte Christiane Vulpius. Diese muss er im kleinen Städtchen Weimar vor seiner Italienreise bereits gesehen haben, spätestens im Sommer 1786 als er die Werkstatt für künstliche Stoffblumen besichtigte, wo Christiane seit 1782 arbeitete.[406] Christianes Vater Johann Friedrich Vulpius war einer der vielen schlecht bezahlten niederen Beamten in Weimar, viele Jahre arbeitete er sogar, ohne eine Besoldung zu erhalten; 1782 musste er wegen Unregelmäßigkeiten im Amt nach Anhörung im Geheimen Consilium den Abschied nehmen. Um den seit 32 Jahren im Verwaltungsdienste beschäftigten Johann Friedrich Vulpius doch nicht ganz fallen zu lassen, besorgte ihm Goethe eine Stelle im Wegebau. Dies alles wurde durch hartnäckige Bittschriften Christianes begleitet.[407] Nun wählte Goethe für seine Rückkehr nach Weimar Christiane Vulpius als Gefährtin. In WILHELM MEISTERS LEHRJAHRE (1796) wird der Held gezwungen, seine Geliebte zu verlassen, daraufhin sinniert er (VIII, 7): „Ängstlich ist es, immer zu suchen, aber viel ängstlicher, gefunden zu haben und verlassen zu müssen. Wornach soll ich in der Welt nun weiter fragen? wornach soll ich mich weiter umsehen? welche Gegend, welche Stadt verwahrt einen Schatz, der diesem gleich ist? und ich soll reisen, um nur immer das Geringere zu finden?"

Immer wieder ist eine Verbindung zwischen Clärchen und Christiane gesehen worden. Caroline Herder (1750–1809) schrieb etwa an ihren Mann am 8. März 1789 nach Italien: „… er hat die junge Vulpius zu seinem Clärchen und läßt sie oft zu sich kommen usw."[408] Indem Goethe mit Christiane Kinder zeugte – am 25. Dezember 1789 kam August Vulpius (1789–1830) zur Welt – besiegelte er die Entsagung als unumkehrbar. Anna Amalia und Christiane Vulpius waren für Goethe beide nicht standesgemäß: die eine zu hoch, die andere zu niedrig. Dies ist genau die Situation in seinem Trauerspiel EGMONT, wo der Dichter „die zarte Andeutung eines Einverständnisses zwischen ihr [Margarete von Parma] und Egmont … [einarbeitet, was man das] Thema der verbotenen Liebe eines Untertanen zu seiner Monarchin nennen könnte".[409] Clärchen, die von Egmont Freundschaft, nicht aber Liebe erwarten durfte, lenkt im Stück das Gespräch auf die Regentin der Niederlande, Margarete von Parma, indem sie über sie sagt (III, CLÄRCHENS WOHNUNG): „Sie hat aber auch einen männlichen Geist, sie ist ein ander Weib

als wir Nätherinnen und Köchinnen. Sie ist groß, herzhaft, entschlossen. ...
EGMONT. Sie hat auch ein Bärtchen auf der Oberlippe, und manchmal einen Anfall von Podagra [Fußgicht]. Eine rechte Amazone! CLÄRCHEN. Eine majestätische Frau! Ich scheute mich vor sie zu treten." Hier wird die Nuance zwischen Dirne und Göttin von Clärchen ausgesprochen, nämlich „Nätherinnen und Köchinnen". Später im Stück bekennt der zum Tode verurteilte Egmont (V, GEFÄNGNIS): „Ist die Gerechtigkeit des Königs, der du lebenslang vertrautest, ist der Regentin Freundschaft, die fast, (du darfst es dir gestehn) fast Liebe war, sind sie auf einmal, wie ein glänzend Feuerbild der Nacht, verschwunden? und lassen dich allein auf dunklem Pfad zurück?" In DICHTUNG UND WAHRHEIT (1811–1831) wird Goethe über seinen EGMONT befinden, dass darin der Held „die stille Neigung einer Fürstin, [und] die ausgesprochene eines Naturmädchens" gewinnen würde (20. Buch).

Als Goethe 1789 das repräsentative Haus am Frauenplan räumte, um eines jenseits der Stadtmauer zu beziehen, geschah das nicht aus Platzgründen,[410] denn die westliche Hälfte eines der größten Häuser Weimars war immer noch geräumig genug. In Wirklichkeit musste Goethe umziehen, um einen öffentlichen Skandal zu vermeiden, gerade als Christiane Vulpius, die er nicht zu heiraten beabsichtigte, Anfang 1789 schwanger wurde. Selbst nach dem Umzug ließ die empörte Herzogin Luise Goethe ausrichten, „sie fände es sonderbar, daß er ihr sein Kind [August Vulpius] alle Tage vor der Nase herumtragen" lasse.[411] An Anna Amalia schrieb Goethe am 14. Dezember 1789: „Ew. Durchlaucht finden mich wenn Sie wiederkommen in einem neuen Quartier." Nach einer Überlieferung hatte Goethe während seines Aufenthalts in Schlesien 1790 der 21-jährigen Henriette von Lüttwitz einen Heiratsantrag gemacht.[412] Dies dürfte insofern den Tatsachen entsprechen, als ein Antrag gemacht wurde, nur dass dieser vom Herzog Carl August stammte. Carl August, der Goethes Entschluss zur Entsagung nicht verstand, hatte wohl versucht, Goethe damit zu einer standesgemäßen Verbindung zu drängen. Goethe, der seinem Fürsten offiziell nicht widersprechen durfte, verlor über seinen angeblichen Heiratsantrag kein Wort. Erst 1792 hielt es Carl August für unbedenklich, dass Goethe das Haus am Frauenplan wieder bezog. Caroline Jagemann (1777–1848), die Nebenfrau von Carl August, die sich ab 1809 von Heygendorf nennen durfte, schrieb darüber in ihren Lebenserinnerungen: „Er [Goethe] war der erste und einzige, der es wagte, die öffentliche Meinung ohne Scheu zu verachten, und man fand das um so verletzender, als man darin einen Mißbrauch des Vorrechts erkannte, das ihm die fürstliche Freundschaft in mancherlei Hinsicht gewährte."[413]

Kurz nach Anna Amalias Tod im April 1807 charakterisierte Goethe gegenüber Bekannten seine vor kurzem angetraute Frau Christiane: „Zuerst muß ich Ihnen sagen, daß von allen meinen Werken meine Frau keine Zeile gelesen hat. Das Reich des Geistes hat kein Dasein für sie, für die Haushaltung ist sie geschaffen. Hier überhebt sie mich aller Sorgen, hier lebt und webt sie; es ist ihr Königreich. Dabei liebt sie Putz, Geselligkeit und geht gern ins Theater. Es fehlt ihr aber nicht an einer Art von Kultur, die sie in meiner Gesellschaft und besonders im Theater erlangt hat."[414] Der vierzigjährige Goethe wusste zunächst gar nicht, wie er die Beziehung zu Christiane gestalten sollte, er wusste nur, dass er sein Leben lang Anna Amalia treu bleiben wollte. Dabei versuchte er nicht, Christiane für seine geistige Arbeit zu interessieren, was ihm bei dieser klugen Frau vielleicht auch gelungen wäre. Verständlich insofern der Vorwurf der bedeutenden Schauspielerin und Opernsängerin Caroline Jagemann, die als Kind mit Christiane aufwuchs: „Goethe dachte nicht daran, ein Wesen, das er sich so nahe gestellt hatte, als es noch bildungsfähig war, zum Hohen zu erheben, sondern überließ es seinen niederen Neigungen."[415] Sie selbst hatte es mit ihrer eheähnlichen Verbindung mit Carl August nicht leicht. Carl Augusts Frau Luise billigte aus Gründen der Staatsräson die Verbindung, sie soll dazu ihre schriftliche Einwilligung gegeben haben.

Goethes Mutter befand, nachdem sie Christiane in Frankfurt kennen lernte: „Du kannst Gott danken! So ein liebes, herrliches, unverdorbenes Gottesgeschöpf findet man sehr selten".[416] Christiane aber war in Goethes Haus nie die Gastgeberin, sie durfte bei Gesellschaften nicht einmal zugegen sein, bis zur Heirat 1806 war sie für Goethes Umfeld in der Regel unsichtbar. Auch danach pflegten sie in verschiedenen Kreisen Umgang. Goethe nannte Christiane zeitlebens „liebes Kind", sie ihn „lieber Geheimrat".[417] Schiller etwa, ab 1794 häufiger Gast bei Goethe, übergeht Christiane vollkommen[418] – der Hausherr wollte es so. Vom „alten Junggesellen" sprach etwa der Literaturkritiker Garlieb Helwig Merkel (1769–1850) in einem Brief von 1801 an Böttiger.[419] Um an seinen Dichtungen arbeiten zu können, bei denen seine Liebe zu Anna Amalia zentral war, flüchtet Goethe vor Christianes Nähe. An Schiller berichtet er am 9. Dezember 1797, „daß ich nur in einer absoluten Einsamkeit arbeiten kann, und daß nicht etwa nur das Gespräch, sondern sogar schon die häusliche Gegenwart geliebter und geschätzter Personen meine poetische Quellen gänzlich ableitet." Der entsagende Goethe kann angesichts der räumlichen Nähe von Christiane und August nicht Anna Amalia in seinen Dichtungen unsterblich besingen, daher muss er sich von ihnen entfernen. Sarkastisch bemerkt Frau von Stein in einem Brief an Charlotte Schiller vom 13. Juni 1798 über Goethes Aufenthalte in Jena: „... sein hiesiges häusliches Verhältnis muß ihn ganz abpoetisieren".[420]

Goethe bot Christiane alles, was sie nur begehren konnte. Sie lernte tanzen, machte im Sommer luxuriöse Badereisen, unterhielt einen großen Freundeskreis und war Dauergast im Theater. Christiane, amtlich wurde sie als „die von Goethische Haushälterin" tituliert, führte Goethes Haushalt und versuchte ihm alles Unangenehme fern zu halten. Dank der skandalösen Liaison mit Christiane war der in jeder Weise für die Damenwelt attraktive Geheimrat von Goethe vor ernsten Bewerberinnen geschützt. In derartige Verhältnisse eingebettet, konnte er als Entsagender leben. „Die Ehe war eine zufriedene. Keiner störte den Andern; Goethe setzte etwas darein, seine Frau auch öffentlich zu ehren und seine Zuneigung zu ihr einzugestehen. Oft sah ich sie, von seinem Arme geführt; es lag dann eine stolze Zufriedenheit in ihren Mienen, und stets hegte sie einen an Furcht grenzenden Respekt vor ihrem Manne."[421] Nur auf eines durfte Christiane keinen Anspruch erheben, auch wenn sie Goethe tief verehrte, vielleicht abgöttisch liebte: auf sein Herz. Denn Goethe liebte nach wie vor Anna Amalia, neben seiner Prinzessin gab es für niemanden Platz. Auch wenn Christiane ganz im Sinne Goethes an ihrer Veredelung arbeitete, konnte auch sie gegen die Unbekannte, der Goethes Herz angehörte, nichts ausrichten. Goethe wird mehrmals Briefe und sonstige Zeugnisse Christianes verbrennen.[422] Was erhalten geblieben ist, weist auf einen ausgesprochen warmen, herzlichen Ton hin. Goethe wird den Tod seiner „lieben kleinen Frau" Christiane in seinen Schriften übergehen, sehr zur Verblüffung der Biographen.[423] Im Eintrag 1816 der TAG- UND JAHRESHEFTE (1817–1830), Christianes Todesjahr, gedenkt Goethe nur der verstorbenen Kaiserin von Österreich. Diese Nachricht hätte ihn in einen Zustand, „dessen Nachgefühl mich niemals verlassen hat", versetzt. Auf diese Weise macht Goethe der Nachwelt klar, dass seine aus der Not geborene pragmatische Lebensgemeinschaft mit Christiane nur sein Privatleben betrifft, nicht sein Werk und die darin besungene Frau seines Herzens. Vor diesem Hintergrund wird das Gedicht DEN 6. JUNI 1816, Christianes Todestag, verständlich. Sowohl mit „Sonne" als auch mit „ihren Verlust" meint Goethe in unerbittlicher Konsequenz Anna Amalia, an die er sich angesichts des Hinscheidens von Christiane wendet:

> Du versuchst, o Sonne, vergebens,
> Durch die düstren Wolken zu scheinen!

> Der ganze Gewinn meines Lebens
> Ist, ihren Verlust zu beweinen.

In einem Gespräch mit dem Weimarer Prinzenerzieher Frédéric Soret (1795–1865) vom 5. März 1830 betrachtet Goethe die Frauen, die er in seinem Leben geliebt hat: „Sie [seine Frankfurter Verlobte Lili, 1775] war in der Tat die erste, die ich tief und wahrhaft liebte. Auch kann ich sagen, daß sie die letzte gewesen; denn alle kleinen Neigungen, die mich in der Folge meines Lebens berührten, waren, mit jener ersten verglichen, nur leicht und oberflächlich." Die Formulierung „Auch kann ich sagen" impliziert, dass Goethe etwas nicht sagen kann, nämlich, dass er in Anna Amalia seine unsterbliche Liebe gefunden hatte. Außerdem ist Lili die tiefste und wahrhaftigste der „kleinen Neigungen" gewesen. Anna Amalia „sei ein allerliebstes, vortreffliches aber indefinibles Wesen gewesen", sagte Goethe in einem Gespräch mit Kanzler von Müller vom 8. Juni 1821.[424] Anna Amalia darf er nicht offen „definieren", also erklären, bestimmen, nur hinter dem Schleier seiner Dichtung darf er sie verherrlichen, entsprechend ging das Gespräch mit von Müller sogleich „auf die Wahlverwandtschaften, auf die Wanderjahre." Zu Anna Amalia sprach das „Genie der Genies"[425] zu einer gleichberechtigten Geliebten, beide hatte sich Treue bis in den Tod versprochen. In Tasso, Goethes großartigem Liebesdenkmal für Anna Amalia, beteuert die Prinzessin angesichts des Aufbruchs Tassos nach Rom, dass sie niemals einen anderen lieben könne als den Dichter (Vers 1882 ff.):

> Prinzessin. Was ich besitze, mag ich gern bewahren:
> Der Wechsel unterhält, doch nutzt er kaum.
> Mit jugendlicher Sehnsucht griff ich nie
> Begierig in den Lostopf fremder Welt,
> Für mein bedürfend unerfahren Herz
> Zufällig einen Gegenstand zu haschen.

Ihre Liebe gilt nur dem Dichter, der im Begriff ist, sie zu verlassen (Vers 1888 ff.): „Ihn mußt' ich ehren, darum liebt' ich ihn;/Ich mußt' ihn lieben, weil mit ihm mein Leben/Zum Leben ward, wie ich es nie gekannt." Entsprechend wird der Dichter beschrieben (Vers 230 ff.): „Er tobt nicht frevelhaft/Von einer Brust zur andern hin und her;/Er heftet sich an Schönheit und Gestalt/Nicht gleich mit süßem Irrtum fest und büßet/Nicht schnellen Rausch mit Ekel und Verdruß." In Wilhelm Meisters Lehrjahre (1796) wird der Romanheld Wilhelm ein Gelübde ablegen (IV, 20): „... jeder flüchtigen Neigung will ich widerstehen, und selbst die ernstlichsten in meinem Busen bewahren; kein weibliches Geschöpf soll ein Bekenntnis der Liebe von meinen Lippen vernehmen, dem ich nicht mein ganzes Leben widmen kann!" Goethe und Anna Amalia hatten sich ewige Liebe geschworen. Der von Goethe in Sizilien gefasste Plan, künftig einander zu entsagen, bedeutete nur eine Erhöhung ihrer Liebe.

Die Entsagung traf Goethe schwer, viele Äußerungen belegen, dass er nach der Rückkehr aus Italien als unglücklicher Mann empfunden wurde. Goethe nahm nach außen eine verschlossene, wortkarge und steife Haltung an, gerade bei der Weimarer Hofgesellschaft. Das nahm man ihm übel,[426] doch war eben diese mitschuldig an seiner Entsagung. Am 5. Juli 1791 notiert Friedrich Münter in sein Tagebuch: „Bei Goethe war ich auch und fand ihn sehr viel freundschaftlicher als sonst, obgleich immer noch kalt, wie er es gegen jeden ist. Er ist ein sehr unglücklicher Mensch. Muß beständig mit sich selbst in Unfrieden leben."[427] Diese Haltung zeigt eindrucksvoll ein Portrait Goethes aus dem Jahre 1795 (ABB. 26), gemalt von seinem Freund und Mitarbeiter Johann Heinrich Meyer (1760–1832).[428] Vom „ausgelöschten Stern" spricht Frau von Stein in einem Brief an ihren Sohn Fritz vom 10. Juli 1793. Die Gräfin von Egloffstein empfand den Dichter in den Jahren 1795-1797 als „schroff, wortkarg, spießbürgerlich steif und so kalten Gemütes ..., wie ein Eisschollen, ... mehr abschreckend als anziehend".[429] Der junge Schriftsteller Jean Paul (1763–1825) schreibt am 18. Juni 1796: „Die Ostheim [Charlotte von Kalb] und jeder malte ihn ganz kalt für alle Menschen und Sachen auf der Erde ... jedes Wort sei Eis".[430]

Auch für Anna Amalia sollte die Entsagung für den Rest ihres Lebens schmerzlich sein. Eine Abbildung von 1795 zeigt Anna Amalia in der wehmütigen Haltung dieser Jahre (ABB. 27). Ein Beobachter schreibt 1797 über Anna Amalia: „Sie war klein und ein gebogener Rücken störte die majestätische Haltung, die das Gesicht aufwies, tat aber der Anmut, die über ihr ganzes Wesen ausgegossen war, keinen Eintrag".[431] Die fast erblindete und verarmte Charlotte von Kalb (1761–1843) schrieb in ihren GEDENKBLÄTTERN über Anna Amalia, die sie wie Goethe und Wieland Olympia nannte: „Bei dem Anblick der Schönheit, bei Vorlesungen, bei der Musik bewiesen oft Thränen ihre Anerkennung ... So war sie oft umringt von Edlen, die das Schönste und Beste ihrer Begeisterung der Fürstin darbrachten. Diese Feier und Erscheinung war der Menschheit würdig, Humanität in dem Lichte ihrer herzlichsten Wohlthat. In solchem Reich kann auch die Einfalt verstehen und Antwort geben; und, das seltenste im geselligen Verkehr, in diesem Kreise war mehr Lieb' als Bewunderung. Da war kein Schimmern, Funkeln, keine Phrasensucht, kein Bestreiten, es strömte ungehemmt der reiche Quell des Lebens".[432] Ähnlich urteilte Caroline Herder in ihren Erinnerungen: „Die schönsten und geselligen Abendstunden waren bei ihr [Anna Amalia] zu finden, wo sie geistvolle Männer um sich versammelte. Konzerte, Vorlesungen alter und neuer Dichter, der Griechen besonders und der Italiener, oder von Shakespeare, Lessing, Goethe, Wieland, Einsiedel, Knebel, Herder u.a., oder Gespräche über Kunst, Literatur und Politik gaben den Stoff der Unterhaltung. Bei dem ungewissen Ausgang der politischen Weltbegebenheiten durften verständige Männer ihre Meinungen, Bemerkungen, Hoffnungen oder Furchten über die großen Ereignisse der Zeit auf eine anständige Weise hier äußern, so sehr auch ihre Ansichten voneinander abwichen. Die gütige Herzogin repräsentierte dabei die Urbanität und Humanität selbst. Ebenso angenehm waren bei ihr die Gesellschaften auf ihren Sommerlandsitzen, in frühern Jahren zu Ettersburg, in spätern zu Tiefurt."[433]

In der Zeit, in der Anna Amalia und Goethe nicht gemeinsam in Weimar an ihrer Idee eines Musenhofes arbeiteten, war es dort kulturell wieder ereignislos geworden. Erst nach Anna Amalias Rückkehr wurde etwa abwechselnd in ihrem Wittumspalais oder am Frauenplan bei Goethe die Freitagsgesellschaft als Forum für Wissenschaftler und Künstler gegründet und im September 1791 hielt der Dichter als Präsident die Eröffnungsrede. Monatlich und unter Anwesenheit des regierenden Herzogspaares versammelte man sich zu Vorträgen und Besprechungen. Von der ersten Sitzung berichtet Böttiger,[434] dass Goethe zunächst über das Farbenprisma referiert hätte: „Die Hauptsätze demonstrierte er an einer schwarzen Tafel, wo er die Figur schon vorher angezeichnet hatte, so lichtvoll vor, daß es ein Kind hätte begreifen können. Göthe ist eben so groß als scharfsinniger Demonstrator an der Tafel, als er's als Dichter, Schauspieler und Operndirector, Naturforscher und Schriftsteller ist. Er erklärte sich hier im kleinen Zirkel gerade zu gegen Neutons farbentheorie [Newton, 1643–1727], die durch seine Versuche ganz umgeworfen wird". Sodann referierte Herder über die „wahre Unsterblichkeit für die Nachwelt", gefolgt vom Geheimrat und Archivarius Voigt, der ein Archivdokument von 1167 zum Anlass nahm, über den schillernden Kaiser Friedrich Barbarossa (1122–1190) zu berichten. Der Botanikprofessor Bartsch hielt eine Vorlesung, die, ausgehend vom Nautilus und einer nur mit dem Mikroskop deutlich erkennbaren Schnecke aus dem Meeressand, die Evolution der Erde „ehe sie vom Ocean verlassen wurde" behandelte. Der

Naturforscher Johann Georg Lenz (1748–1832) führte dann in die Welt der Intestinalwürmer ein, „die er selbst aus den Eingeweiden vieler Thiere hervorgesucht und präparirt hatte. ... Es war indessen schon spät geworden, und da es stark auf 9 Uhr gieng, mußten einige Vorlesungen z.B. die des Legationsraths Bertuch, der uns über die Farbentinten der Japaner und Chinesen unterhalten wollte, auf die künftige Sitzung verschoben bleiben." Die Universität Jena (gestiftet 1558) wurde vor allem dank Goethes Kulturpolitik zu einer der führenden in Deutschland.[435] Keine andere Universität „wurde freisinniger verwaltet, und so fanden sich hier gerade solche Lehrer und Schüler ein, die in Kunst und Wissenschaft das Protestieren liebten."[436] Caroline Herder berichtet, dass, nachdem Goethe 1782 zum Vorsitzenden der Finanzkammer ernannt wurde, er „durch Ersparnisse und Einschränkungen einen Fond zu außerordentlichen Ausgaben zu etablieren [suchte], besonders für die Universität Jena".[437] Im kleinen Jena befanden sich so bedeutende Gelehrte und vielversprechende Talente der Epoche, wie etwa Fichte, Schelling, Hegel, Humboldt, Thibaut, Brentano, Tieck, Voß, Schiller, Novalis und der junge Dichter Hölderlin. Jena verdankte seine außergewöhnliche Anziehungskraft vor allem Goethe und Anna Amalia mit ihrem Programm der Bildung des Menschen durch Kunst und Wissenschaft. Eine beliebte Redewendung Goethes war: „Es käme wohl nur darauf an es mehr zu heben".[438] Die Anfangsverse im Gedicht DAS GÖTTLICHE, das Goethe Anna Amalia widmete, indem er es Ende 1783 in ihrem TIEFURTER JOURNAL abdrucken ließ, lauten: „Edel sei der Mensch,/Hülfreich und gut!" Anna Amalia vermerkte in ihren schlichten BETRACHTUNGEN ÜBER KULTUR: „Es ist nicht leicht die echte Kultur zu erlangen ... Wenn Geist und Herz mit innerer Kraft sich schwesterlich vereinigen, und so die Vernunft mit dem Verstande in Harmonie sich beisammen finden, so entsteht die wahre Kultur, die den Menschen erhöht und dem Bilde Gottes sich nähert."[439]

Dass für die Entsagenden die Zeit ihrer sinnlichen Liebe endgültig zu Ende gegangen war, bringen sie in verschlüsselter Form zum Ausdruck. Goethe, der bis zu seinem Tod der Geliebten literarische Denkmäler setzen wird, markiert den Übergang zur endgültigen Entsagung mit der Beschreibung der IGELER SÄULE bei Trier, eines um 250 n. Chr. entstandenen 23 Meter hohes Pfeilergrabmals aus Sandstein mit Reliefs (ABB. 21). An diesem Grabmal kam Goethe auf dem Weg zum Feldzug der ersten Koalitionsarmee gegen das revolutionäre Frankreich am 23. August 1792 sowie auf dem Rückweg Ende Oktober 1792 vorbei. Goethe schloss sich Carl Augusts Regiment an, das bis in die Champagne vorgedrungen war. Bei der

Kanonade von Valmy feuerte die französische Revolutionsarmee am 20. September 1792 an die 20.000 Kugeln ab und veranlasste den Rückzug des Koalitionsheeres. In KAMPAGNE IN FRANKREICH (1822) berichtet Goethe, angesichts des Ereignisses die berühmten Worte gesprochen zu haben: „Von hier und heute geht eine neue Epoche der Weltgeschichte aus, und ihr könnt sagen, ihr seid dabei gewesen." Der Rückzug endete in einer unglaublichen Katastrophe, Goethe geriet mehrmals in Lebensgefahr, allein 22.000 preußische Soldaten kamen um.[440]

Am 22. Oktober 1792 stand der nur knapp dem Tod entronnene Goethe vor der IGELER SÄULE bei Trier, jedoch erst am 24. Oktober 1792, an Anna Amalias Geburtstag, will er Zeit gefunden haben, seine Aufzeichnungen zu bearbeiten. Einer Legende folgend wurde das Monument mit der Heiligen Helena (um 250–329) in Verbindung gebracht, der Mutter von Kaiser Constantin I. (um 272–337), der das Christentum der Katakomben mit den antiken Religionen rechtlich gleichstellte (313), und nur deswegen wurde es nicht als heidnisch zerstört. Goethe untersuchte eingehend den Aufbau der Säule, die einzelnen Reliefbilder, die Grabinschrift und interpretierte sie als Erster „im wesentlichen richtig".[441] Das Denkmal zeigt das Leben der Tuchhändlerfamilie der Secundiner und verwebt ihre Existenz mit Motiven aus der römischen Mythologie „nach dem Aspekt eines Überganges in ein besseres Leben, in die Unsterblichkeit".[442] In Goethes KAMPAGNE IN FRANKREICH (1822), die er aus der Perspektive von 1792 verfasste, heißt es nach einer eingehenden Studie des Grabmals: „So war es mir recht erwünscht, mit solchen Betrachtungen beschäftigt, den Geburtstag unserer verehrten Herzogin Amalie im stillen zu feiern, ihr Leben, ihr edles Wirken und Wohltun umständlich zurückzurufen; woraus sich denn ganz natürlich die Aufregung ergab, ihr in Gedanken einen gleichen Obelisk zu widmen und die sämtlichen Räume mit ihren individuellen Schicksalen und Tugenden charakteristisch zu verzieren". Das Wort „zurückzurufen" und der Umstand, dass er ihr ein Grabmal errichten will, wäre aus der Sicht von 1792, als die Fürstin noch lebte, ein Anachronismus gewesen.[443] Das Denkmal bezieht sich aber nicht auf die Person Anna Amalias, sondern auf ihre verbotene Liebe, die sich nur noch auf der höheren Ebene der Entsagung abspielt, auf der sinnlichen aber „gestorben" ist. Goethe, der sich für die bessere Erforschung und Erhaltung des antiken Denkmals einsetzte, widmet Anna Amalia seine Interpretation der IGELER SÄULE, indem er an ihrem Geburtstag ihrer damit gedenkt.

Auch Anna Amalia fand Wege, sich verschlüsselt zu ihrer Liebe zu Goethe zu äußern. In einem Aquarell, das Kraus zugeschrieben wird, sind zumindest wichtige Details von Anna Amalia gemalt worden. Auch sonst fertigte sie mit ihrem Zeichenlehrer Kraus gemeinsam Bilder an,[444] teilweise unter Einbeziehung Goethes.[445] Das „Paradebild"[446] des Weimarer Musenhofes, das um 1795 entstandene Aquarell ABENDUNTERHALTUNG BEI ANNA AMALIA (ABB. 20) verschlüsselt ihre verbotene Liebe. Auf dem Aquarell wird Goethe von Anna Amalias Kammerherrn von Einsiedel weitgehend verdeckt, gerade mal sein Rücken und sein Hinterkopf sind noch zu sehen. Da dieses Bild das einzige zeitgenössische ist, das die berühmte Geselligkeit bei Anna Amalia darstellt, stellt sich die Frage, warum ausgerechnet der berühmte Goethe nicht gut sichtbar dargestellt wurde. Am rechten Bildrand ist Herder und hält ein Blatt in der Hand, das das Profil eines Jünglings zeigt. Er schaut dabei in die Höhe mit einem Blick und Gesichtsausdruck, als würde er sich als Geistlicher gerade Gott zuwenden. Vor Goethe liegt ein Buch ausgebreitet, auf das er in einer unnatürlichen Art und Weise einen Finger aufgelegt hat. Verfolgt man diesen Fingerzeig, so deutet er über Anna Amalias Pinsel auf das Blatt mit dem Profil eines Jünglings, das Herder in Händen hält. Dieser Jüngling soll also Goethe selbst darstellen, dessen Gesicht damit auf dem Aquarell doch zu sehen ist. Die Haltung Herders, der aufgestützte linke Arm und die frei herabhängende Hand sowie der ausgestreckte rechte Arm mit einem Blatt, auf dem das Profil einer Person zu erkennen ist, bis hin zu den zwei Manschetten am linken Arm gleichen dem Gemälde DER VERLIEBTE GOETHE, das Kraus 1775/76 im Auftrag von Anna Amalia gemalt hat (ABB. 3). Mit der Entdeckung der „stummen Sprache", also des Umstandes, dass Einzelbildnisse und Plastiken von Goethe und Anna Amalia wechselseitig als Pendants aufeinander bezogen sind, sind wir in der Lage, diese Kunstwerke, denen die Künstler keinen Titel gegeben haben, mit Titeln zu versehen, die der Intention der Bildquelle gerecht werden. Das bisher überwiegend JOHANN WOLFGANG GOETHE MIT EINER SILHOUETTE titulierte Gemälde sollte künftig mit DER VERLIEBTE GOETHE betitelt sein.[447]

DER VERLIEBTE GOETHE zeigt Goethe in derselben Haltung, die jetzt Herder im Aquarell ABENDUNTERHALTUNG BEI ANNA AMALIA einnimmt, nur dass er auf das Profil einer Dame schaut und nicht verklärt in den Himmel. Anna Amalia hatte schon mit dem zeitgleich entstandenen Gemälde ANNA AMALIA ALS KOMPONISTIN (1775/1776) auf sich als die unbekannte Dame auf dem Schattenriss, den Goethe in Händen hält, hingewiesen (ABB. 2). Durch Verwendung derselben Pose bei Herder im Aquarell ABENDUNTERHALTUNG BEI ANNA

AMALIA stellt sie erneut einen Bezug zu sich her. Nachdem Anna Amalia Goethes Mutter 1778 in Frankfurt kennen gelernt hatte, gab sie eine Kopie des Ölgemäldes DER VERLIEBTE GOETHE in Auftrag, um es der Freundin 1779 zu schenken. Auch einen großen Schattenriss von sich schenkte Anna Amalia Goethes Mutter, in einem Brief vom 21. April 1779 beantwortete sie eine diesbezügliche Frage: „Sie wollen gerne wissen, liebe Mutter, wer meinen Schattenriß gemacht hat? Es ist der Herr Sohn, der es im großen gezeichnet".[448] Im Jahre 1795, als die glühende Leidenschaft in eine besondere Art der Freundschaft übergegangen war, soll der Kirchenmann Herder auf dem Aquarell ABENDUNTERHALTUNG BEI ANNA AMALIA um Vergebung für die verbotene Liebe und eine der unglaublichsten Täuschungen der Geschichte bitten.

Es ist anzunehmen, dass Anna Amalia in mehreren Aquarellen die verbotene Liebe verschlüsselte, womöglich auch deutlicher, denn viele wurden unterdrückt. Goethe berichtet in einem Brief vom 17. Februar 1821, dass es mehrere solcher Darstellungen gab, „welche in den Abendunterhaltungen bey Herzogin Amalie entsprangen, woselbst ein höchst gebildeter Kreis sich versammelte und jeder auf seine Weise sich selbst und andere unterhielt. Indeß einige Karte spielten, die anderen Musik machten, beschäftigten sich, neben Ihro Durchlaucht, der Engländer Herr Gore, seine älteste Tochter und ich mit mancherley Entwürfen und Skizzen, Rath Kraus beobachtete mit mahlerischem Blick unterweilen die Gesellschaft und faßte gelegentlich manch artiges Bild auf, von welchen Darstellungen noch einige übrig geblieben sind."

Tasso:
Eine »gefährliche Unternehmung«

Denn edlen Seelen vorzufühlen
Ist wünschenswertester Beruf.

VERMÄCHTNIS *(1829)*

Und was hat mehr das Recht, Jahrhunderte
Zu bleiben und im stillen fortzuwirken,
Als das Geheimnis einer edlen Liebe,
Dem holden Lied bescheiden anvertraut?

TASSO (1790), Vers 1105 ff.

In der Dichtung TORQUATO TASSO (1780–1790) liebt der Dichter eine Prinzessin, diese Liebe ist aber verboten, weil sie gegen unverrückbare Standesschranken verstößt. Als Schutz wird daher eine Hofdame als Geliebte des Dichters vorgeschoben. Damit der Inhalt nicht leicht als autobiographisch erkannt werden konnte, verbirgt ihn Goethe mit allen ihm zu Gebote stehenden Kunstgriffen hinter einem handlungsarmen Seelendrama. In einem Gespräch mit Kanzler von Müller vom 23. März 1823 über den Erfolg des TASSO fällt der ironische Satz: „Alles geschieht darin nur innerlich; ich fürchtete daher immer, es werde äußerlich nicht klar genug werden." Im Herbst 1780 begann Goethe die Arbeit an TASSO, nachdem ihm die Idee dazu auf dem Weg nach Tiefurt gekommen war. Bis 1781 liegt eine erste, nicht überlieferte Fassung vor, Goethe überarbeitet diese ab 1788. Gegen Ende seines Italienaufenthalts heißt es am 1. Februar 1788: „‚Tasso' muß umgearbeitet werden, was da steht, ist zu nichts zu brauchen, ich kann weder so endigen noch alles wegwerfen." Am 28. März 1788 teilte er dem Herzog Carl August mit: „… so schließt sich auch jetzt die Arbeit die ich unternehme um es zu endigen ganz sonderbar ans Ende meiner Italienischen Laufbahn, und ich kann nicht wünschen daß es anders seyn möge". Zu diesem Zeitpunkt wusste der Dichter, wie er das Vergangene darstellen soll, weil er eine Vorstellung hat, wie er sein künftiges Verhältnis zu Anna Amalia gestalten wird.

In TASSO blickt Goethe auf sein erstes Weimarer Jahrzehnt zurück, „mit unerlaubte[r] Sorgfalt" arbeitet er daran, so die Formulierung in einem Brief an Herder vom 10. August 1789. Carl August fürchtete um die Wahrung der von ihm als Staatsgeheimnis eingestuften verbotenen Liebe bei einer Ausarbeitung ausgerechnet eines solchen Stoffes. Am 1. Oktober 1788 versucht Goethe ihn zu beschwichtigen: „… hoffe nun bald über den ‚Tasso' das Übergewicht zu kriegen. Es ist einer der sonderbarsten Fälle, in denen ich gewesen bin, besonders da ich nicht allein die Schwierigkeit des Sujets, sondern auch Ihr Vorurteil zu überwinden arbeiten muß. Je weiter ich komme, desto mehr Hoffnung habe ich zu reüssieren". Goethe verspricht also ein Meisterwerk der Verkleidung, denn nur diejenigen, die sein Geheimnis kennen, sollen in der Lage sein, TASSO zu verstehen, und der Herzog ist bald zufrieden. Am 6. April 1789 schreibt ihm Goethe: „Ihre Frau Gemahlin sagt mir daß sie Freude an den ersten Szenen des Tasso gehabt, dadurch ist ein Wunsch, den ich bei dieser gefährlichen Unternehmung vorzüglich gehegt, erfüllt". In einem Brief vom 3. August 1789 an seine in Italien weilende Mutter Anna Amalia schreibt Carl August: „‚Tasso' ist fertig, ein grosses Kunststück; ich bin neugierig, wie es ihnen gefallen wird." Es ging also nicht darum, das Stück so zu formen, dass es dem Herzog und dem Hof schmeichelte.[449] Vielmehr war die Schwierigkeit, wie man den Inhalt des Geheimnisses so ausdrücken konnte, dass die biographische Grundlage nicht ohne weiteres erkannt wird; deshalb bezeichnet Goethe TASSO als „gefährliche Unternehmung". Weil ihm dies gelungen ist, nennt es der bei allem, was mit dem Geheimnis zu tun hat, zu äußerster Vorsicht ratende Carl August „ein großes Kunststück".

Da der wichtigste Inhalt von Goethes Biographie aufgrund des Täuschungswerks nicht bekannt war, findet sich bei der TASSO-Interpretation ein „Chaos von Meinungen und Gegenmeinungen".[450] Gründliche Beobachter geben aber zu, bei der Interpretation an Grenzen zu stoßen: „Man sollte sich eingestehen, daß hier Fragen bleiben."[451] Zwar wurden biographische Hintergründe stets vermutet, in der Prinzessin aber vor allem Frau von Stein oder vereinzelt die regierende Herzogin Luise gesehen.[452] Die Jugenderinnerungen der Henriette von Egloffstein weisen auf Luise: „Diejenigen, welche mit den früheren Begebenheiten am Hofe genau bekannt waren, behaupteten, Goethe sei gleich bei seinem Auftritt in Weimar von der heftigsten Leidenschaft für die junge Fürstin ergriffen worden und habe sich zwischen dieser und Frau von Stein in demselben Verhältnis wie sein Tasso befunden".[453] In kritischen Hofkreisen wurde die Liaison Goethes mit Frau von Stein demnach als Schleier bewertet, hinter dem sich eine Fürstin verbarg. Der Herausgeber von Henriettes Jugenderinnerungen, auch ein von Egloffstein, also aus einer Familie, die über ein Jahrhundert höchste Ämter im Herzogtum Sachsen-Weimar-Eisenach innehatte, veröffentlichte diese 1919 unmittelbar nach dem Untergang der Monarchie; Henriettes Vergleich zwischen Goethe und Tasso fügt der Herausgeber hinzu: „Diese Auffassung des Verhältnisses der Frau von Stein zu Goethe muß ich dem Leser anheimstellen, an der Hand der Goethe-Forschung auf ihre Richtigkeit hin zu prüfen".[454] Diese spöttische Aufforderung zeigt, dass im Familienverband der von Egloffsteins die undefinierbare Liaison Goethes mit Frau von Stein als eine Täuschung überliefert worden war.

Das Gerücht, dass Goethe im ersten Weimarer Jahrzehnt eine Liaison mit der Herzogin Luise gehabt habe, war neben der Unterdrückung von Dokumenten entscheidend, um das Staatsgeheimnis zu wahren und den Irrtum zu vertiefen. Kritische Hofkreise, die Charlotte von Stein kannten und es ihr nicht abnahmen, dass sie Goethes Geliebte sei, wurden durch die Gerüchte um Luise von der Kenntnis um den wirklichen Sachverhalt abgelenkt. Das Thema war dabei delikat, denn die Liaison hätte zu einem Zeitpunkt stattgefunden, als die Herzogin Luise den Thronfolger gebar (1783), sodass eine solche Vermutung die Legitimität der Herrschaft im Herzogtum in Frage stellte. Auch Charlotte von Kalb vertrat die Ansicht, dass in TASSO die Herzogin Luise als Prinzessin und Frau von Stein als ihre Hofdame dargestellt seien. In einem Brief von Caroline Herder an ihren Mann heißt es: „Die gute Kalbin ... nimmt Goethens ‚Tasso' gar zu speziell auf Goethe, die Herzogin, den Herzog und die Steinin".[455] Die Biographie der kühlen und verschlossenen, pedantisch auf ihre fürstlichen Vorrechte als Ausdruck eines angeblich höheren Menschseins pochenden Luise bot aber keinerlei Anhaltspunkt, um Goethes Werke oder seine zahlreichen Hinweise auf sein Lebensgeheimnis konkret auf sie zu beziehen. „Selbst solche, deren Pflichttreue sie kannte, wurden oft ängstlich ihr [Luise] gegenüber", hieß es in Bedienstetenkreisen, „es fehlte ihr an Leichtigkeit im Verkehr mit den Menschen".[456] Als Kanzler von Müller Goethe seinen Nachruf auf die Herzogin Luise vorlegte, bemerkte dieser (18. Februar 1830): „Nicht allzu liberal dürfte man die Fürstin schildern, sie habe vielmehr standhaft an ihren Rechten gehalten. Ihre gesellige Herablassung sei mehr das Auslaufen ihrer Standes-Richtung gewesen."[457] Übergangslos berichtet Goethe dann gegenüber von Müller vom „Verbrennen aller seiner gesammelten Briefe bis 1786, als er nach Italien zog." Dadurch gibt Goethe zu verstehen, dass er aufgrund eines krankhaften Standesdünkels überstürzt nach Italien fliehen musste. Ausgerechnet das Gerücht einer Liaison zwischen Goethe und Luise, die ihre Schwiegermutter Anna Amalia verachtete, nicht zuletzt wegen ihres Umgangs mit Bürgerlichen, half zu verhindern, dass eine Fürstin als Goethes unsterbliche Geliebte und Muse seiner einzigartigen Liebeslyrik erkannt wurde. In einem Brief an ihren Bruder kurz nach Anna Amalias Tod am 10. April 1807 kommt Luises Gehässigkeit zum Vorschein: „Es ist ein gutes Stück [Goethes Nachruf ZUM FEYERLICHEN ANDENKEN DER DURCHLAUCHTIGSTEN FÜRSTIN UND FRAU ANNA AMALIA] und nicht ohne Erstaunen nimmt man daher zur Kenntnis, dass sie [Anna Amalia] auch noch nach ihrem Tod sich eines Vorrechts erfreut, den sie bereits während ihres Lebens genoss, das heißt jenes eines guten Rufs."[458] Für Luise hätte Anna Amalia demnach keinen guten Ruf verdient gehabt. Entsprechend urteilt eine Biographin: „[Der] Tod der Schwiegermutter [Anna Amalia], die in den zweiunddreißig Jahren ihres Zusammenlebens ihr [Luise] nicht näher getreten war, [bedeutete] eine Veränderung, keine Lücke."[459]

Goethe gab viele Hinweise für die richtige Interpretation der TASSO-Dichtung. Am 19. April 1781 in einem Brief an „Frau von Stein" heißt es: „Da Sie sich alles zu eignen wollen was Tasso sagt, so hab ich heut schon soviel an Sie geschrieben daß ich nicht weiter und nicht drüber kann." Am 20. April 1781 schreibt Goethe: „Ich habe gleich am Tasso schreibend dich angebetet. Meine ganze Seele ist bei dir." Ein halbes Jahrhundert später, in einem Brief vom 10. Januar 1829, urteilt der Dichter: „Ich hatte … in meinem ‚Tasso' des Herzensblutes vielleicht mehr, als billig ist, transfundiert [übertragen]". Da Anna Amalias Rolle in Goethes Leben nicht gesehen wurde, vernachlässigte man die Liebesgeschichte in TASSO zugunsten des Hofmotivs. Im 20. Jahrhundert wurde insbesondere die Existenz des Dichters sowie sein Verhältnis zur Gesellschaft thematisiert. Dies sind wichtige Aspekte, nur dürfen sie nicht das Wesentliche von Goethes Dichtung verdrängen, denn TASSO ist ein autobiographisches Stück, in dem seine Liebe zu seiner Prinzessin Anna Amalia besungen wird. Diese Dichtung ist dabei ein Meilenstein in der Entwicklung der deutschen lyrischen Sprache: „‚Tasso' gibt die Goethe'sche Sprache in der Vollendung. Diese Jamben haben Schiller Jamben machen gelehrt und Schlegel die Sprache geliefert in der er Shakespeare wie zu einem Deutschen Dichter umwandelte."[460] TASSO behandelt die Liebe des Dichters zu einer Einzigen (Vers 1092 ff.):

> Was auch in meinem Liede widerklingt,
> Ich bin nur *einer*, *einer* alles schuldig!
> ...
> Und was hat mehr das Recht, Jahrhunderte
> Zu bleiben und im stillen fortzuwirken,
> Als das Geheimnis einer edlen Liebe,
> Dem holden Lied bescheiden anvertraut?

Die TASSO-Dichtung handelt von keinen „Märchen", die Prinzessin betont es (Vers 276 ff.): „Er will nicht Märchen über Märchen häufen,/Die reizend unterhalten und zuletzt/Wie lose Worte nur verklingend täuschen." Die Gräfin Leonore Sanvitale, die Freundin der Prinzessin, deren Rolle jener einer Hofdame entspricht, weist auch darauf hin, dass Tasso nur eine Frau besingt (Vers 183 f.): „Mit mannigfalt'gem Geist verherrlicht er/Ein einzig Bild in allen seinen Reimen." Goethes TASSO handelt von einer Liebe des Dichters, die er im Verborgenem hegt: „ ... mein Herz im stillen dir geweiht" (Vers 911).

Von Richard Wagner (1813–1883) stammt eine treffende Einschätzung des TASSO als eines Stücks, in dem allein die Beziehung zwischen Tasso und der Prinzessin entscheidend ist. In einem Brief an die Schriftstellerin Mathilde Wesendonck (1828–1902) vom 15. April 1859 schreibt Wagner: „Ich griff heute zum ‚Tasso' und las ihn schnell hinter einander. ... Wie das Göthe schreiben konnte! – Wer hat hier Recht? wer Unrecht? ... Endlich gewinnt doch nur unser Herz, wer am meisten leidet, und eine Stimme sagt uns auch, daß er am tiefsten blickt. ... Aber die Meisterin des Leidens ist offenbar die Prinzessin. Für den sehr tief Blickenden giebt es hier eigentlich nur einen Gegensatz, den zwischen Tasso und der Prinzessin: Tasso und Antonio sind weniger Gegensätze, auch interessirt ihr Conflict den Tieferen weniger ... Blicken wir aber über das Stück hinaus, so bleibt uns nur die Prinzessin und Tasso übrig".[461]

Anna Amalia hat auf sich als unmittelbares Vorbild für die Prinzessin in TASSO in der stummen Sprache der Kunst deutlich hingewiesen. Ausgangspunkt ist das Aquarell BESUCH DER VILLA D'ESTE von 1789 (ABB. 14). Goethe sandte einen Teil des TASSO nach Italien, damit Anna Amalia ihn dort lesen könne. In seinem Brief vom 17. April 1789 an sie heißt es: „Herder wird Ew. Durchl.[aucht] einige Scenen von Tasso vorgelegt haben, es kommt hauptsächlich darauf an wie sie sich in Rom lesen lassen". Goethe deutet sodann Sorrent, den Geburtsort Tassos, als geeigneten Ort zum Vorlesen an. Anna Amalia hat aber einen besseren Plan, der nach Tivoli zur Villa D'Este führt. Tivoli hieß in der Antike Tibur, mit Tibur verglich Anna Amalia schon 1776 Tiefurt, das damals noch ihr zweitgeborener Sohn bewohnte.[462] Am 20. Dezember 1788 schreibt Anna Amalias Hofdame von Göchhausen an Wieland, dass Herder schon in Tivoli gewesen sei. Diese Fahrt scheint also gut vorbereitet worden zu sein. In einem Brief der in Rom lebenden Schweizer Malerin Angelica Kauffmann (1741–1807) an Goethe vom 23. Mai 1789 schreibt diese: „Heute vor 14 Tagen war ich noch mit der respectablen Gesellschaft in Tivoli, in der Villa D'Este, unter den großen Cipressen hat Herr Herder uns den überschickten theil von ihrem Tasso vorgelesen".[463] In einem Brief an Angelica Kauffmann vom 7. September 1789 spricht Anna Amalia von diesem Aufenthalt, den sie in BESUCH DER VILLA D'ESTE festhalten ließ: „Goethe wird Ihnen seinen ‚Tasso' schicken; vielleicht haben Sie ihn schon. Denken Sie, wenn Sie ihn lesen, an das Plätzchen in der Villa D'Este. Da muss man ihn genießen!"[464] Der Erbauer der berühmten Villa mit ihrem in Terrassen abgestuften Park und mannigfaltigen Wasserspielen, Hippolyt von Este, ist in TASSO erwähnt (Vers 69). Ein Sprössling des italienischen Geschlechts der Este war Welf IV. (ca. 1030/40–1101), Herzog von Bayern (1070), der Stammvater der Welfen. Welfen wiederum gründeten das Herzogtum Braunschweig-Lüneburg (1235), aus dem unter anderem das Teilfürstentum Braunschweig-Wolfenbüttel (1269) hervorging.[465] Daher floss in den Adern Anna Amalias, der Prinzessin von Braunschweig-Wolfenbüttel, Blut der Este. Im zweiten der FÜNF BRIEFE ÜBER ITALIEN schreibt Anna Amalia: „Mein erster Gang war zu der Villa d'Este gerichtet, welche die prächtigste lage hat, und ein auffallender beweiß von der großen und edlen Denckart dieses Geschlechts ist."

Vor diesem Hintergrund kann das Aquarell BESUCH DER VILLA D'ESTE interpretiert werden, auf dem die Reisegesellschaft, die sich von Herder den TASSO vorlesen lässt, abgebildet ist. Bedeutend ist hier eine schwierige Identifikation von Anna Amalia, da sie entweder als die dritte oder als die fünfte Person von links bezeichnet wird,[466] womit Anna Amalia und Angelica Kauffmann nicht sicher unterschieden werden können. Eine eindeutige Zuordnung ergibt sich, wenn der Fingerzeig des vorlesenden Herder verfolgt wird. Dieser deutet zunächst auf den Kopf der dritten Person, die ein Blumengebinde in den Händen hält, und weiter auf den Kopf einer Statue, die ebenfalls ein Blumengebinde hält. Diese Statue ist nicht nur „eine Huldigung an die ebenfalls mit Blumen geschmückte Herzogin",[467] sie stellt Anna Amalia selbst dar, denn das Aquarell BESUCH DER VILLA D'ESTE ist eine Bühne für das Stück TASSO. Dies folgt aus den Regeln für die Gestaltung des Bühnenbildes nach dem klassischen französischen Drama, an das auch TASSO formal anknüpft. Nach diesen Regeln sind die Protagonisten eines Stückes auf der Bühne zu überhöhen.[468] Am unteren rechten Rand des Bildes ist ein „sarkophagähnliche[r] Stein mit einem Greifenrelief an der Schmalseite und einem geflügelten Genius an der fast ganz verdeckten Vorderseite" zu sehen.[469] Der geflügelte Genius stellt nach der Mythologie das Genie, die schöpferische Begabung des Menschen als Verkörperung des Göttlichen dar und steht für Goethe. Im Mittelpunkt der Bühne ist ein Schaf, Symbol der Unschuld und der Hilflosigkeit. Unschuldig und schutzlos ist auch die Liebe zwischen Tasso und der Prinzessin, diese Liebe wird im Stück dem Adelssystem geopfert, das eine Verbindung zwischen ihnen verbietet. Das Opfer wird von den Liebenden aber um der Dichtung willen erbracht, was einem weiteren Detail im Aquarell zu entnehmen ist. Das Schaf wird von der Hofdame von Göchhausen mit einem Teil des Lorbeers gefüttert, den die neben ihr sitzende Fürstin im Schoß hält. Anna Amalia verzichtete auf ein gemeinsames Liebesglück, damit Goethe weiter unter idealen Bedingungen dichten konnte. Daher stehen in TASSO die Verse (2038 f.): „Der Lorbeerkranz ist, wo er dir erscheint,/Ein Zeichen mehr des Leidens als des Glücks." Goethes Dichtung ist der kostbare Schatz, der durch viel Leid errungen wird, daher ist im Aquarell neben dem geflügelten Genius ein Greif abgebildet. Dieses Fabeltier ist eine Mischung aus Löwe und Adler und war im klassischen Altertum vor allem der Hüter von Goldschätzen. In dieser Funktion behandelten ihn Goethe und Wieland in ihrer Dichtung.[470] Im Gemälde ANNA AMALIA IN POMPEJI AM GRABMAL DER PRIESTERIN MAMMIA von 1789 (ABB. 17) schließt die halbrunde Steinbank, auf der die Fürstin sitzt, mit einem Greifenfuß. Auch damit wird ausgedrückt, dass Anna Amalia als Priesterin ihr künftiges Leben dem Dienst an etwas Höherem weiht – dem Schutz von Goethes poetischem Genie.

Das Aquarell BESUCH DER VILLA D'ESTE ist angeblich von Johann Georg Schütz (1755–1815) im Atelier gemalt worden. Es haben sich Vorzeichnungen von Schütz zu allen Personen außer Anna Amalia, Herder und Angelica Kauffmann erhalten; sie datieren von 1788, also vor dem Aufenthalt in Tivoli. Das Namenszeichen auf dem Aquarell ist jedoch nicht von Schütz, denn dieses entspricht nicht seiner üblichen Signatur. Auch sind die ihm eindeutig zugeschriebenen Vorstudien besser als die Ausführung: „Kaum etwas von dieser scharfen Beobachtungsgabe [der Vorzeichnungen] hat sich auf das Aquarell hinübergerettet. Hier wirkt alles etwas schlaff und fast zum Schema erstarrt"; das Aquarell steht zudem im „zeichnerischen Werk des Johann Georg Schütz ... in seiner strengen, statuarischen Haltung allein".[471] Daraus kann geschlossen werden, dass Anna Amalia auf der Grundlage der Vorzeichnungen von Schütz das Aquarell selbst gemalt hat. Die Unterschrift von Schütz wurde wohl ganz bewusst nicht richtig nachgeahmt, um damit den Hinweis zu geben, dass es in Wirklichkeit gar nicht von Schütz stammt.

Goethe verarbeitete die Biographie des historischen Torquato Tasso nicht nach dessen Leben, keine Person stimmt mit der historischen Vorlage überein, die Freundschaft zwischen den beiden Leonoren ist frei erfunden.[472] Schon bevor Goethe die zweite Fassung der Dichtung schrieb, stellte sich heraus, dass die Prinzessin Leonore von Este, die nach der ersten Biographie von Giambattista Manso (1619/34) die Geliebte Tassos war, tatsächlich kein Liebesverhältnis mit ihm hatte, denn in der zweiten Biographie von Pierantonio Serassi (1785), die Goethe in Italien erwarb, wurde nachgewiesen, dass keine Beziehung zwischen den beiden bestand.[473] Das zentrale Thema in TASSO, die Liebe zur Prinzessin, war also nicht eine historische Tatsache aus Tassos Leben. Mit Serassis neusten Forschungsergebnissen war eine äußerst bedeutsame Passage historisch nicht mehr haltbar,[474] nämlich die, dass Tasso ungescholten die von ihm angebetete Prinzessin besingen konnte, weil durch die Namensgleichheit mit ihrer Hofdame offen blieb, wen er meinte. Genau diese Passage aber brauchte Goethe, um die Rolle der Frau von Stein zu veranschaulichen, denn es ist eine geniale Vorlage, um dahinter das Weimarer Staatsgeheimnis zu verbergen, gerade vor den Zeitgenossen, die mit Tasso und seinem Werk vertraut waren, da dies zu den Grundlagen der damaligen Bildung gehörte.[475] Im Stück meint Tasso die Prinzessin Leonore, er verwendet aber nur den Namen Leonore, sodass für die Öffentlichkeit die Hofdame Leonore Sanvitale gemeint sein kann. Die Identitätstäuschung mit Frau von Stein, die ihren Namen für die Öffentlichkeit hergab, um Anna Amalia zu schützen, wird damit in Anlehnung an die ältere biographische Vorlage von Manso zum Ausdruck gebracht (Vers 197 ff.):

> PRINZESSIN. Und wenn er seinen Gegenstand benennt,
> So gibt er ihm den Namen Leonore.

> LEONORE. Es ist dein Name, wie es meiner ist.
> Ich nähm' es übel, wenn's ein anderer wäre.
> Mich freut es, daß er sein Gefühl für dich
> In diesem Doppelsinn verbergen kann.
> Ich bin zufrieden, daß er meiner auch
> Bei dieses Namens holdem Klang gedenkt.

Dass die Leonore Sanvitale zufrieden ist, dass der Dichter wenigstens auch an sie denkt, erinnert an eine Äußerung Frau von Steins in Bezug auf Goethe: „Ich halte mich glücklich, daß mir beschieden ist, seine goldenen Sprüche zu hören".[476] Tassos Leben war nur eine Vorlage, nach der Goethe gesucht hatte, um ihrer Liebe ein Denkmal zu setzen. In einem Gespräch mit Eckermann vom 6. Mai 1827 sagt Goethe: „Ich hatte das Leben Tassos, ich hatte mein eigenes Leben, und indem ich zwei so wunderliche Figuren mit ihren Eigenheiten zusammenwarf, entstand in mir das Bild des Tasso ... Die weiteren Hof-, Lebens- und Liebesverhältnisse waren übrigens in Weimar wie in Ferrara, und ich kann mit Recht von meiner Darstellung sagen: sie ist Bein von meinem Bein und Fleisch von meinem Fleisch." Da das in TASSO dargestellte Ferrara aber unhistorisch ist, bleibt als historische Vorlage für die verbotene Liebe zu einer Fürstin nur noch Weimar. Goethe sagt damit deutlich, dass in Weimar ein Dichter heimlich eine Prinzessin liebte und dass, um diese zu schützen, für die Öffentlichkeit eine Hofdame vorgeschoben wurde.

TASSO spielt nicht am Hof von Ferrara, vielmehr am nahegelegenen Musenhof Belriguardo, was eine Parallele zum Musenhof Anna Amalias ist, der ebenfalls getrennt vom Hof des regierenden Herzogs Carl August bestand.[477] Carl Augusts kluge und machtbewusste Nebenfrau Caroline Jagemann zog 1797 den Vergleich zwischen Anna Amalias Tiefurt und Ferrara: „Was vom Ausland an Künstlern und Gelehrten, interessanten Frauen und merkwürdigen Persönlichkeiten nach Weimar kam, fühlte sich von diesem Treiben angezogen wie Tasso am Hofe von Este".[478] In Tiefurt wurde am 23. August 1781 die später vernichtete erste Fassung von TASSO erstmals vorgelesen. Die Handlung spielt an einem Tag, die erste und letzte Szene erwecken das Gefühl, sie begännen mit dem Frühling und endeten mit dem Herbst. Die Liebenden führen zwei Dialoge, die etwa ein Sechstel der Verse der Dichtung ausmachen, einen am Anfang und einen am Ende des Stücks. Diese sind zentral, der Rest ergänzt und vervollständigt ihre Angaben zu einem Gesamtbild. Gleich zu Beginn des ersten Dialoges zwischen der Prinzessin und Tasso sieht man ihn unsterblich in seine Prinzessin verliebt (Vers 750 ff.):

> TASSO. Unsicher folgen meine Schritte dir,
> O Fürstin, und Gedanken ohne Maß
> Und Ordnung regen sich in meiner Seele.
> …
> Doch werf ich einen Blick auf dich, vernimmt
> Mein horchend Ohr ein Wort von deiner Lippe,
> So wird ein neuer Tag um mich herum,
> Und alle Bande fallen von mir los.

Tasso ist der unerfahrene Knabe (Vers 813), der junge Freund der Prinzessin (Vers 844). Was in dem jungen Dichter vorgeht, wenn er die Angebetete sieht, schildern die Verse 2798 ff.:

> Vernahm ich ihre Stimme, wie durchdrang
> Ein unaussprechliches Gefühl die Brust!
> Erblickt' ich sie, da ward das helle Licht
> Des Tags mir trüb; unwiderstehlich zog
> Ihr Auge mich, ihr Mund mich an, mein Knie
> Erhielt sich kaum, und aller Kraft
> Des Geists bedurft' ich, aufrecht mich zu halten,
> Vor ihre Füße nicht zu fallen …

Tasso lernt die Prinzessin Leonore von Este, die Schwester des Herzogs von Ferrara, Alfons II., kennen, nachdem diese eine schwere Krankheit überstanden hat. Nach Antritt der Regierung für ihren minderjährigen Sohn schreibt Anna Amalia in MEINE GEDANKEN (um 1772): „… [in den] Jahren, wo sonst alles blühet, war bei mir nur Nebel und Finsternis." Zwei Monate nachdem Anna Amalia die Bürde der Regentschaft des Herzogtums loswurde, traf Goethe im November 1775 in Weimar ein. Die Prinzessin ist entzückt (Vers 860 ff.):

> Zum erstenmal trat ich, noch unterstützt
> Von meinen Frauen, aus dem Krankenzimmer,
> Da kam Lucretia voll frohen Lebens
> Herbei und führte dich an ihrer Hand.

> Du warst der erste, der im neuen Leben
> Mir neu und unbekannt entgegentrat.
> Da hofft' ich viel für dich und mich; auch hat
> Uns bis hierher die Hoffnung nicht betrogen.

Mit dem Bild der jüngeren Schwester Lucretia, von der in TASSO nur vereinzelt die Rede ist, die jedoch keine Bedeutung für den Handlungsablauf hat, wagt Goethe einen deutlichen Hinweis auf die biographischen Hintergründe seiner Dichtung. Die historische Prinzessin Eleonore d'Este (1537–1581) hatte zwei Schwestern, eine davon hieß Lucretia. Für Goethe war dieser Name eine passende Vorlage, denn er erinnert an die als lasterhaft geltende Papsttochter Lucretia Borgia (1480–1519), die in dritter Ehe als Fürstin auch an den Hof von Ferrara kam. Anna Amalias jüngere Schwester ist Elisabeth Christine Ulrike, jene Unglückliche, die 1769 wegen Ausschweifungen vom preußischen Erbprinzen geschieden und 22-jährig verbannt worden war. In TASSO ist es Lucretia, die mit dem jungen Dichter an der Hand zu Leonore kommt; sie ist eine Personifizierung der Warnung, was mit einer Frau geschieht, die sich wie Elisabeth Christine Ulrike in den Augen der Öffentlichkeit nicht den überkommenen Moral- und Sittenvorstellungen der Hofgesellschaft entsprechend verhält. Anna Amalia und Goethe hatten es bis dahin verstanden, ihre für das monarchische Gesellschaftssystem inakzeptable Liebe im Verborgenen zu leben, daher kann die Prinzessin Leonore sagen: „Da hofft' ich viel für dich und mich; auch hat/Uns bis hierher die Hoffnung nicht betrogen." Wenn das schöne, ungetrübte Glück mit dem Verweilen Lucretias am Hof verbunden ist – denn „seit jenem Tage,/ Da sie von hinnen schied, vermochte dir/Die reine Freude niemand zu ersetzen" (Vers 895 ff.) –, so spielt Goethe auf die Aufrechterhaltung des Blendwerks an. In TASSO wird die Katastrophe, die Trennung der Liebenden, durch Lucretias Weggang angebahnt. Für Goethe und Anna Amalia bestand das gemeinsame Glück nur so lange, wie sie die Warnung, die Lucretia verkörperte, ernst nahmen und niemand ihr Geheimnis entdeckte. Tasso selbst wird im Stück jedoch – geblendet von der Hoffnung, seine Liebe zur Prinzessin endlich offen bekennen zu können – so weit gehen, das Geheimnis preiszugeben. Damit besiegelt er aber nur ihre endgültige Trennung.

Mit dem schönen Jüngling hat die Prinzessin zunächst einen besonderen Plan: Der Dichter soll sich mit dem Staatsmann verbinden. Um seine zwei entgegengesetzten Stellungen in Weimar, die des Dichters und die des Staatsministers, zum Ausdruck zu bringen, dient Goethe neben der Figur des Tasso die des Antonio. Die Prinzessin lässt er zu Tasso sagen (Vers 956 ff.): „Ihr müßt verbunden sein! Ich schmeichle mir,/Dies schöne Werk in kurzem zu vollbringen. Nur widerstehe nicht, wie du es pflegst!" Tasso ist offen für den Plan seiner Prinzessin (Vers 1159): „Ihr bin ich, bildend soll sie mich besitzen". Die Prinzessin ist sich des Gelingens ihres Planes sicher (Vers 1686 f.): „Ich trieb den Jüngling an; er gab sich ganz;/Wie schön, wie warm ergab er ganz sich mir!" Leonore Sanvitale stimmt dem Plan zu (Vers 1707 ff.):

> Und wären sie zu ihrem Vorteil klug,
> So würden sie als Freunde sich verbinden;
> Dann stünden sie für *einen* Mann und gingen
> Mit Macht und Glück und Lust durchs Leben hin.

Nun sollen beide Personen zueinander finden, Tasso wird zum Staatsmann Antonio sagen (Vers 1266 ff.): „O nimm mich, edler Mann, an deine Brust/Und weihe mich, den raschen, Unerfahrnen,/Zum mäßigen Gebrauch des Lebens ein." Warum diese Vereinigung stattfinden soll, erklärt Tasso (Vers 1277 ff.):

> Die Fürstin hofft's, sie will's – Eleonore,
> Sie will mich zu dir führen, dich zu mir.
> O laß uns ihrem Wunsch entgegengehn!
> Laß uns verbunden vor die Göttin treten,
> Ihr unsern Dienst, die ganze Seele bieten,
> Vereint für sie das Würdigste zu tun.

Vor diesem Hintergrund können Äußerungen Goethes als ironische Bemerkungen gegenüber „Frau von Stein" verstanden werden, etwa in einem Brief vom 17. September 1782: „Ich binn recht zu einem Privatmenschen erschaffen und begreife nicht wie mich das Schicksal in eine Staatsverwaltung und eine fürstliche Familie hat einflicken mögen."

Die Schilderung der Prinzessin wird zu einem Loblied auf Anna Amalia. Leonore Sanvitale sagt über die Prinzessin (Vers 59 f.): „Ein edler Mensch zieht edle Menschen an/Und weiß sie festzuhalten, wie ihr tut." Hier ist vor allem der Weimarer Musenhof gemeint. In Vers 107 gibt die Prinzessin an, alte Sprachen zu beherrschen. Anna Amalia beherrschte Latein und Altgriechisch, nur von der Herzogin Luise ist sonst bekannt, dass sie durch Herders

Unterricht Grundkenntnisse in Latein erwarb.[479] Die Prinzessin sagt zudem von sich (Vers 116 ff.):

> Ich freue mich, wenn kluge Männer sprechen,
> Daß ich verstehen kann, wie sie es meinen.
> Es sei ein Urteil über einen Mann
> Der alten Zeit und seiner Taten Wert;
> Es sei von einer Wissenschaft die Rede,
> Die, durch Erfahrung weiter ausgebreitet,
> Dem Menschen nutzt, indem sie ihn erhebt:
> Wohin sich das Gespräch der Edlen lenkt,
> Ich folge gern, denn mir wird leicht, zu folgen.

Anna Amalia scharte gerne Gelehrte um sich. In Goethes offiziellem Nachruf ZUM FEYERLICHEN ANDENKEN DER DURCHLAUCHTIGSTEN FÜRSTIN UND FRAU ANNA AMALIA (1807) heißt es über ihr „stille[s], mit Neigung gewählte[s] Privatleben" ab 1775, dass „sie sich, von Kunst und Wissenschaft, so wie von der schönen Natur ihres ländlichen Aufenthalts umgeben, glücklich fühlte. Sie gefiel sich im Umgang geistreicher Personen, und freute sich Verhältnisse dieser Art anzuknüpfen, zu erhalten und nützlich zu machen: ja es ist kein bedeutender Name von Weimar ausgegangen, der nicht in ihrem Kreise früher oder später gewirkt hätte." In Jena hatte man Anna Amalia nicht nur wegen der Verbesserung der Professorengehälter in der Zeit ihrer Regentschaft in guter Erinnerung.[480] Aus der akademischen Gedächtnisrede 1807 geht hervor, dass sie um Berufungen von erstklassigen Professoren bemüht war,[481] sie zeigte „bewundernswerte Charakterstärke und Zuverlässigkeit bei deren wohlwollender Förderung, gewährte ihnen auch, wenn nötig, Schutz und Verteidigung." Als der Theologe Ernst Jakob Danovius (1741–1782) der Ketzerei „bezichtigt wurde, verteidigte sie diesen intelligenten Theologen unerschrocken vor den Anschuldigungen seiner mißgünstigen Kollegen und erklärte bei dieser Gelegenheit ganz richtig, daß es ohne Freiheit der Lehre und Meinungen an den Universitäten keine Wissenschaft und Gelehrsamkeit geben und selbst von vorzüglichen Begabungen nichts Großes zuwege gebracht werden könne … Wir wissen …, wie gern Amalia sich in der Gesellschaft der Professoren aufzuhalten pflegte, um die Gelehrten entweder des Lernens halber über die Wissenschaft reden zu hören oder um sie zu Rate zu ziehen".[482] Als Carl August in Anna Amalias Nachlass ein Perlenarmband vermisste, wurde bekannt, dass die Fürstin es verkauft hatte, um dem kranken Herder, einem der führenden Theologen seiner Zeit, eine Badekur zu ermöglichen.[483]

Die Prinzessin hat den Dichter als Muse zu seinen Gesängen inspiriert, ohne sie kann er gar nicht dichten. Gegenüber Leonore Sanvitale bringt Tasso die Konsequenz einer Trennung von seiner Geliebten zum Ausdruck (Vers 2251 ff.):

> TASSO. Und wenn das alles nun verloren wäre?
> Wenn einen Freund, den du einst reich geglaubt,
> Auf einmal du als einen Bettler fändest?
> Wohl hast du recht, ich bin nicht mehr ich selbst,
> Und bin's doch noch so gut, als wie ich's war.
> Es scheint ein Rätsel, und doch ist es keins.
> Der Stille Mond, der dich bei Nacht erfreut,
> Dein Auge, dein Gemüt mit seinem Schein
> Unwiderstehlich lockt, er schwebt am Tage
> Ein unbedeutend blasses Wölkchen hin.
> Ich bin vom Glanz des Tages überschienen,
> Ihr kennet mich, ich kenne mich nicht mehr.

Der Dichter, der seine Muse verliert, ist ein Bettler, äußerlich bleibt er zwar der Gleiche, innerlich ist er aber seines Schatzes beraubt. Der Zeitpunkt, in dem dies geschehen kann, ist der, in dem Tasso „vom Glanz des Tages überschienen", seine Nachtliebe also entdeckt ist. Nur im Schutz der Nacht spielt sich die verbotene Liebe ab, „Wie schön befriedigt fühlte sich der Wunsch,/Mit ihm zu sein, an jedem heitern Abend!" heißt es in TASSO (Vers 1864 f.). Als der Dichter nach Rom aufbrechen will, macht ihm die Prinzessin Vorwürfe (Vers 3179 f.): „... du wirfst/Unwillig alles weg, was du besitzest", denn sie will nicht erkennen, dass er nur bleiben kann, wenn sie sich öffentlich zu ihrer Liebe bekennen (Vers 3212 ff.):

> PRINZESSIN. Ich finde keinen Rat in meinem Busen
> Und finde keinen Trost für dich und – uns.
> Mein Auge blickt umher, ob nicht ein Gott
> Uns Hilfe reichen möchte? möchte mir
> Ein heilsam Kraut entdecken, einen Trank,
> Der deinem Sinne Frieden brächte, Frieden uns!
> Das treuste Wort, das von den Lippen fließt,

> Das schönste Heilungsmittel, wirkt nicht mehr.
> Ich muß dich lassen, und verlassen kann
> Mein Herz dich nicht.

Der Grund dafür, dass Tasso nicht mehr wie bisher weiterleben kann, ist, dass er sich auf etwas eingelassen hat, was ihn als Dichter zerstört, denn er darf nur unter dem Schutzmantel einer Täuschung seine Geliebte besingen. Da er aber nicht von ihr loskommt, ist er bereit, sich zerstören zu lassen (Vers 2222 ff.): „So kann mich's nicht gereun, und wäre selbst/Auf ewig das Geschick des Lebens hin –/Ich widmete mich ihr und folgte froh/Dem Winke, der mich ins Verderben rief". Tassos Zustand wird immer schlimmer (Vers 3254 ff.):

> Ist es Verirrung, was mich nach dir zieht?
> Ist's Raserei? Ist's ein erhöhter Sinn,
> Der erst die höchste, reinste Wahrheit faßt?
> Ja, es ist das Gefühl, das mich allein
> Auf dieser Erde glücklich machen kann,
> Das mich allein so elend werden ließ,
> Wenn ich ihm widerstand und aus dem Herzen
> Es bannen wollte. Diese Leidenschaft
> Gedacht' ich zu bekämpfen, stritt und stritt
> Mit meinem tiefsten Sein, zerstörte frech
> Mein eigen Selbst, dem du so ganz gehörst ...

Der Dichter hat nicht nur das Problem, dass er seine Liebe wegen der Gesetze einer ständisch-monarchischen Gesellschaft verschleiern muss, wozu die Prinzessin resignierend sagt (Vers 1670 f.): „Ach daß wir doch, dem reinen stillen Wink/Des Herzens nachzugehn, so sehr verlernen!". Auch eine Verbindung mit Antonio ist unmöglich, wie auch Goethe in Gefahr ist, nur noch Staatsminister zu sein und seine Dichtung zu vernachlässigen, denn beiden Aufgaben kann er nicht gerecht werden. Auf dem Höhepunkt seiner Karriere als Minister bekennt Goethe in einem Brief an „Frau von Stein" vom 4. Juni 1782: „Wieviel wohler wäre mir's wenn ich von dem Streit der politischen Elemente abgesondert, in deiner Nähe meine Liebste, den Wissenschaften und Künsten wozu ich gebohren bin, meinen Geist zuwenden könnte. Adieu. Liebe mich denn ich bin dein." Am 10. August 1782, kurz bevor ihm das von Anna Amalia vermittelte Adelsdiplom ausgehändigt werden soll, schreibt der Dichter: „Eigentlich bin ich zum Schriftsteller gebohren." Die Prinzessin muss letztlich erkennen, dass ihr Plan, Tasso und Antonio zu verbinden, gescheitert ist: „Sieh das Äußre nur/Von beiden an, das Angesicht, den Ton,/Den Blick, den Tritt! Es widerstrebt sich alles". Leonore Sanvitale pflichtet ihr bei (Vers 1704 ff.): „Zwei Männer sind's, ich hab es lang gefühlt,/Die darum Feinde sind, weil die Natur/Nicht *einen* Mann aus ihnen beiden formte." Nun will sich der Dichter vom Staatsmann trennen, um dichten zu können und damit seinen göttlichen Auftrag zu erfüllen (Vers 2339 ff.): „Tasso. Und irre ich mich an ihm [Antonio], so irr ich gern!/Ich denk ihn mir als meinen ärgsten Feind,/Und wär' untröstlich, wenn ich mir ihn nun/Gelinder denken müßte.… /Nein, ich muß/Von nun an diesen Mann als Gegenstand/Von meinem tiefsten Haß behalten; nichts/Kann mir die Lust entreißen, schlimm und schlimmer/Von ihm zu denken." Auf dem Spiel steht die Dichtung (Vers 2324 ff.): „… das, was die Natur allein verleiht,/Was jeglicher Bemühung, jedem Streben/Stets unerreichbar bleibt, was weder Gold,/Noch Schwert, noch Klugheit, noch Beharrlichkeit/Erzwingen kann".

Tasso hat zwar dem Herzog Alfons sein Lied geschenkt, er will es aber zurückhaben, um es in Rom zu veredeln. Goethe konnte entweder ganz ein Staatsmann oder ganz ein Dichter sein, wobei er nach dem ersten Weimarer Jahrzehnt nicht mehr glaubte, als Staatsmann viel bewirken zu können, wenn er die Herrschaft nicht in eigenen Händen halten kann. Kurz vor seiner Flucht nach Italien schreibt er an „Frau von Stein" am 10. Juli 1786: „Denn ich sage immer wer sich mit der Administration abgiebt, ohne regierender Herr zu seyn, der muß entweder ein Philister oder ein Schelm oder ein Narr sein." Am 17. März 1788 schreibt er nun: „Ich darf wohl sagen: ich habe mich in dieser anderthalbjährigen Einsamkeit selbst wiedergefunden; aber als was? – Als Künstler!" Nur am Musenhof in Weimar fand er die Bedingungen, um als Dichter zu leben. Das hauptberufliche Dichten war nach wie vor ungewöhnlich, die dichterische Arbeit Goethes galt als Nebenbeschäftigung. Der historische Tasso in Ferrara machte hier eine Ausnahme. Klopstock konnte aufgrund der Förderung durch den dänischen König sich auch hauptsächlich der Dichtung widmen. In der Regel war der Dichter jedoch vor allem mit anderen Tätigkeiten beschäftigt, etwa als Prinzenerzieher, als Hauslehrer oder als Bibliothekar. Nun, nach eingehenden Konsultationen zwischen Carl August und Anna Amalia,[484] durfte Goethe sich zwar nicht ausschließlich der Dichtung widmen, die Gewichtung seiner Tätigkeiten kehrte er aber um. Er ist nun hauptsächlich Dichter und Forscher und als

Nebenbeschäftigung im Staatsdienst, vorwiegend in der Kulturverwaltung, tätig.

Das zweite Problem ist Tassos Verhältnis zur Prinzessin. Es gibt eine Lösung, Goethe kennt also das „heilsam Kraut", den Trank, der Tassos „Sinne Frieden brächte, Frieden uns!", wonach die Prinzessin vergeblich sucht (Vers 3216 f.). Goethes Regieanweisung lautet (unter Vers 3283): „Er fällt ihr in die Arme und drückt sie fest an sich." Dies macht Tasso vor den Augen aller anderen Personen im Stück, die laut Regieanweisung „sich schon eine Weile im Grunde sehen lassen". Indem Tasso die einzige Möglichkeit ergreift, die er sieht, um weiter am Hof leben zu können, nämlich die Liebe zur Prinzessin offen zu bekennen, verliert er sie, denn dazu ist sie nicht bereit. Sie stößt ihn weg und eilt davon. Das Geheimnis ihrer Liebe ist dennoch dem Herzog bekannt geworden, der dafür sorgt, dass sie getrennt werden. Antonio wird daraufhin sagen (Vers 3290 ff.): „Wenn ganz was Unerwartetes begegnet,/Wenn unser Blick was Ungeheures sieht,/Steht unser Geist auf eine Weile still,/Wir haben nichts, womit wir das vergleichen." Bevor Tasso Antonio erwidert, steht die Regieanweisung „nach einer langen Pause", was die Bedeutung der Aussage hervorhebt. Es gibt kein historisches Vorbild, mit dem Goethes Schicksal verglichen werden kann. Ein einzigartiger Dichter wird gezwungen, die wahre Identität seiner Geliebten zu verschleiern und verhindert damit die Interpretation seiner Werke, die seine Geliebte verherrlichen. Tasso selbst sucht vergeblich nach historischen Vorbildern (Vers 3422 ff.): „Hilft denn kein Beispiel der Geschichte mehr?/Stellt sich kein edler Mann mir vor die Augen,/Der mehr gelitten, als ich jemals litt;/Damit ich mich mit ihm vergleichend fasse?" Seine Verzweiflung drückt er in den Versen 3409 ff. aus: „Ist denn alles verloren? …/Ist kein Talent mehr übrig …/Ist alle Kraft erloschen …/Bin ich nichts,/Ganz nichts geworden?/Nein, es ist alles da! und ich bin nichts!/Ich bin mir selbst entwandt, sie ist es mir!" Für die letzte Szene heißt die Regieanweisung: „Antonio tritt zu ihm und nimmt ihn bei der Hand". Tasso sagt zu Antonio (Vers 3434 f.): „Du stehest fest und still,/Ich scheine nur die sturmbewegte Welle." Antonio ist ein Fels, Tasso eine Welle (Vers 3442 ff.): „In dieser Woge spiegelte so schön/Die Sonne sich, es ruhten die Gestirne/An dieser Brust, die zärtlich sich bewegte." In seiner Not bleibt dem Dichter eine Stütze (Vers 3446 ff.):

> Ich kenne mich in der Gefahr nicht mehr,
> Und schäme mich nicht mehr, es zu bekennen.

> Zerbrochen ist das Steuer, und es kracht
> Das Schiff an allen Seiten. Berstend reißt
> Der Boden unter meinen Füßen auf!
> Ich fasse dich mit beiden Armen an!
> So klammert sich der Schiffer endlich noch
> Am Felsen fest, an dem er scheitern sollte.

An Antonio, der ihn bei der Hand genommen hat, klammert sich der Dichter fest. Anna Amalia hatte also richtig gesehen, um wirklich mit „Macht und Glück und Lust durchs Leben" zu kommen, musste Goethe ihrem Rat folgen und sich auch als Staatsmann einen Stand erobern, auch wenn es lange so aussah, als würde er dadurch als Dichter zugrunde gehen. Goethe ist nun hauptberuflich Dichter, daneben und bei vollem Gehalt steht er im Rang eines Ministers an der Spitze des Herzogtums. Von dieser festen Grundlage aus kann er sein Liebesleid als Entsagender klagen (Vers 3432 f.): „Und wenn der Mensch in seiner Qual verstummt,/Gab mir ein Gott, zu sagen, wie ich leide." Diese Verse geben Goethes Arbeitsprogramm für die Zukunft wieder und zeigen, wie ernst ihm die Entsagung ist. Er wird eine beispiellose Anzahl von Dichtungen Anna Amalia zu Füßen legen. Der Dichter muss dies zwar verschlüsseln, er hinterlässt aber genügend Hinweise, damit diese Schätze der Weltliteratur eines Tages konkret auf seine Geliebte Anna Amalia bezogen werden können. Von ihrem toten Dichterfürsten verabschiedete man sich in Weimar am 27. März 1832 mit einer Inszenierung des Tasso. Das ganze Publikum trug Trauerkleidung.

Anna Amalia:
»Urbild jeder Tugend, jeder Schöne«

> Was auch in meinem Liede widerklingt,
> Ich bin nur *einer*, *einer* alles schuldig!
> Es schwebt kein geistig unbestimmtes Bild
> Vor meiner Stirne, das der Seele bald
> Sich überglänzend nahte, bald entzöge.
> Mit meinen Augen hab ich es gesehn,
> Das Urbild jeder Tugend, jeder Schöne;
> Was ich nach ihm gebildet, das wird bleiben …
>
> Tasso (1790), Vers 1092 ff.

> Der liebt nicht, der die Fehler
> des Geliebten nicht für Tugenden hält.
>
> Maximen und Reflexionen, *Aus dem Nachlass*

Wenn von der Fürstin Anna Amalia die Rede ist, wird mit Superlativen nicht gespart, obwohl sie stets bemüht war, im Hintergrund zu bleiben. Schon ihr Erzieher, der Abt Johann F. Jerusalem (1709–1789), charakterisierte die damals 15-jährige Prinzessin entsprechend (1754): „Sie wird daher vielleicht nie von allen gekannt werden, denn sie wird auch ihre Wolthaten verbergen, aber denen, die das Glück haben, ihr nahe zu seyn, wird sie allemal unendlich schätzbar seyn."[485]

In einem Brief an Merck vom August 1778 schreibt Wieland, Anna Amalia sei „eines der liebenswürdigsten und herrlichsten Gemische von Menschheit, Weiblichkeit und Fürstlichkeit …, das je auf diesem Erdenrund gesehen worden ist".[486] Ein Page schreibt in seinen Erinnerungen: „Eine eigentümliche Lieblichkeit umgab ihren wohlgeformten, zartgeschlossenen Mund, und Jedermann fand sich beglückt, gegen den sie ihn freundlich eröffnete."[487] Über ihre äußere Erscheinung heißt es: „Ihr Anzug war immer elegant modern, wenn auch niemals übertrieben. Sie hatte eine zarte Gestalt, nicht groß, aber jedermann sah ihr die Fürstin an und erwies ihr Ehrfurcht."[488] Goethes Mutter Catharina Elisabeth konnte ihrer Begeisterung kaum Ausdruck verleihen, nachdem sie im Sommer 1778 Anna Amalia in Frankfurt empfangen hatte. Sie schreibt am 4. Januar 1779: „... ja Große und Beste Fürstin! ich habe in meinem Leben manches gute genoßen, manches Jahr vergnügt zurückgelegt, aber vor dem 1778 müßen die vorigen alle die Seegel streichen – wahr ists, ich habe große und edle Seelen gekandt ... Aber Eine Amalia kennen zu lehrnen!!! Gott! Gott! das ist kein gepappel, oder geschwätz, oder erdachte Empfindsamkeit, sondern so wahres gefühl, daß mir die Thränen anfangen zu laufen". Henriette von Egloffstein berichtet: „Sie [Anna Amalia] sprach wenig lobte und tadelte nur durch Blicke, und dennoch elektrisierte sie jeden, dem das Glück zuteil wurde, sich ihr nähern zu dürfen ... die Herzogin lebte in philosophischer Stille, ohne sich um das Treiben der Außenwelt zu bekümmern, und doch wirkte sie so belebend auf die Gemüter, als müsse jedes nur nach ihrem Beifall geizen. Dabei blieb kein Talent von ihr unbeachtet, allen gewährte sie Unterstützung oder Ermunterung."[489]

Johanna Schopenhauer urteilte am 13. April 1807 in einem Brief an ihren Sohn: „... sie hatte ... die schönen großen blitzenden Augen die bis ins Herz hinein sahen ... Sie hatte etwas unbeschreiblich Gütiges und Freundliches in ihrem ganzen Wesen ... Ach, sie war das Band, das die Bessern hier [in Weimar] zusammenhielt, sie hat während sie für ihren unmündigen Sohn regierte Weimar aus einem elenden Dorf zu dem geschaffen was es jetzt ist."[490] Der Page Anna Amalias erinnert sich: „Jeder von den Pagen wartete gern bei der Mittwochstafel der Herzogin-Mutter auf, wozu nur Einer oder Zwei vom Adel, jederzeit aber mehrere sogenannte schöne Geister eingeladen wurden. Goethe, Wieland und Herder gerieten regelmäßig in lebhaften Streit; von Knebel und Einsiedel nahmen dann Partei; so entstand ein zwar an sich interessantes, aber oft solch lautes Gespräch, daß die Herzogin, Mäßigung gebietend, zuweilen die Tafel früher aufheben mußte, als es außerdem geschehen wäre."[491] Auch lange nach ihrem Tod wurde Anna Amalia etwa „eine der anziehendsten Gestalten aller Zeiten und Völker ... eine Erscheinung, in der sich echte, edelste Weiblichkeit mit männlicher Thatkraft und Entschlossenheit in seltenem Maße paarte" genannt.[492] Anna Amalia sei

„eine der reinsten Frauengestalten unserer Geschichte. Wo immer ... edle Menschen sich die Pflege der Künste und der Wissenschaften zur Aufgabe gemacht haben, da wird diese Fürstin als verpflichtendes Vorbild vor ihnen stehen dürfen".[493] Selbst von Zeitgenossen, die nicht in Verdacht stehen, schmeicheln zu wollen, wird Anna Amalia als überragende Frauengestalt beschrieben, so vom Reiseschriftsteller Johann Gottfried Seume. Bei seinem letzten Besuch in Weimar im Mai 1810 schreibt Seume über Anna Amalia: „... auch die vortreffliche wahrhaft fürstliche Frau Amalia [war] nicht mehr ... solche sokratische Zirkel sind wohl selten gefeiert worden, werde ich wohl nie wieder feiern, wie bei der Herzogin Mutter, wo Anmut und Würde, Heiterkeit und Ernst, Witz und Laune, Sitte und Anstand, Kenntnis ohne Schulstaub und Scherz ohne bittern Stachel in der kleinen Gesellschaft herrschten. Wer das Glück gehabt hat, daran Anteil zu nehmen, spricht davon als den schönsten Stunden seines Lebens: zu den schönsten des meinigen gehören sie gewiß."[494] Als Anna Amalia starb, schrieb Seume das Trauergedicht AMALIA, darin ist von „Amalia, der Fürsten Muster" die Rede und auch sonst ist er der verehrungsvollsten Ausdrücke voll, etwa „die edelste der deutschen Frauen".

Von einer durch Johanna Schopenhauer 1817 in Angriff genommenen Biographie Anna Amalias, für sie „der Schutzgeist alles Guten und Schönen",[495] erfährt man nach einer brieflichen Erwähnung gegenüber ihrem Verleger[496] nichts mehr. Schwerlich hätte auch das Fürstenhaus dieser klugen Frau Zugang zu Anna Amalias Privatpapieren gewähren können, ohne zugleich das Staatsgeheimnis um Goethe und Anna Amalia zu gefährden. Als Carl August Kanzler von Müller die Briefschaften Anna Amalias anvertraute, schrieb dieser an Henriette von Egloffstein am 19. Mai 1828: „Der Großherzog hat mir seit gestern die Briefschaften seiner Mutter [Anna Amalia] und seine eigene frühere Korrespondenz mit Goethe, Herder, Wieland usw. anvertraut, um sie durchzugehen und zu ordnen. Dies ist ein unaussprechlicher Genuß! Welche Schätze und ein wie herrliches Licht werfen sie auf Goethes und der Herzogin Charakter! Mein Genuß wäre noch größer, wenn ich ihn mit jemand teilen dürfte, namentlich mit Ihnen und Line [Henriettes Tochter]".[497] Goethe bezeichnete den Umfang der Briefschaften gegenüber Kanzler von Müller als enorm: „Wie fleißig die Herzogin-Mutter gewesen, wie viel sie geschrieben, das sei unglaublich."[498] Goethe, dem Kanzler von Müller seine ersten Ergebnisse der Durchsicht und Katalogisierung der Briefschaften Anna Amalias vorlegte, schrieb ihm am 24. Juli 1828: „Es [ist] mir höchst erfreulich, dieses Geschäft in Ihren Händen zu wissen, das ebensowohl mit Einsicht und Treue als mit Vorsicht und Geschmack zu behandeln ist. Auf diesem Wege werden sonderbare Documente gerettet; nicht in politischer, sondern in menschlicher Hinsicht unschätzbar, weil man sich nur aus diesen Papieren die damaligen Zustände wird vergegenwärtigen können". Doch was Carl Augusts Regierungsnachfolger vom Briefwechsel der Öffentlichkeit zugänglich machten, wirft kein „herrliches Licht auf Goethe und der Herzogin [Anna Amalias] Charakter".

In das Landhaus Tiefurt, das erheblich näher an Weimar liegt als das Waldschloss Ettersburg, verlegte Anna Amalia ab 1781 für die Sommermonate ihren Musenhof. Tiefurt wurde ein Zentrum für Kunst und Wissenschaften inmitten eines schönen Parks. „Schon am frühen Morgen sah man dort [in Tiefurt] die Herzogin im Schlichten Gewande, das aufgerollte schöne Haar unter dem einfachen Strohhut verborgen, ihre lieben englischen Hühner und Tauben füttern".[499] Sie reduzierte für ihre Sommeraufenthalte ihren Hofstaat auf ihre Hofdame von Göchhausen sowie zwei Bedienstete. Gäste wurden in ein „kleines, angenehm eingerichtetes Logis in einem reinlichen Bauernhause" im angrenzenden Dorf untergebracht, etwa Wieland, ein häufiger Gast in Tiefurt.[500] Dies waren für die Fürstin ideale Bedingungen, um ihren heimlichen Geliebten ungestört zu empfangen. Eine Schilderung von Luise von Göchhausen an Knebel zeigt, dass Goethe Tiefurt bewohnte: „… o Knebel, Sie setzen sich aufs erste beste Pferd und erfreuten uns irgendeinen guten Abend mit Ihrer Erscheinung! – Dies ist der Herzogin, Goethens und meiner liebster Traum, wenn wir in diesen lieben, lieben Tempe die Sonne untergehn oder den Mond in seiner stillen Pracht aufgehn sehn. … Die Herzogin [Anna Amalia] wird ihnen hier eine kleine fête geben, aus einem Wald- und Wasser-Drama von Goethen, Die Fischerin".[501] Garten und Landhaus in Tiefurt gestalteten Goethe und Anna Amalia gemeinsam aus. Anna Amalias Geheimsekretär Ludecus berichtet Knebel am 5. Juni 1782: „Die Herzogin hat einige Anlagen zu Tiefurt gemacht … eine Grotte jenseits der Ilm, gerade der Einsiedelei gegenüber, nimmt sich gar gut aus. Goethe hat eine inscription [Inschrift] dazu gemacht."[502] Den Eingang zum Garten plante Goethe, an Knebel schreibt Anna Amalia am 8. November 1782: „Ich will Ihnen einen Plan schicken, den mir Goethe für die Entree im Garten hat machen lassen".[503] Am 25. November 1782 schreibt Ludecus an Knebel: „Die Herzogin Frau Mutter läßt den Tiefurtischen Garten nach dem Altan [Balkon] zu verlängern, und jetzo wird die Mauer vom Hause nach dem Garten abgebrochen, und von der Seite des Gartens breiter gemacht. Goethe hat die Idee angegeben."[504] In Anna Amalias Rechnungsbüchern findet sich Goethes Unterschrift nicht nur im Zusammenhang mit dem Liebhabertheater, sondern auch mit dem Park in Tiefurt. Am 3. Juni 1782 quittiert Goethe: „Zwey carolin für ein in Tiefurt errichtetes Monument mit Inschrift und Gartenbank ... Goethe".[505] Knebels Eintrag vom 22. Juli 1784 in sein Tagebuch besagt indirekt, dass Goethe nachts bei Anna Amalia in Tiefurt blieb: „Mittags fuhr ich [Knebel] mit Einsiedel [Anna Amalias Kammerherr] nach Tiefurt ... Wir brachten den Nachmittag so zu, ich las etwas vor, und gegen Abend kam Goethe. Wir soupierten, und ich ging zu Fuß mit Einsiedel zurück."[506] Für den Sockel einer Vase im Tiefurter Park entwarf Goethe die Inschrift:

> Steile Höhen besucht die ernste forschende Weisheit,
> Sanft gebahnteren Pfad findet die Liebe im Thal.

In Tiefurt führte Anna Amalia ein Erntefest ein: „Schnitter, Winzer und Fischer mit ihren Mädchen, alle zierlich geschmückt, zogen am Abend zum Tanz nach dem herzoglichen Park, der in feenhafter Beleuchtung strahlte und mit plastischen Decorationen und Transparenten verziert war."[507] Wieland befand über Anna Amalia in Tiefurt: „... hier schlägt ein hochfürstliches Herz, welches eben dadurch wahrhaft hochfürstlich ist, daß es der ganzen Menschheit angehört und in möglicher Beglückung Andrer sein vornehmstes und eigenes Glück findet!"[508]

Anna Amalia beobachtete Goethes Freunde genau, die in seinem Sog 1776 in Weimar auftauchten und bis auf Herder nicht blieben. Da war etwa der willensstarke Johann Christoph Kaufmann (1753–1795), ein Apotheker aus Winterthur, der Goethe im Herbst 1776 und im folgenden Winter 1776/1777 besuchte. Er ritt in Weimar auf einem Schimmel mit freier wilder Mähne ein, die Brust bis zum Nabel frei, sprach in Orakeln und predigte die Rückkehr zur Natur, was in dem Lehrsatz kulminierte: „Man kann, was man will!"[509] Durch Blicke und Handauflegen gelangen Kaufmann Erfolge bei der Heilung von Kranken, nicht zuletzt deshalb schien sich bei ihm die Überzeugung eines Sendungsbewusstseins gefestigt zu haben.[510] Nach Böttigers LITERARISCHE ZUSTÄNDE UND ZEITGENOSSEN (1838) „erschien Kaufmann, das Genie, das alles kann, was es will, aber hier bald fand, daß er Göthen nicht aus der Gunst des Herzogs zu bringen, u. selbst Hahn im Korbe werden könne."[511] Als er nach wenigen Wochen weiterziehen wollte, gab er an, dass er in Dessau die von dem Pädagogen Johann B. Basedow (1724–1790) gegründete Erziehungsanstalt „Philanthrophin" (Menschenliebe), die Grundsätze wie spielendes Lernen, Überkonfessionalität, körperliche Ertüchtigung sowie Erziehung zur Glückseligkeit und Gemeinnützigkeit vertrat, „verbessern oder zerschmettern wollte".[512] An Merck schrieb Anna Amalia am 28. Dezember 1778: „Lieber Merck! In Gedanken hab' ich immer an Sie geschrieben; da aber die weise Mutter Natur mich nicht mit einem solchen Nasenknochen beschenkte, als sie dem glücklichen Kaufmann gab, vermöge welches er alles kann, was er will, so hab' ich mir's gefallen lassen müssen, jetzt erst zu wollen, da ich kann."[513]

Im April 1776 kam der talentierte Dichter Lenz nach Weimar, der mit seinen derben Schriften Aufsehen erregte. In einem Brief an Herder vom 28. August 1775, an Goethes Geburtstag, bezeichnet sich Lenz als den „stinkenden Atem des Volks, der sich nie in eine Sphäre der Herrlichkeit zu erheben wagen darf".[514] Wieland urteilte: „… er hat nur die Hälfte von einem Dichter und hat wenig Anlage, irgend etwas ganz zu sein."[515] Frau von Stein befand in einem Brief an Zimmermann vom 10. Mai 1776: „Lenz, Goethens Freund ist hier, aber es ist kein Goethe."[516] In Weimar stellte man sich für Lenz die Stelle eines Vorlesers und literarischen Gesellschafters vor. Dahingehend versuchte auch Lavater die Herzogin Luise zu beeinflussen.[517] Doch Lenz wollte nur Dichter sein. Allenfalls mit an der Spitze des Herzogtums, wie etwa Freund Goethe als Minister, hätte er, der jedoch nur ein abgebrochenes Theologiestudium vorweisen konnte, sich eine Zukunft vorstellen können. In einem Brief an Goethe vom Juli 1776 beschreibt Lenz seine absurde Vorstellung von Weimar als Messestadt für französische Kaufleute und gewerbliche Großbetriebe: „Ihr seid hier im Herzen von Deutschland … Frankreich willig zu machen, wäre dann wieder eine Sache für sich. Es ist freilich keine Nation in der Welt schwerer und leichter zu behandeln … Ob der Herzog deswegen Verträge mit den übrigen Sächsischen Höfen besonders mit Kursachsen tun dürfe, geht mich nichts an."[518] Dabei lag Weimar nicht einmal an einem Handelsweg und besaß schlechte Straßen, etwas, was Goethe bald als Wegebaudirektor anhaltend beschäftigen sollte. Lenz empfahl sich Carl August unter anderem mit der Forderung nach einer tiefgreifenden Militärreform im winzigen Herzogtum, bei der ein tapferes Amazonencorps von Edelhuren gebildet werden sollte.[519] Daneben beschäftigte er sich mit Plänen, das französische Heer nach dem Leitgedanken umzustrukturieren, Soldaten gleichzeitig als Bauern einzusetzen, und suchte in Weimar nach Gönnern, die seine Pläne der französischen Regierung oder gar dem französischen König vorlegen sollten.[520]

Neben der Rolle als Hofnarr verliebte sich Lenz in Weimar unsterblich – mit hoher Wahrscheinlichkeit in Anna Amalia. An den Dichterkollegen Gotter in Gotha schreibt Lenz bereits Ende April 1776: „Sollten Sie ein Exemplar des barbier de Seville besitzen so bitt ich Sie doch sehr es mir gütigst auf 8 Tage zu leihen. Die Herzogin Mutter ist sehr verliebt drin und ich hab ihrs zu übersetzen versprochen damit wirs hier auffführen können."[521] Von den wenigen Gedichten, die Lenz in Weimar schrieb, gelten zwei längere Anna Amalia. Das erste nimmt auf Anna Amalias Vertonung von Goethes Singspiel ERWIN UND ELMIRE Bezug, das am 24. Mai 1776 aufgeführt wurde. Mit dem Titel AUF DIE MUSIK ZU ERWIN UND ELMIRE – *von Ihrer Durchlaucht, der verwittibten Herzogin zu Weimar und Eisenach gesetzt* lässt Lenz einen „heutige[n] Erwin zum zweitenmal" auftreten, der der „würkliche[n] Elmire" in die Arme fliegt. Das Gedicht schließt mit den Versen: „Ja, ja, Durchlauchtigste, Du zauberst uns Elmiren/In jede wilde Wüstenei; …/So führst Du uns von da noch seliger und lieber/Bis nach Elysium hinüber."[522] Im zweiten Gedicht mit der Anfangszeile „Als jüngst Amalie zu ihrem Prinzen reiste", lässt Lenz den höchsten Gott Zeus dem Sonnengott befehlen, ein prächtiges Feuerwerk für Anna Amalia, die auf den Weg nach Tiefurt ist, zu gestalten. Als dies nicht wie gewünscht erfolgt, zürnt Zeus und will es künftig in eigener Person verrichten: „Inskünftige wenn die Herzogin her/Von Tibur führe wolle Er/Allzeit das Feuerwerk selber machen".[523] Als unlängst in Krakau das Manuskript von Lenz' fragmentarischer Erzählung DIE FEE URGANDA untersucht wurde, fand man am Rande die Aufschlüsselung von zwei Figuren. Pandolfo steht demnach für Knebel, die Königin Miranda für die Herzogin Anna Amalia.[524] In dieser Erzählung muss die Fee Urganda „das erstemal ihres Lebens … [erleben], daß auch Halbgöttinnen der Demütigungen nicht überhoben sind", dass eine Sterbliche schöner ist, hier die Königin Miranda (Anna Amalia). Im Fragment fährt Lenz fort Anna Amalia als die „wunderschöne[n] und geistreiche[n] Prinzessin Miranda", als die „wundervolle[n] und Alles vermögende[n] Miranda", als die „vollkommene[n] Miranda" zu verherrlichen.[525] Es liegt nahe, dass Lenz hier seine wahrhafte Empfindung mitteilt. In einem Brief vom Herbst 1776 gibt Lenz zu erkennen, unsterblich in eine Frau verliebt zu sein, als Empfänger wird Goethe vermutet: „Lieber Bruder! ich bin in grausamer Beklemmung. Es ist die Frage, ob ich … lieben darf. Sie ist diesen Morgen so mächtig in meinem Herzen worden … Ich fragte mich ist es nicht Eitelkeit, Eigennutz oder noch was Schlimmeres, was in deinem Herzen dies unheilige Feuer angezündet hat … Gott der Gedanke in dem ich allen Trost meines Lebens fand

– dieser einzige Gedanke Sünde. Etwas für sie zu tun – Du weißt daß dies noch das einzige war das mich an dies Leben band. ... Ich bin aber fest entschlossen meine heilige Grille sie mit keinem Geschöpf auszutauschen in den Sarg mitzunehmen – sag mir drüber was Du willst. Denn ihren Wert kann u. wird sie hoffe ich nicht verlieren u. wohl mir wenn sie mich nie liebt ... Was ihr Wert in Beziehung auf mich ist? – Alles. Ich behalte keinen Wert übrig wenn ich den ihrigen zu lieben aufhöre. Meine Existenz ist vergeblich. Ich handelte für sie – sie allein ist u. kann zuverlässige Richterin meiner Handlungen sein und wer mein Verhältnis zu ihr versteht."[526] Der nächste von Lenz erhaltene Brief ist ein Geburtstagsglückwunsch für Anna Amalia zum 24. Oktober 1776 mit einem Geschenk: „Da meine Muse ein für allemal an Geburts- und Namenstägen hartnäckig stumm ist, so habe Ew. Durchlaucht Geburtsfest wenigstens durch Darstellung des Felsen, vor dem Sie bei Ihrem Aufenthalt in Kochberg selbst bewunderungsvoll gestanden, zu feiern versucht. Sollte diese Sysiphusarbeit aber nur so weit gelungen sein, daß sie Ew. Durchlaucht die Vorstellung des Felsen in der Natur, erleichterte, so wäre sie mir unendlich teuer, wenn ich auch nicht rechne, daß sie mich einige glückliche Tage im Anschauen der unerreichbaren Originalitäten der Natur hat zubringen lassen. Wenn ich diesen Namen von einem wahren Tempel brauchen darf, in dessen Schatten man ohne heiligen Schauer nicht stehen kann."[527] Die wenigen Zeugnissen, die von Lenz' Aufenthalt in Weimar erhalten sind, legen nahe, dass er in Anna Amalia verliebt war.

Ende November 1776 wurde Lenz des Landes verwiesen. In Goethes Tagebucheintrag vom 26. November steht: „Lenzens Eseley". Bis heute konnte nicht geklärt werden, was vorgefallen war. Herder, Wieland und Carl August schienen die „Eseley" aber nicht so hart zu beurteilen wie Goethe.[528] Bei Böttiger heißt es: „Goethes Fortun [Erfolg] zog zuerst Lenzen hieher, der geradezu als Hofnarr behandelt, als er aber einmal zwischen der alten Herzogin, die Göthen mehr als bloß gewogen war u. der begünstigten Liebhaberin der Frau von Stein eine Klätscherei gemacht hatte, plötzlich fortgeschafft wurde".[529] Der Grund für die Abreise aus Weimar hing demnach mit Anna Amalia zusammen. Lenz hat wohl Anna Amalia seine Liebe offenbart. In einem Brief von Ende November 1776 hatte Lenz an Herder geschrieben: „Wie lange werdt Ihr noch an Form und Namen hängen ... Hätt ich nur Goethens Winke eher verstanden. Sag ihm das."[530] Verständlich wird diese Äußerung, wenn der Minister Goethe und heimliche Geliebte Anna Amalias Lenz zu verstehen gab, dass eine Liaison mit der Herzogin Anna Amalia unmöglich sei. Lenz muss sich darüber hinweggesetzt haben und musste daher gehen, andernfalls wäre er für die heimlich Liebenden Goethe und Anna Amalia eine Gefahr geworden. Hätte Lenz, dem jede Konvention ein Dorn im Auge war, großes Aufheben um seine Liebe zur Fürstin Anna Amalia gemacht, so wäre nicht nur der literarischen Welt klar geworden, dass die Witwe Anna Amalia für einen jungen Dichter eine schöne, begehrenswerte Frau war, demnach auch für Goethe. Graf Görtz, hätte mit Lenz möglicherweise den Hebel gefunden, um Goethe zu Beginn seines Aufenthalts in Weimar doch noch zu Fall zu bringen. Lenz durfte daher nicht in Weimar bleiben. Er fand zunächst bei Goethes Schwester eine Bleibe, sodann bei Freunden in der Schweiz, ohne die ihm dort gebotenen vielfältigen Chancen zu einer bürgerlichen Existenz zu ergreifen. Als Lenz mittellos Bern besichtigte, steigt er dennoch in einen teueren Gasthof ab, um Lavater, bei dem er mehrere Monate als Gast logieren sollte, im August 1777 zu schreiben: „Lavater! ich bin hier … und erwarte von dir – daß du mir gleich nach Ansicht dieses einen Louisd'or und einen Dukaten zuschickest. Schiebst dus einen Posttag auf, so gerath ich in Schulden und andern Händeln die noch immer schlimmer sind."[531]

Im Sommer 1779 verfiel Lenz „‚in Apathie und Erstarrung', unfähig zu sprechen, in ‚tiefer Melancholie immer geradehaus starrend'".[532] Goethe und Anna Amalia organisierten und finanzierten die Rückreise des inzwischen an Wahnsinnsanfällen leidenden Lenz in seine Heimat Livland. Sein Bruder, Karl Heinrich Gottlob Lenz, beendete sein Studium in Jena früher als vorgesehen und brach im Sommer 1779 zu Goethes Schwager Johann G. Schlosser (1739–1799) auf, der über ein Jahr Lenz gepflegt hatte. Mit seinem Bruder reiste er von dort zu Fuß bis zur Ostsee, um ein Schiff nach Riga zu besteigen.[533] „Zu diesem behulf erhielt ich in Weymar", so Lenz' Bruder, „aus der Großmuth der … verwittweten Frau Hertzogin [Anna Amalia], durch Göthe eine baare Geld-Unterstützung … Goethe nahm mich übrigens auf seinem Gartenhause sehr gütig auf, und unterhielt sich mit mir bei unserer Promenade … meistens in sehr liebreichem Andenken an Jakob Lenz, und selbst seine Schwächen berührte er mit vieler Delicatesse."[534] Später schreibt die falsch informierte Anna Amalia in einem Brief an Merck vom 4. November 1779: „… daß Lenz Professor geworden, kommt mir wunderbar vor; die Universität, die ihn dazu gemacht hat, muß toll und Lenz gescheut geworden sein. Indessen ist es mir herzlich lieb, daß der arme Lenz wieder so hergestellt ist."[535] Lavater glaubte dem Gerücht erst gar nicht und dichtete: „Glaub wer ein Narr ist, bleibt ein Narr/Zu Wagen, Pferd' und Fuße./Drum, Bruder glaub' an keinen Narren/Und keines Narren Buße."[536] Lenz schlug sich als Erzieher und Übersetzer in Riga, St. Petersburg und Moskau durch. In Moskau starb er 1792, als im Zuge der Reaktion auf die Französische Revolution brutale Polizeiaktionen gegen die Intelligenz und Freimaurer durchgeführt wurden.

Mit Sorge betrachtete Wieland das Treiben von Goethes Freunden, die seinen schweren Stand als Günstling sowohl bei der biederen Staatsverwaltung als auch in den adelsstolzen Hofkreisen zu verschlechtern drohten. Ende Juni 1776 war auch Friedrich Maximilian Klinger (1752–1831) nach Weimar zu den Geniebrüdern geeilt. Klinger hatte sein Jurastudium in Gießen im fünften Semester abgebrochen, wo er auf Vermittlung von Goethe bei einem befreundeten Rechtsgelehrten untergebracht gewesen war.[537] Klinger sagte um diese Zeit von sich, „ohne Ziel und Zweck" gewesen zu sein; „Ich treib mich in unendlichem Wirrwarr herum und flüchte da und dorthin vor mir, dem Schrecklichsten".[538] In seinen Schriften trifft man auf Helden, die ständig mit einer Pistole vor der Stirn hantieren. Lenz und Klinger waren als Hauptvertreter des Sturm und Drang in einem Wirrwarr von Absichten, Wünschen und Hoffnungen verstrickt, die ihnen den Blick für das Erreichbare trübten. An Merck berichtet Wieland: „Lenz ist seit acht Tagen in Eremum [nach Berka] gegangen, wo er vermutlich Heuschrecken und Wildfang frißt, und entweder ein neues Drama, oder ein Projekt die Welt zu bessern macht, das seit geraumer Zeit seine Marotte ist. Klinger ist auch gekommen, leider! Er ist ein guter Kerl, ennuyiert uns aber herzlich und drückt Goethen. Was ist mit solchen Leuten anzufangen?"[539] In Weimar schrieb Klinger das Drama STURM UND DRANG, das ursprünglich den Titel WIRRWARR trug, Kaufmann überredete ihn aber, diesen zu ändern.[540]

Auch Klinger sollte nicht lange in Weimar bleiben. Anna Amalia war bemüht, ihm eine Anstellung außerhalb von Weimar zu verschaffen. Klingers Neigung für das Militär gemäß suchte die Fürstin Anna Amalia für den mittellosen Bürgerlichen eine Anstellung als Offizier und schrieb sogar König Friedrich II. und anderen hochgestellten Kriegsherren.[541] An Ernst Schleiermacher (1755–1844) schrieb Klinger am 7. Juli 1776: „Du glaubst nicht wie schwer es ist gleich als Lieutenant unter Truppen zu kommen, ohne Adel, ohne Summen von Gold. Das sey also Glück und Hazard heimgestellt, und der Edlen Seele [Anna Amalia] die sich treu dafür interessiert."[542] Als Anna Amalia eine reguläre Anstellung Klingers nicht gelang, fasste sie mit Goethe den Plan, Klinger als Söldner nach Amerika zu vermitteln. Anna Amalias Vater, der Herzog von Braunschweig, trieb einen regen Handel mit Soldaten und finanzierte mit diesen Einkünften nicht zuletzt seine kostspielige Mätressenwirtschaft.⁵⁴³ An Schleiermacher schrieb Klinger am 19. August 1776: „Ein herrliches Project ist auf dem Weg und da gebe der Zufall gedeyen! Ich will die Campagne nach Amerika als Officier machen. Stell dir vor Junge, welch eine Welt! welch eine neue große Welt! Auf Amerikanischen Boden zu stehen mit dem Muth, dem Blik, der Zuverlässigkeit! Hilf ewiger Himmel! es schlägt in mir wie tausend Flammen und ich meine ich brennte und stürzte zusammen! O mir diesen Tag!" Am 12. September schreibt Klinger an Schleiermacher: „Gestern war ich bey Herzogin Amalie, die mir große Hofnung machte das bald etwas kommen wird, für mich."⁵⁴⁴ Der Umstand, dass Klinger doch nicht nach Amerika ging, ist wohl darauf zurückzuführen, dass Goethe und Anna Amalia ihn nicht gerade als Söldner loswerden wollten. Ende September kam es zu einem Bruch mit Goethe, sodass Klinger Weimar verließ. Böttiger berichtet über Bertuchs diesbezügliche Bemerkung: „Er [Klinger] hätte allerlei Klätschereien zwischen der alten Herzogin und der jungen gemacht, u. wurde als ein tracassier [Schikaneur] verabschiedet."⁵⁴⁵ An Schleiermacher schrieb Klinger am 29. August 1789, warum er 1776 Weimar verlassen hatte: „Ein elender Mensch [Christoph Kaufmann], dessen Herz so schlecht ist, als sein Verstand verwirrt, hat uns [Goethe und Klinger] durch Tratschereyen in Weimar, aus einander gesprengt. Er glaubte ihm erbärmliches Zeug, ich war zu stolz mich über Plakereyen zu rechtfertigen, und die hohe Meinung, die ich von Goethe habe, ließ es auch nicht zu, und so reißt ich ab".⁵⁴⁶ Während der Schweizerreise 1779 streiften Goethe und Carl August den Landsitz des „Gottesspürhundes" Kaufmann, dem gerade der Versuch misslungen war, sich als freier Bauer niederzulassen. Ohne ihn zu sehen, hat Goethe die Verse hinterlassen:⁵⁴⁷

> Als Gottes Spürhund hat er frei
> Manch Schelmenstück getrieben,
> Die Gottesspur ist nun vorbei,
> Der Hund ist ihm geblieben.

Von Weimar ging Klinger nach Leipzig, seinen Freund Schleiermacher wies er an, seine Habe bis auf seine Unterwäsche und einige Bücher zu verkaufen, um Schulden zu begleichen, er wolle sich von seinen Dramen einige Zeit über Wasser halten. Kurze Zeit später heißt es aber in einem Brief vom Oktober 1776 an denselben: „Verkauf nichts von meinen Sachen ... Ich bin seit 3 Tagen hier und hab mich auf Rücksicht meiner Mutter bey Seilern als Theatr. Dichter engagirt. Ich krieg 500 Thl. schwer Geld, frey

Tisch und Logis, und kann meiner Mutter iährlich 200 geben, die sie in einem Monath empfängt."[548] Diese märchenhaften Anstellungsbedingungen für einen Dichter, der nicht einmal einen großen Namen hatte, waren völlig unüblich. Wieland schrieb an Merck im Hinblick auf die 500 Taler: „Und bewundern Sie nicht mit mir die täglich überraschender werdenden *mirabilia Dei* [göttliche Wundertaten] in unsern Tagen?"[549] Abel Seyler (1730–1801) und seine Theatertruppe waren von Anna Amalia 1771 nach Weimar berufen und besoldet worden, sie schieden aufgrund des Schlossbrandes 1774 von Weimar in gutem Einvernehmen. Eine Fürsprache Anna Amalias bei der Anstellung Klingers, die womöglich die hohe Besoldung aus ihrer eigenen Schatulle zur Verfügung stellte, ist nahe liegend. Durch diese „göttliche Wundertat" hätten Anna Amalia und Goethe endlich eine Möglichkeit gefunden gehabt, Klinger außerhalb von Weimar zu versorgen. Später gelang Klinger neben einem umfangreichen Werk eine beachtliche Karriere als russischer Offizier und in der Universitätsverwaltung in Dorpat (Estland). Ab 1801 wechselten Goethe und Klinger wieder Briefe. Am 26. Mai 1814 schrieb Klinger dem Jugendfreund Goethe: „Das letzemal, da ich Sie sah, war in Weimar während des ersten Sommers Ihres dortigen Aufenthalts [1776]; zu jener Zeit, als ich hoffte, durch Vermittlung der unvergesslichen Herzogin Amalie, in Amerika meine militärische Laufbahn anzutreten".[550] Als Goethe die Nachricht von Klingers Tod überbracht wurde, bemerkte er gegenüber Kanzler von Müller am 31. März 1831: „Das war ein treuer, fester, derber Kerl wie keiner".

Anna Amalia ließ sich von Goethe in den Gebieten der „Geologie, Mineralogie, Botanik, Zoologie, Anatomie, Chemie, Physik usw." unterrichten.[551] Insgesamt ist ihre Liebe ein ständiges Geben und Nehmen, über das sie zu einer Einheit verwachsen. Interessant ist eine Beobachtung Schillers, wonach Goethe und Anna Amalia die sie umgebende Welt vor allem durch die Sinne erfahren. Als Schiller Anna Amalia kennen lernte, schrieb er am 28. Juli 1787 an seinen Freund Christian Gottfried Körner (1756–1831): „... nichts interessiert sie, als was mit Sinnlichkeit zusammenhängt; diese gibt ihr den Geschmack, den sie für Musik und Malerei u. dgl. hat oder haben soll". Über Goethe berichtet Schiller an denselben am 1. November 1790: „Seine Philosophie mag ich auch nicht ganz: sie holt zu viel aus der Sinnenwelt, wo ich aus der Seele hole. Überhaupt ist seine Vorstellungsart zu sinnlich und betastet mir zu viel." Anna Amalia war eine sehr gelehrige Schülerin des Malers Kraus,[552] später auch des häufig als ihr Gast in Tiefurt weilenden Malers Oeser. Sie brachte es im Zeichnen zu einer gewissen Kunstfertigkeit.

„Meine Liebe für die Zeichenkunst", schreibt sie am 6. Juli 1780 an Merck, „ist noch immer gleich stark. Ich habe eine Camera obscura, worin ich zeichne, und sie scheint mir von großem Nutzen, um mit den Verhältnissen in der Natur recht bekannt zu werden. Für mich ist es eine große Hilfe, weil ich etwas zu spät angefangen habe, dem Zeichnen mich zu widmen. Die Experimentalphysik macht auch dieses Jahr eine große Beschäftigung für mich. Ich habe mir einen Elektrophor gekauft, welcher sehr gut und stark ist. ... Das Dramatische Wesen hat auch seinen glücklichen Fortgang, und Freund Wolf [Goethe] tut treulich das Seinige dazu. Ehestens werden Sie durch die Frau Aja [Goethes Mutter] ein neues dramatisches Stück erhalten, welches wieder aus der fruchtbaren Feder des Herrn Geheimen Rats [Goethe] entsprungen ist."[553] In einem Brief an Merck vom 25. April 1784 berichtet sie, dass sie sich auf die Portraitmalerei verlegt habe, und beauftragt ihn, ihr Zeichnungen des menschlichen Kopfes von Petrus Camper (1722–1789) zu besorgen, der als der bedeutendste Anatom seiner Zeit galt: „Um nun etwas vollkommener in dieser Kunst zu werden, wünschte ich sehr einige solche Zeichnungen zu sehen, wie Camper den Kopf des Menschen einteilt".[554] In einem Brief vom 3. Juni 1784 berichtet Merck ihr begeistert über sein Zusammentreffen mit Camper: „Ich bin einer der glüklichsten Menschen; wenn anders noch Glükseligkeit in dieser Welt ist". Am 25. Juni 1784 schreibt Goethe an „Frau von Stein": „Merckens Glückseligkeit freut mich herzlich." An „Frau von Stein" schrieb Goethe schon am 19. Juni 1784, dass er einen Brief von Merck an Anna Amalia teilweise von Fritz habe kopieren lassen. Mit der Kopie von Mercks Brief machte er wohl Fritz plausibel, dass er in seinen Briefen an dessen Mutter auf Camper und Merck zu sprechen kommt. Doch Frau von Stein hatte im Gegensatz zu Anna Amalia kein Interesse an anatomischen Studien. Zudem war Merck nicht ihr Freund, die Verbindung zu Goethe hielt er für schädlich, er nannte Frau von Stein öffentlich einen Lumpen. In einem Brief vom 21. Juli 1779 an die von ihm verehrte Anna Amalia, in dem er über seinen Besuch in Weimar schreibt, heißt es unverblümt: „Von [Waldschloss] Ettersburg ist mir an Menschen nichts in der Reminiscenz [Erinnerung] übrig geblieben, als gerade die merkwürdigsten, und von den übrigen oder unangenehmen beynahe kein Schatten. Die Steinische Familie hab' ich nicht einmal in Gedanken genennt."

Deutlicher berichtet Gräfin Giannini an Graf Görtz am 15. Juli 1779 über Mercks Besuch in Weimar: „Es gibt Krach zwischen den Schöngeistern, seit Merck sich hier befindet, oder besser gesagt in Ettersbourg, worauf dieser [Schön]Geist zu einem anderen Ton, als dem der anderen, übergegangen ist, er ist jetzt direkt, satirisch, zudem ist er überhaupt nicht begeistert und erklärter Erzfeind von Herder und Knebel, Er sagt, dass die Stein ein Lumpen ist ..."[555] Mit dieser Haltung brachte Merck bewusst oder unbewusst Goethes und Anna Amalias geheime Verbindung in Gefahr, die von Frau von Stein geschützt wurde; dieser Mangel an Diskretion in Weimars höfischer Gesellschaft machte ihn für eine Anstellung unmöglich und nicht etwa eine von Goethe empfundene, missliebige Konkurrenz.[556]

Auch später informierte Goethe seine Geliebte über Camper, so am 11. September 1785: „Camper hat gar einen guten Brief über den ersten Theil der Ideen [Abhandlung Herders, ab 1784] an Herder geschrieben. Ich mögte alles Gute mit dir theilen." Frau von Stein hingegen war zwar eine einflussreiche und kluge Gesellschaftsdame, letztlich aber an einer ständigen Veredelung mit Hilfe von Wissenschaft und Kunst nicht interessiert. Die Charakterisierung der Gräfin Leonore Sanvitale durch Tasso dürfte Goethes Eindruck von Frau von Stein wiedergeben: „Nein, sie war/Und bleibt ein listig Herz; sie wendet sich/Mit leisen klugen Tritten nach der Gunst" (Vers 2495 ff.). Tasso berichtet der Prinzessin über die Gräfin (Vers 963 ff.):

> Ich habe dir gehorcht, sonst hätt' ich mich
> Von ihr entfernt, anstatt mich ihr zu nahen.
> So liebenswürdig sie erscheinen kann,
> Ich weiß nicht, wie es ist, könnt' ich nur selten
> Mit ihr ganz offen sein, und wenn sie auch
> Die Absicht hat, den Freunden wohlzutun,
> So fühlt man Absicht, und man ist verstimmt.
> PRINZESSIN: Auf diesem Wege werden wir wohl nie
> Gesellschaft finden, Tasso! Dieser Pfad
> Verleitet uns, durch einsames Gebüsch,
> Durch stille Täler fortzuwandern; mehr
> Und mehr verwöhnt sich das Gemüt und strebt,
> Die goldne Zeit, die ihm von außen mangelt,
> In seinem Innern wieder herzustellen…

Goethes und Anna Amalias goldene Zeit ist eine innere, sie führt durch „einsames Gebüsch", und „stille Täler". Anfang 1782 schrieb Goethe den Maskenzug AUFZUG DER VIER WELTALTER und darin trat Anna Amalia am 12. Februar als das goldene Alter auf, begleitet von der Freude und der Unschuld. Die Regieanweisung für das Kostüm lautete: „Weiß und Gold, simpel im griechischen Geschmack. Sonne auf dem Haupte".[557] Anna Amalia sprach die Worte aus:

> Sanft wie ein Morgentraum schreit' ich hervor,
> Mich kennt der Mensch nicht eh' er mich verlor.
> Der Jugend Schöne und der Blüthen Zeit,
> Des Herzens Erstlinge sind mir geweiht.

Anna Amalia war eine Kunstkennerin von Rang. Auf dem Weg nach Italien 1788 ließ sie sich in der Münchner Galerie vom Maler Ferdinand Kobell (1740–1799) führen, von dem sie in ihrer eigenen Sammlung Werke besaß. Dieser urteilte in einem Brief an Knebel: „Sie besitzt neben vieler Kenntnis der Malerei eine Kunstliebe und forschenden Blick bei jedem Gemälde, der selbst bei Künstlern oft vermißt wird."[558] Noch näher war der Verehrerin von Mozart (1756–1791), Haydn (1732–1809) und Gluck (1714–1787)[559] die Musik. Sie spielte Klavier, Querflöte, Laute, Harfe und Gitarre, trat im Liebhabertheater als Sängerin auf und komponierte einiges. Auch versuchte sie sich an musiktheoretischen, musikästhetischen und musikhistorischen Schriften[560] und dies in einem Jahrhundert, „in dem man der Frau jegliches Talent für die Musik absprach".[561] Sie trachtete immer nach Weiterentwicklung und Veredelung ihrer Anlagen, besonders die Reise nach Italien sollte ihr neue Horizonte eröffnen. Ihre Sprachkenntnisse übertrafen das übliche Maß weit, bald nach der Übergabe der Regierungsgeschäfte an ihren Sohn arbeitete sie an deren weiteren Vervollkommnung. Sie beherrschte neben Französisch, Englisch und Italienisch auch Latein. Unter der Anleitung von vortrefflichen Lehrern, etwa Wieland und Anse de Villoison (1750–1805), machte sie in Altgriechisch stete Fortschritte. An Knebel schreibt sie am 23. Juni 1782, eine Formulierung von Villoison aufgreifend: „Ich kann sieben anakreontische Oden lesen und verstehen. Ich bin aber auch ‚*une princesse pleine de génie*' [eine äußerst begabte Prinzessin]! Knebel, was sagen Sie dazu?"[562] Ebenfalls an Knebel schreibt sie begeistert: „Wie habe ich doch so verlassen seyn können und nicht eher diese Sprache der Seele gelernt, Mir ist, als wäre ich in einer ganz anderen Welt; meine Seele flattert leicht mit dem liebenswürdige Täubchen, welches aus Anakreons Hand sein Brod pickt."[563]

Wie sehr Anna Amalia die Ablehnung des Geliebten, mit ihr in Italien zu verweilen – und damit die endgültige Absage an eine Fortsetzung ihrer Nachtliebe – schmerzte, ist an den Briefen ihrer Hofdame von Göchhausen zu erkennen, die darin auch Botschaften ihrer Herrin weitergibt. Anna Amalia las ihre Korrespondenz, was etwa aus einem Brief an Wieland vom 20. Dezember 1788 hervorgeht, in dem die kleinwüchsige Hofdame berichtet, eine prächtige Statue gesehen zu haben, denn die hinzukommende Fürstin fügt noch die Zeile hinzu: „Tusneldens [von Göchhausens] Nase stieß gerade an den großen Zähe". In einem Brief der Hofdame von Göchhausen an Goethe vom 22. November 1788 heißt es: „… wenn ich Ihre Gegenwarth mit Körperlichen Schmerzen (oder auch mit Seelen Leiden!) erkaufen könte, ich willig und bereit dazu wäre … was gäb ich nicht, daß Sie hier wären! Könte ich Ihnen durch ein Gelenk meiner magern Finger erkaufen, ich glaube, ich gäb den ganzen Finger hin". Dass die Hofdame für Goethes Anwesenheit das übertriebene Bild der Bereitschaft zu einer Selbstverstümmelung wählt, zeigt, dass sie Goethe über die Leiden ihrer Herrin informiert, denn Anna Amalia leidet unter der Trennung und hadert noch damit, die Entsagung zu akzeptieren. Der Italienaufenthalt sollte aber Anna Amalia helfen, den Entschluss zur Entsagung mitzutragen. An Merck schreibt Anna Amalia am 6. Januar 1788: „Ich glaube, Italien ist für uns, was der Fluß Lethe den Alten war, man verjüngt sich, indem man alles Unangenehme, was man in der Welt erfahren hat, vergißt und dadurch ein neugeborner Mensch wird."[564] Ähnlich äußerte sich Goethe über das erste Weimarer Jahrzehnt, TASSO hätte er nur geschrieben, um sich „von demjenigen freizumachen, was mir noch aus meinen weimarischen Eindrücken und Erinnerungen Schmerzliches und Lästiges anklebte."[565] Unsterblich schön lässt Goethe Anna Amalia als Prinzessin in TASSO trauern, als der Dichter nach Rom geht und sie verlassen muss (Vers 1859 ff.):

> Die Hoffnung, ihn zu sehen, füllt nicht mehr
> Den kaum erwachten Geist mit froher Sehnsucht;
> Mein erster Blick hinab in unsre Gärten
> Sucht ihn vergebens in dem Tau der Schatten.
> Wie schön befriedigt fühlte sich der Wunsch,
> Mit ihm zu sein, an jedem heitern Abend!
> Wie mehrte sich im Umgang das Verlangen,
> Sich mehr zu kennen, mehr sich zu verstehn!
> Und täglich stimmte das Gemüt sich schöner
> Zu immer reinern Harmonien auf.
> Welch eine Dämmrung fällt nun vor mir ein!
> Der Sonne Pracht, das fröhliche Gefühl

> Des hohen Tags, der tausendfachen Welt
> Glanzreiche Gegenwart ist öd und tief
> Im Nebel eingehüllt, der mich umgibt.
> Sonst war mir jeder Tag ein ganzes Leben ...

Gerade in den literarischen Zeugnissen der Italienreise Anna Amalias von 1788 bis 1790 sind Goethe und Anna Amalia als gleichgesinntes Paar zu erkennen. Einer besonderen Totenmaske galt Anna Amalias und Goethes Interesse in Italien. Vergeblich bemühte sich die Fürstin, die Totenmaske von Torquato Tasso zu sehen, die in einem Kloster aufbewahrt wurde. Im ersten der FÜNF BRIEFE ÜBER ITALIEN schreibt sie: „Es that mir leid daß die Klösterlichen Gesetze mir den eintrit versagten, diese schätzbahren Denckmäler des Großen Torquato Tasso zu sehen." Goethe, der diese am 3. Februar 1787 gesehen hatte – an Anna Amalia („Frau von Stein") schrieb er: „Wie hab ich nicht heute an dich gedacht!" –, gelang es, einen Abguss für die Geliebte zu bekommen. Während des Italienaufenthalts wird Anna Amalia die Entsagung als richtig bejahen. Besonders in Neapel findet sie die erhoffte „Verjüngung", um als „ein neugeborener Mensch" nach Weimar zurückzukehren. Besonders hilfreich dürfte ihr die enge Freundschaft mit dem Erzbischof von Tarent, Giuseppe Capacelatro (1744–1836), gewesen sein; ein Mann von stupender Bildung und als Seelsorger in der Lage, Anna Amalias geistig-seelisches Wohlbefinden zu stabilisieren und ihr zu helfen, ihre künftige Rolle als Priesterin, die über Goethes poetischem Genie wacht, zu akzeptieren.[566]

Am 13. September 1789 schreibt Anna Amalia an Knebel aus Neapel: „Könnten Sie nur einen hiesigen Mondenschein sehen, wenn er schöner als die Thüringische Sonne auch in den wärmsten Abenden bei uns untergeht, hier majestätisch hinter dem Vesuv hervortritt, auf der Spitze desselben ruht und die ganze Gegend begrüßt, deren glühender Purpur nur dem neuen Lichte weicht. Der dunkelblaue Himmel, dessen brillantierte Sterne den Mond zu umkränzen und lieblich mit ihm zu tanzen scheinen; die funkelnde Milchstraße mit ihren Millionen Sternen, die wie der Gürtel der Venus den ganzen Erdenkreis mit Liebe zu umgeben scheint; dieses alles doppelt in dem silbernen Meere widerscheinend, das ruhig und still alles das Schöne aufnimmt, womit es rund umgeben ist."[567] In der Beschreibung ihres Italienaufenthaltes in FÜNF BRIEFE ÜBER ITALIEN stellt Anna Amalia Betrachtungen über Vegetation, Geologie, Geschichte, Verwaltung, Soziales und vor allem die Kunst, insbesondere über Musik, Theater und Literatur, an. Ihre Ausführungen bewegen sich auf hohem Niveau und sind mit Ironie und Witz, aber auch mit verhaltener Kritik an den italienischen Verhältnissen durchsetzt. Gleich zu Beginn des ersten ihrer FÜNF BRIEFE ÜBER ITALIEN, die an eine nicht näher gekennzeichnete „liebe Schwester" gerichtet sind, beschreibt Anna Amalia den Besuch des Petersdoms: „Bei meinem eintritt glaubte ich in einen Labyrinth versetzt zu werden. Meine Augen irreten hin und her, bald auf Colossalische Säulen, bald auf ungeheure Figuren Von Heiligen und Päbsten, auf die Kostbahrsten Arbeiten von bronze, auf prächtige Grabmähler von feinsten Marmor, auf Mosaische Gemählde. Alles setzte mich in erstaunen; meine Seele blieb aber so kalt, als sie beym Anblick des Pantheons von warmen und erhabenen Gefühl belebt wurde. ... Wer nicht wüßte, daß dieses Gebäude [der Petersdom] zu einer Kirche bestimmt ist, der könte sich eben so wohl ein Großen Pallast oder ein Theater darin vorstellen." Als sie am 23. November 1788 bei Papst Pius VI. (1717–1799) zu einer Audienz empfangen wurde, befand die protestantische Fürstin: „Es war ein comischer und Theatralischer aufzug." Ähnlich urteilte Goethe, am 8. Juni 1787 schreibt er: „Gestern war Fronleichnam [ab 1246, Feier des leiblich gegenwärtigen Christus]. Ich bin nun ein für allemal, für diese Kirchlichen Cerimonien verdorben, alle diese Bemühungen eine Lüge gelten zu machen kommen mir schaal vor und die Mummereyen [Einhüllungen] die für Kinder und sinnliche Menschen etwas imposantes haben, erscheinen mir auch sogar wenn ich die Sache als Künstler und Dichter ansehe, abgeschmackt und klein. Es ist nichts groß als das Wahre und das kleinste Wahre ist groß."

Anna Amalia ist beim Gang durch das Pantheon begeistert, jenen Rundtempel, den Kaiser Hadrian (76–138) zur Verehrung aller Götter bauen ließ und der nur deswegen erhalten blieb, weil er seit 609 zu einer katholischen Kirche umfunktioniert wurde: „Dieser Tempel erweckt beym ersten eintritt durch seinen Gewölbten Himmel, wo die Licht-Strahlen, wie von Gottes Auge durch blicken, die große Idee einer allgemeinen Wohnung der Götter, und des Baumeisters der Welt, dessen Wercke sich durch unnachahmliche größe, einheit und Simplicität auszeichnen. Ein Heiliger Schauder durch drang meine Seele beym ersten Anblick; sie erhob sich zu dem Unsichtbahren Wesen was mich umschwebte. Man findet hier einen auffallenden beweiß, wie sehr die Alten durch die Einfachsten mittel ihr Ziel zu erreichen wusten, und wie ihre ideen der größe der Sachen angemeßen war. Dieses Meisterstück der Kunst wird zwar durch Kleinliche Altäre, welche die stelle der Antiken Marmornen Bildsäulen jetzt einnehmen, verunstaltet; doch hat der Aberglaube die Majestät desselben nicht vertilgen können." Anna Amalia war wie Goethe eine Griechin, sie lebte gefühlsmäßig in der Welt der antiken Götter. „Man weiß, wie weit es die Griechen in der Vervollkommnung der Sinne gebracht hatten", so Anna Amalia in ihren GEDANKEN ÜBER DIE MUSIK (um 1799), „wodurch sie in den Stand gesetzt wurden, unnachahmliche Kunstwerke hervorzubringen."[568] Alles, was großartig ist, zog die Liebenden an, so der Vesuv. Goethe, der mehrmals den Vulkan bestiegen hatte, berichtet am 8. Juni 1787: „Der Vesuv der seit meiner Rückkehr von Sicilien starck gebrannt hatte floß endlich den 1. Juni von einer starcken Lava über. So hab ich denn auch dieses Naturschauspiel, obgleich nur von weitem gesehen. Es ist ein großer Anblick ... ich [sah] mit einem Blick, den Mond, den Schein des Monds auf den Wolckensäumen, den Schein des Monds im Meere, und auf dem Saum der nächsten Wellen, die Lampen des Leuchtturms das Feuer des Vesuvs, den Widerschein davon im Wasser und die Lichter auf den Schiffen. Diese Mannigfaltigkeit von Licht machte ein Einziges Schauspiel." In einem Brief vom 29. Mai 1789 beschreibt Anna Amalia Knebel den Vulkan: „Vor einigen Tagen war er [der Vesuv] mit Wolken ganz umkränzt, die Mündung ausgenommen, die eine dunkelrothe hohe Flamme ausstieß; die glühende Steine, die er auswarf, tanzten leicht in der Luft, alsdann kam die Lava, die sich mit den Nebelwolken mischte und sie zertheilte. Der Widerschein der Lava machte über den Berg eine dunkelrothe glühende Glorie, die Tief in die Nacht dauerte. Es war das schönste Schauspiel, was ich in meinem Leben gesehen habe; ich ermangelte auch nicht, alle Abende meine Andacht dem Vesuv gegenüber zu halten, und kann mir recht gut vorstellen, wie es Nationen gibt, die das Feuer anbeten."[569]

Goethes Brief vom 6. Februar 1789 an Anna Amalia zeigt, wie ähnlich ihre Interessensfelder waren: „Haben Ew [Euer] Durchl[aucht] doch ja die Gnade die schönen Wercke die über Pestum, Neapel, Puzzol pp geschrieben sind anzuschaffen ... Ferner lassen Sie Sich doch ja die Kupfer geben soweit solche gestochen sind vom Museum von Portici ... lassen Sie Sich ja eine Auswahl aus der Schwefel Sammlung des Abbate Dolce machen ... Es wird uns dieses für die Folge ein großer Schatz." Anna Amalia antwortete am 18. März 1789: „Es freut mich sehr, daß Ihre Finger endlich aufdauen, und das Sie nach langer Zeit wieder einen Laut von sich geben; Um Ihnen zu zeigen daß ich nicht gleiches mit gleichen vergelte so schicke ich Ihnen ... 1). Die Abdrücke von Abate Dolci, 2). die von Pichler ... In der nähmlichen Kiste werden sie auch alle vierundzwanzig Kayser in Schwefel abdruck finden die ich für den kleinen Prinzen schicke ... Sie werden auch noch einen kleinen Abdruck in rothen Schwefel finden den betrachten sie recht, es ist der berühmte Stein der in den Cabinet des Königs von Frankreich gewesen ... Leben Sie mir imer hübsch Gesund und dencken zuweilen an die Abwesenden. Meine Geselschaft Grüßet Sie tausendmal."[570] Auch an die botanischen Studien sollte Anna Amalia denken, Goethe schreibt ihr am 14. Dezember 1789: „Bringen uns Ew. Durchl. doch auch allerley Sämereyen aus jener Gegend mit, es sey was es wolle. Was dort gemein gehalten wird ist zu unsern wissenschaftlichen Speculationen auf eine oder die andere Weise nütze."

Der Übergang von einer feurigen Leidenschaft zwischen Anna Amalia und Goethe hin zu einer besonderen Art der Freundschaft erstreckte sich über ihre zwei Italienaufenthalte von jeweils 22 Monaten. Nachdem der Sänger David Heinrich Grave (1752–1789), der zum Gefolge Anna Amalias gehörte, aus unerwiderter Liebe zu ihr Selbstmord begangen hatte, ließ diese Goethe über Einsiedel bitten, sie in Italien abzuholen.[571] Der Dichter folgt dem Ruf und trifft am 31. März in Venedig ein. Er wartet in Venedig über vier Wochen auf Anna Amalia, obwohl er sie in wenigen Tagen hätte erreichen können. An dem Ort, an den ihn 1786 seine Flucht geführt hatte und von wo aus er sich in die Neue Welt hätte einschiffen können, harrt nun der fest zur Entsagung entschlossene Goethe Anna Amalias Ankunft. Mit Christiane Vulpius, die ihm inzwischen einen Sohn geboren hatte, wurde der Entschluss zur Entsagung unumkehrbar; auch durfte er Carl August nicht enttäuschen, dem er vor seiner Rückkehr aus Italien „unbedingte Aufrichtigkeit" versprochen hatte. Der literarische Ertrag dieser Zeit sind die VENETIANISCHEN EPIGRAMME, die unter anderem eine in beißendem Spott gekleidete Kritik gegen Klerus, Italien, Deutschland, die Liebe und anderes enthalten und als ein „Akt der Selbstreinigung" Goethes gesehen werden.[572] Eine Auswahl der Epigramme schenkte er Anna Amalia zu ihrem Geburtstag am 24. Oktober 1790: „Sagt, wem geb ich dies Büchlein? Der Fürstin [Anna Amalia], die mirs gegeben,/Die uns Italien noch jetzt in Germanien schafft" (EPIGRAMM 16). Seine Entsagung wird in EPIGRAMM 7 angesprochen: „Eine Liebe hatt ich, sie war mir lieber als alles!/Aber ich hab sie nicht mehr! Schweig, und ertrag den Verlust!" Auch Selbstkritisches ist in den EPIGRAMMEN enthalten: „... denn Gaukler und Dichter/Sind gar nahe verwandt, suchen und finden sich gern" (EPIGRAMM 47) und: „Frech wohl bin ich geworden; es ist kein Wunder. Ihr Götter/Wißt, und wißt nicht allein, daß ich auch fromm bin und treu" (EPIGRAMM 74).

Anfang Mai 1790 erreichte Anna Amalia über Loreto, Bologna und Padua Venedig, sie schreibt darüber: „Ich kann nicht sagen wie mir es zumuthe war ich wurde traurig und beklomen. Die große Idee, die man so hat fand ich nicht; als ich in die Stadt der Kanäle kam nahm meine Traurigkeit zu, es kam mir alles melancolisch vor, als wir vor dem Gasthof ausstiegen fand ich Goethe und wurde wieder munter."[573] Die Entsagenden verweilten noch einige Wochen in Venedig, bevor sie nach Thüringen aufbrachen. Am 14. Mai erlebten sie noch „die feierliche Vermählung des Dogen mit dem Meer … die See [war] ruhig, und eine strahlende Sonne beschien das glanzvollste Ereignis des venezianischen Jahres. Die Barke des Dogen, der *Bucintoro*, wurde von Schiffen der venezianischen Kriegsmarine und von Hunderten, ja Tausenden von Gondeln eskortiert, der Markusplatz war ‚gedrängt voll', die Geschütze feuerten und alle Kirchenglocken läuteten."[574] Auf dem Nachhauseweg legten sie so viele Zwischenstationen ein, dass Anna Amalia mit Goethe am selben Tag und zur selben Stunde wie dieser 1788 bei seiner ersten Italienreise in Weimar eintreffen konnte. Anna Amalias Reise ist also spiegelbildlich zu jener des Geliebten gedacht. „Nachts um 11 Uhr kamen wir glücklich in Weimar an", notierte unter dem Eintrag 18. Juni 1790 die Hofdame von Göchhausen im TAGEBUCH der italienischen Reise der Herzogin Anna Amalia. Damit kehrte Anna Amalia exakt zwei Jahre nach Goethes Rückkehr am 18. Juni 1788 um 23 Uhr nach Weimar zurück. Goethe sei „abends um zehn Uhr mit dem Vollmonde" in Weimar angekommen, schrieb Herder an Knebel.[575]

Vor den Hintergrund dieses für die Liebenden wichtigen Datums ist es möglich, das Lehrgedicht DIE METAMORPHOSE DER PFLANZE ganz eindeutig auf Anna Amalia zu beziehen und nicht wie bisher auf Christiane Vulpius.[576] Das Lehrgedicht ist an eine nicht näher bezeichnete Geliebte gerichtet und versucht, ihr die Metamorphose der Pflanze zu erklären, nach Goethe der Versuch, „die mannichfaltigen besondern Erscheinungen des herrlichen Weltgartens auf ein allgemeines einfaches Princip zurückzuführen".[577] Goethe arbeitete so lange daran, bis er es am 18. Juni 1798 in Jena beenden konnte. Zehn Jahre nach seiner Rückkehr und acht Jahre nach Anna Amalias Rückkehr aus Italien gedenkt Goethe dieses Tages, widmete es ihr damit. Das Lehrgedicht endet mit den Versen:

> Freue dich auch des heutigen Tags! Die heilige Liebe
>   Strebt zu der höchsten Frucht gleicher Gesinnungen auf,
> Gleicher Ansicht der Dinge, damit in harmonischem Anschaun
>   Sich verbinde das Paar, finde die höhere Welt.

Vor diesem Hintergund erschließt sich die Bedeutung eines merkwürdigen „eigentlich", das Goethe in einer später verfassten Einleitung zum Lehrgedicht einflicht: „Höchst willkommen war dieses Gedicht, der eigentlich Geliebten, welche das Recht hatte die lieblichen Bilder auf sich zu beziehen; und auch ich fühlte mich sehr glücklich als das lebendige Gleichniß unsere schöne vollkommene Neigung steigerte und vollendete".[578] Da das Lehrgedicht gemeinhin auf Christiane bezogen wurde, spricht Goethe hier von der „eigentlich Geliebten". Am 20. Juni 1798 schreibt er an Christiane, dass, wenn ein Brief von Fräulein von Göchhausen, Anna Amalias Hofdame, einlaufen würde, dieser unbedingt per Bote ihm nach Jena nachgesendet werden soll. Er war also gespannt, was die „eigentlich Geliebte" ihm auf das schöne Geschenk antworten würde.

Die gründlichen naturwissenschaftlichen Studien Goethes verstanden viele in Weimar nicht. Auch Anna Amalia beklagte sich bei Goethes Mutter in Frankfurt, dass ihr Sohn seine kostbare Zeit unnütz vergeuden würde. Noch in einem Brief Anna Amalias an Goethe vom Jahre 1800, in dem die Fürstin den Dichter auf eine Gemme mit einem eingeschnittenen Portrait aufmerksam machen will, klingt dieser Streit nach, indem sie einleitet: „Wenn es Ihnen lieber Herr Geheimde Rath in Ihren philosophischen Betrachtungen nicht stört, so wünschte ich wohl daß Sie einen kleinen Rückblick auf die schönen Musen täten die Ihnen so hold sind …".[579] Mit dem Gedicht DIE METAMORPHOSE DER PFLANZE will Goethe dem aus Unkenntnis entspringenden Unverständnis gegenüber seiner wissenschaftlichen Arbeit Abhilfe schaffen, in seiner Einleitung heißt es weiter: „… nirgends wollte man zugeben, daß Wissenschaft und Poesie vereinbar seien. Man vergaß, daß Wissenschaft sich aus Poesie entwickelt habe, man bedachte nicht, daß, nach einem Umschwung von Zeiten, beide sich wieder freundlich, zu beiderseitigem Vortheil, auf höherer Stelle, gar wohl wieder begegnen könnten." Erst ein Jahrhundert später wurde der Naturwissenschaftler Goethe von Rudolf Steiner (1861–1925) beerbt. Als Herausgeber von Goethes naturwissenschaftlichen Schriften (1890–1897) war Rudolf Steiner tief mit dessen Denken vertraut geworden. Seine Anthroposophie als Weltanschauungs- und Erkenntnislehre führte er ausdrücklich auf Goethe zurück.[580] Das Lehrgedicht DIE METAMORPHOSE DER PFLANZE zeigt, wie Goethe versucht, seine Anna Amalia von der fundamentalen Bedeutung seiner naturwissenschaftlichen Studien zu überzeugen. In seiner Einleitung zum Lehrgedicht führt er weiter aus: „Freundinnen, welche mich schon früher den einsamen Gebirgen, der Betrachtungen starrer Felsen gern entzogen hätten, waren auch mit meiner abstrakten Gärtnerei keineswegs zufrieden. Pflanzen und Blumen sollten sich durch Gestalt, Farbe, Geruch auszeichnen, nun verschwanden sie aber zu einem gespensterhaften Schemen. Da versuchte ich diese Wohlwollenden Gemüther zur Theilnahme durch eine Elegie zu locken, der ein Platz hier gegönnt sein möge, wo sie, im Zusammenhang wissenschaftlicher Darstellung, verständlicher werden dürfte, als eingeschaltet in eine Folge zärtlicher und leidenschaftlicher Poesien."

> Dich verwirret, Geliebte, die tausendfältige Mischung
>   Dieses Blumengewühls über dem Garten umher;
> Viele Namen hörest du an und immer verdränget,
>   Mit barbarischem Klang, einer den andern im Ohr.
> Alle Gestalten sind ähnlich, und keine gleichet der andern;
>   Und so deutet das Chor auf ein geheimes Gesetz,
> Auf ein heiliges Räthsel. O, könnt' ich dir, liebliche Freundin,
>   Überliefern sogleich glücklich das lösende Wort! ...

Dass Goethe trotz der Entsagung Anna Amalia bis zum Ende mit derartigen Aufmerksamkeiten bedachte, deutet etwa einer der wenigen erhaltenen Briefe der Fürstin an den Dichter vom April 1805 an: „Ich habe mit Teilnahme und aufrichtiger Dankbarkeit Ihre Sendung erhalten. Sie haben Ihrer Zuschrift – die ich Schmeichelhaft nennen möchte – einen eigenen Zauberwink zugesellt ... Ihre Aufrichtige Freundin Amalie".[581] Anna Amalia wird verschlüsselt der Mittelpunkt von Goethes Liebesdichtung bleiben. Der Dichter widmet ihr auch offen Arbeiten, etwa 1800 das Maskenspiel PALÄOPHRON UND NEOTERPE (Der Altgesinnte und die Neuvergnügte) zur Nachfeier ihres Geburtstages. Darin geht es um den Gegensatz zwischen Alt und Neu, um das richtige Verhältnis zwischen Vergangenheit und Zukunft. Nach einer Darbietung anlässlich des Geburtstages Anna Amalias am 24. Oktober 1800 stand der Theaterdirektor Goethe auf und kündigte der Fürstin in Versen das Maskenspiel PALÄOPHRON UND NEOTERPE als verspätetes Geburtstagsgeschenk an:

> Die Du der Musen reinste Kost gesogen,
> Verzeihe diesen bunten Augenschmerz.
> Daß maskenhaft wir heut uns angezogen
> Ist auf den Brettern ein erlaubter Scherz.
> Und billig bist du dieser Schaar gewogen;

Denn unter jeder Maske schlägt ein Herz.
O! könntest du enthüllt das Innre sehen,
Es würden Ideale vor dir stehen.

Verehrung naht sich mit durchdrungnen Mienen,
Und Dankbarkeit mit frei erhobner Brust.
Die Treue folgt. Mit Eifer dir zu dienen,
Ist unablässig ihre schönste Lust.
Bescheidenheit, in zitterndem Erkühnen,
Ist sich der stummen Sprache wohl bewußt,
Und Wünsche knieen an den goldnen Stufen,
Dir tausendfält'ges Glück herabzurufen.

So scheint ein Tempel hier sich zu erheben,
Wo erst der Thorheit laute Schelle klang.
Der Bretter Knarren und der Spieler Beben
Erscheinet nun in einem höhern Rang.
Dir segnet diese Schaar ein schönes Leben!
Und lächelst du der Muse leichtem Sang,
So hörest du, von hier in wenig Tagen,
Mit etwas Neuem die das Alte sagen.[582]

Mit diesen Versen huldigt Goethe seiner heimlichen Geliebten. Unter Goethes Maske schlägt ein Herz, und könnte Anna Amalia dessen Inneres enthüllt sehen, so würden Ideale vor ihr stehen, nämlich seine vollkommene Liebe. Verehrung, Dankbarkeit und Treue empfindet Goethe für seine Prinzessin, mit Eifer ihr zu dienen ist unablässig seine schönste Lust. Doch Goethe darf ihr nicht öffentlich seine Liebe gestehen, daher macht er es mit „stummer Sprache", indem er seine Liebesbeteuerungen in Kunstwerken verschlüsselt. Sein zitterndes Erkühnen „Ist sich der stummen Sprache wohl bewußt". Mit diesem Vers stellt Goethe einen Bezug zu einem entscheidenden Vers im PROLOG IM HIMMEL der FAUST-Tragödie her, der um diese Zeit entstand.[583] Dort sagt Gott zu Mephistopheles (Vers 328 f.): „Ein guter Mensch in seinem dunklen Drange/Ist sich des rechten Weges wohl bewußt." Auch sein Sammelwerk WINCKELMANN UND SEIN JAHRHUNDERT (1805) widmet Goethe Anna Amalia: „Freundlich empfange das Wort laut ausgesprochener Verehrung,/Das die Parze mir fast schnitt von den Lippen hinweg." Von den drei Parzen, die den Lebensfaden spinnen, bewahren und durchschneiden, meint Goethe die letzte, da er kurz zuvor sterbenskrank gewesen war.

Anna Amalia hatte es in ihrer Jugend nicht leicht, überhaupt konnte das Leben einer Prinzessin leicht zum Alptraum werden. Über die Jugendjahre der Fürstin gibt ihre autobiographische Aufzeichnung MEINE GEDANKEN Auskunft, vier beidseitig beschriebene Blätter, die auf das Jahr 1772 datiert werden und von denen vermutet wird, sie seien an Wieland adressiert gewesen, obwohl sie in Goethes Nachlass gefunden wurden.[584] MEINE GEDANKEN sind eine Art menschliche Bilanz gegen Ende von Anna Amalias Amtszeit als Regentin, ein schonungsloser Bericht, in dem etwa zu lesen ist: „Von Kindheit an – die schönste Frühlingszeit meiner Jahre – was ist das alles gewesen? Nichts als Aufopferung für andere. ... Ach und zu warmes Blut, welches durch jede meiner Adern wühlet! Jeder Pulsschlag ist ein Gefühle von Zärtlichkeit, von Schmerz, von Zerknirschung der Seele. – Gott! Jeder Gefangene sucht sich von seinen Ketten loß zu reißen: und ich – ich soll mit Geduld, mit so sehr bestürmter Sanftmuth meine Bande tragen? ... Nicht geliebt von meinen Eltern, immer zurückgesetzt, meinen Geschwistern in allen Stücken nachgesetzt, nannte man mich nur den Ausschuß der Natur. Ein feines Gefühl, welches ich von der Natur bekommen hatte, machte, daß ich sehr empfindlich die harte Begegnung fühlte. Es brachte mich öfters zur Verzweiflung sogar, daß ich einmahl mir das Leben ne[hm]en wolte." Mit Antritt der Regierung für ihren minderjährigen Sohn, in „denen Jahren, wo sonst alles blühet, war bei mir nur Nebel und Finsternis. ... Ach wie glücklich wär ich gewesen, wen ich damahls einen Freund gehabt hätte, der die große Kentnis des menschlichen Herzen beseßen, mir das aufzuschliessen, was mir selber ein Rätsel und in mir so tief verschlossen war. ... Tag und Nacht studierte ich, mich selbst zu bilden und mich zu den Geschäften tüchtig zu machen. Da fühlte ich nun, wie sehr ein Freund mir nöthig war, zu dem ich mein ganzes Zutrauen setzen könte. Es waren viele, die sich um meine Gunst und Freundschaft bewarben. Einige suchten sie durch Schmeicheleyen, andere durch den Falschenschein der Wahrheit und frommen Aufrichtigkeit, unter welchem sie ihre eigene Interessen suchten, und andere aus Eitelkeit, um sich damit zu brüsten." Einen aufrichtigen Freund fand sie zunächst in dem alten, auf ihr Betreiben hin geadelten Geheimrat Johann Poppo von Greiner (1708–1772): „Von ihm habe ich die Wahrheit kennen lernen und sie lieb bekomen ... Wenn der Fürst und sein Freund edel gesint sind, so kan wohl nichts anders als wie größte und edelste Freundschaft entstehen ... Wenige Großen und wenige Menschen giebts aber, die ein edels Gefühl besitzen ... Bey Fürsten muß ich leider selber bekennen, daß es schwer ist, wahre Freunde zu finden, und wenn es wahre Freunde sind, sie zu erhalten. Sie sind von Jugend auf mit Ungezipher umringt. Hierdurch werden sie entweder mißtrauisch gegen alle, oder werfen sich unwürdigen Menschen in die Arme. Treffen sie jemand an, den sie ihrer Freundschaft würdig achten, so ist es etwas sehr Seltenes, daß dieser in seinem Gemüth nicht über sich selbst erhebet und die freundschaftliche Neigung des Fürsten Freundschaft alsdan nicht lange bestehet". In TASSO charakterisiert Leonore Sanvitale die Prinzessin mit den Worten (Vers 89 ff.): „Dich blendet nicht der Schein des Augenblicks,/Der Witz besticht dich nicht, die Schmeichelei/Schmiegt sich vergebens künstlich an dein Ohr:/ Fest bleibt dein Sinn und richtig dein Geschmack,/Dein Urteil grad, stets ist dein Anteil groß/Am großen, das du wie dich selbst erkennst." Die Aufzeichnung MEINE GEDANKEN ist an jemanden gerichtet, was schon aus Formulierungen wie „Könnte ich Ihnen beschreiben das Gefühl, welches ich bekam, als ich Mutter wurde!" hervorgeht, und sie wurde in Goethes Nachlass gefunden. Dass Goethe sie nicht verbrannte, ist ein wichtiger Umstand, denn immer wieder veranstaltete er „Autodafés", so nannte er die Vernichtung von Dokumenten.[585] 1797 hat er etwa in großem Umfang Briefe, die an ihn seit 1772 gerichtet worden waren, verbrannt. Verloren sind ganz oder zum Teil die Briefe des Herzogs Carl August,[586] seines Darmstädter Freundes Merck,[587] seiner Schwester Cornelia (1750–1777), seiner Mutter Catharina Elisabeth, vielleicht auch von Corona Schröter,[588] einer berühmten Schönheit, mit der Goethe im ersten Weimarer Jahrzehnt häufig verkehrte, auch um die Gesellschaft von seiner heimlichen Liebe zu Anna Amalia abzulenken. Wenn Goethe MEINE GEDANKEN nicht verbrannt hat, so verfolgte er die Absicht, dass über sein Verhältnis zu Anna Amalia nachgedacht wird.

Dies führt zu der Frage, seit wann sich Anna Amalia und Goethe kannten. Die Spuren führen hier in das Jahr 1772: „Im Herbst 1772 bereits – so soll eine Tradition in der Goethe'schen Familie lauten –, fiel das schönheitskundige und schönheitsdurstige Auge der jungen Herzogin-Witwe Anna Amalie von Weimar im Bade Ems auf eine strahlende Jünglingsgestalt – strahlend von classischer Schönheit, Geist und Lebenslust. Die lebhafte, geistvolle, vorurtheilsfreie Fürstin liess sich den fremden vorstellen ..., Wolfgang Goethe aus Frankfurt a. M., auf der Heimkehr vom Reichskammergericht zu Wetzlar in's Vaterhaus. Die Herzogin fand ein so grosses Interesse an der geist- und witzsprudelnden Unterhaltung, an der ganzen zauberhaften Persönlichkeit des jungen Frankfurter Patriciersohnes, dass sie ihn freundlich nach ihrer Residenz Weimar einlud".[589] Goethe ist um den 13. September 1772 in Ems gewesen, in DICHTUNG UND WAHRHEIT, 13. Buch schreibt er: „... ich [genoss] einige Male des sanften Bades".[590] Bei der Abfahrt von Wetzlar gab er noch seinem Freund Karl Wilhelm Jerusalem (1747–1772), dem Sohn von Anna Amalias ehemaligem Erzieher in Braunschweig und Stiefbruder des seit 1765 in Weimar tätigen Prinzenerziehers Johann C. Albrecht (vor 1736–1803),[591] ein ausgeliehenes Buch zurück. Der Selbstmord von Karl Wilhelm Jerusalem Ende Oktober in Wetzlar gab Goethe den Anstoß, den Briefroman DIE LEIDEN DES JUNGEN WERTHER (1774) zu schreiben, ein Roman, der ihn berühmt machte. Aus dem Fourierbuch für das Jahr 1772, in dem die Personen, die an offiziellen Veranstaltungen des Weimarer Hofes teilgenommen haben, aufgeführt sind, ergibt sich aber, dass Anna Amalia den ganzen September über der fürstlichen Tafel in Weimar vorsaß.[592] Wenn diese hofinterne Aufzeichnung nicht manipuliert wurde, so kam es zwischen Anna Amalia und Goethe jedenfalls nicht im September 1772 zu einer Begegnung.

Das Entscheidende an der „Tradition in der Goethe'schen Familie" ist jedoch, dass eine Begegnung Goethes mit Anna Amalia vor seiner Ankunft in Weimar 1775 stattgefunden haben soll. Anna Amalias Sorge galt in ihren letzten Regierungsjahren der Vorbereitung einer standesgemäßen Heirat des Erbprinzen Carl August. Entsprechend könnte sie den Wunsch gehabt haben, inoffiziell die für ihren Sohn in Frage kommenden Prinzessinnen kennen zu lernen und zu ihnen gereist sein. Im Rahmen einer Reise Anna Amalias vor 1775 kann es also zu einer Begegnung mit Goethe gekommen sein. In seiner Biographie der Jugendjahre DICHTUNG UND WAHRHEIT (1811–1831) konnte Goethe eine solche Begegnung nicht erwähnen, ohne damit zugleich das Staatsgeheimnis zu gefährden. Vielleicht war es nicht nur eine Ironie des Schicksals, dass das Anstellungsdekret für Wieland, das ihn zum Prinzenerzieher berief, von Anna Amalia am 28. August 1772 unterschrieben wurde, an Goethes 23. Geburtstag. Die berühmte Seylersche Schauspieltruppe, die von 1771 bis zum Schlossbrand 1774 in Weimar spielte, musste bereits die Aufmerksamkeit des jungen Goethe auf Weimar gelenkt haben: „Von den dortigen Verhältnisse [in Weimar] hatte auch Goethe, schon ehe Knebel zum ersten Besuch in Frankfurt bei ihm eintrat, manches günstige vernommen."[593] Überhaupt ist es verwunderlich, wie selbstverständlich Knebel, obwohl nur ein paar Wochen zuvor an den Weimarer Hof berufen, Goethe Ende 1774 aufsuchte, zu den Weimarer Prinzen führte und die Versöhnung mit Wieland, den Goethe mit der Satire GÖTTER, HELDEN UND WIELAND (März 1774) verspottet hatte, vorantrieb. Wieland war so verstimmt gewesen, dass er Goethe gegenüber Freunden als seinen Todfeind bezeichnete.[594] Als Carl August erstmals Goethe einlud, wusste der in Deutschland gefeierte Dichter des GÖTZ (1771/73) und des WERTHER (1774) treffsicher, was dem 17-Jährigen, der noch unter dem erzieherischen Einfluss von Wieland und Graf Görtz stand, zu hören gefällt, nämlich nichts von seiner Dichtung, vielmehr etwas über Autoren, „deren Talent aus dem tätigen Leben ausging und in dasselbe unmittelbar nützlich sogleich wieder zurückkehrte".[595] Daher spricht er mit dem Erbprinzen Carl August über Justus Möser (1720–1794), einen Staatsmann und Schriftsteller im Geiste der Aufklärung, dessen erster Band der PATRIOTISCHE[N] PHANTASIEEN (1774), die Goethe bereits kannte, auf dem Tisch des Zimmers lag, in dem er empfangen wurde. Nachdem die Aufgabe, Anna Amalias zweiten Sohn Friedrich Ferdinand Konstantin zu erziehen, beendet war, wurde Knebel weiter ohne feste Aufgabe besoldet – genauer ohne offizielle feste Aufgabe, denn tatsächlich hatte er immer wieder delikate Aufträge diplomatischer und geheimdienstlicher Art zu verrichten, etwa für Goethe, Anna Amalia und Carl August. Knebel übte insofern eine ähnliche Funktion wie Frau von Stein aus und immer, wenn es in Weimar heikel wird, ist er zur Stelle. Frau von Stein und Knebel verband eine innige Freundschaft, was ein lebenslanger Briefwechsel dokumentiert, etwa ein Brief vom 22. Juni 1816 an den Freund in Jena: „Hier [in Weimar] erzählt man, in Jena hätte man wegen dem Untergang der Welt durch zwei Planeten, die zusammenstoßen, eingepackt und Betstunde gehalten. Man habe sich aber verrechnet, und ist nun diese Begebenheit bis zum 25sten hinausgeschoben. Ich hoffe, der Umsturz soll die guten Freunde zusammenbringen, und mein Haus wird auf einmal neben das Ihrige gesprungen sein."[596] Auch Marie Therese Heyne (1764–1829) war um 1785 aufgefallen, dass Knebel, den Goethe im Alter seinen Urfreund nannte, besoldet wird, ohne dafür eine erkennbare Leistung zu erbringen: „Herr von Knebel ist ein sonderbarer Mann, nun wohl 40 Jahr; was er bekleidet für ein Amt, ist nicht herauszubringen."[597]

Dafür, dass Goethe Anna Amalia vor 1775 kennen gelernt hat, spricht auch seine Satire GÖTTER, HELDEN UND WIELAND (1774). Darin wird Wielands Singspiel ALCESTE (1773), die erste in deutscher Sprache verfasste ernste Oper, verspottet. Anna Amalia regte diese Arbeit Wielands an, der musikbegeisterten Herzogin kommt damit das Verdienst zu, die Bedingungen geschaffen zu haben, dass die erste bedeutende deutsche Oper an ihrem kleinen Hof entstand. Sie soll darauf so gespannt gewesen sein, dass sie heimlich bei den Proben anwesend war.[598] Der junge Goethe kritisierte in seiner Satire den Dichterkollegen Wieland, denn seiner Meinung nach wäre für den athenischen Dichter Euripides (um 480–406 v. Chr.) die Bearbeitung seiner Vorlage bestenfalls mittelmäßig gewesen. Goethe stellt darin die Frage, für wen Wieland eigentlich schreibe, und lässt ihn darauf antworten: „Meine Fürstin" (Anna Amalia). Darauf wird erwidert: „Ihr solltet wissen, daß Fürsten hier nichts gelten". Das Gespräch findet in der Unterwelt statt, dort gelten Geburt und Herkunft nichts. Gegenüber Anna Amalia, die in MEINE GEDANKEN sich „von Jugend auf mit Ungeziphper umringt" sah, nach deren Freundschaft „durch Schmeicheleyen, ... durch den Falschenschein der Wahrheit und frommen Aufrichtigkeit" getrachtet wurde, stellte sich Goethe als ein Dichter dar, der Schmeicheleien gegenüber dem Fürsten nicht nötig hat. 1779 wurde Wielands ALCESTE im Weimarer Liebhabertheater parodiert, wobei Anna Amalia als Alceste auftrat, während Goethe den Herkules spielte, der Alceste von der Unterwelt in die Oberwelt zurückführt. Wieland, dem man die Aufführung eines anderen Stückes angekündigt hatte, war über die bissige komische Umdichtung seiner ALCESTE entsetzt und lief gekränkt aus dem Saal, konnte aber beim anschließenden Souper versöhnlich gestimmt werden.[599]

Auch über den Frankfurter Maler Kraus, der auf Vermittlung Bertuchs[600] einige Monate in Weimar gearbeitet hatte und 1775 kurz vor Goethe nach Weimar berufen wurde, erhielt Goethe Neuigkeiten über Weimar: „Beim Durchblättern und Durchschauen der reichlichen Portefeuilles, welche der gute Kraus von seinen Reisen mitgebracht hatte, war die liebste Unterhaltung, wenn er landschaftliche oder persönliche Darstellungen vorlegte, der weimarische Kreis und dessen Umgebung. Auch ich verweilte sehr gerne dabei, weil es dem Jüngling schmeicheln mußte so viele Bilder nur als Text zu betrachten von einer umständlichen wiederholten Ausführung daß man mich dort zu sehen wünsche" (DICHTUNG UND WAHRHEIT, 20. Buch). Hierbei wird Goethe zumindest den Entwurf für das Ölbild ANNA AMALIA von 1774 gesehen haben, auf dem sie in lässiger Haltung wie ein verliebtes junges Mädchen aussieht (ABB. 1), was im Gegensatz zu den sonstigen Darstellungen von ihr steht, auf denen stets eine standesbewusste Fürstin zu sehen ist. Auf einem Tisch, auf den sie ihren Arm stützt, liegt eine Querflöte – zu jener Zeit „ein sexuell konnotiertes Attribut"[601] –, Musiknoten, wobei ein Teil einer Textzeile mit den Worten „machen Herz und Hand" erkennbar ist, sowie zwei offen aufgeschlagene Bücher und ein drittes geschlossenes dazwischen, das die Aufschrift „Agathon. I. Teil" trägt. Aufschlussreich ist hier neben den Anspielungen auf Liebe und Erotik die Abbildung von Wielands Bildungs- und Erziehungsroman AGATHON von 1766/67, dem ersten von Bedeutung in der deutschen Literatur. Anna Amalia gibt damit Weimar als einen Ort der Selbstveredelung zu erkennen. Goethes Liebesbeziehung zu ihr wird später die Grundlage bilden, auf der er seinen Bildungs- und Erziehungsroman WILHELM MEISTER schreibt. Entsprechend beschreibt Goethe darin seinen Aufbruch von Frankfurt in die große Welt, er wolle „sich aus dem stockenden, schleppenden bürgerlichen Leben heraus ... reißen, aus dem er schon so lange sich zu retten gewünscht hatte. Seines Vaters Haus, die Seinigen zu verlassen, schien ihm etwas leichtes. Er war jung und neu in der Welt, und sein Mut, in ihren Weiten nach Glück und Befriedigung zu rennen, durch die Liebe erhöht" (LEHRJAHRE I, 10).

Es fällt auch auf, dass jeder mögliche Kontakt Anna Amalias zu Goethe vor 1775 später verschleiert wurde, etwa ihre Begegnung mit Merck 1773, also zu einer Zeit, als dieser schon ein enger Freund Goethes war. Anna Amalia muss dem Kriegsrat Merck bei einer Reise, die ihn durch Erfurt führte, begegnet sein. Er begleitete im Mai 1773 die Landgräfin Caroline von Hessen-Darmstadt (1721–1774) mit ihren drei Töchtern nach Russland, denn nach den Wünschen des Preußenkönigs Friedrich II. sollte eine der drei den russischen Thronfolger heiraten (Wilhelmine) und eine seinen eigenen Thronfolger (Friederike) – jenen Erbprinzen, der sich von Anna Amalias Schwester hatte scheiden lassen. Die übrig gebliebene konnte Carl August zur Frau bekommen (Luise). Die Reisegesellschaft machte in Erfurt Halt und dort sah Carl August in Begleitung seiner Mutter die Prinzessinnen und durfte raten, welche er dereinst heiraten würde. In einem Brief vom August 1781 erinnert sich Anna Amalia an ihr erstes Treffen mit Merck, versetzt es aber in das Jahr 1778.[602] Man kann sich des Eindrucks nicht erwehren, dass nach einer ersten Begegnung Anna Amalias mit Goethe vor 1775 von Weimar aus verschiedene Verbindungen in Richtung des jungen Dichters geknüpft wurden, noch bevor Carl August Ende 1774 auf seiner Reise Goethe durch Knebel kennen lernte. Auch Frau von Stein bahnte während ihrer Kuraufenthalte über den angesehenen Arzt Zimmermann, den sie seit 1773 kannte, einen Kontakt zu Goethe an. Zimmermann war es auch, der der Prinzessin Luise als künftiger regierender Herzogin von Weimar Frau von Stein als Vertrauensperson empfahl. In einem Brief an Frau von Stein vor Luises Ankunft in Weimar im Oktober 1775 heißt es: „Ich habe dieser Prinzessin viel von Ihnen erzählt; ich habe sie angefleht, Sie sogleich bei ihrer

Ankunft in Weimar kennen zu lernen. Ich habe ihr versprochen, daß sie in Ihnen die Freundin finden wird, die ihr not tut."

Auch der angeblich eher beiläufige Besuch Knebels Ende 1774 in Frankfurt, der zur Einladung Goethes nach Weimar führte, wäre demnach Teil der Ausführung eines Planes gewesen. Knebel hatte bereits Ende 1773 zwei Wochen in Weimar verbracht und bei Anna Amalia einen guten Eindruck hinterlassen.[603] Graf Görtz war gegen die Berufung des mit vielen Schriftstellern in Kontakt stehenden Schöngeistes Knebel gewesen. In einem Brief vom 13. Oktober 1774 von Anna Amalia an den Minister von Fritsch berichtet diese vom glücklichen Ende der Berufungsverhandlungen für Knebel, die im Frühjahr 1774 begonnen hatten, und bei denen von Fritsch als die treibende Kraft in Erscheinung trat: „Der Bürgerkrieg ist glücklich beendet; gestern Abend noch ist Görtz zu mir [Anna Amalia] gekommen".[604] Neben der Prinzenerziehung wäre es demnach Knebels geheime Aufgabe gewesen, dafür zu sorgen, dass der junge Erbprinz Carl August während seiner Auslandsreise, die bis nach Paris führte, von Goethe begeistert wird, um ihn dann, souffliert von Knebel, von sich aus nach Weimar einzuladen. Goethe scheint seinerseits auch auf eine Einladung nach Weimar gehofft zu haben. Als im März 1775 die anonyme Schrift PROMETHEUS, DEUKALION UND SEINE REZENSENTEN erschien, worin Kritiker von Goethes WERTHER mit beißendem Spott bedacht werden, darunter Wieland, war Goethe, dem sie zugeschrieben wurde, sofort um Schadensbegrenzung bemüht. Gräfin Görtz berichtet an ihren Mann nach Paris: „Es ist viel Geist in dieser Posse, aber sie verrät einen unwürdigen Charakter. Wieland wird ihm [Goethe] kurz und scharf antworten; er ist außer sich."[605] Graf Görtz antwortete umgehend, ohne die Spottschrift gelesen zu haben: „Dieser Goethe ist ein gemeiner Kerl!" Nachdem Görtz die Satire gelesen hatte, schreibt er einige Tage später: „Es ist eine Unflaterei! Weit entfernt, darüber zu lachen, fühle ich nur Abscheu. Sag' meinem Freunde Wieland, daß es unter seiner Würde ist sich mit bösen Bubens abzugeben. Er weiß, wie sehr mir das Rezept von Streichen auf die Fußsohlen sonst widerstrebt, aber Diesen da weiß kein anderes Heilmittel. Das ist sicher: Goethe und ich werden uns nie im selben Zimmer befinden!" Als Zweifel über die Autorschaft Goethes laut wurden, war Görtz in Paris sich dennoch ganz sicher, dass sie von Goethe stammte, im April schreibt er seiner Frau: „Wieland ist sehr gutmütig, wenn er einen Zweifel hegt, ob Goethe der infame Verfasser des ‚Prometheus' ist. Ich bin dessen sicher."[606] Dass Knebel als Parteigänger Anna Amalias vehement Goethes Partei ergriff, muss Graf Görtz mißtrauisch gestimmt haben. Carl August berichtete, dass Graf Görtz in Paris eines Tages vor dem Schlafengehen mehrmals zu ihm gekommen sei, um ihn eindringlich vor den Umgang mit Knebel zu warnen.[607] Goethe hatte inzwischen den Sturm-und-Drang-Dichterfreund Heinrich Leopold Wagner (1747–1779) als Autor der Spottschrift ausfindig gemacht; er ließ sofort eine öffentliche Erklärung abdrucken, die er als erstes dem um Vermittlung mit Wieland bemühten Knebel nach Paris schickte.[608] Darin benannte Goethe Wagner als Autor der Spottschrift und fügte hinzu: „Ich glaube diese Erklärung Denen schuldig zu sein, die mich lieben und mir auf's Wort trauen. Übrigens war mir's ganz recht, bei dieser Gelegenheit verschiedene Personen aus ihrem Betragen gegen mich in der Stille näher kennen zu lernen."[609]

Nachdem auch der Skandal um Wagners Spottschrift PROMETHEUS überstanden war, sahen sich Carl August und Goethe wieder im Mai 1775 in Karlsruhe, wo der Fürst seine Vermählung mit der Prinzessin Luise vorantrieb. Als der frisch inthronisierte Herzog Carl August im September 1775 zur Hochzeit nach Karlsruhe fuhr, lud er Goethe „aus spontaner Laune"[610] nach Weimar ein, was auf der Rückreise vom Fürstenpaar wiederholt wurde. Am 7. November 1775 betrat der junge Dichter die Stadt Weimar und sogleich ist bei Anna Amalia ein gelöster Goethe zu sehen. Wieland berichtete, dass Goethe sich in Anna Amalias Gegenwart „oft auf dem Boden im Zimmer herumgewälzt und durch Verdrehung der Hände und Füße ihr Lachen erregt hat."[611] Mit Goethes Ankunft war Wieland von Goethes Zauber „dahin gebracht, daß ich ganz in ihm verliebt war und ihn wirklich anbetete."[612] Weiter vertraute Wieland seinem Freund Böttiger an: „Als der Doctor und Exadvocat Göthe als Favorit des Herzogs hier eintrat, fand ihn auch die verwitwete Herzogin äusserst liebenswürdig und witzig. Seine Geniestreiche u. Feuerwerke spielte er nirgends ungescheuter, als bei ihr."[613] Als die „lebenslustig-exzentrischen, sich genialisch gebärdenden und von Tyrannenhaß übersprudelnden Brüder",[614] die Grafen zu Stolberg, Ende November 1775 für eine Woche in Weimar Station machten, urteilten sie über Anna Amalia: „Die verwitwete Herzogin, eine noch schöne Frau von sechsunddreißig Jahren, hat viel Verstand, viel Würde, eine in die Augen fallende Güte, so ganz ungleich den fürstlichen Personen, die im Steifsein Würde suchen. Sie ist charmant im Umgang, spricht sehr gut, scherzt fein und weiß auf die schönste Art einem etwas Angenehmes zu sagen."[615]

Ein Blendwerk:
Briefe an »Frau von Stein«

Hier gefällt mir die Pr[inzessin] Charlotte, |: der verwünschte Nahme verfolgt mich überall :| doch habe ich auch nichts mit ihr zu schaffen aber ich seh sie gerne an, und dazu sind ia die Prinzessinnen.

*Goethe an Anna Amalia („Charlotte v. Stein"),
1. Januar 1780*

Ich hielt es für unmöglich, daß der hochgefeierte Dichter sich keine jüngere und schönere Geliebte [als Frau v. Stein] ausgesucht haben sollte, doch schwand allmählich dieser Zweifel, als ich sie in ihrem Hause besuchte und dort mit lauter Andenken des damals in Rom weilenden Freundes umgeben sah. Sie führte mich zu seinem Bilde, las mir seine Verse vor und bemühte sich, meine Phantasie durch die Schilderung seiner Liebenswürdigkeit zu bestechen. ... Indessen muß man die Geschicklichkeit bewundern, womit diese Frau [Charlotte v. Stein] ihr künstliches Spiel durchzuführen wußte, so daß sie noch in späterer Zeit für Goethes Geliebte galt.

Henriette v. Egloffstein, Erinnerungen

Von 1776 bis 1789 schrieb Goethe mehr als 1.600 Liebesbriefe, angeblich an „Frau von Stein": ein Jahrhundertfund, aber einer mit einem Pferdefuß. Ab 1848 wurden sie publiziert, womit erstmals Details über die angebliche Liebesbeziehung zur Hofdame publik wurden. Es waren also über 60 Jahre seit ihrer Entstehung vergangen, kaum jemand lebte noch, der die

Briefe kritisch hätte beurteilen können. Ein Nachbar Goethes schrieb etwa anlässlich der Veröffentlichung: „Man müsste sich in jene Zeiten zurückversetzen können, um in den Mittheilungen etwas mehr zu finden, als die Leser darin finden werden ... die Briefe [werden] bei den meisten Lesern Vermutungen, die nicht gegründet sind, hervorrufen".[616] Vor der Veröffentlichung wusste die Forschung zwar auch nicht, an wen Goethe seine Liebesdichtung im ersten Weimarer Jahrzehnt konkret gerichtet hatte, wer die darin genannte Geliebte „Lida" war. Dadurch nahm manch ein Forscher Goethes Werk viel wörtlicher und es wäre wohl nur eine Frage der Zeit gewesen, bis etwa ein Viktor Hehn dem Geheimnis auf die Spur gekommen wäre, der noch 1848 zusammenfasste: Goethes Geliebte „gehörte der höchsten Region an, so viel ist gewiß". Von einer „fürstlichen Geliebte" ist bei ihm die Rede oder einer „hohe[n] Geliebte[n]", sie müsse von „hohe[r] Geburt [sein]", Reichtum und persönliche Eigenschaften der Schönheit und Lieblichkeit" würden sie kennzeichnen.[617] Mit der kurze Zeit später erfolgten Veröffentlichung der Briefe nahm die Forschung unkritisch die seither einhellige Meinung an, dass Anna Amalias Hofdame Charlotte von Stein die Geliebte Goethes gewesen war.

Auf dem Weg zu einer umfassenden Interpretation der Briefe, wie also über zehn Jahre dieser Briefwechsel – ausgehend von der These, dass Anna Amalia Goethes Geliebte war – konkret funktioniert haben kann, sind zunächst Widersprüche aufzuzeigen, Hypothesen aufzustellen und Vorschläge zu einer systematischen Erfassung zu erarbeiten. Über ein Drittel der Briefe sind undatiert oder unvollständig datiert. Die meisten der sogenannten Briefe Goethes an „Frau von Stein" haben keine Adresse und keine Anrede bzw. lediglich die Anrede „Liebe Frau". Prinzipiell muss für jeden einzelnen Brief gefragt werden, an wen er gerichtet war. Es wird hier im Folgenden von Goethes Briefen an Anna Amalia („Frau von Stein") gesprochen und durch den Zusatz („Frau von Stein") deutlich gemacht, dass die Liebesbotschaften nicht an diese gerichtet waren. Anna Amalias („Frau von Steins") Briefe an Goethe sind bezeichnenderweise nicht erhalten.[618] Von 1796 bis 1826 schrieb Goethe wirklich 130 Briefe an Frau von Stein, meist knapp und distanziert, hierzu sind die dazugehörigen Antworten erhalten.

Bei einer kritischen Betrachtung von Goethes Briefen fallen Widersprüche auf und die einzelnen Phasen einer für die heimlich Liebenden unvermeidlichen Identitätstäuschung werden erkennbar. Zur Übermittlung von Goethes Briefen an Anna Amalia („Frau von Stein") und umgekehrt gab es mehrere Möglichkeiten. Wichtig war es, einen Teil der Briefe über Frau von

Stein zu senden, um durch das Hin und Her der Boten die Weimarer Öffentlichkeit in dem Glauben zu wiegen, Goethe würde ein Verhältnis zur Hofdame unterhalten. Diese Briefe sind wohl von Frau von Stein ungelesen weitergeleitet worden. Als Überbringer der nicht direkt an Anna Amalia übermittelten Briefe könnten Anna Amalias Vertraute eingesetzt worden sein, vor allem ihre Hofdame von Göchhausen und Charlotte von Stein,[619] die ältere Schwester von Josias von Stein, oder der Kammerherr von Einsiedel. Mit diesen verstand sich Frau von Stein gut, wie die ganz wenigen erhaltenen Briefe zeigen. Am 13. Januar 1789 schreibt Luise von Göchhausen aus Neapel an Frau von Stein: „Mögten wir uns doch bald wiedersehen, du Liebe!"[620] Einen undatierten Brief an Einsiedel eröffnet Frau von Stein mit „Lieber, allerbester Einsiedel!"[621] Wenn Goethe mit dem Herzog Carl August unterwegs war, ging die Post durch dessen Hände. Dieser kam am 2. Dezember 1776 hinzu, als Goethe einen Brief an Anna Amalia („Frau von Stein") schrieb und unterzeichnete ihn ebenfalls. In einem Gedicht macht der nichts von der Identitätstäuschung ahnende Carl August sich über die vermeintlich von Frau von Stein stammenden Briefe lustig, die in Wirklichkeit aber von seiner Mutter waren:[622]

> Es ist doch Nichts so zart und klein,
> So wird's doch Jemand plagen;
> Zum Beispiel macht Dein Briefelein
> Husaren sehr viel klagen.
>
> Heut sagte Der, der's Goethen bracht',
> Und schwur bei seinem Barte:
> „Viel lieber ging ich in die Schlacht,
> Als trüg' so Brieflein zarte!
> …

In einem Brief von Goethe an Anna Amalia („Frau von Stein") vom 13. März 1781 heißt es: „Der Herzog hat mir Ihren Brief den der Husar brachte, bis ietz vorenthalten, und schickt mir ihn in 10 übereinander gesiegelte Couverts eingeschlossen herauf." Das Blendwerk war auf allen Ebenen so glaubhaft inszeniert, dass kaum jemand Verdacht schöpfen könnte. Viele der kleinen Zettel könnten mit Brieftauben übermittelt worden sein, was auch ihr ungewöhnliches Format erklären würde, sowie den Umstand, dass oft täglich mehrere gewechselt wurden. Dies würde auch erklären, warum die

Briefe von unbekannter Hand in Foliobände eingeklebt wurden,[623] da sie als Brieftaubenpost gerollt oder gefalzt in einer Kapsel befördert worden wären. Ein Brief Goethes an Anna Amalia („Frau von Stein") vom 21. August 1779 legt eine Beförderung durch Brieftauben nahe, darin heißt es: „Ihre Tauben wissen gar nicht wie ihnen geschieht dass das Fenster sich nicht öffnen will." Die Fürstin Anna Amalia besaß Tauben, jeden Morgen fütterte sie diese in Tiefurt persönlich.[624] Brieftauben können an einem beliebigen Ort ausgelassen werden, sie kehren über hunderte von Kilometer immer wieder an ihren angestammten Schlag zurück. Mit Brieftauben wurde im antiken Griechenland der Sieg bei den Olympischen Spielen in die Heimat gemeldet.[625] Dank des Einsatzes von Brieftauben konnte Cäsar (100–44 v. Chr.) die römische Herrschaft in Gallien konsolidieren und ausbauen, denn in kürzester Zeit war er über Unruheherde informiert und hielt so die Rebellen mit wenigen Legionen in Schach. Viele Reiche des Orients richteten eine staatliche Brieftaubenpost ein. Kreuzfahrer brachten das Wissen um die Brieftaube wieder ins Abendland zurück und „Klöster [wandten] sich mit besonderer Sorgfalt und Aufmerksamkeit der Taubenliebhaberei zu".[626] In FAUST II läßt Goethe Faust zum Kaiser sagen (Vers 10.673 ff.):

> Von Tauben hast du ja vernommen,
> Die aus den fernsten Landen kommen
> Zu ihres Nestes Brut und Kost.
> Hier ist's mit wichtigen Unterschieden:
> Die Taubenpost bedient den Frieden,
> Der Krieg befiehlt die Rabenpost.

Der königlich preußische Tierarzt Johann Nicolaus Rohlwes (1755–1823) berichtet, dass es ihm und anderen Knaben um 1765 allein zum Vergnügen gelungen sei, Tauben zur Briefpost abzurichten, weil sie „von einer Briefpost durch Tauben gehört" hatten.[627] Ein führender Brieftaubenexperte kommt mit ziemlicher Gewißheit zum Ergebnis, dass „in Goethes Umgebung Brieftauben zum Überbringen von Nachrichten durchaus nicht als Kuriosum betrachtet wurden und nicht als Einzelerscheinungen, sondern mehr als etwas zum Nachrichtendienst gehöriges angesehen werden konnten."[628] Gerade in Kriegszeiten kam den Brieftauben besondere Bedeutung zu, Voltaire etwa, der führende Schriftsteller der Aufklärung, beschreibt dies.[629] Bei der Belagerung von Haarlem (1573) und Leiden (1574) im Achtzigjährigen Krieg zwischen Spanien und den Niederlanden (1568 bis 1648) kamen Brieftauben zum Einsatz.⁶³⁰ Erst im Westfälischen Frieden (1648) wurde der Unabhängigkeitskrieg für beendet erklärt und die Republik der Vereinigten Niederlanden anerkannt. Schillers DON KARLOS (1787) spielt vor den Hintergrund des Achtzigjährigen Krieges. Goethe brauchte also nur Tauben in entsprechenden Käfigen mitzunehmen, um in kürzester Zeit von einem beliebigen Ort aus Anna Amalia Liebesbriefe zu senden, ebenso konnten die Geliebte oder enge Vertraute Brieftauben einsetzen.

Nur ein Teil der Briefe Goethes an Anna Amalia („Frau von Stein") sind erhalten. Aus den Postausgangslisten geht hervor, dass Goethe mehr Briefe geschrieben hat.⁶³¹ Es kann daher davon ausgegangen werden, dass verräterische Briefe Goethes an Anna Amalia („Frau von Stein") aussortiert wurden. Zum Teil sind nur einzelne Briefpassagen herausgeschnitten,⁶³² oft finden sich erklärende Randbemerkungen von Fritz von Stein, der die Briefschaften von seiner Mutter erbte. Goethe und Anna Amalia verwandten ein Briefsiegel mit dem Schriftzug ALLES UM LIEBE. Dies ist das Motto aus dem 5. Akt von Goethes Drama STELLA von 1775 und daher als eine Art Entschuldigung zu verstehen, denn in dem Stück geht es um das Problem der Liebe eines Mannes zu zwei Frauen, in der ursprünglichen Fassung durch ein Zusammenleben der drei gelöst. Das Siegel ALLES UM LIEBE steht dafür, dass die Liebe als die höhere Handlungsmaxime vieles rechtfertigt, auch die Durchbrechung der gesellschaftlichen Konvention und Moral durch Täuschung. Im ersten Brief an Anna Amalia („Frau von Stein"), wohl von Anfang Januar 1776, sträubte sich Goethe, der noch keine zwei Monate in Weimar weilte, das Siegel zu benutzen: „Und wie ich Ihnen meine Liebe nie sagen kann, kann ich Ihnen auch meine Freude nicht sagen ... Ebendesswegen – werd ich nie mit siegeln". Er wird aber doch damit seine Briefe siegeln. Am 29. Januar 1776 heißt es zwar noch in einem Brief an Anna Amalia („Frau von Stein"): „Es geht mir verflucht durch Kopf und Herz ob ich bleibe oder gehe." Doch bereits am 23. Februar 1776 schreibt er an dieselbe: „Ich liege zu deinen Füssen ich küsse deine Hände." Die letzte Strophe von RASTLOSE LIEBE von Mai 1776 zeigt, was Goethe zu bleiben bewog:

>Wie soll ich fliehen?
>Wälderwärts ziehen?
>Alles vergebens!
>Krone des Lebens,
>Glück ohne Ruh,
>Liebe, bist du!

Je genauer man Goethes Briefe untersucht, desto mehr fallen Ungereimtheiten auf. So ist nicht verständlich, warum überhaupt so viele Briefe geschrieben wurden, da Goethe in nächster Nähe zu Frau von Stein wohnte. Zu Anna Amalia hatte Goethe keinen unbeschränkten Zugang, ohne damit in der Öffentlichkeit Misstrauen zu erregen. In einem Gespräch mit Eckermann vom 7. Oktober 1827 berichtet Goethe, nach seiner Ankunft in Weimar 1775 „sehr bald wieder in leidenschaftliche Zustände geraten" zu sein. Nach einer größeren Reise zögerte er aber „die Geliebte zu besuchen. Auch hatte unsere Neigung bereits die Aufmerksamkeit der Leute auf sich gezogen, und ich trug daher Scheu, am offenen Tage hinzugehen, um das Gerede nicht zu vergrößern." Zwar versuchte Goethe plausible Gründe zu finden, um so oft wie nur möglich in Anna Amalias Nähe zu sein, etwa wenn er seine Arbeiten der Hofdame von Göchhausen diktierte. Doch blieben die Möglichkeiten des Zusammenseins beschränkt, der briefliche Kontakt entschädigte sie also dafür. Es gab Veranstaltungen, bei denen sie offiziell Umgang miteinander pflegten, allen voran das Liebhabertheater. Dabei durften sie sich aber nicht zu oft oder gar zu intensiv anschauen, ohne das Geheimnis ihrer Liebe zu gefährden. Nur ganz am Anfang konnte Goethe der Geliebten schreiben (24. Februar 1776): „Ich habe nun wieder auf der ganzen Redoute [Maskenball] nur deine Augen gesehn – Und da ist mir die Mücke um's Licht eingefallen." Das erstmals 1789 veröffentlichte Gedicht NÄHE bringt die durch Vorsichtsmaßnahmen bedingte Dauersituation eher zum Ausdruck:

> Wie du mir oft, geliebtes Kind,
> Ich weiß nicht wie, so fremde bist!
> Wenn wir im Schwarm der vielen Menschen sind,
> Das schlägt mir alle Freude nieder.
> Doch ja, wenn alles still und finster um uns ist,
> Erkenn ich dich an deinen Küssen wieder.

Fern von Anna Amalia schreibt Goethe am 25. August 1782: „Wie eine süse Melodie uns in die Höhe hebt, unsern Sorgen und Schmerzen eine weiche Wolcke unterbaut, so ist mir dein Wesen und deine Liebe. Ich gehe überall herum bey allen Freunden und Bekannten als wenn ich dich suchte, ich finde dich nicht und kehre in die Einsamkeit zurücke."
Auffällig ist der Umstand, dass Goethes Mutter nur zwei Briefe an Frau von Stein richtete (1785/1787), hingegen 49 Briefe an Anna Amalia schrieb (1778–

1787). Am 10. Februar 1829 notiert Eckermann eine Äußerung Goethes im Hinblick auf Anna Amalia: „Vollkommene Fürstin mit vollkommen menschlichem Sinne und Neigung zum Lebensgenuss. Sie hat große Liebe zu seiner [Goethes] Mutter und wünscht, dass sie für immer nach Weimar komme. Er ist dagegen." Zwar war das Gerücht, dass Goethes Mutter Catharina Elisabeth nach Weimar umziehen wolle, in Frankfurt eine hartnäckige Sage,[633] ein Umzug stand aber nie wirklich zur Debatte. Nicht einmal ein Besuch in Weimar kam zustande, obwohl Anna Amalia sie eifrig darum ersuchte und entsprechende Pläne begrüßte. Am 4. November 1778 schrieb sie etwa Catharina Elisabeth in Bezug auf einen geplanten Besuch in Weimar: „Freund Wolf [Goethe] wünscht es auch; wir haben letzthin recht viel davon gesprochen. Wir wollen dem alten Vater unter der Zeit schon allerhand Vergnügen verschaffen … Ich denke, liebe Mutter, daß Ihr Herz wohl selbst genug für den Hätschelhans [Goethe] sprechen wird, um zu wünschen, ihn einmal wiederzusehen. Sie können nicht glauben, wie sehr ich mich darauf freue!"[634]

Anna Amalia hatte 1778 eine Reise nach Frankfurt und an den Rhein unternommen und dabei Goethes Eltern kennen gelernt, auch später besuchte sie diese, etwa 1780 auf ihrer Reise nach Mannheim.[635] Am 3. August 1778 schreibt Goethe an Anna Amalia („Frau von Stein") nachdem die Fürstin von ihrer mehrwöchigen Rheinreise einen Tag zuvor, am 2. August, zurückgekehrt war: „Liebste ich habe gestern Abend bemerckt dass ich nichts lieber sehe in der Welt als Ihre Augen, und dass ich nicht lieber seyn mag als bey Ihnen." Frau von Stein hingegen besuchte erst 1789, als die angebliche Beziehung zu Goethe bereits beendet war, Goethes Mutter in Frankfurt. Anna Amalias Briefe an Frau Rat Goethe beginnen mit „Liebe Mutter!", steigern sich dann zu „Liebe, beste Mutter!". Wenn Goethe an Anna Amalia („Frau von Stein") am 26. August 1781 schreibt: „Mit einem guten Morgen schick ich meiner besten einen Brief von meiner Mutter, um sich an dem Leben drinne zu ergötzen", konnte dieser Brief Frau von Stein kaum interessiert haben, denn sie kannte Goethes Mutter nicht. In einem Brief vom 31. November 1781 teilt Anna Amalia Goethes Mutter mit, dass ihr Sohn ein Haus am Frauenplan beziehe: „Auch habe ich ihm versprochen, einige Möbeln anzuschaffen, weil er so hübsch fein und gut ist. Sie werden also die Güte haben, liebe Mutter, und mir einige Proben von Zitzen zu schicken für Stühle und Kanapee und zugleich die Preise dabei."[636] Anna Amalia suchte also für Goethe die Ausstattung für die neue Wohnung aus und bezahlte sie. In einem Brief vom 9. Mai 1782 schreibt Goethe an Anna Amalia („Frau von Stein"): „Wie freu ich mich auf meine neue Einrichtung!

Auf alles was mir deine Liebe wird ordnen und erhalten helfen. Mögest du so viel Freude haben als du mich glücklich machst." Am 17. Oktober 1782 schreibt Anna Amalia an Goethes Mutter: „Ich könnte viel Schönes von hier sagen. Unter anderem, daß das Palais des Herrn Geheimden Rats von Goethe von außen und von innen prächtig geschmückt wird und daß es eins der schönsten in der Stadt Weimar werden wird."[637] Das Haus am Frauenplan (1709) war zu dem Zeitpunkt, als Goethe es bezog, das einzige in Weimar, das „an Größe und architektonischer Instrumentierung mit dem Wittumspalais zu vergleichen" gewesen wäre.[638]

Bereits frühe Briefe Goethes an Anna Amalia („Frau von Stein") beinhalten viele Äußerungen, die auf das Motiv einer Nachtliebe sowie auf ein Verbot ihrer Liebe hinweisen. Am 14. April 1776 schickt Goethe Anna Amalia („Frau von Stein") das Gedicht „Warum gabst Du uns die tiefen Blicke" mit den Versen: „Und wir scheinen uns nur halb beseelet/Dämmernd ist um uns der hellste Tag/Glücklich, daß das Schicksal, das uns quälet,/Uns doch nicht verändern mag". Der hellste Tag vermag eben nicht ihre Liebe zu zeigen, denn diese spielt sich im Verborgenen, in der Dämmerung und in der Nacht ab. Ein Billet, wohl von April 1776, lautet: „Wir können einander nichts seyn und sind einander zu viel". Am 24. Mai 1776 schreibt Goethe: „Die Welt die mir nichts sein kann will auch nicht dass du mir was seyn sollst". In einem Vierzeiler vom 29. Juni 1776 heißt es: „Hier bildend nach der reinen stillen/ Natur ist ach! mein Herz der alten Schmerzen voll./Leb' ich doch stets um derentwillen/Um derentwillen ich nicht leben soll." Dieses Verbot ihrer Liebe ist ein Dauerthema und bald nicht mehr damit erklärbar, dass Frau von Stein verheiratet ist, denn es ist etwas Unüberwindbares. Um den 22. Juli 1776 dichtet Goethe:

> Ach so drückt mein Schicksal mich,
> Daß ich nach dem Unmöglichen strebe.
> Lieber Engel für den ich nicht lebe,
> Zwischen den Gebürgen leb ich für dich.

Damit auch sonst in Weimar kein Zweifel an Goethes angeblicher Liebesgeschichte mit Frau von Stein aufkam, gab Goethe etwa die Anfertigung einer aufwendigen Schreibkommode für sie in Auftrag.[639] Durch die sorgfältigen Anweisungen für die Herstellung musste sich bei den beteiligten Handwerkern die Ansicht festigen, dass dieser seltsamen Beziehung sittlich Höheres zugrunde liege. Ein schwieriges Unterfangen, das aber vollbracht wurde. Zunächst klatschte man eifrig über Frau von Steins undefinierbare Beziehung zu Goethe. Später tadelte niemand mehr die Beziehung, denn man glaubte an ihrer beiden „Reinheit",[640] vor allem, weil keine Leidenschaft erkennbar war, gingen sich die „Liebenden" doch lieber aus dem Weg. Obwohl seit Frühjahr 1779 an der Schreibkommode gearbeitet wurde, ließ Goethe sie einfach nur in Frau von Steins Haus bringen, während er sich in der Schweiz aufhielt. Aus einem Brief vom 4. Juli 1779 wird geschlossen, dass Goethe beabsichtigte, ihr den Schreibtisch früher zu schenken.[641] Der Brief lautet: „Ich weis nicht ob der 5 Jul auch in ihrem Calender mit Charlotte bezeichnet ist, in meinem stehts so und ich hatte gehofft ihnen zum Morgengrus ein Zeichen einer anhaltenden Beschäftigung für sie zu schicken. Er wollte mir nicht gelingen, drum schick ich Ihnen das schönste von meinem Hausrath. Ich kan diesen mir so ominosen [unheilvollen, anrüchigen] Nahmenstag nicht vorbeygehn lassen ohne Ihnen anders als alle Tage zu sagen dass ich sie liebe." Vom ominösen Namenstag kann er unmöglich einer Frau schreiben, die Charlotte heißt und seine Liebe erwidert. Während „Omen" (Vorzeichen) des Zusatzes gut oder böse bedarf, ist die Bedeutung von „ominös" auf schlechtes Omen festgelegt.[642] Goethe verwendet in seinem Werk dieses Wort nicht oft, doch wo es vorkommt, ist seine Bedeutung negativ, etwa im GÖTZ (1771/73): „... lieber das Geheul der Totenglocke und ominöser Vögel" (II. Akt). Es handelt sich also um eine scharfe Bemerkung über den Namenstag von Charlotte von Stein gegenüber Anna Amalia und damit um eine Kritik an der Notwendigkeit des Blendwerks. Kurze Zeit später trägt Goethe am 12. August 1779 im Tagebuch ein: „... hatte eine starke Erklärung mit ☾ [Anna Amalia] die auf das alte hinauslief. bey Verhältnisse die nicht zu ändern sind müssen gewisse Schärfigkeiten sich sammeln, und zuletzt irgendwo ausbrechen. Von Zeit zu Zeit wiederholt sich das. Übrigens gings gut."

Anfang September 1780 dichtet Goethe noch das Gedicht WANDRERS NACHTLIED:

>Über allen Gipfeln
>Ist Ruh,
>In allen Wipfeln
>Spürest du
>Kaum einen Hauch;
>Die Vögelein schweigen im Walde.
>Warte nur, balde
>Ruhest du auch.

Gegen Ende des Monats sind es jedoch ganz andere Stimmungen, die ihn bewegen, denn Goethe ist rasend eifersüchtig. Goethe ist in Ostheim bei Meiningen; am 20. September 1780 heißt es in einem Brief an Anna Amalia („Frau von Stein"): „Meine Natur schliesst sich wie eine Blume wenn die Sonne sich wegwendet" und „weis Gott wohin wir alsdenn auseinander geschlagen werden. Addio". Dass sich ihm die Sonne wegwendet, sodass er sich krank fühlt, kann sich nicht auf Frau von Stein beziehen, die in Kochberg weilt und dort von Goethe auch besucht wird. Nur Anna Amalia und Goethe werden „auseinander geschlagen", dies beweist, dass die Empfängerin des Briefes die Fürstin Anna Amalia ist. Die Sonne, die sich von ihm abwendet, ist Anna Amalia, die zusammen mit Adam Friedrich Oeser eine Reise nach Mannheim unternimmt und die er daher für einen Monat nicht wiedersehen wird, denn bis zum 20. Oktober 1780 sollten Anna Amalia und Oeser unterwegs sein. Oeser war ein bedeutender Maler, Bildhauer und Kunsttheoretiker und war Goethes Zeichenlehrer während dessen Leipziger Studienzeit gewesen, er schildert ihn als attraktiven Mann.[643] Oeser hatte Einfluss auf Johann J. Winckelmann (1717–1768) ausgeübt, der wiederum die das Barock ablösende Stilepoche des Klassizismus (um 1750–1830) auf die von Goethe und Anna Amalia geschätzte Formel „edle Einfalt und stille Größe" gebracht hatte.

In Mannheim befand sich ein berühmter Antikensaal, in dem Abgüsse von bedeutenden Plastiken aufgestellt waren, etwa der Apoll von Belvedere, der sterbende Fechter, die Gruppe von Kastor und Pollux oder die späthellenistische Laokoongruppe. Die Laokoongruppe stellt einen trojanischen Priester und seine zwei Söhne auf dem Höhepunkt ihres vergeblichen Kampfes gegen zwei Schlangen dar, die sie erwürgen. Laokoon hatte davor gewarnt, das hölzerne Pferd der Griechen in die Stadt Troja zu bringen und wurde deswegen mit seinen Söhnen auf Veranlassung des erzürnten Gottes Apoll von den Schlangen getötet. Mit der Laokoongruppe gelang den rhodischen Bildhauern Hagesandros, Polydoros und Athanadorus eine der bedeutendsten Werke der Bildhauerei. Die Skulptur spielte eine zentrale Rolle in der Kunsttheorie von Winckelmann und Lessing (1729–1781).[644] Goethe, der um 1771 den Abguss sah, schrieb darüber: „Um die Intention des Laokoon zu fassen, stelle man sich in gehöriger Entfernung, mit geschlossenen Augen, davor; man öffne sie und schließe sie sogleich wieder, so wird man den ganzen Marmor in Bewegung sehen, man wird fürchten, indem man die Augen wieder öffnet, die ganze Gruppe verändert zu finden. Ich möchte sagen, wie sie jetzt dasteht, ist sie ein fixierter Blitz, eine Welle, versteinert im Augenblicke da sie gegen das Ufer anströmt. Dieselbe Wirkung entsteht, wenn man die Gruppe Nachts bei der Fackel sieht."[645] Um diese Schätze der Bildhauerei mit eigenen Augen zu sehen und zu studieren, fuhr Anna Amalia nach Mannheim. Lessing empfahl Künstlern den Besuch des Antikensaals, denn er gewähre mehr Vorteile „als eine Wallfahrt zu ihren Originalen nach Rom, welche großenteils zu finster, oder zu hoch, oder auch unter den schlechtern zu versteckt stünden, als daß sie der Kenner, der sie umgehen, befühlen und aus mehreren Augenpunkten beobachten will, gehörig benutzen könnte".[646] Anna Amalia war als Kunstkennerin Goethe ebenbürtig. In einem Brief an ihren Kunsthändler und Freund Merck vom 6. November 1781 heißt es etwa: „Vor einigen Tagen habe ich den ersten Ausguß der großen Vestalin erhalten, die zuerst mit in Herkulanum gefunden und jetzt in Dresden steht. Der Ausguß ist vortrefflich geraten; die Kenner vergleichen sie mit der großen Flora in Mannheim."[647] Anna Amalia und Goethe besaßen viele Abgüsse und ihre Sammlung erweiterten sie ständig. Sie förderten den Hofbildhauer Klauer und ermöglichten ihm 1779 einen längeren Studienaufenthalt in Mannheim.[648] Klauer fertigte Porträtbüsten von vielen Weimarer Persönlichkeiten an, darunter immer wieder von Anna Amalia und von Goethe (ABB. 6-9).[649] Auch eine Büste von Anna Amalias Hofdame von Göchhausen wurde angefertigt, nicht aber von ihrer Hofdame von Stein.

Nachdem die Geliebte also mit Oeser nach Mannheim abgereist war, schreibt Goethe in einem Brief vom 21. September 1780 an Anna Amalia („Frau von Stein"): „... die Herzogin [Anna Amalia] geht mit Oesern nach Mannheim. Also sehe ich sie bald wieder. Ich sehne mich nach Hause wie ein kranker nach dem Bette. Wenn die Wolken über der Erde liegen sehnt man sich nicht hinaus." Goethe berichtet weiter, dass er und Carl August hohe Berge besteigen, er denkt an „die Gefahr sich mit einemmal herabzustürzen", dann wurden sie „von einer solchen Verklärung umgeben dass die vergangene und zukünftige Noth des Lebens, und seine Mühe wie Schlacken uns zu Füssen lag, und wir, im noch irdischen Gewand, schon die Leichtigkeit künftiger seeliger Befiederung, durch die noch stumpfen Kiele [Federn] unsrer Fittige spührten. Hiermit nehme ich von Ihnen Abschied". Das Wort Abschied bezieht sich einmal mehr deutlich auf die soeben abgereiste Anna Amalia. Unterzeichnet ist der Brief mit „*G. il penseroso fedele*" (der treue Grübler). Diese Bezeichnung nimmt auf die für Anna Amalias Geburtstag geplante Aufführung der Operette ROBERT UND KALLISTE ODER DER TRIUMPH DER TREUE, eine Bearbeitung der SPOSA FEDELE (Die treue Braut, 1778) von Johann J. Eschenburg (1743–1820) Bezug. Anna Amalia erscheint

Goethe jedoch gar nicht als treue Braut, da sie mit Oeser nach Mannheim fährt. Da muss er als treuer Bräutigam zumindest zum treuen Grübler werden, der sich vorstellt, den Berghang hinunterzustürzen. Eine literarische Anspielung am Ende des Briefes läßt an Eindeutigkeit, was die Eifersucht auf Öser anbelangt, nichts zu wünschen übrig: „Gute Nacht Gold ich möchte im dreyfachen Feuer geläutert werden um ihrer Liebe werth zu seyn. Doch nehmen Sie die Statue aus korinthischem Erz, wie sagt der Engel Ithruriel, um der Form willen an. Denn es kann Sie ein bessrer nicht besser lieben." Goethe nimmt hier Bezug auf Voltaires Erzählung DIE WELT WIE SIE IST (1748). Darin wendet sich einer der höchsten Genien, Ituriel, dem „das Gebiet von Zentralasien" untersteht, an den Skythen Babuk mit dem Auftrag, sich sogleich nach Persepolis aufzumachen und zu prüfen, ob die Stadt aufgrund ihrer leidigen Ausschweifungen und Torheiten, die den Zorn der Genien erregt haben, nur bestraft oder ganz vernichtet werden soll; „... ich werde", so Ituriel, „je nach deiner Meldung beschließen, ob ich die Stadt bessern oder vernichten soll." Babuk untersucht daraufhin gewissenhaft alle Zusammenhänge, stößt reichlich auf menschliche Unzulänglichkeit und Schwächen, aber auch auf Gutes, Liebsames, Anmutiges. Die Welt, die er gewahr wird, kann er in seiner Meldung für Ituriel bei den angedrohten Folgen unmöglich auf ein Extrem reduzieren; die Welt ist bunt, so die erstaunliche Einsicht Voltaires, des führenden Aufklärers des 18. Jahrhunderts. „Hört, wie er sich seiner Aufgabe entledigte: Er beauftragte den besten Gießer der Stadt, eine kleine Statue anzufertigen, die aus allen Metallen, Erdsorten und den kostbarsten sowie den wertlosesten Steinen zusammengesetzt war. Diese Statue brachte er zu Ituriel. ‚Würdet Ihr diese hübsche Statue zerschlagen, nur weil sie nicht ganz aus Gold und Diamanten besteht?' fragte er ihn. Ituriel verstand sofort den Sinn seiner Worte. Er gab den Gedanken auf, Persepolis zu bessern, und entschied, die Welt so zu lassen, wie sie ist. ‚Denn', so sagte er, ‚ist auch nicht alles gut, so ist es doch leidlich.'"[650] Goethe fühlt sich demnach nicht würdig und geläutert genug für seine Geliebte; verständlich wird sein Satz demnach nur mit den folgenden Personen: „... es kann Sie [Anna Amalia] ein bessrer [Oeser] nicht besser lieben [als ich]".

Nach einem kurzen Brief vom 24. September 1780 tritt eine Pause ein, ab dem 4. Oktober hält sich Goethe dann auf Gut Kochberg bei Frau von Stein auf. Hinzu kommen am 9. Oktober der Herzog, Josias von Stein und Knebel. Goethe reist am 10. Oktober nach Weimar ab, nachdem seine Geliebte ihm etwas Verletzendes gesagt haben soll – eine Formulierung, die er wählen musste, auch wenn die Mitteilung schriftlich aus Mannheim kam; Goethes

Korrespondenz wiederum konnte über Anna Amalias Sekretariat im Wittumspalais den Postnachsendungen beigegeben werden, zum Beispiel in einem Couvert versiegelt von Frau von Stein an Anna Amalia. Spione hätten damit wenig anfangen können, vor allem wegen der vielen verabredeten Anhängsel, die auf das familiäre Umfeld von Frau von Stein anspielten. Goethe ist ganz aufgewühlt und schreibt noch am selben Tag: „Was Sie mir heut früh zuletzt sagten hat mich sehr geschmerzt, und wäre der Herzog nicht den Berg mit hinauf gegangen, ich hätte mich recht satt geweint. Auf ein Übel häuft sich alles zusammen! ... Ich werde mich nicht zufrieden geben biss sie mir eine wörtliche Rechnung des Vergangenen vorgelegt haben ... Haben Sie Mitleiden mit mir. Das alles kam zu dem Zustand meiner Seele darinn es aussah wie in einem Pandämonium [Höllenspektakel] von unsichtbaaren Geistern angefüllt, das dem Zuschauer, so bang es ihm drinn würde, doch nur ein unendlich leeres Gewölbe darstellte." Am nächsten Tag folgt ihm Knebel nach Weimar und bleibt bei ihm, Goethe beruhigt sich dadurch.

Am 13. Oktober 1780 gibt Goethe offen zu, von blinder Eifersucht getrieben zu sein: „Es ist wunderbar und doch ists so, dass ich eifersüchtig und dummsinnig bin wie ein kleiner Junge wenn Sie andern freundlich begegnen." Nur im Bezug auf Anna Amalia und Oeser erscheint eine Eifersuchtkonstellation naheliegend. Am 29. Oktober 1780, nachdem Anna Amalia wieder in Weimar ist und Goethe eingesehen hat, dass seine Eifersucht auf Oeser überzogen war, rechtfertigt sich der Dichter für sein Verhalten: „Ich weis nicht warum, aber mir scheint Sie haben mir noch nicht verziehen. ... So gehts aber dem der still vor sich leidet, und durch Klagen weder die seinigen ängstigen noch sich erweichen mag, wenn er endlich aus gedrängter Seele *Eli, Eli lama asabthani* [Mein Gott, mein Gott, warum hast du mich verlassen?, MATTHÄUS, 27, 46 f.] ruft, spricht das Volk, du hast andern geholfen hilf dir selber, und die besten übersezzens falsch und glauben er rufe dem Elia." Auch Goethes Klagerufe würden wie bei Christus falsch verstanden werden, denn dieser wandte sich an Gott, nicht aber an den Propheten Elia. Bei Goethes Eifersuchtsanfall würde man an Frau von Stein denken, nicht aber an Anna Amalia und daher gar nicht verstehen, wie man ihm helfen kann. In einem Brief vom 25. Januar 1781 an Carl August schließlich meldet Goethe – wohl nicht ohne ein wenig Genugtuung – eine Skandalgeschichte vom Hof Anna Amalias: „Apropos von Künstlern, die Christiane das leidige Stubenmädel an der Herzoginn Mutter Hof, ist von Ettersburg her schwanger, und giebt den alten Oeser zum Vater an. Die

Herzoginn ist wild und droht ihr mit dem Zuchthaus, sie hat schon einmal in ihrer Aussage variirt."

Während Goethe noch auf Oeser eifersüchtig war, sinnierte er über seine Nachtliebe zu Anna Amalia. Nach einem Spaziergang bei „unendlich schönem" Mond fügte er dem Brief an die Geliebte vom 13. Oktober 1780 ein Gedicht bei. Das Lied legt er den Elfen in den Mund, gemeint ist zugleich ihre Nachtliebe, denn nur im Schutze der Nacht dürfen sie einander Geliebte sein:

> Um Mitternacht
> Wenn die Menschen erst schlafen
> Dann scheinet uns der Mond
> Dann leuchtet uns der Stern,
> Wir wandeln und singen
> Und tanzen erst gern.

> Um Mitternacht
> Wenn die Menschen erst schlafen
> Auf Wiesen an den Erlen
> Wir suchen unsern Raum
> Und wandeln und singen
> Und tanzen einen Traum.

Dass nachts erst ihr eigentliches gemeinsames Leben beginnt, steht in einem Brief an Anna Amalia („Frau von Stein") vom 19. November 1784: „Morgen Abend komme ich wieder und wir setzen unser Leben fort." Am 25. Oktober 1780 berichtet Goethe von einem kurzen Zusammentreffen mit Merck in thüringischen Mühlhausen: „Mit Mercken hab ich einen sehr guten Tag und ein Paar Nächte verlebt. Doch macht mir der Drache immer bös Blut, es geht mir wie Psychen da sie ihre Schwestern wiedersah." Das Märchen AMOR UND PSYCHE von Apuleius (um 125–nach 161 n. Chr.) ist von ganz zentraler Bedeutung, da es in vielen Werken Goethes wiederkehrt. Knebel hatte das Märchen über das „standesungleiche" Paar am 10. Februar 1780 in Tiefurt vorgelesen. Der Gott Amor ist der Gatte der sterblichen Prinzessin Psyche. Sie hat seine wahre Gestalt noch nie gesehen, denn sie dürfen sich nur nachts und bei völliger Dunkelheit treffen. Da Psyches Schwestern neidisch sind, reden sie ihr ein, ihr Gatte sei ein Drache. Daraufhin setzt sich Psyche über das Verbot hinweg und beleuchtet Amors Antlitz. Ein herabfallender Tropfen heißen Öls weckt Amor, der zur Strafe Psyche verlässt. Erst nach harten Prüfungen, darunter ein gefährlicher Gang in die Unterwelt, werden die Liebenden wiedervereinigt, indem Psyche in den Stand der Götter erhoben wird. Merck, der von der Identitätstäuschung nichts wusste, gab die Ansicht vieler Freunde wider, wenn er Goethes angebliche Liebesbeziehung zu Frau von Stein missbilligte. Die Hauptforderung des Sturm und Drang an den Dichter war, alles, was ihm im Leben begegnet, rein nach der Natur abzubilden. Die angebliche Liebesbeziehung des strahlenden jungen „Genie der Genies" (Knebel) mit der verheirateten Hofdame von Stein schien keinen brauchbaren literarischen Ertrag zu bringen und tatsächlich stockte Goethes Schaffen. Merck wollte daher Goethe energisch die Augen öffnen, Frau von Stein sei – in der Sprache des Märchens – in Wahrheit ein Drache und er dabei, sich seiner außerordentlichen Dichtergabe als unwürdig zu erweisen. Tatsächlich verbirgt sich hinter dem Drachen Frau von Stein die Prinzessin Anna Amalia. Würde Licht über Goethes verborgene Liebe zur Fürstin Anna Amalia leuchten, ihre Beziehung also bekannt werden, so würden sie wie die Liebenden im Märchen getrennt werden. Die Liebenden sehen in dem Märchen eine Entsprechung für ihr Schicksal: ihre verbotene Liebe darf nur heimlich gelebt werden. Im Brief vom 1. Oktober 1781 schreibt Goethe von einer Gemme, einem Schmuckstein mit eingeschnittenem Bild, den er in Leipzig erworben hatte: „Es stellt Psyche vor mit dem Schmetterling auf der Brust in gelbem Achat. Es ist als wenn ich dich immer meine Liebe Seele [Psyche] nenne." Den Stein ließ Goethe für die Geliebte in einen Ring fassen (Brief vom 2. Oktober 1781) und sie siegelte damit ihre Briefe (Brief vom 27. November 1781).

Da das Märchen AMOR UND PSYCHE große Bedeutung für das Liebespaar hatte, übersetzte Anna Amalia es für ihr TIEFURTER JOURNAL (ab November 1781). Am 29. Januar 1782 schreibt Goethe an Anna Amalia („Frau von Stein"): „Nach überstandener Tageslast eilt ich zu dir ... Ich fand dich nicht, und murrte einen Augenblick! dann ging ich in dem schönen Mondschein heraus und fand dein liebliches Wort wofür ich dir dancke. Psyche war nicht stumm. du Liebe!" Anna Amalia schmückte ihr Landhaus in Tiefurt unter anderem mit kolorierten Stichen, die die Geschichte von Amor und Psyche darstellen und vom bedeutenden Kupferstecher Nicolas Dorigny (1658–1746) 1693 nach Raffaels (1483–1520) Fresken in der Villa Farnesina angefertigt wurden.[651] Goethe besaß diese Stiche auch, Anna Amalia scheint sie ihm im August 1778 geschenkt zu haben.[652] An Anna Amalia („Frau von Stein") schreibt Goethe am 18. November 1786, Dorignys Vorlagen gesehen zu haben: „Heute haben wir in der Farnesina die Geschichte der Psyche gesehn, die du aus meinen Zimmern kennst." Am 16. Juli 1787 berichtet Goethe an dieselbe: „Gestern war ich mit Angelica in der Farnesina, wo die Fabel der Psyche gemahlt ist. Wie oft und unter wie manchen Situationen hab' ich die bunten Copien dieser Bilder in meinen Zimmer mit euch angesehn! Es fiel mir recht auf, da ich sie eben durch jene Copien fast auswendig weiß." Auch die Vorzeichnungen und -studien Raphaels zu seinen Farnesina-Fresken spürte Goethe auf. Am 6. Mai 1788 schreibt er Carl August aus Florenz: „Am vorletzten Tage [in Rom] habe ich noch für ein geringes etwas für Sie gekauft das Ihnen auch gewiß Freunde macht. Die Geschichte der Psyche nach Zeichnungen von Raphael 32 Blat. Aus diesen hat er hernach die Sujets zur Farnesina genommen und sind daher doppelt interessant." In TASSO wird der Dichter und seine Prinzessin ebenfalls in Bezug zu dem Märchen gesetzt (Vers 228 ff.): „Es ist der Jüngling [Amor], der mit Psychen sich/Vermählte, der im Rat der Götter Sitz/Und Stimme hat." Die erste Ausgabe von TASSO (1790) schmückte eine in Rom entstandene Darstellung der gefesselten Psyche von Johann Heinrich Lips (1758–1817).

Da das Liebespaar sich nur heimlich und im Schutz der Nacht sehen durfte, beklagt Goethe oft, nicht genug in der Nähe der Geliebten sein zu können. Wieder kann nicht Frau von Stein gemeint sein, da Goethe zu ihr einen freien Zugang hatte. In einem Gedicht, das er am 16. Dezember 1780 der Geliebten schickte, heißt es:

> Sag ich's euch geliebte Bäume
> …
> Ach ihr wisst es wie ich liebe
> Die so schön mich wiederliebt
> Die den reinsten meiner Triebe
> Mir noch reiner wiedergibt.
> …
> Bringet Schatten traget Früchte
> Neue Freude ieden Tag
> Nur dass ich sie dichte dichte
> Dicht bey ihr geniessen mag.

Goethe begann im April 1776 mit der Umgestaltung seines Gartenhauses, er pflanzte Linden davor. Am 1. November 1776 war es Anna Amalia, die zu Goethes Garten spazierte und ihm die kleinen Lindenbäumchen aufrecht hielt, die er im Begriff war einzupflanzen. In Goethes Tagebuch heißt es:

„Herz.[ogin] M.[utter] mit Jöchhaus [von Göchhausen] über die Wiese. Linden gepflanzt."⁶⁵³ Auf diese Bäume scheint Goethe in seinem Gedicht anzuspielen.⁶⁵⁴ Doch war es eine Ausnahme, dass Anna Amalia so zwanglos bei ihm sein konnte. Die Liebenden hatten nicht die Möglichkeit, sich jederzeit aufzusuchen, da die Fürstin Anna Amalia an einem reglementierten Hofleben teilnehmen musste. Da war ihr eigener Witwenhof mit Hofdamen, Koch, Konditor und Stubenmädchen bis hin zum Bibliothekar und Geheimen Sekretär, insgesamt an die dreißig Beschäftigte.⁶⁵⁵ Auch der Hof des regierenden Herzogpaares legte ihr entsprechende Verpflichtungen auf. Jeden Sonntag ließ sich Anna Amalia in einer gläsernen Kutsche zum Mittagsmahl an den Hof ihres Sohnes Carl August fahren,⁶⁵⁶ kurze Wegstrecken legte sie auch in einer Sänfte zurück (ABB. 11). Jeder ihrer Schritte außerhalb ihres privaten Bereichs wurde von Bediensteten begleitet: „Jede Tür, durch welche die Herrschaft bei gehaltenem Hofe aus- und eingingen, durfte nur von einem Pagen geöffnet und zugemacht werden. Fuhren die Herzoginnen mit ihrem Hofstaate irgendwohin, so mußte einer bei der Herzogin-Mutter im Wagenschlag hängen, ein anderer die Schleppe tragen".⁶⁵⁷

Dass Frau von Stein nicht wirklich Goethes Geliebte gewesen sein kann, kommt auch darin zum Ausdruck, dass er nicht ein paar Tage abwartet, um das Gedicht vom 16. Dezember 1780 an Frau von Steins Geburtstag, dem 25. Dezember, ihr zu überreichen. Stattdessen schreibt Goethe an ihrem Geburtstag nur, dass der Christtag ihm auch ein Geburtstagsfest sei. Von 1775 bis 1785 ist sonst nur noch ein Mal, nämlich am 25. Dezember 1781, von Frau von Steins Geburtstag in einem Briefnachsatz die Rede: „Viel Glück zum Geburtstag." Dies, obwohl der Dichter Frau von Stein anscheinend mit Briefen überschüttete. Bei einer weiteren Erwähnung am 26. Dezember 1785 muss diese nicht ihr gelten, Goethe könnte auch ein Weihnachtsgeschenk für Anna Amalia meinen: „Ich wusste wohl am heil. Abend daß ich dir noch etwas zu bescheeren hatte, konnte mich's aber nicht besinnen. Hier schick ich's nach." Das Jahr 1782 zeigt eindrücklich, dass für Goethe Frau von Steins Geburtstag keine Bedeutung hatte. Ein Brief Goethes an „Frau von Stein" vom 25. Dezember 1782 erwähnt ihren Geburtstag nicht. Seinen Geburtstag im selben Jahr, den 28. August 1782, hatte Anna Amalia („Frau von Stein") nicht vergessen: „Mein Bote war weg als der deinige kam, ich dancke dir für dein Andencken". Zu Anna Amalias Geburtstag am 24. Oktober 1782 schenkte Goethe ihr etwas ganz Besonderes, in einem Brief von Anna Amalia an Knebel vom 8. November 1782 heißt es: „Goethe hat mich durch ein Geschenk von allen seinen ungedruckten Schriften sehr erfreut;

sollte das einem nicht schmeicheln, lieber Knebel? Ich bin aber auch ganz stolz darüber."[658] Für Goethe war sein Werk untrennbar mit Anna Amalia verbunden, ihr will er seine künftigen Schöpfungen, die sie mannigfach verherrlichen sollen, zu Füßen legen. Von keinem der Geburtstage Frau von Steins aus dem ersten Weimarer Jahrzehnt wird berichtet, dass er von Goethe gefeiert wurde. Bei Anna Amalia sind es von 1776 bis 1785 acht Geburtstage, an denen nachweislich gefeiert wurde oder die Goethe erwähnt. Goethe-Biographen ist diese Anhäufung zwar aufgefallen, sie konnten sie aber nicht erklären.[659] Auch danach finden Anna Amalias Geburtstage immer wieder Erwähnung, auch nach ihrem Tod. Frau von Stein hingegen, die ihre Herrin Anna Amalia um 20 Jahre überlebte, erwähnt oder besucht Goethe gerade mal an drei Geburtstagen, zuletzt 1815.[660]

Am 12. März 1781 wünscht sich Goethe eine Art Heirat mit der Geliebten: „Meine Seele ist fest an die deine angewachsen, ich mag keine Worte machen, du weist daß ich von dir unzertrennlich bin und daß weder hohes noch tiefes mich scheiden vermag. Ich wollte daß es irgend ein Gelübde oder Sakrament gäbe, das mich dir auch sichtlich und gesetzlich zu eigen machte, wie werth sollte es mir seyn. Und mein Noviziat war doch lang genug um sich zu bedenken." Bei Frau von Stein hätte es die Möglichkeit gegeben, dass sie sich scheiden ließ, was damals in dieser Gesellschaftsschicht durchaus möglich war und gar nicht selten vorkam. Der Umkehrschluss von Goethes Aussage „ich wollte es gäbe ..." ist aber, dass es eben kein Gelübde oder Sakrament gab, das die Zugehörigkeit seiner Geliebten zu ihm nach außen manifestieren konnte. Goethe konnte Anna Amalia, obwohl sie Witwe war, nicht ehelichen, denn die Standesschranken waren unüberwindbar. In seinem autobiographischen Roman WILHELM MEISTERS LEHRJAHRE (VIII, 9) verschlüsselt Goethe diese Situation. In Bezug auf den Harfenspieler Augustinus, die Personifikation des Täuschungswerkes, heißt es: „Er solle sich überlegen, daß er nicht in der freien Welt seiner Gedanken und Vorstellungen, sondern in einer Verfassung lebe, deren Gesetze und Verhältnisse die Unbezwinglichkeit eines Naturgesetzes angenommen haben." Am 8. Juli 1781 schreibt Goethe: „Wir sind wohl verheurathet, das heist: durch ein Band verbunden wovon der Zettel aus Liebe und Freude, der Eintrag aus Kreuz Kummer und Elend besteht. Adieu grüse Steinen. Hilf mir glauben und hoffen." Die abrupte Erwähnung von Josias von Stein, nachdem sich Goethe nach bisheriger Überzeugung als mit seiner Ehefrau „wohl verheurathet" bezeichnet, konnten Biographen[661] bisher nicht überzeugend erklären. Verständlich wird sie aber, wenn der Brief an Anna Amalia gerichtet war. Sie soll den untröstlichen, von Zweifeln geplagten Dichter helfen, an eine gemeinsame Zukunft zu glauben und zu hoffen. Kreuz, Kummer und Elend zeigen für Goethe die Ausweglosigkeit dieser unstandesgemäßen Liebe, die nur nach innen gelebt werden kann und nach außen durch Täuschung geschützt werden muss, weil es keine Möglichkeit einer äußeren Legitimation gibt.

Goethe umrahmt seine Liebesbriefe an Anna Amalia mit Standardsätzen, die auf Frau von Steins familiäres Umfeld Bezug nehmen. Frau von Stein kann diese Briefe daher im Bekanntenkreis zeigen. Außerdem wären Briefe, in falsche Hände geraten – etwa durch Bedienstete, die als Spione ihren Gehalt aufbessern – ungefährlich. Der Briefwechsel ist daher so gehalten, dass jeder, der befugt oder unbefugt die Briefe einsah, nicht gleich Anna Amalia als Goethes Geliebte erkennen konnte. Die Bezüge auf Frau von Steins Familie und Aufenthaltsort sind jedoch nur ein Blendwerk, also verabredete Anhängsel, die die Identität der Geliebten verbergen sollen, oder Briefe, die dafür bestimmt waren, herumgezeigt zu werden. Wenn in diesen Anhängseln Frau von Stein gebeten wird, in ihrem Bekanntenkreis etwas für Goethe zu tun, so versteht es Anna Amalia als einen Auftrag, ihrer Hofdame von Stein entsprechende Aufträge zu erteilen. Die Vorsichtsmaßnahmen in Goethes Briefen werden am 1. Mai 1781 dadurch erhöht, dass der Name Lotte eingeführt wird. Es dürfte schwer sein in der Kulturgeschichte der Menschheit einen anderen Briefwechsel unter Liebenden zu finden, bei dem erst Jahre später – bei Goethe nach sechs Jahren – endlich der Name der Geliebten genannt wird: „Adieu Liebe Lotte. d. 1sten Wonnemond 81." Im nächsten Brief vom 3. Mai heißt es: „Ich bin geschäfftig und traurig. Diese Tage machen wieder in mir Epoche. Es häufft sich alles um gewisse Begriffe bey mir festzusezzen, und mich zu gewissen Entschlüssen zu treiben. Zu Mittage komm ich. empfange mich mit deiner Liebe und hilf mir auch über den dürren Boden der Klarheit, da du mich durch das Land der Nebel begleitet hast." Es ist nahe liegend, dass Goethe mit der Festsetzung von gewissen Begriffen den Namen Lotte meint, den er fortan des Öfteren verwenden wird. Es kostete ihn also doch einige Überwindung, seine Geliebte mit dem „ominösen" (1779), „verwünschten" (1780) Namen anzusprechen. Diese und weitere Vorsichtmaßnahmen waren erforderlich, weil das Interesse an Goethes undefinierbarem Verhältnis zu Frau von Stein groß war. So besuchte etwa Lavaters Schwager, der Theologe und Übersetzer Georg C. Tobler (1757–1812), 1781 Weimar, blieb mehrere Monate und interessierte sich lebhaft für Frau von Stein. Lavater hatte früh Goethes Größe erkannt, für ihn war Goethe „ein Genie ohne seinesgleichen".[662] Doch er nahm immer mehr eine unversöhnliche Haltung gegenüber Andersgläubigen ein, um sich endlich als Wanderprophet auf ausgedehnte Reisen zu begeben.[663] Die Kompilation PONTIUS PILATUS (ab 1782) versah Lavater mit dem Motto: „Wer nicht für uns ist, der ist wider uns".[664] In seinem JESUS MESSIAS (ab 1783) nahm Lavater Goethes Abbild für das des Teufels als des Versuchers Christi, was Goethe ihm vollends entfremden sollte. In einem Brief an Anna Amalia („Frau von Stein") vom 14. Juli 1786 fragt Goethe: „Was hab ich mit dem Verfasser des Pontius Pilatus zu thun, seiner übrigen Qualitäten unbeschadet." Als Lavater Goethe seine Bekehrungsschrift NATHANAEL (1786) mit der Widmung „Edler, Trugloser, Lieber Lieber!" sendete, notiert der zornige Goethe auf ein Konzeptpapier: „... du kommst mit deiner Saalbaderey an den unrechten. ich bin kein Nathanael ... also pack dich Sophist. Oder es gibt Stöße!"[665]

Lavaters Schwager Tobler war eine Bekanntschaft von der Schweizer Reise Goethes mit Carl August. Damals schrieb Goethe über ihn an Lavater (2. November 1779): „... mein Geist ist ihm nah aber mein Herz ist fremd ... Wohl ist uns zusammen nicht worden." Lavater war nun an Goethe sowie der Frau seines Herzens sehr interessiert, Tobler sollte wohl herausfinden, warum er ausgerechnet mit einer verheirateten Mutter ein Liebesverhältnis unterhielt. Goethe schrieb Lavater etwa am 20. September 1780: „Auch thut der Talisman iener schönen Liebe womit die St[ein] mein Leben würzt sehr viel. Sie hat meine Mutter, Schwester und Geliebten nach und nach geerbt, und es hat sich ein Band geflochten wie die Bande der Natur sind." Im gleichen Brief beantwortet Goethe eine Anfrage Lavaters hinsichtlich dessen Freundin, der Witwe Maria Antonia von Branconi (1746–1793), mit der Lavater ihn gerne liiert hätte: „Und Gott bewahre uns für einem ernstlichen Band, am dem sie mir die Seele aus den Gliedern winden würde." Frau von Steins Freund Zimmermann nannte Frau von Branconi „das größte Wunder von Schönheit, das in der Natur existiert".[666] Als Goethe Lausanne besuchte, traf er auf Frau von Branconi, mit beißendem Spott schreibt er an Anna Amalia („Frau von Stein") am 23. Oktober 1779, also einen Tag vor ihrem Geburtstag: „Sie kommt mir so schön und angenehm vor dass ich mich etlichemal in ihrer Gegenwart stille fragte, obs auch wahr seyn möchte dass sie so schön sey." Frau von Branconi war ab 1767 die Mätresse von Anna Amalias Bruder, dem Erbprinzen Carl Wilhelm Ferdinand (1735–1806), gewesen und hatte ihm 1776 einen Sohn geboren. Als Goethe einer Einladung von Frau von Branconi auf ihr Schlösschen in Langenstein folgte und mit dem kleinen Fritz von Stein bei ihr erschien, schreibt er in einem Brief an Anna Amalia („Frau von Stein") vom 20. September 1783: „… sie [Frau von Branconi] wußte nicht woran sie mit mir war, und gern hätte ich ihr gesagt: ich liebe, ich werde geliebt, und habe auch nicht einmal Freundschaft zu vergeben übrig". Frau von Branconi war an Goethe interessiert, doch konnte sie sich auf ihn keinen Reim machen, denn er verschmähte sie als berühmte Schönheit, um stattdessen scheinbar einer gewissen Frau von Stein jahrelang treu zu bleiben, von der nichts Außergewöhnliches berichtet werden konnte. Bei vielen wurde also eine ungeheure Neugierde geweckt, und entsprechend wird das besondere Augenmerk von Tobler Frau von Stein und ihrem Verhältnis zu Goethe gegolten haben. In einem Brief von Mai 1781 schreibt Tobler an Lavater: „Die angenehmste, umgänglichste ist die Fr[au] von Stein. – Aber ich kann so wenig zu einem hohen reinen Grade von Achtung für sie kommen, als zu einem hohen Grade von Zärtlichkeit gegen Goethe … Goethe hat mich gestern Abends noch in die Schule genommen, daß ich nicht zuviel aus ihrem Weimarerwesen etc. plaudern soll."[667] Untergebracht war Tobler bei Knebel, der auch hier seine diplomatische Arbeit bestens besorgte. Der Gast befand über ihn: „… ich kan offen gegen ihn seyn" (Brief an Lavater vom 7. Mai 1781).

Der Name Lotte taucht das nächste Mal am 12. Mai auf, dabei fällt der Satz: „Du kannst mir nicht gegenwärtiger und näher werden als du's bist, und doch ist mir iedes neue Band und bändgen sehr angenehm." Diese Zeilen scheinen für Tobler geschrieben zu sein. Das Bild der geflochtenen Bänder in seiner Beziehung zur Frau von Stein verwendete Goethe gegenüber Lavater am 20. September 1780 („… es hat sich ein Band geflochten wie die Bande der Natur sind"). Um also bei Tobler keine Frage über die Identität seiner Geliebten aufkommen zu lassen, beschließt Goethe den Namen Lotte in die Korrespondenz einzuführen. Mit solchen Briefen versieht man Frau von Stein, die ihrerseits den Pfarrer Tobler auf die Art und Weise, über die Gräfin Egloffstein berichtete, vorspielt, dass sie, Charlotte von Stein, Goethes wie auch immer geartete Geliebte sei.

Goethe gebrauchte zwar fortan den Namen Lotte, es taucht aber in seinen Briefen nur einen Monat später, am 1. Juni 1781, in einem Gedicht ein weiterer Name auf, mit dem er die Geliebte bezeichnet: Lydia, später Lida. Seinen Brief schließt er mit den Worten: „In dieser Welt meine beste, hat niemand eine reichere Erndte als der dramatische Schriftsteller, und die Weisen sagen: beurtheile niemand bis du an seiner Stelle gestanden hast." Das Gedicht, in dem erstmals der Name Lydia verwendet wird – später mit dem Titel VERSUCHUNG versehen – lautet:

> Reichte die schädliche Frucht einst Mutter Eva dem Gatten,
> Ach! vom törichten Biß kränkelt das ganze Geschlecht.
> Nun vom heiligen Leibe, der Seelen speiset und heilet,
> Kostest du, Lydia, fromm, liebliches büßendes Kind!
> Darum schick ich dir eilig die Frucht voll irdischer Süße,
> Daß der Himmel dich nicht deinem Geliebten entzieh.

Durch den Namen Lydia wird es Goethe möglich, nie den Namen Lotte in seiner Dichtung verwenden zu müssen. Auch bei der häufigen Abkürzung L. ist nicht nachvollziehbar, welchen Namen er tatsächlich meinte. Dichtung, das ist etwa für den von Goethe geschätzten Philosophen Johann Georg Hamann (1730–1788) die Muttersprache des menschlichen Geschlechts, worin sich am reinsten der Nachhall göttlichen Sprechens offenbare, diese kann daher nur im Dienste der Wahrheit stehen. Im Brief vom 1. Oktober 1781 kündigt Goethe das Gedicht DER BECHER an, worin er die Geliebte mit Lida anspricht und mit Psyche vergleicht: „Nein, ein solch Gefäß hat, außer Amorn,/Nie ein Gott gebildet noch besessen!" Ein Gedicht vom 9. Oktober ist das einzige, das in einer ersten Fassung den Namen Lotte trug, der aber durchgestrichen und mit dem Namen Lida korrigiert wurde. Der durchgestrichene Name Lotte ist von hoher symbolischer Bedeutung, die ersten Zeilen lauten: „Den Einzigen, ~~Lotte~~ Lida, welchen du lieben kannst,/Forderst du ganz für dich, und mit Recht./Auch ist er einzig dein." Aus einem Vierzeiler, den Goethe dem Brief vom 12. April 1782 an Anna Amalia („Frau von Stein") beilegt, geht unmissverständlich hervor, dass die Empfängerin eine Fürstin ist. „Hier beste ein Epigramm, davon die Dichtung dein ist":

> Königen sagt man hat die Natur vor andern Gebohrnen,
>   Zu des Reiches Heil längere Arme verliehn.
> Doch auch mir geringen gab sie das fürstliche Vorrecht,
>   Denn ich fasse von fern und halte dich Psyche mir fest.

Später ersetzte Goethe den Namen Psyche mit Lida, die er synonym verwendet. Damit macht er deutlich, dass die Frau, die er anspricht, auch eine Fürstin ist, denn bei Psyche handelte es sich um eine Prinzessin.

Im Brief vom 1. Oktober 1781, in dem Goethe der Geliebten eine Gemme aus gelbem Achat, auf der Psyche dargestellt ist, als Geschenk ankündigt, berichtet Goethe: „In Leipzig hab ich das Offenbare Geheimnis gesehen und mein Gewissen hat mich gewarnt." Das Thema des Theaterstücks DAS ÖFFENTLICHE GEHEIMNIS „ist die poetische Geheimsprache zweier Liebenden in Versen, deren Anfangsworte einen eigenen Sinn ergeben".[668] Die Warnung bezieht sich auf Goethes Sorge, dass sein Geheimnis erkannt werden könnte. Es folgt im Brief der Satz: „Meine Liebste ich habe mich immer mit dir unterhalten und dir in deinem Knaben gutes und liebes erzeigt. Ich hab ihn gewärmt und weich gelegt, mich an ihm ergötzt und seiner Bildung nachgedacht." Sollte die Warnung vor einer Entdeckung des Geheimnisses ernst genommen werden, so mussten weitere Vorsichtsmaßnahmen getroffen werden. Was lag da näher, als Fritz, Frau von Steins Sohn, in seine Obhut zu nehmen, zumal es ihm sehr gedankt wurde. Fritz machte Goethes vorgetäuschte Liebe zu dessen Mutter ungleich glaubwürdiger, er sollte den Knaben so ins Herz schließen, dass es hieß, dieser würde sein Erbe werden. Goethe nahm nach seinem Umzug vom Gartenhaus in das Haus am Frauenplan im Juni 1782 Fritz, der deswegen in Weimar beneidet wurde, ganz zu sich, erzog ihn und nahm ihn öfters auf Reisen mit. Dadurch wurde die Plausibilität seiner seltsamen Verbindung buchstäblich in alle Gegenden getragen; Goethe machte dies zugleich Freude, denn er liebte Kinder. Aus seiner Zeit in Wetzlar im Sommer 1772 wird über ihn berichtet: „Die Augen von ganz Wetzlar waren auf einen Mann gerichtet, den sie nicht begreifen konnten, der bald am Markttag alle Kirschen am ganzen Markt aufkaufte, alle Kinder in der Stadt zusammentrommelte, und dann mit der Karavane nach [Charlotte] Buffs Hause zog, wo er die Kinder all im Kreise um die Körbe herstellte, und Lotte ihnen Butterbrodt dazu schnitt".[669] Auch in Weimar umgab er sich gerne mit Kindern und richtete für sie Feste ein. Für einen kleinen Jungen, der sich in der Tugend der Geduld üben sollte, wurde sogleich eine ungewöhnliche Lösung in Angriff genommen: Goethe grub ihn bis zum Hals in einen Sandhaufen ein.[670] Begeistert aber waren die Kinder in Weimar, wenn Goethe sie im Liebhabertheater auftreten ließ, etwa die, die Tanzunterricht hatten, im Ballett DER GEIST DER JUGEND (1782).[671]

Ab dem 23. August 1782 wurden die Vorsichtsmaßnahmen in Goethes Briefen erneut erhöht. Im sechsten Jahr fängt Goethe auf einmal an, die Fahrten von Frau von Stein auf ihr Landgut Kochberg zu thematisieren: Sie solle zurück, er sei so allein, er vermisse sie. Frau von Stein kam für einige Tage nach Weimar, Goethe reiste mehrmals im September kurz nach Kochberg oder dorthin, wo sich Frau von Stein gerade aufhielt. In dieser Zeit, von Mai 1782 bis zum Frühjahr 1783, hielt sich der Franzose Anse de Villoison in Weimar auf,[672] ein Kenner der altgriechischen Sprache und Verfasser eines Homer-Wörterbuchs.[673] Carl August und Knebel hatten ihn auf ihrer Reise nach Paris (1774/75) kennengelernt. In Paris „belagerte [Villoison] förmlich den Herzog und rüstete sich zu einem Hochzeitscarmen [-gedicht] für ihn, weil er glaubte, von ihm Orden und wohlklingende Titel zu ergattern".[674] Nun setzte er sich am Hof in Weimar fest und schien nicht mehr abreisen zu wollen, obwohl man ihm dies öfters nahe legte, zumal sein merkwürdiges Äußeres Gegenstand von Spott war.[675] Villoison, der über Gebühr lange in Weimar blieb, obgleich er es nicht nötig hatte, die Gastfreundschaft mehr als angemessen in Anspruch zu nehmen, musste Goethes Misstrauen erregen. Er hielt sich oft bei Anna Amalia in Tiefurt auf, wo er ihr Unterricht in Altgriechisch gab. Es wäre nicht undenkbar gewesen, dass jemand etwas von ihrem Geheimnis ahnte und diesen undurchsichtigen Gelehrten, der „alle philologischen Bücher, deren er habhaft werden konnte, zusammenkaufte, u. Kistenweise nach Paris schickte",[676] auf sie angesetzt hatte.

Im Oktober 1782 kam zudem die Gräfin Görtz nach Weimar zu Besuch, ihrem Mann schrieb sie freimütig über die verbotene Liebe.[677] Goethe musste sich in Acht nehmen, der hohe preußische Diplomat Görtz hätte eine Intrige gesponnen haben können, um sich an Anna Amalia und an ihm zu rächen – an dem „Urheber unserer Qualen", wie Görtz Goethe 1776 in einem Brief an seine Frau genannt hatte.[678] Der Beweis einer verbotenen Liebe zwischen dem Dichter und der Fürstin wäre für Erpressungen, aber auch für politische Zwecke wertvoll gewesen. Die Liebenden mussten also auf Einbrüche, Bestechung von Bediensteten und sonstige Nachforschungen gefasst sein. In TASSO lässt Goethe den Herzog in Bezug auf den Dichter sagen (Vers 315 ff.): „... gegen viele/Hegt er ein Mißtraun, die, ich weiß es sicher,/Nicht seine Feinde sind. Begegnet ja,/Daß sich ein Brief verirrt, daß ein Bedienter/Aus seinem Dienst in einen andern geht,/Daß ein Papier aus seinen Händen kommt,/Gleich sieht er Absicht, sieht Verräterei/Und Tücke, die sein Schicksal untergräbt." Goethe und Anna Amalia werden noch vorsichtiger. Die Täuschung wird immer perfekter, denn ihre stete Sorge ist, einen verhängnisvollen Fehler zu begehen. Im Brief vom 4. Mai 1783 – der merkwürdige Villoison war längst abgereist – heißt es: „Die Art womit du mir gestern Abend sagtest du habest mir eine Geschichte zu erzählen ängstigte mich einen Augenblick. Ich fürchtete es sey etwas bezüglich auf unsere Liebe, und ich weis nicht warum, seit einiger Zeit bin ich in

Sorgen. Wie wundersam wenn des Menschen ganzes schweeres Glück an so einem einzigen Faden hängt." Diese Äußerungen, dass Goethes Lebensglück an einem Faden hänge und er sich um seine Liebe Sorgen mache, ergeben in Bezug auf Frau von Stein keinen Sinn. Die Entdeckung von Anna Amalias und Goethes Geheimnis hätte hingegen zu ihrer Trennung geführt. Die großen Lücken in Goethes Tagebuch – von Juli 1782 bis August 1786 ist gar kein Eintrag mehr vorhanden – sind mit Goethes und Anna Amalias immer größer werdender Vorsicht zu erklären. Die Verwendung der Symbole aus dem Planetensystem in seinen Tagebüchern für seinen engsten Freude hatte gerade den Zweck, das Tagebuch weiter führen zu können, ohne die Identitätstäuschung um seine Geliebte preiszugeben. Neben den Pflichtbesuchen bei Frau von Stein, die auch mit dem Symbol der Sonne (☉) bedacht wurden, kann Goethe dieses Symbol gerade dann benutzen, wenn das Symbol des Mondes (☽) kompromittierend gewesen wäre, etwa am 13. Februar 1778: „Nachts zu ☉ wieder in Mondsch.[ein] mit ihr spazieren". Um die Gefahr eines fatalen Widerspruches zu vermeiden, verzichtete Goethe darauf, sein Tagebuch weiterzuführen.

Am 23. Juni 1784 folgt wieder ein bedeutungsvoller Vierzeiler, der ihre Nachtliebe betrifft, eingeleitet mit den Worten: „Wenn ich nur ein Andenken für dich irgendwo aussinnen könnte. Ich hatte vor in irgend einen Felsen einhauen zu lassen":

> Was ich leugnend gestehe und offenbarend verberge,
> Ist mir das einzige Wohl, bleibt mir ein reichlicher Schatz.
> Ich vertrau es dem Felsen, damit der Einsame rate,
> Was in der Einsamkeit mich, was in der Welt mich beglückt.

Goethe gibt hier zu, seine Liebe leugnend zu gestehen und offenbarend zu verbergen. Seine angebliche Liebe zu Frau von Stein war bekannt, bei dieser gäbe es nichts zu raten. Das Gedicht ergibt also nur Sinn, wenn das, was ihn beglückt, verborgen und verleugnet wird.

Im Sommer 1784 spielt wieder einmal die große Politik und damit einhergehend Spionage und Geheimdiplomatie eine wichtige Rolle in Goethes Briefen. Die Braunschweiger Prinzessin Anna Amalia besuchte ihre Heimat, Goethe und Carl August ebenfalls. Letzterer reiste mit Instruktionen Preußens und sollte seinen Onkel Carl Wilhelm Ferdinand von Braunschweig (1735–1806) für die Idee eines Fürstenbundes gewinnen, vordergründig als dritte Macht neben Preußen und Österreich.[679] Ein Getümmel an Diplomaten, Spionen und derlei mehr mag in Braunschweig das großpolitische Ereignis intensiv verfolgt, soweit möglich die Quartiere der hohen Gäste durchsucht, der Post anvertraute Briefe in sogenannten Schwarzen Kabinetten geöffnet und ausgewertet haben.[680] Da Goethe der wichtigste Minister Carl Augusts war, der als treibende Kraft in Sachen Fürstenbund auftrat, wird das Interesse am Minister und seiner Korrespondenz nicht gering gewesen sein. Zeitweilig ins Scheinwerferlicht der großen Politik geraten, entschließt sich Goethe, seine Briefe an die Geliebte in französischer Sprache zu schreiben; zudem führt er sie in nicht zu überbietender Ironie kalligraphisch aus. Eingebunden in das dichte politische und kulturelle Programm am Hofe mag Goethe die sich im Entstehen befindenden Briefe jeweils gebührend lange auf seinem Schreibtisch liegen gelassen haben.

Am 20. September 1784 spottet Goethe in einem Brief über die Täuschung, der Anfang lautet: „Wir erfüllen unsere Pflicht derart gewissenhaft, meine liebe Lotte, dass man am Ende beinahe über unsere Liebe in Zweifel geraten könnte."[681] Aus diesem Brief geht weiter hervor, dass der Besuch von Fritz Jacobi in Weimar langsam zum Problem wird, Goethe fährt ironisch gegenüber Anna Amalia („Frau von Stein") fort: „Die Gegenwart Jacobis wäre mir doppelt so wert, wenn Du bei uns wärst. Es ist mir unmöglich, mit wem auch immer von Dir zu sprechen, ich weiß, daß ich immer zuwenig sagen würde, und zugleich fürchte ich, zuviel zu sagen. Ich wünschte mir, daß alle Welt Dich kennt, um mein Glück zu empfinden, das ich nicht auszusprechen wage. Es ist wahrhaft ein Verbrechen an der Freundschaft, daß ich mit einem Menschen wie Jacobi zusammen bin, mit einem so wahren und zärtlichen Freund, ohne ihn in den Grund meiner Seele blicken zu lassen, ohne daß er den Schatz kennenlernt, von dem ich mich nähre."[682] Goethe hatte Jacobi seit fast zehn Jahren nicht gesehen, sein Besuch sollte Zeichen einer Versöhnung nach einer „Buchkreuzigung" sein, denn Goethe hatte 1779 in Ettersburg Jacobis Roman WOLDEMAR – ein Stück, das in geschwollener Weise seinen WERTHER (1774) nachahmt – verspottet und anschließend an eine Eiche genagelt. Jacobi schrieb seinen Roman vor dem Hintergrund einer von ihm empfundenen Untreue Goethes als Freund.[683] Dieser wiederum scheint Jacobis übertriebene Sentimentalität auf Dauer nicht ertragen zu haben. Nachdem Jacobi die „Buchkreuzigung" bekannt geworden war, brach er den Kontakt zu Goethe ab. Erst 1782 kam es zu einer schriftlichen Aussöhnung, die Knebel in Absprache mit Anna Amalia und wohl auch Goethe vorbereitete.[684] Anna Amalia hatte Jacobi 1778 auf ihrer Rheinreise in Düsseldorf kennen gelernt, wobei ihr Eindruck nicht der beste gewesen sein konnte, denn sie ließ während Goethes Schweizer Reise (1779) dessen Spottrede auf Jacobis Roman drucken. Das Spotten über Eitelkeit und Selbstgefälligkeit von Schriftstellern und Literaten gefiel Anna Amalia, denn ein Jahr zuvor lieferte sie die Liedvertonung von Goethes zweiter Fassung des JAHRMARKTSFEST ZU PLUNDERSWEILERN (1778).[685] Jacobi war nach der Versöhnung wohl besonders an einer Bekanntschaft mit Goethes geheimnisvoller „Geliebten" Frau von Stein interessiert, das Verhältnis währte nun fast ein Jahrzehnt. Vor diesem Hintergrund ist der ironische Satz „Wir erfüllen unsere Pflicht derart gewissenhaft, meine liebe Lotte, dass man am Ende beinahe über unsere Liebe in Zweifel geraten könnte" zu lesen. Goethe wendet sich an Anna Amalia und bittet um mehr Anstrengung hinsichtlich der Täuschung, da Jacobi sonst das vorgetäuschte Liebesverhältnis zu Frau von Stein durchschauen könnte.

Ein Brief Goethes vom 24. Oktober 1784 beweist in aller Deutlichkeit, dass dieser an Anna Amalia und nicht an Frau von Stein gerichtet war. Dieser Brief zeigt auch, dass die Briefzustellung auch ohne Umwege direkt an Anna Amalia erfolgen konnte. Goethe schreibt an Anna Amalias Geburtstag (ABB. 23): „Es wird nur auf meine Lotte ankommen wie und wo ich meinen heutigen Tag zubringen soll. Bleibt sie zu Hause so komme ich zu ihr und bringe meine Arbeit mit und auch Nahrung für Mittag und Abend. Will sie sich der Welt widmen, so bleibe ich zu hause, bin fleisig und geniese des Glücks ihrer Nähe erst wenn der Hof sie entlässt. Adieu geliebteste. d. 24. Oktober 1784." An diesem Tag weilte Frau von Stein auf ihrem etwa 35 Kilometer südlich von Weimar gelegenen Landgut Kochberg und konnte keine Veranstaltung am Hof wahrnehmen. Die Redakteure der Weimarer Ausgabe von Goethes Werken (1887-1919) – überzeugt, dass Frau von Stein Goethes Geliebte war – datierten den Brief mit folgender Bemerkung auf 1785: „Am 24. Oct. 1784 war Frau von Stein in Kochberg. Annahme, das Billet gehöre in 1783, ist darum abzuweisen, weil irrthümliches Schreiben der kommenden Jahreszahl erfahrungsgemäss sehr selten begegnet."[686] Das Schreiben der vergangenen Jahreszahl im Oktober kommt indes auch sehr selten vor. Vor und nach diesem Brief wird Frau von Steins Verweilen in Kochberg thematisiert. An Anna Amalias Geburtstag, dem 24. Oktober 1784, benutzt Goethe zwar den verabredeten Namen Lotte, daher ist der Brief nicht unterdrückt worden, er fasst ihn aber in bewusstem Widerspruch zum Aufenthaltsort von Frau von Stein ab. Dieser Brief ist ein gutes Beispiel für die Technik der schriftlich vereinbarten Verstellungen. Selbst wenn Frau von Stein in Weimar gewesen wäre, wäre das Billet vom 24. Oktober merkwürdig, denn von 1776 bis 1783 hat Goethe sechs Geburtstage Anna Amalias erwähnt oder mitgefeiert. Er hätte 1784 nicht frei über diesen Tag disponieren können, da Anna Amalia alle Schöngeister zur Feier ihres Geburtstags nach Tiefurt eingeladen hatte, an erster Stelle Goethe, der am 28. Oktober 1784 dem verreisten Herzog berichtet: „Ihre Frau Mutter war am 24. Oktbr. vergnügt und munter. Alle dichterische Federkiele hatten sich geregt und allerley kleine harmlose Gaben waren dargebracht worden."[687] Die Redakteure der Weimarer Ausgabe haben versucht, Goethes Briefe, vor allem die große Menge der undatierten, in Einklang mit Frau von Steins Leben zu bringen, was das Geheimnis noch mehr vertiefen musste.

Ab 1784 beinhaltet fast jeder Brief den Namen Lotte bzw. L., die hoffentlich baldige Rückkehr aus Kochberg ist Dauerthema. In einem Brief von Frau von Stein an Knebel vom 20. April 1785 spricht diese beinahe unverstellt die verfahrene Gesamtsituation an: „Es ist sonderbar, daß eben, da ich Ihren Brief erhalte, ich stilltraurig über denselben Gegenstand nachdachte, davon Sie mir schreiben. Aber leider ist's da ..., wo unser Freund [Goethe] die Hoffnung aufgegeben, Nichts zu ändern, weil Nichts zu hoffen ist und moralisch-unrichtiger Takt und Töne in unserm System herrschen. Aber als ein weiser Mann wird er sich's wohl mit der Zeit zurechtlegen."[688] Bei Goethes verbotener Liebe gibt es also für Frau von Stein, die hier kaum über sich selbst spricht, nichts zu ändern oder zu hoffen, weil „moralisch-unrichtiger Takt und Töne in unserm System herrschen". Unlängst stellte eine psychoanalytische Studie, die ein Psychogramm der Empfängerin von Goethes Liebesbriefen anhand verschiedener Korrespondenzen zu erstellen versucht, fest, dass Frau von Stein etwa in ihren Briefen an Knebel nicht den Kenntnisstand aufweist, den die Empfängerin von Goethes Liebesbriefen zum selben Zeitpunkt gehabt haben muss.[689]

Erst im Vorfeld und vor allem während seiner Flucht nach Italien enthalten Goethes Briefe wieder Hinweise auf das Geheimnis. Am 25. Juni 1786 heißt es: „Ich korrigiere am Werther und finde immer daß der Verfasser übel gethan hat sich nicht nach geendigter Schrifft zu erschiesen." Es muss etwas Gravierendes passiert sein, sonst ist ein solcher Satz an die Geliebte nicht erklärbar. Anna Amalia galt gerade in dieser Zeit als schwer krank, im Mai und Juni soll Anlass bestanden haben, um ihr Leben zu fürchten.[690] Womöglich hatte Fritz, der „Verräter", schon anonym zu erkennen gegeben, dass er um Goethes Geheimnis wusste. Am 9. Juli 1786 schreibt Goethe über die Weimarer Afrikaner-Affäre – eine Möglichkeit, die ihm selbst als Lösung für seine verbotene Liebe variantenreich durch den Kopf gegangen sein dürfte. Der Bergrat von Einsiedel (1754–1837), ein Bruder des Kammerherrn Anna Amalias, brach nach einer ersten gescheiterten Afrika-Expedition im Mai 1785 erneut auf, um Goldminen aufzuspüren. Gleichzeitig traf die Nachricht in Weimar ein, die verheiratete Emilie von Werthern-Beichlingen (1757–1844) sei gestorben. In Wahrheit ließ diese eine Puppe in den Sarg legen, um mit dem Geliebten Einsiedel nach Afrika zu fliehen. In Tunis zwang die Pest das Liebespaar zur Rückkehr in die Heimat.[691] Bereits in einem Brief an Anna Amalia („Frau von Stein") vom 11. Juni 1785 schrieb Goethe über Hinweise, dass die Baronin noch lebe: „Der kleinen W[erthern] wollt ich auch lieber eine Wohnung bey ihrem Geliebten in Afrika als im Grabe gönnen. Ich glaub es nicht. Zu unserer Zeit ist ein solcher Entschluß seltner, wir würden es auch balde in den Zeitungen lesen." Die 1795 nach Weimar zurückgekehrte „Afrikanerin" Emilie wurde von Anna Amalia liebevoll und mit besonderer Aufmerksamkeit behandelt, Frau von Stein schrieb darüber: „Auch hat die Herzogin-Mutter sich besonders benommen; sie ist zu Herders gegangen und hat die Einsiedel zu sich geholt, und war wie bei'm Vater im Himmel eine Freude im Haus über einen Sünder, der Buße tut, mehr als über tausend Gerechte".[692] Goethe greift am 9. Juli 1786 die Geschichte wieder auf und führt gegenüber der Geliebten aus: „Nun aber unsere Flüchtlinge! Wie abscheulich! – Zu sterben! nach Afrika zu gehen, den sonderbarsten Roman zu beginnen, um sich am Ende auf die gemeinste Weise scheiden und kopulieren [trauen] zu lassen! Ich hab es höchst lustig gefunden. Es lässt sich in dieser Werkeltags Welt nichts auserordentliches zu Stande bringen. Dies und andere Geschichten verlangt mich sehr dir zu erzählen, da ich nie recht schreibseelig bin."

Goethes und Anna Amalias Interesse an der gescheiterten Afrikaflucht rühren daher, dass sie ebenfalls an eine gemeinsame Flucht dachten, unmittelbar vor Goethes Italienflucht mehren sich entsprechende Äußerungen. Am 16. August 1786 heißt es: „Du solltest immer mit mir seyn wir wollten gut leben." Am 23. August 1786 hört es sich wie von einer geplante Flucht des Liebespaares nach Amerika an: „Und dann [in einer Woche] werde ich in der freyen Welt mit dir leben, und in glücklicher Einsamkeit, ohne Nahmen und Stand, der Erde näher kommen aus der wir genommen sind." Diese Pläne vereitelte aber Carl August. Eine Flucht des berühmten Dichters Goethe mit der Fürstin Anna Amalia wäre die Sensation der Epoche geworden, mit entsprechenden Konsequenzen für das winzige Herzogtum. Zudem hätte Carl August die zwei Menschen, deren Rat und Beistand er brauchte, verloren und womöglich öffentlich aus Gründen der Staatsräson verurteilen müssen.

Von der verhassten Täuschung um seine wahre Geliebte sah Goethe lange in einer Auswanderung nach Amerika einen Ausweg. Amerika spielt für Goethe und Anna Amalia im ersten Weimarer Jahrzehnt eine zentrale Rolle. Zunächst war Amerika das Vorbild, wonach die Organisation des kleinen Herzogtums ausgerichtet werden sollte, um ein Musterbeispiel für Deutschland zu werden. Als Goethe klar wurde, dass dies unmöglich war, plante er, als Unternehmer mit Anna Amalia nach Amerika auszuwandern. Über diese zwei Phasen im ersten Weimarer Jahrzehnt berichtet Goethe in den LEHR- und WANDERJAHREN. „... hier oder nirgends ist Amerika!", heißt es in den LEHRJAHREN (VII, 3). In einem Brief an Knebel vom 21. November 1782 sprach Goethe davon, er habe sein „politisches und gesellschaftliches Leben ganz von meinem moralischen und poetischen getrennt (äußerlich versteht sich) ... getrennt laß ich iezt den Geheimderath und mein anderes selbst, ohne das ein Geh. R. sehr gut bestehen kann." Mit der Figur des Lothario wird er sich als den Geheimrat Goethe zeichnen, während Wilhelm das andere Selbst, der Mensch Goethe ist. Von einem *Salto mortale*, also von einem dreifachen Salto in großer Höhe, spricht Goethe in Bezug auf die begonnene Arbeit an seinem autobiographischen Roman WILHELM MEISTER, so in einem Brief an Anna Amalia („Frau von Stein") vom 31. Oktober 1777: „Gestern Abend hab ich einen Salto mortale über drey fatale Capitel meines Romans gemacht". In Amerika ging man daran, Grundrechte und Gewaltenteilung im Staatswesen zu verankern, das Gemeinwohl als oberstes Staatsziel auszugeben, während in Europa die Privatinteressen der Monarchen sich in einem unlösbaren Gegensatz zum Gemeinwohl befanden. Goethe glaubte diesen Gegensatz dennoch aufheben zu können. Entsprechend vertritt Lothario – also Goethe als Minister – den fortschrittlichen Adel, sein Name hat die Bedeutung „ruhmvoller Held".[693] Goethe ist als Minister, ab 1782 in den Adelsstand erhoben, unablässig an tiefgreifenden Reformen interessiert. Agrar- und Sozialreformen, freies Eigentum als Grundlage der Wirtschaftsordnung sollen verwirklicht werden, dabei können die Standesschranken gleich mit überwunden werden, wenn, so Lothario, „uns der Staat gegen eine billige regelmäßige Abgabe das Lehns-Hokus-Pokus erlassen, und uns mit unsern Gütern nach belieben zu schalten erlauben wollte, daß wir sie nicht in so großen Massen zusammenhalten müßten ... Wie viel glücklicher wären Männer und Frauen, wenn sie mit freien Augen umher sehen, und bald ein würdiges Mädchen, bald einen trefflichen Jüngling, ohne andere Rücksichten, durch ihre Wahl erheben könnten" (LEHRJAHRE VIII, 2). Doch der Superminister Goethe wird allmählich gewahr, dass er im Alleingang keine tiefgreifenden Reformen verwirklichen kann. Allenfalls Faulheit, Schlendrian und Korruption im Beamtenapparat konnte er eindämmen. Zudem verschwendet Herzog Carl August ohne Bedenken unentbehrliche Finanzmittel.

Nachdem Goethe erkennt, dass der Ausspruch „... hier oder nirgends ist Amerika!" eine Utopie war (LEHRJAHRE VII, 3), greift er den Plan der Auswanderung nach Amerika auf und treibt ihn energisch voran. Wilhelm und die meisten Romanfiguren in den WANDERJAHREN bereiten ihre Auswanderung vor. Ein Kolonisationsprojekt wird geschmiedet und ein Auswandererbund rüstet sich zum baldigen Aufbruch nach Amerika. In DICHTUNG UND WAHRHEIT (1811–1831) berichtet Goethe, vor 1775 mit dem Gedanken der Auswanderung nach Amerika beschäftigt gewesen zu sein: „Wohlwollende hatten mir vertraut, Lili [Goethes Frankfurter Verlobte] habe geäußert, indem alle die Hindernisse unsrer Verbindung ihr vorgetragen worden: sie unternehme wohl aus Neigung zu mir alle dermaligen Zustände und Verhältnisse aufzugeben und mit nach Amerika zu gehen. Amerika war damals vielleicht noch mehr als jetzt das Eldorado derjenigen die in ihrer augenblicklichen Lage sich bedrängt fanden" (19. Buch). Goethes Wortwahl „mit nach Amerika zu gehen" legt einen Gruppenplan der Stürmer und Dränger zur Auswanderung nach Amerika nahe, dem sich Lili anschließen wollte.[694] Klingers Drama STURM UND DRANG (1776) spielt in Amerika. Der Held sagt gleich zu Beginn: „Ha laßt michs nur recht fühlen auf Amerikanischen Boden zu stehen, wo alles neu, alles bedeutend ist." In DICHTUNG UND WAHRHEIT (1811–1831) berichtet Goethe, als Jüngling in Frankfurt mit großem Interesse die Entwicklung in Amerika beobachtet zu haben, „man wünschte den Amerikanern alles Glück und die Namen Franklin und Washington fingen an am politischen und kriegerischen Himmel zu glänzen und zu funkeln." Der Wunsch auszuwandern war damals weit verbreitet. Für Friedrich Schiller war die Auswanderung nach Amerika im Falle einer Unabhängigkeit von der englischen Krone beschlossene Sache, an Henriette von Wolzogen schreibt er am 8. Januar 1783: „Wenn Nordamerika frei wird, so ist es ausgemacht, daß ich hingehe."[695] Dann hätte Schiller zwei Jahre später den Weimarer Minister und Dichter von Goethe in Amerika begrüßen können, denn dieser bekannte mit „merklichen Unterton des Bedauerns"[696] gegenüber Boisserée in einem Gespräch am 2. August 1815: „Was möchte daraus geworden sein, wenn ich mit wenigen Freunden vor dreißig Jahren [1785] nach Amerika gegangen wäre und von Kant u.s.w. nichts gehört hätte?"[697] Später im Gespräch mit Boisserée stellt Goethe einen Zusammenhang zwischen dem Scheitern des Auswanderungsplans und der Entfaltung seiner Begabungen her, es ist die Erklärung, warum er letzlich nicht ausgewandert ist: „... wie viele Talente und Genies bleiben durch Verhältnisse unentwickelt und zurück gehalten; wie viel Dummköpfe dagegen werden durch Verhältnisse, Erziehung und Künstelei in die Höhe auf Catheder [Lehrerpult] u.s.w. gehoben." Für Goethe war durch den einmaligen Glücksfall, dass Anna Amalia eine vermögende und einflussreiche Fürstin war, möglich geworden, sein Genie nach seinen Wünschen weiterzuentwickeln. Bei einer Auswanderung nach Amerika hätte der deutschsprachige Dichter diese einzigartigen Lebens- und Arbeitsbedingungen zugunsten großer Ungewissheiten aufgeben müssen. Dies dürfte das Hauptargument Anna Amalias gewesen sein, den Plan einer Auswanderung nach Amerika wohl zu hintertreiben.

Der mit Auswanderungsplänen beschäftigte Weimarer Minister Goethe heißt in den WANDERJAHREN Lenardo, was „kühn wie ein Löwe" bedeutet.[698] Die von Lenardo begehrte Frau ist eine junge Witwe, von der man sagt, dass sie „den Faktor [Geschäftsführer[699]] heiraten, ihr Besitztum verkaufen und mit schönem Geld über's Meer ziehen" wird (III, 5). Die junge Witwe treibt Baumwollhandel und ist eine tüchtige Geschäftsfrau. Der Leser wird nun in die Kunst des Spinnens und Webens sowie in ökonomische Bedingungen von Produktion und Absatz vor dem Hintergrund der Industriellen Revolution (ab 1785), die die Handarbeit durch Maschinen verdrängte, eingeführt. Diese Ausführungen dokumentieren Goethes und Anna Amalias Plan, als Textilfabrikanten nach Amerika auswandern zu wollen. Deswegen war Goethe im ersten Weimarer Jahrzehnt besonders an den Strumpffabrikanten und Tuchmachern in Apolda bei Weimar interessiert, wo auf Heimarbeit basierend etwa 780 Webstühle im Einsatz waren, eine der größten Konzentrationen im Deutschen Reich.[700] Sein Bediensteter Seidel versuchte sich schon 1778 mit einer Leinwandspinnerei und einem Strumpfverlag, Goethe beteiligte sich an dessen Spinnbüchlein für die Weimarer Spinnschule. Als Kriegsminister verfolgte Goethe eine Zeit lang den Plan einer Spinn- und Strickschule für arme Soldatenkinder.[701] Als Goethe im Mai 1778 kurz Berlin besuchte, stand eine Besichtigung von Wegelins Wollmanufaktur auf dem gedrängten Programm. Mit großem Interesse studierte er einen Betrieb, in dem rund 400 Webstühle arbeiteten, der eine für damalige Verhältnisse außerordentliche Produktionskraft besaß und seine Produkte in ganz Europa vertrieb.[702] Nicht nur Goethe, auch die Fürstin Anna Amalia beschäftigte sich mit der Spinnerei. In einem Brief von Goethes Mutter an Anna Amalia vom 30. November 1778 heißt es: „Daß Ihro Durchlaucht spinnen, freut mich sehr".[703] Hierfür hatte Goethe nach eigenen Entwürfen ein zweispuliges Spinnrad für Anna Amalia anfertigen lassen.[704] Die junge Witwe, die Lenardo begehrt, wird bekennen (WANDERJAHRE III, 13): „Mein Bräutigam war mit mir entschlossen zum Auswandern; er besprach sich oft über Mittel und Wege sich hier loszuwinden. Er sah sich nach den Besseren um, die man um sich versammeln, mit denen man gemeine Sache machen, die man an sich heranziehen, mit sich fortziehen könnte; wir sehnten uns, mit vielleicht allzu jugendlicher Hoffnung, in solche Gegenden, wo dasjenige für Pflicht und Recht gelten könnte, was hier ein Verbrechen wäre." Pflicht und Recht wäre es für Goethe in Amerika gewesen, die Frau, die er liebt, auch zu heiraten – im Heiligen Römischen Reich Deutscher Nation hingegen wäre es ein Verbrechen gewesen, eine Fürstin zu ehelichen.

Goethe war ein Kenner der amerikanischen Geschichte, besaß eine erhebliche Anzahl von Büchern über Amerika und interessierte sich lebhaft für amerikanische Autoren.[705] Als 1783 Bertuch und Carl August ein Handelsprojekt mit Nordamerika auf den Weg bringen, indem eine Auswahl von Landesprodukten als Kommissionsware auf den amerikanischen Markt gebracht wurde, übernahm Anna Amalia bei diesem Versuch, neue Absatzmärkte auszuloten, ein Viertel der Projektkosten.[706] Während in den 1790er Jahren die Angst vor einer Inflation im Zuge der Französischen Revolution um sich griff, beriet Goethe Carl August dahingehend, amerikanische Dollar zu kaufen und sich an Bertuchs Plan, Abbaurechte für mexikanische Silberminen zu erwerben, zu beteiligen.[707] Goethe hielt sich über die vielfältigen Entwicklungen in der Neuen Welt auf dem Laufenden, vor allem durch Amerikaner, die den berühmten Dichter besuchten.[708] Diese Besucher waren über dessen umfassende Kenntnisse über ihr Land verblüfft, „als wäre unser Land eines der ihn in seinen hohen Jahren am meisten interessierenden Themen".[709] Um den 18. Juni 1827 dichtete Goethe DEN VEREINIGTEN STAATEN mit den Anfangszeilen „Amerika, du hast es besser/Als unser Continent, das alte,/Hast keine verfallene Schlösser ...".[710] Am 18. Juni 1788 war Goethe von seiner Italienreise zurückgekehrt, am 18. Juni 1790 Anna Amalia von ihrer Italienreise. Am 18. Juni 1798 widmete Goethe Anna Amalia das Lehrgedicht DIE METAMORPHOSE DER PFLANZE, nun, 20 Jahre nach dem Ableben Anna Amalias (1807), gedenkt der Dichter ihrer wehmütig mit dem Gedicht DEN VEREINIGTEN STAATEN. Mit „verfallene Schlösser" meint Goethe das dem Untergang geweihte Alte Reich.

Als Goethe während seines Aufenthalts in Karlsbad im August 1786 seinen Fürsten Carl August in sein Liebesverhältnis zu Anna Amalia einweihte, ihm vom Verräter in Weimar berichtete, der sich anonym zu erkennen gegeben hatte sowie die Befürchtungen hinsichtlich Preußens und des Grafen Görtz besprach, stand für diesen die sofortige Trennung fest und dass seine Mutter in Weimar bleiben musste. Interessant ist die Einschätzung der Gräfin Görtz in einem Brief an ihren Mann vom 13. Oktober 1776, wonach, wenn die verbotene Liebe zwischen Anna Amalia und Goethe von Dauer sein sollte, Carl August es nicht hinnehmen würde: „Man behauptet, dass es eine Abkühlung zwischen ihr [Anna Amalia] und dem Favoriten [Goethe] gibt. Ich kann mir nicht vorstellen, dass das von Dauer sein wird, und selbst wenn, dann wäre davon nichts als ein Krach zwischen Mutter und Sohn zu erhoffen".[711] An Goethes Geburtstag, am 28. August 1786, verließ Carl August Karlsbad. Wenige Tage später, am 3. September, dem Geburtstag von Carl August, floh Goethe nach Italien. In einem Brief aus Italien vom 14. Oktober 1786 an Carl August nimmt Goethe auf dieses Gespräch Bezug: „Wie sonderbar unser Zusammenseyn in Carlsbad mir vorschwebt, kann ich nicht sagen. Daß ich in Ihrer Gegenwart gleichsam Rechenschafft von einem großen Theil meines vergangenen Lebens ablegen mußte, und was sich alles anknüpfte". Daher versprach er Carl August für die künftige Zusammenarbeit nach seinem zweijährigen Italienaufenthalt am 17. März 1788: „… ich komme! … mein erster und nächster Dank soll eine unbedingte Aufrichtigkeit seyn." Demnach war Goethe gegenüber Carl August bis dahin nur bedingt aufrichtig gewesen.

Anna Amalia scheint erst im Dezember Goethes Aufenthaltsort erfahren zu haben. In einem Brief von Carl August an seine Mutter vom 14. Dezember heißt es: „Göthens Aufenthalt wissen Sie nun endlich. Die guten Götter mögen ihn begleiten; ich habe ihm gestern geschrieben und ihn gebeten, so lange wegzubleiben, als er es selbst möchte." Goethe schreibt am 23. Dezember 1786 aus Rom an Anna Amalia („Frau von Stein"): „Daß du kranck, durch meine Schuld kranck warst, engt mir das Herz so zusammen daß ich dirs nicht ausdrücke. Verzeih mir ich kämpfe selbst mit Todt und Leben und keine Zunge spricht aus was in mir vorging, dieser Sturz hat mich zu mir selbst gebracht. Meine Liebe! Meine Liebe! … Im Leben und Todt der deine." Am 17. Januar 1787 schreibt Goethe an Anna Amalia („Frau von Stein"): „Seit dem Tode meiner Schwester [1777] hat mich nichts so betrübt, als die Schmerzen die ich dir durch mein Scheiden und Schweigen verursacht." In TASSO bezeichnet er den geplanten Aufbruch nach Rom als „Die schwarze

Pforte langer Trauerzeit" (Vers 2229). Der Umstand, dass Tassos geheime Liebe zur Prinzessin aufgedeckt ist und er fort muss, lässt ihn sagen (Vers 3370 ff.): „Ich fühle mir das innerste Gebein/Zerschmettert, und ich leb, um es zu fühlen./Verzweiflung faßt mit aller Wut mich an,/Und in der Höllenqual, die mich vernichtet ...". Carl August war es, der, wie in TASSO der Herzog Alfons, sich bis auf Weiteres jede weitere Kontaktaufnahme verbat. Nachdem sie erkannten, dass keine unmittelbare Gefahr drohte, hoffte Anna Amalia immer noch auf eine gemeinsame Zukunft mit dem Geliebten. Schon 1787 wünschte sie ihm nachzureisen. Als dies scheiterte, wollte sie, dass er weiter in Italien bleibt, wenn sie 1788 hinzukommt. Doch auch dies lehnte Goethe ab.

Nachdem über zehn Jahre die Identitätstäuschung aufrechterhalten wurde, bedarf es nun keiner weiteren Vorstellungen. Die Entsagenden werden, wie aus Goethes Tagebüchern hervorgeht, bis zu Anna Amalias Tod oft zusammen sein, ihre leidenschaftliche Liebe verwandelte sich aber in eine besondere Art der Freundschaft. Mit vier Briefen im Jahre 1789 beendet Goethe für die Öffentlichkeit sein „Verhältnis" zu der Hofdame von Stein. Der Höhepunkt dieser Briefe ist eine Kaffeeszene im vorletzten vom 1. Juni 1789. Goethe muss den Bruch glaubwürdig erscheinen lassen. Nach der Rückkehr aus Italien lebte Goethe mit Christiane Vulpius zusammen, was Frau von Stein angeblich erst etliche Monate später erfuhr und zwar durch ihren Sohn Fritz, den „Verräter". Dieser soll Christiane in Goethes Gartenhaus entdeckt und es sofort seiner Mutter zugetragen haben, da der Heranwachsende nach Aussage des Bruders Carl sich damals als eine Art Sittenrichter aufspielte.[712] Während Frau von Stein sich in der Weimarer Hofgesellschaft entsetzt über die Verbindung zwischen Christiane und Goethe äußert, macht ihr Goethe in vier Briefen, die nun wirklich an Frau von Stein gerichtet sind, damit diese sie im Bekanntenkreis vorzeigen kann, Vorwürfe: „Ich zauderte ... zu antworten, weil es in einem solchen Falle schwer ist aufrichtig zu seyn und nicht zu verletzen. ... Ich sah Herdern, die Herzoginn [Anna Amalia] verreisen, einen mir dringend angebotnen Platz im Wagen leer, ich blieb um der Freunde willen, wie ich um ihrentwillen gekommen war und mußte mir in demselben Augenblick hartnäckig wiederholen lassen, ich hätte nur wegbleiben können... Und es mußte ein Wunder geschehen, wenn ich allein zu dir, das beste, innigste Verhältniß verloren haben sollte. ... Aber das gestehe ich gern, die Art wie du mich bißher behandelt hast, kann ich nicht erdulden. Wenn ich gesprächig war hast du mir die Lippen verschloßen, wenn ich mittheilend war hast du mich der Gleichgültigkeit ... beschuldigt. Jede meiner Minen hast du kontrolliert, meine Bewegungen, meine Art zu sein getadelt ... Ich möchte gern noch manches hinzufügen, wenn ich nicht befürchtete, daß es dich bey deiner Gemüthsverfaßung eher beleidigen als versöhnen könnte." Was nun folgt, ist die Kaffeeszene: „Unglücklicher Weise hast du schon lange meinen Rath in Absicht des Caffees verachtet und eine Diät eingeführt, die deiner Gesundheit höchst schädlich ist. Es ist nicht genug daß es schon schwer hält manche Eindrücke moralisch zu überwinden, du verstärckst die hypochondrische quälende Kraft der traurigen Vorstellungen durch ein physisches Mittel, dessen Schädlichkeit du eine Zeitlang wohl eingesehn und das du, aus Liebe zu mir, auf eine Weile vermieden und dich wohl befunden hattest. ... Ich gebe die Hoffnung nicht ganz auf daß du mich wieder erkennen werdest. Lebe wohl." Die Komik dieses Schlusses dürfte ihresgleichen suchen. Von einem „lächerliche[n], absurde[n] Detail" ist in einem Kommentar die Rede,[713] in einem anderen wird der „höchst merkwürdige und seltsame Brief" hinsichtlich des Kaffees als „bewußt beleidigend" eingestuft.[714]

Angesichts eines solchen Trennungsgrundes wird die Beziehung zwischen Goethe und Frau von Stein als eine nur „symbolische" bezeichnet,[715] eine wohl eigens für dieses angebliche Paar begründete Kategorie. Goethe, der aus Italien Kaffee nach Weimar schickte, führte in Wirklichkeit aber nur die komische Inszenierung einer Trennung für die Öffentlichkeit auf. Am 5. Oktober 1786 hatte er aus Italien an Anna Amalia („Frau von Stein") geschrieben: „Da ich dir Caffee von Alexandrien versprach, dachtest du wohl nicht daß ich ihn selbst in Venedig hohlen würde. Ich habe schon an verschiednen Orten gefragt und durch Kundige fragen lassen". Am 13. Oktober hieß es dann an dieselbe: „Die erste Epoche meiner Reise ist vorbey, der Himmel segne die übrigen und vor allen die letzte die mich wieder zu dir führen wird. Die Beylagen und Zeichnungen hab ich in den Kasten gethan der den Kaffee bringen wird. Es ist der ausgesuchteste von Alexandrien den man hier haben kann." Dass Frau von Stein selbst bei der Kaffeeszene unbändig lachen musste, hat sie der Nachwelt überliefert. In ihrem Trauerspiel Dido (1794/95) lässt sie den untreuen Ogon (Goethe) der treuen Elissa (Frau von Stein) folgenden Vorwurf machen, über den Elissa lacht (S. 508): „Diese falschen Vorstellungen kommen von einem dir ungesunden Trank her, den ich dir immer verwies; gönne dir nur von dem rechten geistigen Erdensaft, und du wirst dich bald mit dem schönen Bild, das du dir von mir machst, vertragen lernen. Elissa (lachend) ...". Im Winter 1794/95 schrieb Frau v. Stein das Trauerspiel Dido, das einen Umfang von 45 Seiten hat. Die

Königin Dido ist die mythische Gründerin der Stadt Karthago, verewigt in Vergils (70–19 v. Chr.) AENEIS als „die schönheitsstrahlende Dido". Bei Frau v. Stein wird die Königin Dido den Freitod wählen, denn sie lehnt eine Zweckheirat mit dem afrikanischen König Jarbes ab, der Karthago sonst durch Waffengewalt einzunehmen droht.[716] Trotz Ermunterung durch Friedrich Schiller, das Stück in den Druck zu geben, wurde DIDO erst 1867 veröffentlicht,[717] sonst nur im Freundeskreis herumgereicht. Eine gewisse Bekanntheit erlangte das Trauerspiel wegen der Figur Elissa und dem Poeten Ogon, die für Charlotte v. Stein und Goethe stehen. Wegen einer kleinlichen Zeichnung des Poeten Ogon las man darin die Verbitterung der Frau v. Stein nach der angeblichen Trennung von Goethe (1789). Frau v. Stein bestätigt die offizielle Version ihrer Liebesgeschichte mit Goethe, so sagt Ogon : „... du weißt, daß ich dich einmal liebte. Es ist schwer, die Wahrheit zu sagen, ohne zu beleidigen, aber die menschliche Natur ist schlangenartig: eine alte Haut muß sich nach Jahren einmal wieder abwerfen! – Die wäre nun bei mir herunter".[718] Diese Bestätigung der Liebesgeschichte schrieb Frau v. Stein für die klatschsüchtige Hofgesellschaft. Entscheidend in DIDO ist das Verhältnis zwischen Elissa (Frau v. Stein) und der Königin Dido. Dido steht für die Fürstin Anna Amalia, die die AENEIS im Original las. Die in Italien weilende Fürstin erwähnt Vergils AENEIS im dritten ihrer FÜNF BRIEFE ÜBER ITALIEN. In einem Brief an Knebel vom 29. Mai 1789 schreibt sie: „... lieber Knebel, lesen Sie den sechsten Gesang der Äneide Virgils, Sie werden darin Alles finden, was ich jetzt fast beständig vor Augen habe".[719] Frau v. Stein charakterisiert sich mit Elissa als treue Gefährtin der Königin Dido (Anna Amalia): „... folgen thue ich dir, und wär es zu den Unterirdischen"; „Geliebte Freundin, wie ich nur für dich lebe"; „KÖNIGIN. Bist du zur Abreise fertig? ELISSA. Fertig zu allen wo ich dir folgen soll".[720] Damit rechtfertigt die Hofdame v. Stein, warum sie ihren Namen hergab, um die Liebesbeziehung ihrer Fürstin zu Goethe der Öffentlichkeit zu verschleiern: ihr Motiv war unbedingte Treue zu ihrer Fürstin.

Um die Trennung zwischen den „Liebenden" besonders glaubwürdig zu machen, sprach Frau von Stein gelegentlich schlecht über Christiane Vulpius. Damit machte sie der Hofgesellschaft ihre angebliche Trauer um das Ende der Beziehung zu Goethe anschaulich. Gegenüber in das Geheimnis Eingeweihten klingt Frau von Stein hingegen gelassen-süffisant, so etwa in einem Brief an Knebel vom 3. Juli 1790: „Der Herzog läßt den Geheimrat von Goethe nach Schlesien kommen. Dem wäre es unstritig bei seinem Christelchen hier wohler."[721]

Die Notwendigkeit, das Blendwerk mit immer neuen Lügen unterhalten zu müssen, war 1789 beendet. Von der Hofdame von Stein wurden jedoch auch weiterhin beachtliche schauspielerische Anstrengungen verlangt, denn bis zu ihrem Tod sollte sie als die ehemalige „Geliebte" Goethes die Aufmerksamkeit auf sich ziehen und gezwungen sein, eine entsprechende Rolle zu spielen. Einen Eindruck, wie Frau von Stein bei ihren Besuchern vorging, gibt der Bericht von Eduard J. d'Alton (1772–1840) an Knebel vom 13. März 1810 über seinen Besuch bei Goethes ehemaliger „Geliebten": „Mein Aufenthalt in hiesiger Gegend ist der lehrreichste meines Lebens. Nirgends bin ich mit soviel Vertraulichkeit mißhandelt worden als hier. So hat z.B. die alte Stein mir alle ihre Geheimnisse vertraut, weil sie sich in ihren Fehlern geehrt glaubte. Sie klagte mir Goethens Untreue, der ihr versprochen, ihren Sohn zu Breslau zum Erben zu machen und nie zu heuraten und Gott weiß was alles".[722] Zu Frau von Steins künstlichem Spiel gehörte es, Besuchern, die am undefinierbaren Liebesverhältnis interessiert waren, Briefe Goethes zu zeigen. Charlotte von Kalb etwa war sehr daran interessiert, die berühmte Frau von Stein kennen zu lernen. Selbst unglücklich verheiratet und seit 1784 die Geliebte von Schiller, siedelte sie wenige Wochen nach Goethes Italienflucht 1786 nach Weimar über. Frau von Kalb berichtet über eine Zusammenkunft mit Frau von Stein: „Bald nach diesem ersten Sehen teilte sie mir schon Manches von Goethe mit, was später gedruckt worden, oder auch nicht erschienen ist … So las ich gierig Manuskripte, und auch Briefe wurden mir anvertraut."[723]

Frau von Stein zeigte ihrer Besucherin Manuskripte, die unter den Freunden lange vor jeder Publikation zirkulierten, auch Briefe wurden ihr anvertraut. Das übermäßige Vertrauen stillte zunächst Zweifel. Besonders überzeugend empfand Frau von Kalb Zeilen Goethes vom Frühjahr 1776, die an Wieland gerichtet waren, also aus einer Zeit, in der Goethe und Anna Amalia bemüht waren, Wieland das angebliche Verhältnis zu Frau von Stein mit der Seelenwanderung zu erklären: „Ich kann mir die Bedeutsamkeit – die Macht, die diese Frau [von Stein] über mich hat, anders nicht erklären als durch die Seelenwanderung. – Ja, wir waren einst Mann und Weib! – Nun wissen wir von uns – verhüllt, in Geisterduft. – Ich habe keine Namen für uns – die Vergangenheit – die Zukunft – das All."[724] Bis an die Grenzen der Satire strapaziert hier Goethe den Gedanken der Reinkarnation – eine Vorliebe von Wieland – um diesen zu überzeugen. Dies zeigt, wie gezielt und einfallsreich Goethe und Anna Amalia Schlüsselfiguren der Weimarer Gesellschaft blendeten. Wieland hatte den jungen Dichterkollegen Goethe vor den Gefahren einer Verbindung mit der verheirateten Frau von Stein gewarnt. Umgarnt mit dem Gedanken der Reinkarnation brachte Wieland bald Verständnis für das seltsame Paar mit ihrer undefinierbaren Verbindung auf. Frau von Kalb hingegen war bald nicht mehr von einer Beziehung zwischen Goethe und Frau von Stein überzeugt, sie vertrat vielmehr die Ansicht, dass in TASSO die Herzogin Luise und Frau von Stein in ihrem wahren Verhältnisse zu Goethe abgebildet seien. Sie ging also davon aus, dass Goethe verbotenerweise die Prinzessin Luise liebte, die Hofdame Charlotte von Stein hingegen zum Schutz der Prinzessin als Geliebte vorgeschoben wurde.[725]

Ähnlich wie bei Frau von Kalb ging Frau von Stein bei Henriette von Egloffstein vor. In ihren Erinnerungen schreibt diese über einen Besuch um 1787: „Ich hielt es für unmöglich, daß der hochgefeierte Dichter sich keine jüngere und schönere Geliebte [als Frau von Stein] ausgesucht haben sollte, doch schwand allmählich dieser Zweifel, als ich sie in ihrem Hause besuchte und dort mit lauter Andenken des damals in Rom weilenden Freundes umgeben sah. Sie führte mich zu seinem Bilde, las mir seine Verse vor und bemühte sich, meine Phantasie durch die Schilderung seiner Liebenswürdigkeit zu bestechen." Später durchschaute Henriette von Egloffstein Frau von Steins Täuschung: „Indessen muß man die Geschicklichkeit bewundern, womit diese Frau ihr künstliches Spiel durchzuführen wußte, so daß sie noch in späterer Zeit für Goethes Geliebte galt."[726] Frau von Steins „künstliches Spiel" überzeugte viele unkritische Besucher. In einem Brief vom 2. November 1789 schreibt die Schriftstellerin Caroline von Lengefeld (1763–1847) an ihren künftigen Schwager Friedrich Schiller: „Ich stimmte die letzten Tage unseres Zusammenseins besser mit der Stein. Sie war in eine stille Trauer über ihr Verhältnis mit Goethe gesunken, und da schien sie mir wahrer und harmonischer als in der widernatürlichen [Stimmung] von Gleichgültigkeit oder Verachtung. Ein zwölfjähriges zärtliches Verhältnis kann sich nicht in so widrige Empfindungen auflösen".[727] Auch nachdem die vorgetäuschte Liebesbeziehung längst der Vergangenheit angehörte, wollten Freunde Goethes Briefe aus dieser Epoche sehen, so etwa Schillers Ehefrau Charlotte (1766–1826), eine enge Freundin von Frau von Stein, die auch ihre Taufpatin gewesen war. Nach langem Bitten zeigte sie ihr einige Briefe. Charlotte von Schiller schreibt darüber an Carl Augusts Tochter Prinzessin Caroline Luise (1786–1816) am 5. Februar 1812: „Ich durchblickte dieses wunderbare menschliche Wesen [Frau von Stein] und klagte über das Schicksal unserer Freundin ... Wie interessant war der Meister ehemals, wie weich, wie hat er geliebt, und wie konnte sich Das ändern! Es ist mir ein Rätsel, diese Natur. Wie hat die arme Charlotte leiden müssen!"[728]

Ihre Dienste wurden Charlotte von Stein und ihrem Familienclan honoriert. Die Steins waren hoch verschuldet, die Ausbildung der Kinder war ein finanzielles Problem, denn ihr Landgut Kochberg wurde schlecht bewirtschaftet. Nachdem 1793 Frau von Steins Ehemann gestorben war, lebte sie von einem kleinen Jahresgehalt, die Herzogin Luise gab hierzu einen Zuschuss.[729] Fritz von Stein war ohne Gehalt nach Breslau gezogen, wo seine Karriereaussichten immer schlechter wurden. Sein Bruder Carl von Stein verscherzte sich die Gunst seiner Gönner in Braunschweig und lebte als Student über seine Verhältnisse. 500 Taler im Jahr reichten dem Zwanzigjährigen nicht aus. Zu dieser Zeit hatten viele Landschulmeister mit einem jährlichen Einkommen zwischen 25 und 50 Taler auszukommen.[730] Der berühmte Dichter Gotthold Ephraim Lessing war ab 1770 in Wolfenbüttel als Bibliothekar von Anna Amalias Vater angestellt und erhielt hierfür 600 Taler Jahresgehalt.[731] Carl von Stein lebte aber als Student wie selbstverständlich auf großem Fuß, er wurde auch Vater eines unehelichen Sohnes.[732] Goethe war es dann, der gebeten wurde, dem Studenten „einen langen väterlichen Straf- und Ermahnungsbrief" zu schreiben.[733] Wenn die Karrieren von Frau von Steins Brüdern ins Stocken gerieten, diese etwa bei Beförderungen übergangen wurden, wandte sie sich stets an Goethe mit der Bitte um Fürsprache beim Herzog. Ihrem Bruder, Ludwig Ernst Wilhelm von Schardt (1748–1826) – zuletzt Träger des honorigen Titels eines Schloßhauptmanns – wurde 1812 von Carl August die Zahlung von hundert Golddukaten für die Scheidung seiner zweiten Ehe nach nur neun Monaten mit der jungen Friederike Caroline Freiin von Beust abverlangt, denn er war offenbar eine Scheinehe eingegangen, um einen Fehltritt der jungen Frau zu verbergen. Vermutlich war der Betrag nur ein Bruchteil dessen, was ihm die Familie von Beust für den ritterlichen Dienst vergütete. Die Weimarer Regierung urteilte, dass in diesem Falle „ein strafbares Spiel mit den ehrwürdigen Formen eines der Menschheit und dem Staate gleich heiligen und wichtigen Instituts zu Erreichung anderer Nebenzwecke getrieben worden" sei.[734] Ihr Sohn Carl von Stein war nicht in der Lage, das Landgut Kochberg wirtschaftlich zu betreiben, obwohl hauptamtlich als Erb-, Lehn- und Gerichtsherr damit beschäftigt. Er verpflichtete sich, dem Bruder Fritz für seinen Anteil an Kochberg über die Zeit 40.500 Taler auszuzahlen. Seine Schulden betrugen damit 101.100 Taler,[735] also mehr, als das ganze Landgut für wert gehalten wurde. Bei den Plünderungen Weimars durch französische Soldaten im Oktober

1806 büßte Frau von Stein tatsächlich „so ziemlich alles von Wert"[736] ein. Dennoch konnte sie 1808, als der Bankrott ihres Sohnes Fritz erwartet wurde, finanziell einspringen und diesen irgendwie abwenden.[737]

Ab September 1796 nahm Goethe mit Frau von Stein brieflich Kontakt auf, wobei diese Briefe den Ton, der wirklich zwischen ihnen geherrscht haben mag, wiedergeben. Der Briefwechsel ist mit unbedeutenden kurzen Mitteilungen gefüllt. Dies ändert sich erst mit einem Brief vom 18. April 1807 – das Datum fügte Frau von Stein selbst ein. Mit diesem ist eine Wende im Briefwechsel zu beobachten. Gerade mal 42 Briefe waren zwischen 1796 und 1807 geschrieben worden, meist beinhalten sie nur wenige Zeilen, ab dem 18. April 1807 jedoch – am 10. April 1807 war Anna Amalia gestorben – folgen 14 Briefe bis Dezember, teilweise mehrere Seiten lang. Goethe macht darin den Eindruck, als suche er Halt. Am 18. April schreibt er: „Das Fallen des Barometers hat sich auch an meinem Unglauben gerächt indem es mir ein großes Übel angedeutet hat. Von Vorgestern auf gestern hatte ich einen Anfall so heftig als je." Johanna Schopenhauer (1766–1838) schreibt am 28. April ihrem Sohn: „Ein großes Unglück hat über uns geschwebt … Goethe ist dem Tode nahe gewesen."[738] Goethe wäre seiner Geliebten Anna Amalia fast nachgestorben. Am 24. Mai 1807 berichtet Goethe Frau von Stein über den Besuch ihres Sohnes Fritz bei ihm in Jena. Goethes Produktivität explodiert, in dieser Zeit begann Goethe seinen autobiographischen Roman WILHELM MEISTERS WANDERJAHRE ODER DIE ENTSAGENDEN zu diktieren – der „Verrat" von Fritz war der Auslöser für die Entsagung gewesen. In dem Brief heißt es über Fritz: „Er hat mich durch sein gutes, natürliches, festes, verständiges und heiteres Wesen gar sehr erquickt und mir aufs neue gezeigt, daß die Welt nur ist, wie man sie nimmt". Goethe reiste ungewöhnlich früh, am 25. Mai 1807, nach Karlsbad, der Herzog Carl August folgte dem Freund am 6. Juni, nachdem er sich angekündigt hatte: „… da es nicht wahrscheinlich ist, daß binnen hier und den ersten 6 Wochen etwas vorfallen könnte, wo meine Gegenwarth platterdings hier nothwendig wäre … habe [ich] mich daher mit Gott entschlossen … abzureisen und hoffe den Sonnabend Abend im Carlsbade einzutreffen" (Brief vom 1. Juni 1807). In Karlsbad fanden dann laut Goethes Tagebuch viele Gespräche mit Carl August statt. In einem Brief an Zelter vom 27. Juli 1807 aus Karlsbad äußerte Goethe gegenüber dem Berliner Komponisten einen Wunsch, der zeigt, in welcher Weise er sich der verstorbenen Geliebten zu nähern suchte: „Ich möchte daher das Saeculum sich selbst überlassen und mich ins Heilige zurückziehn. Da möchte ich nun alle Woche einmal bei mir mehrstimmige geistliche Gesänge aufführen lassen". Sobald er nach Weimar zurückgekehrt war, gründete er tatsächlich eine eigene Hauskapelle, die sich Donnerstagabends zusammenfand, um „mehrstimmige geistliche Gesänge" einzustudieren und aufzuführen.[739] Das Programm war höchst anspruchsvoll und man veranstaltete immer wieder Sonntagmorgen im kleinen Kreis Hauskonzerte. Aufgeführt wurden etwa Kanons von Mozart und Ferrari oder Lieder von Haydn und Jommelli, alles unter der Leitung von Zelters Schüler Carl Eberwein (1786–1868).[740] Gelegentlich wirkte Goethe im Ensemble als Bassist mit. Das „göttliche Geschenk" der Musik, wie Anna Amalia mal in ihren GEDANKEN ÜBER DIE MUSIK (um 1799) schrieb,[741] tröstet den Dichter über die vorübergehende irdische Trennung. Zu einem jungen Besucher sagte Goethe einmal: „Das Paradies gehört den zarten Seelen, verdammt sind nur jene, die nichts zu lieben vermögen."[742]

Die Briefe der Frau von Stein an Goethe ab 1796 zeigen, dass sie gar nicht in der Lage war, einen vertraulichen Ton gegenüber dem Olympier zu finden. Sie redet ihn gewöhnlich mit „lieber Geheimderath" an oder mit „allerbester liebenswürdiger Geheimderath", mal „lieber bester verehrter Meister", nur ganz ausnahmsweise mit „lieber Goethe", die Anrede, die man bei ehemaligen Geliebten mindestens erwarten würde. Nachdem Frau von Stein am 20. März 1811 eine TASSO-Aufführung besucht hatte, schrieb sie noch am Abend ein Billet an Goethe, um ihm mitzuteilen, dass sie die Dichtung „immer himmlischer" finde und unterschreibt nicht etwa mit „Deine Lotte", sondern mit „Ihre treue Verehrerin v. Stein". Diese Frau kann Goethe unmöglich mit der Figur der Prinzessin Leonore in TASSO verewigt haben; ihr entspricht ganz die Rolle der Hofdame Leonore Sanvitale. Anders Anna Amalia. Die wenigen erhaltenen Briefe an Goethe zeugen bereits von einer vollkommenen Ebenbürtigkeit und Vertrautheit. Ein Brief vom Jahr 1793 schließt etwa ganz vertraulich mit „Adio Amalie",[743] einer vom Jahr 1806 mit „Ich wünsche Ihnen ein recht schön guten Morgen Amalia".[744] In einem Brief von Oktober 1798 schreibt sie: „Mit vielen Vergnügen werde ich mich den Sonntag bey der Eröffnung des Theaters einfinden; Leben Sie indessen recht wohl bey dem schönen Wetter. Amalie."[745] 1801 wendet sich die Fürstin an den Theaterdirektor Goethe für einen ihrer Schützlinge: „Verzeihen Sie lieber Goethe wenn ich wiederhole meine Bitte für den Kappelmeister Kranz. Ich habe mit ihm gesprochen … Ich verlasse mich ganz auf Ihre Freundschaft die mir hoffen läßt daß Sie lieber Goethe innige Rücksicht auf meine Bitte und Wünsche nehmen mögen womit Sie mich unendlich verbindlich machen. Ihre aufrichtige Freundin Amalie".[746]

Am 25. Dezember 1815 sendet Goethe Frau von Stein ein Gedicht, das mit den Zeilen endet: „Der ich, wie sonst, in Sonnenferne/Im Stillen liebe, leide, lerne". Dem Gedicht DEN FREUNDEN vom 28. August 1826 fügt Goethe für Frau von Stein einige persönliche Zeilen bei: „Beiliegendes Gedicht, meine Theuerste, sollte eigentlich schließen: ‚Neigung aber und Liebe unmittelbar nachbarlich-angeschlossen lebender, durch so viele Zeiten sich erhalten zu sehen ist das allerhöchste was dem Menschen gewährt seyn kann.' Und so für und für!" Also „unmittelbar nachbarlich-angeschlossen lebender", das war ihr Verhältnis gewesen, und zwar stets in Sonnenferne zu Frau von Stein. In ihrem letzten Brief vom 28. August 1826 – ihr Tod ist absehbar – unterschreibt sie mit „Charlotte v. Stein geb. v. Schardt." Wie nach Erlösung um die Bürde ihres Geheimnisses ringend, scheint sie angeordnet zu haben, dass, abweichend von dem vorgeschriebenen Weg, der Trauerzug mit ihrem Sarg nicht an Goethes Haus vorbeigehen, sondern einen anderen Weg nehmen möge – ihre Anordnung soll nicht befolgt worden sein.[747] Nach ihrem Tod erwähnt Goethe sie kaum. In einem Brief vom 13. März 1827 an ihren Nachlassverwalter wünschte Goethe eine Zeichenmappe mit eigenen Arbeiten zurückzuerhalten. Darin ist von „der seligen Frau Oberstallmeisterin von Stein" die Rede, später im Brief nennt er sie „die edle Freundin".[748]

DIE LIEBESLYRIK:
»EINER EINZIGEN ANGEHÖREN«

Diesen Abend erfreut sie mich mehr; denn eh' noch zur Kohle
Sich das Bündel verzehrt, unter die Asche sich neigt,
Kommt mein liebliches Mädchen. Dann flammen Reisig und Scheite,
Und die erwärmete Nacht wird uns ein glänzendes Fest.
Morgen frühe geschäftig verläßt sie das Lager der Liebe,
Weckt aus der Asche behend Flammen auf's neue hervor.

RÖMISCHE ELEGIEN (1790), IX

Zu Vielen bildet Eine sich hinüber,
So tausendfach, und immer, immer lieber.

Marienbader ELEGIE (1823)

Um Mitternacht, der Sterne Glanz geleitet
Im holden Traum zur Schwelle, wo sie ruht.
O sei auch mir dort auszuruhn bereitet!
Wie es auch sei, das Leben, es ist gut.

DER BRÄUTIGAM (1828)

Goethes Liebeslyrik behandelt nach seinem Eintritt in Weimar im November 1775 seine verbotene Liebe zu Anna Amalia. Dies ist der rote Faden, der die Liebeslyrik durchzieht und zu einem Ganzen in höchste Dichterhöhen hebt. Viele Gedichte wurden bereits in Goethes verborgenen Lebenszusammenhang gestellt, ebenfalls die Dichtung TORQUATO TASSO (1780–

1790). Hier sollen weitere Höhepunkte wie die Römischen Elegien (1788–1790), der West-östliche Divan (1814–1819) die Trilogie der Leidenschaft (1823/24) und die Dornburger Trilogie (1828) einer näheren Betrachtung unterzogen werden. Goethe versteht sich vor allem als ein Dichter der Liebe. In der Römischen Elegie XIII sagt ihm der Liebesgott Amor (Vers 3 f.): „... du hast dein Leben und Dichten,/Dankbar erkenn ich es wohl, meiner Verehrung geweiht." Später fügt der Liebesgott hinzu: „Stoff zum Liede, wo nimmst du ihn her? Ich muß dir ihn geben,/Und den höheren Stil lehret die Liebe dich nur." Wenn Goethe zum Liebesgesang anhebt, so gilt dieser einer einzigen Frau und er bringt dies immer wieder zum Ausdruck.

In den Römischen Elegien, die zwischen Herbst 1788 und Frühjahr 1790 entstanden sind, also ziemlich genau in der Zeit, als Anna Amalia in Italien weilte, ist diese darin die erste von zwei besungenen Frauen. Da Anna Amalias wirkliche Bedeutung für Goethes Leben nicht bekannt war, wurde bisher überwiegend vermutet, der Dichter habe entweder Christiane oder Römerinnen besungen. Von einem „merkwürdige[n] Verwirrspiel, das der Dichter mit dem Leser treibt", ist die Rede.[749] Bei näherer Betrachtung erweisen sich die Elegien, was die Identität der darin vorkommenden Frauen anbelangt, als genau gekennzeichnet. In ihnen geht es um einen Rückblick auf das Jahrzehnt der Liebe zu Anna Amalia sowie in der Elegie XVIII um Christiane Vulpius, die Goethe Faustine nennt. Traditionell ist mit Elegie „ein Gedicht der Klage, der Trauer und Wehmut über Verlorenes, Vergangenes oder zum Untergang Bestimmtes"[750] gemeint. Goethe und Anna Amalia stehen sich nach ihren Italienreisen als Entsagende gegenüber, ihre sinnliche Liebe mussten sie dem Gesellschaftssystem opfern.

Goethes Vorbild für die Elegien ist der Elegiker Properz (um 50–16 v. Chr.). Am 24. Oktober 1788, an Anna Amalias Geburtstag, schenkte Knebel Goethe die Liebesgedichte der römischen Lyriker Catull, Tibull und Properz. Diese erschienen meist in einem Band, weshalb sie „das Kleeblatt" genannt wurden. Catull hatte sich die griechische Dichtung der hellenistischen Zeit zum Vorbild genommen, Tibull und Properz formten auf dieser Grundlage die klassische Form der römischen Elegie. Am 25. Oktober 1788 bedankt sich Goethe bei Knebel: „Danke für das Kleeblatt der Dichter, ich besaß es nicht." In einem Brief der Hofdame von Göchhausen an Knebel, ebenfalls vom 25. Oktober, heißt es aus Rom: „Sie [Anna Amalia] läßt Ihnen herzlich grüßen und will Ihnen bald selbst schreiben." Am 24. Oktober, an Anna Amalias Geburtstag, geschah nichts zufällig in dem Kreis derer, die in das Geheimnis eingeweiht waren. Daher könnte Knebel auf Anna Amalias Wunsch hin Goethe den Gedichtband geschenkt haben, um ihn dazu anzuregen, in Form von Elegien ihrer sinnlichen Liebe zu gedenken: „Wie wir einst so glücklich waren!/müssen's jetzt durch euch erfahren", schreibt Goethe als Geleit für die ELEGIEN. Anna Amalia übersetzte gelegentlich antike Dichter ins Deutsche, so etwa Bion (2. Jh. v. Chr.) und Theokrit (3. Jh. v. Chr.). Mit besonderer Vorliebe arbeitete sie aber immer wieder an der Übersetzung der ELEGIEN des Properz,[751] denn in der von diesem geprägten Form war sie selbst von Goethe besungen worden.

Weil Carl August fürchtete, die verbotene Liebe könne durch die ELEGIEN erkannt werden, wünschte er, dass diese nicht gedruckt, zumindest aber überarbeitet werden sollten.[752] Zwar empörten sich einige Zeitgenossen über die angebliche „bordellmäßige Nacktheit"[753] in den ELEGIEN, dies kann aber Carl August nicht wirklich gestört haben. Frau von Stein bemerkt hierzu sarkastisch: „Wie unsern gnädigsten Herrn just einen Moment diese pedantische Sittlichkeit überfallen hat, begreife ich nicht."[754] Für Goethe ist Rom nur eine Kulisse, mit der er verschleiert, dass es um Begebenheiten in Weimar geht. Es gehört also zu Goethes Geheimhaltung, den Eindruck zu erwecken, die ELEGIEN beträfen Ereignisse, die er in Rom erlebt habe; in der Entstehungsphase nannte er sie daher EROTICA ROMANA.

Von ELEGIE I bis XVII besingt Goethe Anna Amalia. Von ihr sagt er in ELEGIE III: „Laß dich, Geliebte, nicht reun, daß du mir so schnell dich ergeben!/Glaub es, ich denke nicht frech, denke nicht niedrig von dir." Kurz nachdem die knapp 36-jährige Anna Amalia nach fast zwei Jahrzehnten von der Pflicht ihrer Ämter befreit war, erscheint Goethe, der Anführer der Stürmer und Dränger, der einem fortgesetzten Vulkanausbruch der Leidenschaft glich. Anna Amalia muss wie die Prinzessin in TASSO sofort dem Charme des jungen Dichters erlegen sein (Vers 1891 ff.): „Erst sagt' ich mir entferne dich von ihm!/Ich wich und wich und kam nur immer näher,/So lieblich angelockt". Als der Dichter Johann W. L. Gleim, ein Anakreontiker, der nach dem Vorbild des griechischen Dichters Anakreon (6. Jh. v. Chr.) vor allem die Liebe, den Wein und die Natur besang, im Sommer 1777 Weimar besuchte, wurde er zu einer Abendgesellschaft bei Anna Amalia eingeladen. Dort las Gleim aus seinem GÖTTINGER MUSENALMANACH vor, als ein junger Mann ihm anbot, ihn abzulösen. Dieser las nach einer Weile auf einmal „Gedichte, die gar nicht im Almanach standen, er wich in alle nur möglichen Tonarten und Weisen aus. Hexameter, Jamben, Knittelverse und wie es nur immer gehen wollte, alles unter- und durcheinander, wie wenn er es nur so herausschüttele. Was hat er nicht alles mit seinem feinem Humor an diesem

Abend zusammenphantasiert!" Der begeisterte Gleim rief Wieland zu: „Das ist entweder Goethe oder der Teufel!", worauf ihm Wieland „Beides" antwortete.[755]

Die Phantasie des Dichters war unerschöpflich, wenn es galt, Anna Amalia zu beeindrucken. Am 22. August 1778 lud er etwa zu einem Abend an der Ilm ein, nachdem am Musenhof Anna Amalias über die Lichtwirkung in den Gemälden Rembrandts diskutiert worden war.[756] Wieland berichtet am 27. August 1778 an Merck: „Verstrichenen Sonnabend fuhren wir zu Göthen, der die Herzogin [Anna Amalia] auf den Abend in seinen Garten eingeladen hatte, um sie mit allen den Poëmen, die er in ihrer Abwesenheit an den Ufern der Ilm zu stande gebracht, zu regalieren. Wir speisten in einer gar holden Einsiedeley ... wir tranken ein Flasche Johannisberger 60er aus, und wie wir nun aufgestanden waren und die Thüre öfneten, siehe, da stellte sich uns, durch geheime Anstalt des Archi-Magus [des Urmagiers Goethe], ein Anblick dar, der mehr einer realisierten dichterischen Vision als einer Naturszene ähnlich sah. Das ganze Ufer der Ilm ganz in Rembrands Geschmack beleuchtet, ein wunderbares Zaubergemisch von Hell und Dunkel, das im Ganzen einen Effect machte der über allen Ausdruck geht. Die Herzogin [Anna Amalia] war davon entzückt wie wir alle ... Ich hätte Göthen vor Liebe fressen mögen."[757] Anna Amalia berichtete Goethes Mutter am 29. August 1778: „Die letztverflossene Woche hat der Herr Dr. Wolf [Goethe] mir ein Souper im Stern gegeben, wo die neuen Anlagen gemacht sind, welche gar lieblich und herrlich sind. Nach dem Abendessen war eine kleine Illumination ganz in dem Rembrandtschen Geschmack veranstaltet, wo nichts als Licht und Schatten wirkte."[758]

In der ELEGIE IV, Vers 29 ff. heißt es von der Geliebten: „Und ich verkannte sie nicht, ergriff die Eilende, lieblich/Gab sie Umarmung und Kuß bald mir gelehrig zurück./O wie war ich beglückt! – Doch stille, die Zeit ist vorüber". In ELEGIE V, Vers 11 ff. heißt es: „Raubt die liebste denn gleich mir einige Stunden des Tages,/Gibt sie Stunden der Nacht mir zur Entschädigung hin./Wird doch nicht immer geküßt, es wird vernünftig gesprochen;/Überfällt sie der Schlaf, lieg ich und denke mir viel./Oftmals hab ich auch schon in ihren Armen gedichtet/Und des Hexameters Maß leise mit fingernder Hand/Ihr auf den Rücken gezählt". Vernünftige Gespräche über seine Dichtung konnte er mit Anna Amalia führen, die als umfassend gebildete Kennerin der Klassiker ihn vielfach anregte. In ELEGIE VI wird Goethe deutlicher, denn seine Geliebte ist eine Witwe. Frau von Stein bemerkte dazu ironisch in einem Brief an Charlotte Schiller vom 27. Juli 1795: „In einer einzigen [ELEGIE], der sechsten, war etwas von einem innigen Gefühl."⁷⁵⁹ In dieser heißt es (Vers 3 ff.): „Wenn das Volk mich verklagt, ich muß es dulden! und bin ich/Etwa nicht schuldig? Doch ach! schuldig nur bin ich mit dir!/Diese Kleider, sie sind der neidischen Nachbarin Zeugen,/Daß die Witwe nicht mehr einsam den Gatten beweint." In der Elegie führt die Witwe weiter zwei berühmte Namen aus römischen Adelsfamilien an, die nach ihrer Gunst getrachtet hätten. Da diese Personen wirklich existierten, sah man in der ELEGIE ehrenrührige Ausführungen Goethes,⁷⁶⁰ doch meint der Dichter mit diesen nur das römische Äquivalent zum deutschen Hochadel. In der ELEGIE VIII kommt ein weiterer Anhaltspunkt hinzu:

Wenn du mir sagst, du habest als Kind, Geliebte, den Menschen
Nicht gefallen, und dich habe die Mutter verschmäht,
Bis du größer geworden und still dich entwickelt, ich glaub es:
Gern denk ich mir dich als ein besonderes Kind.
Fehlet Bildung und Farbe doch auch der Blüte des Weinstocks,
Wenn die Beere, gereift, Menschen und Götter entzückt.

Diese Beschreibung bezieht sich auf Ausführungen Anna Amalias in ihrer autobiographischen Schrift MEINE GEDANKEN, die in Goethes Nachlass gefunden wurde: „Nicht geliebt von meinen Eltern, immer zurückgesetzt, meinen Geschwistern in allen Stücken nachgesetzt, nannte man mich nur den Ausschuß der Natur." Anna Amalia ist also das „liebliche Mädchen", das abends zum Dichter kommt (ELEGIE IX, Vers 5 ff.): „Dann flammen Reisig und Scheite,/Und die erwärmete Nacht wird uns ein glänzendes Fest./Morgen frühe geschäftig verläßt sie das Lager der Liebe,/Weckt aus der Asche behend Flammen aufs neue hervor." Nach neu entfachter Liebesglut müssen die Liebenden sich wieder trennen, damit sie nicht entdeckt werden. Die ELEGIE X, Vers 1 ff. zeigt das Format seines Mädchens: „Alexander und Cäsar und Heinrich und Friedrich, die Großen,/Gäben die Hälfte mir gern ihres erworbenen Ruhms,/Könnt ich auf *eine* Nacht dies Lager jedem vergönnen". Mit Friedrich meint Goethe wohl nicht den an Frauen uninteressierten preußischen König Friedrich II., den Onkel Anna Amalias,⁷⁶¹ sondern den Stauferkaiser Friedrich II. von Sizilien (1194–1250), eine der herausragendsten Gestalten der abendländischen Geschichte. Für ihn und die anderen größten Herrschergestalten soll das Mädchen so begehrenswert sein, dass sie gerne die „Hälfte ... ihres erworbenen Ruhms" für eine gemeinsame Nacht hergeben würden. Eine Frau, um die er von den Großen der Geschichte beneidet wird, muss nicht nur schön und treu sein, sie muss selbst eine Große sein. Es kann sich hier also nicht um Christiane Vulpius oder eine namenlose Römerin handeln. Am 25. Januar 1787 schrieb er Anna Amalia („Frau von Stein") aus Rom: „Über die Vorsicht Franckenbergs [befreundeter Minister in Gotha] daß ich hier mich nicht verlieben soll mußte ich lachen: du hast nur Eine Nebenbuhlerinn bisher und die bring ich dir mit das ist ein kolossal Kopf der Juno." Juno, die höchste römische Göttin, ist die Einzige in Rom, die seiner Anna Amalia ebenbürtig ist, denn nur ein höheres Wesen kann ihr Konkurrentin sein. Eine Geliebte der erwähnten Herrschergestalten ist heute noch ein Begriff: die Pharaonin Kleopatra (69–30 v. Chr.), die mit Cäsar liiert war und später auch seinen Nachfolger Antonius (um 82–30 v. Chr.) für sich gewinnen konnte. Mit solchen Frauen vergleicht Goethe seine Anna Amalia. Schon Goethes Motto ALLES UM LIEBE, womit sie ihre Liebesbriefe siegelten, erinnert an John Drydens (1631–1700) ALL FOR LOVE (1678), eine der wenigen Darstellungen von Kleopatra als einer hingebungsvollen Geliebten.

In der ELEGIE XV taucht ein bedeutungsvolles Zeichen auf, das über die Identität der Geliebten weiteren Aufschluss gibt. In einem römischen Gasthaus trifft er sie in Begleitung ihres Onkels (Vers 14 ff.):

> Lauter sprach sie, als hier die Römerin pfleget, kredenzte,
> Blickte gewendet nach mir, goß und verfehlte das Glas.
> Wein floß über den Tisch, und sie, mit zierlichem Finger,
> Zog auf dem hölzernen Blatt Kreise der Feuchtigkeit hin.
> Meinen Namen verschlang sie dem ihrigen; immer begierig
> Schaut ich dem Fingerchen nach, und sie bemerkte mich wohl.
> Endlich zog sie behende das Zeichen der römischen Fünfe
> Und ein Strichlein davor. Schnell, und sobald ich's gesehn,
> Schlang sie Kreise durch Kreise, die Lettern und Ziffern zu löschen;
> Aber die köstliche *Vier* blieb mir ins Auge geprägt.

Mit dem Bild des ausgeschütteten Weines, mit dem die Geliebte „Lettern und Ziffern" zeichnet, spricht Goethe genial verschlüsselt etwas Bedeutendes aus – auch hier ein Grund für Carl August, vom Druck der ELEGIEN abzuraten. Wichtig ist die römische Fünf mit einem Strichlein davor. Es ist das einzige Zeichen, das konkret beschrieben wird, vordergründig nur die Uhrzeit der vierten Stunde, zu der der Dichter nachts die Geliebte aufsuchen soll. Goethe spricht aber von „Lettern und Ziffern". Die römische Fünf mit einem Strichlein davor ergibt auch, anders angeordnet, den Buchstaben „A". Das Wort „Strichlein" passt nur beim „A", denn nur hier ist der Querstrich ein Strichlein, während bei der Ziffer IV alle drei Striche etwa gleich lang sind. Dass es Goethe vor allem um den Buchstaben „A" ging, zeigt die Uhrzeit, zu der die heimliche Verabredung mit der Geliebten angeblich stattfinden soll, denn kurz vor einsetzender Morgenröte ist kaum die Zeit für ein Rendezvous. Der Buchstabe „A" steht bei Goethe für Anna Amalia, immer wieder beschreibt oder zeichnet er diesen Buchstaben, teils in offener, teils in verschlüsselter Weise. Im Eintrag 1804 in den TAG- UND JAHRESHEFTEN beschreibt Goethe, dass er Ende Juni bei den vielen Johannisfeuern rings um die Jenenser Berge ein ganz besonderes beobachtet habe: „Auf der Spitze des Hausberges, welcher, von seiner Vorderseite angesehen, kegelartig in die Höhe steigt, flammte gleichmäßig ein bedeutendes Feuer empor, doch hatte es einen beweglichern und unruhigern Charakter; auch verlief nur kurze Zeit, als es sich in zwei Bächen an den Seiten des Kegels herunterfließend sehen ließ; diese, in der Mitte durch eine feurige Querlinie verbunden, zeigten ein kolossales leuchtendes A, auf dessen Gipfel eine starke Flamme gleichsam als Krone sich hervortat und auf den Namen unserer verehrten Herzoginmutter hindeutete." Auch eine Zeichnung Goethes, die eine sitzende Person vor einer Grotte darstellt, die von einem Baum beschattet wird (ABB. 31), deutet auf Anna Amalia hin. Die Entwurfsvorlage (ABB. 30), die wie die Zeichnung um 1807 bis 1810 datiert wird, bildet aus einem Baum, einem Querbalken und einem pfeilerartigen Stein deutlich ein A. Die Zeichnung ist so gehalten, dass erst durch die Entwurfsvorlage darin ein A erkennbar wird. Auf ähnliche Weise verschlüsselt Goethe auch seine dichterischen Arbeiten, in denen Anna Amalia die weibliche Hauptperson ist.

Die ELEGIE XVI ist wieder eine Meisterleistung des Doppelsinns. In ihr geht es vordergründig darum, dass der Liebhaber sich durch einen Irrtum vom Stelldichein in einem Weingarten abhalten ließ, da er eine Vogelscheuche für den Onkel der Geliebten hielt. Ein Onkel Anna Amalias war der Preußenkönig Friedrich II. Dieser starb am 17. August 1786, also um die Zeit, in der Carl August in Karlsbad in das Geheimnis eingeweiht und der Plan einer Flucht Goethes nach Italien gefasst wurde. Zuvor hatte der „Verräter" sein Wissen um das Geheimnis zu erkennen gegeben, wodurch im Zusammenhang mit dem Thronwechsel in Preußen die Angst vor Sanktionen erregt wurde. Diese letztlich unbegründete Furcht hatte Anna Amalia – das Bild der unglücklichen Schwester Elisabeth Christine Ulrike und die Skrupellosigkeit, die ihr Onkel Friedrich II. und sein Nachfolger gezeigt hatten, vor Augen – in Goethe wohl erst ausgelöst. In der ELEGIE XVI fragt die Geliebte:

> „Warum bist du, Geliebter, nicht heute zur Vigne gekommen?
> Einsam, wie ich versprach, wartet ich oben auf dich."
> Beste, schon war ich hinein; da sah ich zum Glücke den Oheim
> Neben den Stöcken, bemüht, hin sich und her sich zu drehn.
> Schleichend eilt ich hinaus! – „O welch ein Irrtum ergriff dich!
> Eine Scheuche nur war's, was dich vertrieb! Die Gestalt
> Flickten wir emsig zusammen aus alten Kleidern und Rohren;
> Emsig half ich daran, selbst mir zu schaden bemüht."
> Nun, des Alten Wunsch ist erfüllt; den losesten Vogel
> Scheucht' er heute, der ihm Gärtchen und Nichte bestiehlt.

In einem Brief an Merck vom 14. November 1781 charakterisiert Goethe König Friedrich II.: „... wie er in seinem verschabten blauen Rock und mit seiner buklichten Gestalt große Thaten gethan hat, so hat er auch mit einer eigensinnigen, voreingenommenen, unrektificirlichen [unverbesserlichen] Vorstellungsart, die Welthändel nach seinem Sinne gezwungen." Kurz danach deutet Goethe auf seine heimliche Liebe hin: „Ich richte mich ein in dieser Welt, ohne ein Haar breit von dem Wesen nachzugeben was mich innerlich erhält und glücklich macht."

In der ELEGIE XVII behandelt Goethe den „Verrat", der den Irrtum erst möglich machte. Dabei vergleicht der Dichter den „Verräter" Fritz von Stein, den Sohn seines Nachbarn, mit einem Hund, der ihn an die Zeit mit seinem Mädchen, der Witwe „A", erinnert:

> Manche Töne sind mir Verdruß, doch bleibet am meisten
> Hundegebell mir verhaßt; kläffend zerreißt es mein Ohr.
> Einen Hund nur hör ich sehr oft mit frohem Behagen
> Bellend kläffen, den Hund, den sich der Nachbar erzog.
> Denn er bellte mir einst mein Mädchen an, da sie sich heimlich
> Zu mir stahl, und verriet unser Geheimnis beinah.
> Jetzo, hör ich ihn bellen, so denk ich mir immer; sie kommt wohl!
> Oder ich denke der Zeit, da die Erwartete kam.

Die Folge des „Verrats" war die Flucht nach Italien und damit das Ende der nur im Schutze der Täuschung möglichen Nachtliebe. Nach seiner Rückkehr aus Italien tritt Christiane Vulpius in das Leben des Anna Amalia entsagenden Dichters. Die ELEGIE XVIII hat daher Christiane zum Gegenstand. Um einen Identitätswechsel zur vorher besungenen Witwe „A" deutlich zu machen, führt Goethe Christiane in der ELEGIE XVIII mit dem Namen Faustine ein. Ihre Bedeutung gibt er darin wie folgt wieder: „Eines ist mir verdrießlich vor allen Dingen, ein andres/Bleibt mir abscheulich, empört jegliche Faser in mir,/Nur der bloße Gedanke. Ich will es euch, Freunde, gestehen:/Gar verdrießlich ist mir einsam das Lager zu Nacht./Aber ganz abscheulich ist's, auf dem Wege der Liebe/Schlangen zu fürchten, und Gift unter den Rosen der Lust,/Wenn im schönsten Moment der hin sich gebenden Freude/Deinem sinkenden Haupt lispelnde Sorge sich naht./Darum macht Faustine mein Glück; sie teilet das Lager/Gerne mit mir, und bewahrt Treue dem Treuen genau." Faustine verhindert also vor allem, dass der Dichter mit Geschlechtskrankheiten, in der ELEGIE als Schlangen bezeichnet, die lispelnde Sorge verursachen, in Berührung kommt. Der Dichter besingt in der ELEGIE weiter das sinnliche Glück, das ihm Christiane schenkt (Vers 13 ff.): „Welche Seligkeit ist's! Wir wechseln sichere Küsse,/Atem und Leben getrost saugen und flößen wir ein./So erfreuen wir uns der langen Nächte, wir lauschen,/Busen an Busen gedrängt, Stürmen und Regen und Guß." Christiane, die Goethes Mutter lange seinen Bettschatz nannte, wird fortan dem Dichter wenn auch keine ebenbürtige Partnerin, so doch eine aufrichtige und treue Gefährtin sein.

In der ELEGIE XX spricht Goethe das Staatsgeheimnis an und wie er damit umzugehen gedenkt (Vers 1 ff.):

> Zieret Stärke den Mann und freies mutiges Wesen,
> Oh! so ziemet ihm fast tiefes Geheimnis noch mehr.
> Städtebezwingerin du, Verschwiegenheit! Fürstin der Völker!
> Teure Göttin, die mich sicher durchs Leben geführt,
> Welches Schicksal erfahr ich! Es löset scherzend die Muse,
> Amor löset, der Schalk, mir den verschlossenen Mund.
> Ach, schon wird es so schwer, der Könige Schande verbergen!
> Weder die Krone bedeckt, weder ein phrygischer Bund
> Midas' verlängertes Ohr; der nächste Diener entdeckt es,
> Und ihm ängstet und drückt gleich das Geheimnis die Brust.
> In die Erde vergrüb er es gern, um sich zu erleichtern;
> Doch die Erde verwahrt solche Geheimnisse nicht;
> Rohre sprießen hervor und rauschen und lispeln im Winde:

> Midas! Midas, der Fürst, trägt ein verlängertes Ohr!
> Schwerer wird es nun mir, ein schönes Geheimnis zu wahren;
> Ach, den Lippen entquillt Fülle des Herzens so leicht!

König Midas aus Phrygien, dem westlichen Inneranatolien (Türkei), wagte es, die Musik des Hirtengottes Pan höher zu schätzen als die des Hauptgottes Apoll. Zur Strafe ließ Apoll ihm Eselsohren wachsen. Aus Scham verbarg Midas die verlängerten Ohren unter einer Kopfbedeckung. Seinen Friseur, dem er seine Ohren nicht verbergen konnte, drohte er töten zu lassen, wenn dieser das Geheimnis verraten würde. Da der Friseur die Last des Geheimnisses nicht ertrug, grub er ein Loch und flüsterte es hinein. An dieser Stelle wuchsen Binsenrohre, die beim Rauschen im Wind das Geheimnis wiederholten: „Midas! Midas, der Fürst, trägt ein verlängertes Ohr!" Auch Goethes Dichtungen, denen er sein Geheimnis anvertraute, rauschen und lispeln ähnlich den Binsenrohren, sodass zuletzt sein schönes Geheimnis bekannt werden wird:

> Keiner Freundin darf ich's vertraun: sie möchte mich schelten;
> Keinem Freunde: vielleicht brächte der Freund mir Gefahr.
> Dir, Hexameter, dir, Pentameter, sei es vertrauet,
>   Wie sie des Tags mich erfreut, wie sie des Nachts mich beglückt.
> Sie, von vielen Männern gesucht, vermeidet die Schlingen,
>   Die ihr der Kühnere frech, heimlich der Listige legt;
> Klug und zierlich schlüpft sie vorbei und kennet die Wege,
>   Wo sie der Liebste gewiß lauschend begierig empfängt.
> Zaudre, Luna, sie kommt! damit sie der Nachbar nicht sehe;
>   Rausche, Lüftchen, im Laub! niemand vernehme den Tritt.
> Und ihr, wachset und blüht, geliebte Lieder, und wieget
>   Euch im leisesten Hauch lauer und liebender Luft,
> Und entdeckt den Quiriten [Bürgern], wie jene Rohre geschwätzig,
>   Eines glücklichen Paars schönes Geheimnis zuletzt.

Goethe teilt also in seiner Dichtung „der Könige Schande", das Geheimnis, mit. In der ELEGIE XII hieß es bereits: „Und was war das Geheimnis? als daß Demeter, die große,/Sich gefällig einmal auch einem Helden bequemt" (XII, 23 f.): Eine Göttin verliebte sich also in einen vortrefflichen Sterblichen, ein Vergleich für die Schranken der Monarchie, die einer Fürstin verbaten, einen Mann aus einem niederen Stand zu heiraten, auch wenn es ein einzigartiger Dichter wie Goethe war. Anna Amalia wählte wie die Göttin der Fruchtbarkeit allen Hindernissen zum Trotz Goethe als ihren Helden, da sie sich aber über ein Verbot hinwegsetzte, musste sie es heimlich tun. Beiden wurde von Carl August die Pflicht auferlegt, das Staatsgeheimnis zu wahren, Goethes „geliebte Lieder" sollten aber „zuletzt" seinen Lesern die Aufdeckung ermöglichen: „Und ihr ... geliebte Lieder/... entdeckt .../Eines glücklichen Paars schönes Geheimnis zuletzt."

Mit Anna Amalias und Goethes Trennung beginnt die Liebeslyrik der Entsagung, des Schmerzes, die bisher als solche gar nicht erkannt werden konnte. Goethe entfaltet sie in vielen Gedichten und im Entsagungsroman WILHELM MEISTER. Beide arbeiten nach ihrer Rückkehr aus Italien wieder gemeinsam an der Idee eines Theaters, das die Menschen erheben soll. Von 1775 bis 1784 hatten sie gemeinsam das Liebhabertheater geführt. Dann wurde die Schauspielertruppe von Bellomo engagiert und als diese 1791 weiterzog, wurde Goethe die künstlerische Leitung des ständigen Hoftheaters mit Berufsschauspielern übertragen. Auf ihrer Italienreise (1788–1790) hatte Anna Amalia besonders die komische Oper studiert, um sie in Weimar einzuführen sowie alles, was auch sonst zur Hebung des Weimarer Theaters beitragen konnte: „... [in] den verschiedenen Theatern achtete Anna Amalia auch auf die Akustik, die Hygiene und die Beleuchtung". Das Werk von Domenico Cimarosa (1749–1801) war der Musikexpertin geläufig. Giovanni Paisiello (1740–1816), einen weiteren Hauptvertreter der *Opera Buffa*, lernte Anna Amalia in Neapel kennen.[762] Goethe inszenierte zu Anna Amalias 52. Geburtstag am 24. Oktober 1791 die heitere komische Oper von Cimarosa DIE THEATRALISCHEN ABENTHEUER in eigener Textfassung. Am 24. Oktober 1792 widmete Goethe, vom Feldzug des Koalitionsheeres in die Champagne zurückkehrend, bei dem er mehrmals in Lebensgefahr geraten war, Anna Amalia die erste zutreffende Interpretation der IGELER SÄULE bei Trier (um 250 n. Chr.). Am 24. Oktober 1793 konnte Goethe der Verehrerin von Mozart die Oper DIE HOCHZEIT DES FIGARO darbieten. Kurz zuvor war Anna Amalias zweiter Sohn während des Feldzugs des Koalitionsheeres in der Pfalz gefallen. Carl August bat Goethe, die Nachricht Anna Amalia zu überbringen, und dieser nahm sich viel Zeit, um sie zu trösten. An Knebel schreibt Goethe am 27. September 1793: „Die Herzoginn Mutter bezeigte gestern Lust nach Jena zu gehen." An Jacobi schrieb Goethe am 11. Oktober 1793: „Ich habe als alter Nothelfer, diese Zeit her der Herzoginn Mutter mancherley Zerstreuungen bereiten helfen". Ein Jahr später, am 24. Oktober 1794, bot Goethe Anna Amalia die Aufführung der komischen Oper DIE VEREITELTEN RÄNKE von Cimarosa in eigener Textfassung.[763]

Anna Amalias Geburtstage sind für Goethe immer von überragender Bedeutung. Kurz nach Anna Amalias Tod taucht bei Goethe am 16. Mai 1807 ein Satz auf, der wie eine Auflehnung gegen das ihm widerfahrene tragische Schicksal klingt: „Nichts gegen Gott außer Gott selbst".[764] Jenen „sonderbare[n] aber ungeheure[n] Spruch" stellt Goethe in DICHTUNG UND WAHRHEIT (1811–1831) in einen direkten Zusammenhang mit der Dichtung EGMONT (1788), worin der Held „die stille Neigung einer Fürstin, [und] die ausgesprochene eines Naturmädchens" gewinnt (20. Buch). Der Spruch erkläre sich, so Goethe, aus dem Umgang des Helden mit dämonischen Menschen. Egmont „kennt keine Gefahr, und verblendet sich über die größte die sich ihm nähert. Durch Feinde die uns umzingeln schlagen wir uns allenfalls durch; die Netze der Staatsklugheit sind schwerer zu durchbrechen." Mit der Staatsklugheit hatte Goethe nicht gerechnet, mit der Notwendigkeit, sich den Gesetzen für gekrönte Häupter in der Monarchie zu beugen. Es folgt ein Exkurs über das Dämonische, „um mancher geliebter Leser willen ... [will ich] etwas aussprechen, wovon ich mich erst viel später überzeugte ... Am furchtbarsten aber erscheint dieses Dämonische, wenn es in irgend einen Menschen überwiegend hervortritt. Während meines Lebensganges habe ich mehrere teils in der Nähe, teils in der Ferne beobachten können." Unter diesen „mehreren" nennt Goethe im Gespräch mit Eckermann Carl August und König Friedrich II.,[765] jene Vertreter der Monarchie, die seine Nachtliebe und seine Entsagung von der Fürstin Anna Amalia bedingt hatten: „... eine ungeheure Kraft geht von ihnen aus ... Alle vereinten sittlichen Kräfte vermögen nichts gegen sie ... sie sind durch nichts zu überwinden als durch das Universum selbst, mit dem sie den Kampf begonnen; und aus solchen Bemerkungen mag wohl jener sonderbare aber ungeheure Spruch entstanden sein, *nemo contra deum nisi deus ipse* [Nichts gegen Gott außer Gott selbst]" (IV, 20).

Von Anna Amalia, die am 10. April verschieden war, wurde vom Hofbildhauer Carl Gottlob Weißer (1779–1815) eine Totenmaske abgenommen (ABB. 34).[766] Ein einziges Mal in seinem Leben überwand Goethe seine Abneigung gegen Gesichtsmasken und ließ sich im Oktober 1807 vom Bildhauer Weißer eine abnehmen, die mit ungeöffneten Augen überliefert ist und dadurch wie eine Totenmaske wirkt (ABB. 35).[767] Diese Gesichtsmaske entstand in zwei Sitzungen, eine erste fand am 19. Oktober, an seinem ersten Hochzeitstag statt. In Goethes Tagebuch heißt es: „Um 4 Uhr zu Weißer".

Die abschließende Sitzung fand am 24. Oktober, an Anna Amalias erstem Geburtstag nach ihrem Tod statt. Im Tagebuch findet sich der Eintrag: „Nachher bey Weißern."⁷⁶⁸ An diesen beiden Tagen ließ sich Goethe selbst als Toter darstellen. Goethes langjähriger Mitarbeiter Kräuter befand: „... der Ernst der Züge hat etwas, das Finster zu nennen ist".⁷⁶⁹ „Die Formen sind hier ganz genau", befand Goethe noch Jahre später in einem Brief an Boisserée vom 27. Februar 1820. Unter Verwendung der abgenommenen Masken von Goethe und Anna Amalia modellierte Weißer von beiden Büsten (ABB. 38 und 39). Diesem Pendant wollte Goethe unbedingt ein weiteres von Christian Friedrich Tieck (1776–1851) hinzufügen. Tieck war ein Bildhauer voller Inspirationskraft, besonders seine Porträtbüsten begründeten seinen Ruhm, er zählte zu den bedeutendsten seiner Zeit. 1807/08 war er in Rom dabei, eine Büste von Goethe im Auftrag des bayerischen Kronprinzen Ludwig (1786–1868) anzufertigen (ABB. 36), der seit Anfang 1807 Bildnisbüsten berühmter Deutscher in Auftrag gab, um sie in einem Tempel des Ruhms zu vereinen, der späteren Walhalla (1830–1842) bei Regensburg. Tieck sollte deshalb auch eine Büste Anna Amalias anfertigen. Wohl über Weißer bekam Tieck einen Abguss von Anna Amalias Totenmaske nach Rom geschickt,⁷⁷⁰ seine 1807/1808 angefertigte Büste hält sich noch genauer als die von Weißer an die Totenmaske (ABB. 37).⁷⁷¹ Die von Weißer abgenommene Maske Goethes wurde die Vorlage für die meisten Goethe-Büsten, die danach modelliert wurden.⁷⁷²

Goethe schrieb nach Anna Amalias Tod den offiziellen Nachruf ZUM FEYERLICHEN ANDENKEN DER DURCHLAUCHTIGSTEN FÜRSTIN UND FRAU ANNA AMALIA, ein Meisterwerk der Gedenkrede,⁷⁷³ das von allen Kanzeln des Herzogtums vorgelesen und veröffentlicht wurde. Danach wurde er schwer krank, ging nach Jena und von dort nach Karlsbad. Dort begann er WILHELM MEISTERS WANDERJAHRE zu diktieren, ein Werk, das tiefe Einblicke in seine Biographie im ersten Weimarer Jahrzehnt gibt. Goethe findet die Kraft, die Liebeslyrik der Entsagung in eine Liebeslyrik der Verklärung zu wandeln. Am Ende des Vorspiels zur Eröffnung des Weimarer Theaters am 19. September 1807 gibt Goethe zu erkennen, dass er sich als Witwer fühlt:

> Doch aber bleibet immerfort auch eingedenk
> Der Abgeschiednen, deren rühmliche Lebenszeit,
> *(Im Hintergrunde zeigt sich in Chiffern das Andenken der*
> *verewigten Herzogin Mutter, umgeben von Glorie und den Kranz*
> *ihrer Zurückgelassenen.)*

Umwölkt zuletzt, zur Glorie sich läuterte,
Unsterblich glänzend, keinem Zufall ausgestellt;
Um welche sich versammelt ihr geliebt Geschlecht
Und alle, deren Schicksal sie umwaltete.
Sie wirkte noch wie vormals immer mütterlich.
In Leid und Freuden bleibet ihrer eingedenk,
Genuß, Entbehrung, Hoffnung, Schmerz und Scheidetag
Menschlich zu übernehmen, aber männlich auch!

Die letzten zwei Zeilen sind für sich nicht verständlich. Goethe fasst damit seine tragische Liebe zu Anna Amalia zusammen, der als ihr Mann mit ihr genoss, ihr als Geliebter entsagen musste, bis er durch den Tod von ihr geschieden wurde. Als Witwer bezeichnet sich Goethe auch in der Gedichtsammlung WEST-ÖSTLICHER DIVAN (1815).

Im WEST-ÖSTLICHEN DIVAN, dessen Lieder hauptsächlich 1814 und 1815 entstanden sind, setzt Goethe erneut zu einer großartigen Liebesdichtung an. Er wird mit dieser einzigartigen Gedichtsammlung einen Höhepunkt der Verklärung Anna Amalias erreichen. Der DIVAN ist in zwölf Bücher unterteilt und vom Dichter mit einem Kommentar versehen worden. Wenn diese Dichtung mit einer Symphonie verglichen wird,[774] so ist Suleika – arabisch „Verführerin", die Geliebte des Dichters – das Hauptthema, die immer wiederkehrende Leitmelodie und ihr gilt auch das längste BUCH SULEIKA.

Heute wird Goethes Suleika einhellig mit Marianne von Willemer (1784–1860) in Verbindung gebracht. Da niemand das im DIVAN zum Ausdruck gebrachte Liebesempfinden Goethes auf seine verstorbene Geliebte Anna Amalia bezog, konnte Marianne den Ehrgeiz entwickeln, nach dem Tod des Dichters als dessen Geliebte zu gelten. Im September 1814 lernte Goethe die ehemalige Schauspielerin und Sängerin Marianne Pirngruber kennen. Im selben Monat heiratete diese „aus Neigung wie um des Wohlanstandes willen"[775] ihren Pflegevater, den zweimaligen Witwer Johann Jakob Willemer (1760–1838, 1816 geadelt), mit dem sie trotz gesellschaftlicher Anfeindungen bereits über ein Jahrzehnt zusammenlebte. Die „Rettung [durch die Heirat] der kleinen, liebenswürdigen Frau [Marianne]", urteilte Goethe im Gespräch mit Boisserée, sei „ein großes sittliches Gut".[776] 1815 reiste Goethe wieder nach Frankfurt, um von Mai bis Oktober den DIVAN nahezu abzuschließen. Er weilte dort oft bei dem Ehepaar von Willemer, die seine Arbeit nach Kräften zu fördern suchten, etwa indem sie die Gerbermühle, ihr Sommerhaus vor den Toren Frankfurts, orientalisch schmückten.

Durch Herman Grimm (1828–1901), der 1869 seinen in plauderhaft-familiärem Ton abgefassten Aufsatz GOETHE UND SULEIKA veröffentlichte,[777] wurde Frau von Willemer schlagartig als Goethes Suleika berühmt.[778] In Wirklichkeit wusste Frau von Willemer, dass Goethe in seinen Liedern eine andere Frau besang, sie bat ihn sogar um Hinweise, wer diese Person sei. Nach der Lektüre der Novelle DER MANN VON FÜNFZIG JAHREN aus WILHELM MEISTERS WANDERJAHRE fragte sie Goethe in einem Brief vom 7. August 1829: „... vielleicht, daß mir Wilhelm [Goethe] einiges über jene interessante Witwe vertraut; wie viel hätte ich nicht zu fragen, was man schreibend weder verlangen noch gewähren kann. Sie würden vielleicht über mich lachen, wenn Sie wüßten, mit welcher Genauigkeit ich auf alle Beziehungen und Andeutungen merke, die dazu helfen können, den Dichter in seinen Werken kennen und verstehen zu lernen, und da sich nicht leugnen läßt, daß er die Feder in sein Herzblut taucht, so ist bei allem Mitleid, das man für den innig geliebten Freund und seine Herzenswunden hat, doch die Ungewißheit kaum zu ertragen, mit der man sich abmüht zu erraten, wann, wie und durch wen sie ihm geschlagen wurden."[779] Am 19. April 1830 gab Goethe Frau von Willemer hierauf folgende Antwort: „Einige Auskunft über die Rätsel, welche in meinen kleinen Gedichten und den größern Werken vorkommen, ließe sich anmutig von Mund zu Mund, aber nicht wohl schriftlich mitteilen. Soviel jedoch würde sich durchaus ergeben, daß irgendwo ein *Vorzüglichstes*, sowohl der Innigkeit als der Dauer nach, auffallend entgegenträte."

Die gemeinsamen Tage im Sommer 1814 und 1815 verbrachten Goethe und Frau von Willemer stets in größerer Gesellschaft. Die wenigen Momente, in denen ungestörte Zweisamkeit möglich gewesen wäre, zog Goethe es vor, Freund Boisserée nachts seine Theorie der Farben zu erklären. In seinem Tagebuch trägt Boisserée etwa am 18. September 1815 ein: „[Herr] Willmer schlief ein, wird darum gefoppt wir bleiben deshalb desto länger zusammen, bis 1 Uhr. Mondschein-Nacht. Der Alte [Goethe] will mich in seinem Zimmer noch bei sich behalten – Wir schwatzen ihm fällt ein mir den Versuch mit farbigen Schatten zu zeigen, wir treten mit einem Wachslicht auf den Balkon – werden am Fenster von der kleinen Frau [von Willemer] belauscht."[780] Allein der Austausch von wenigen harmlosen chiffrierten Briefen 1815 mit „der kleinen Frau", also Kärtchen, die nur Zahlen enthalten, die auf Seite und Zeile des verabredeten Buchs DER DIWAN VON HAFIS, eine Übersetzung (1812–13) des wohl bedeutendsten persischen Dichters (1326–1390), verweisen,[781] müssen herhalten, um eine große Liebe zwischen Goethe und der verheirateten Frau von Willemer zu behaupten. Nach 1815 wich Goethe einem von ihr gewünschten Wiedersehen stets freundlich aus. Seine Briefe adressierte er nie an sie persönlich, vielmehr erst an ihre Stieftochter, später an ihren Ehemann.[782] Frau von Willemer erkannte daraufhin, dass sie auch „in jenen Zauberkreis der Frauen getreten [war], nicht, um darin zu bleiben, sondern nach getaner Beschwörung sogleich wieder den stillen Pfad ... zu betreten".[783]

Nach Goethes Tod hatte bereits Bettina von Arnim (1785–1859) mit ihrer Veröffentlichung GOETHES BRIEFWECHSEL MIT EINEM KINDE (1835) – für Goethes Freund und Mitarbeiter Riemer „mit einem Wort ein Roman"[784] – versucht, sich als Geliebte und Muse des Dichters, als die Frau, der Goethes Sonette und Lieder galten, und als seine Suleika hinzustellen. Unter den ablehnenden Stimmen war auch jene ihrer Freundin Marianne von Willemer, die von „Lug- und Trug-Compendium" sprach.[785] Für Riemer war Bettinas „Anmaßung unbegreiflich, und eine bisher unerhörte Art, sich einem, der auf dem Wege zur Unsterblichkeit ist, als Begleiter an den Arm zu hängen."[786] Viele Frauen suchten die Nähe des berühmten Dichters, so ermahnte etwa Henriette von Egloffstein eine ihrer Töchter, sich so oft wie möglich „in den letzten Strahlen dieser sinkenden Sonne" zu spiegeln: „Versäume nicht, Dich Goethe soviel als möglich zu nähern ... Zu spät wirst Du vielleicht erst begreifen, was es heißt: *je ne suis pas la rose, mais j'ai fleuri aupres d'elle!* [ich bin zwar nicht die Rose, doch ich habe in ihrer Nähe geblüht] – Jedes Wort von Goethe wird nach seinem Tode gleich Edelsteinen glänzen und denen Wert geben, an die es gerichtet war."[787]

Marianne von Willemer ging viel raffinierter als Bettina von Arnim vor, als sie die große Chance sah, in die Literaturgeschichte als Goethes Suleika einzugehen. Der sich dem Tode nahe fühlende Goethe sandte Freunden ihre an ihn gerichteten Briefe zurück, so auch am 3. März 1832 an Marianne von Willemer. In diesen Briefen an Goethe sollen sich vier Gedichte befunden haben, die Frau von Willemer selbst gedichtet haben will und die Goethe im DIVAN als seine eigenen eingeflochten haben soll. Es handelt sich hier um Gedichte, die mit als die schönsten der Sammlung gelten und in denen Suleika zum Dichter Hatem spricht.[788] Originale der Briefe Marianne von Willemers an Goethe sind nicht erhalten, denn sie vernichtete diese Anfang der 1850er Jahre. Zuvor hatte sie von unbekannter Hand eine „Abschrift" anfertigen lassen. Trotz „sorgfältigste[r] Nachfrage" durch Verwandte und Freunde konnte nicht ermittelt werden, von wem Frau von Willemer diese anfertigen ließ.[789] Durch eine „Abschrift" ihrer Briefe konnte sie aber den Inhalt derselben beliebig verändern, also auch beliebig Gedichte Goethes aufnehmen, die sie vom DIVAN (gedruckt 1819) abschrieb, um sie nach 30-jähriger Überlegungszeit geringfügig zu ändern. An Grimm sandte sie etwa am 21. Januar 1857 eine Abschrift „ihres" DIVAN-Gedichts mit dem Anfangsvers „Was bedeutet die Bewegung?" mit der Bemerkung, „es ist doch nur eine einzige [Strophe] die G.[oethe im DIVAN] verändert hat, und ich weiß wirklich nicht warum, ich finde meine wirklich schöner".[790] Entscheidend ist hier der Umstand, dass die Person, die Frau von Willemer mit der Abschrift beauftragt hatte, nicht namentlich genannt und auch sonst nicht auffindbar war. Einen Grund, warum sie ihre Originalbriefe an Goethe vernichtete, gab sie nicht an, obwohl „er" sie doch in den Händen gehalten hatte. Seine Briefe behandelte sie jedenfalls wie ein Heiligtum und nahm sie, wenn sie aus dem Haus ging, in ihrer Kleidung eingenäht stets mit sich. Die Vernichtung ihrer Originalbriefe hatte also nur den Zweck, diese so abzufassen, dass sie darin als Autorin der Suleika-Gedichte dastand.

Frau von Willemers raffinierter Schwindel hätte durchschaut werden können, denn es unterliefen ihr Fehler. Als sie am 21. Januar 1857 an Grimm die „Abschrift" ihres Briefes mit dem DIVAN-Gedicht „Was bedeutet die Bewegung?" sandte, war dieser mit „d. 6. 8ber 15.", also dem 6. Oktober 1815 datiert. Goethes eigenhändiges Original stammte aber vom „23. S. 1815", also dem 23. September 1815. Demnach müsste der unvergleichliche Dichter Goethe das Datum vordatiert haben, um als Autor eines Gedichtes der Frau von Willemer zu gelten, einer Frau, die vor und nach den vier Gedichten, die sie an Goethe geschickt haben will, nie etwas Bedeutendes gedichtet hat. Von „anmutiges Liedchen" spricht etwa Goethe 1832, als Herr von Willemer ihm eine Gelegenheitsdichtung seiner Ehefrau schickte.[791] Obwohl Frau von Willemer die nicht gerade harmlose Behauptung aufstellte, Goethe habe ihre Gedichte durch Aufnahme in den DIVAN als die seinen ausgegeben, setzte man sich über diesen und andere Widersprüche hinweg. Grimm meinte, Frau von Willemer, „die an dem Divan so großen Anteil hatte, [habe] das Werk als gedrucktes Buch" wenig gekannt. „Daß aber auch ihr Gedächtnis sie zuweilen im Stiche ließ", so Grimm weiter im Aufsatz GOETHE UND SULEIKA, „ist klar. ... Wir dürfen nicht vergessen, daß Marianne über die Siebzig heraus war, als sie mir ihre Mitteilungen machte."[792] Ihren Freund Grimm hatte Frau von Willemer zuvor jahrelang mit den schönsten Worten umgarnt. Neben Goethe, Clemens Brentano (1778–1842) und Boisserée hätte sie noch einen Freund, berichtet sie Grimm in einem

Brief vom 3. Juni 1855, „und noch Einen, und noch Einen, und Dich? Nicht wahr?"

Erst vor kurzem wurde bekannt, dass Marianne von Willemer schon einmal mit Fälschungen zu tun hatte, denn sie war eine geborene Pirngruber, behauptete aber, Jung zu heißen. Den damals schwerwiegenden Makel der unehelichen Geburt – sie war die Tochter des holländischen Tanzmeisters van Gangelt in Linz und der Wiener Schauspielerin M. A. E. Pirngruber – vertuschte sie damit. Die Heiratspapiere, die sie den Frankfurter Behörden vorlegen sollte, reichte sie nie nach. Eine letzte Einreichungsfrist des Stadtrats von 1816 nahm die nunmehr schwerreiche Frau von Willemer nicht wahr, sodass sie in Frankfurt immer eine Ausländerin blieb.[793]

Marianne von Willemer war eine Frau, die von vielen Männern angebetet wurde, nach einer Ansicht soll ihr Stiefbruder aus Liebe zu ihr in einem Duell den Tod gesucht haben.[794] Frau von Willemer wollte für Goethe mehr als eine flüchtige Inspiration und angenehme Gastgeberin sein. Als Goethe nach 1815 nicht mehr nach Frankfurt reiste, war sie jahrelang krank, sie fühlte sich durch Goethes Desinteresse gedemütigt und verletzt.[795] Ihren jungen Freund Grimm bat Frau von Willemer in falscher Bescheidenheit, erst nach ihrem Tod ihre Liebesgeschichte mit Goethe zu veröffentlichen: „Mir scheint", so Grimm, „dies als einer der höchsten Züge in Mariannes Charakter: dies gänzliche Verzichten darauf, ihren Namen öffentlich mit dem Goethes genannt zu hören."[796] Ihr „Briefwechsel", also Goethes Briefe an sie sowie die „Abschrift" von unbekannter Hand ihrer um 1850 vernichteten Briefe an Goethe, sollten nach ihrem letzten Willen erst zwei Jahrzehnte nach ihrem Tod veröffentlicht werden.[797] Mit der späten Veröffentlichung der Briefe, die Marianne als Suleika hinstellten, erreichte sie, dass kein enger Mitarbeiter oder Freund Goethes der Anmaßung entgegentreten konnte, wie Riemer es bei Bettina von Arnim getan hatte. Heute heißt es über Marianne von Willemer: „Die Literatur- und Geistesgeschichte kennt kaum je den Fall, daß sich da ein Dialog auf höchster poetischer Höhe abspielt. Ein Zwiegespräch wird es von Mund zu Mund, in gleichen Klängen, gleichen Worten, gleichem Rhythmus. Es wird ein sehr persönliches Geheimnis, zwischen den beiden gewahrt, die seltsamste Maskerade Goethes ... Bis lange über seinen Tod hinaus dauert das Spiel, und wenn es Marianne nicht selber als alte Frau dem jungen Freund Herman Grimm bekannt gegeben hätte, so wäre es ganz verborgen geblieben."[798] Marianne von Willemers Schwindel konnte aber nur so lange unentdeckt bleiben, wie die geheimnisvolle Frau unbekannt blieb, die Goethes Herz so nachhaltig erobert hatte. Für kritische

Beobachter war der DIVAN daher „ein Musterbeispiel kühler ‚kommandierter Poesie', in welcher Marianne nur wie aufs Stichwort den seit langem für eine Geliebte reservierten Platz eingenommen habe".[799] Mit der Entdeckung Anna Amalias als der geheimnisvollen Frau, der Goethes Herz ganz und gar angehörte, ist es möglich geworden, den DIVAN im biographischen Zusammenhang zu lesen.

Goethe besingt im DIVAN die Liebe seines Lebens, er legt darin ein Zeugnis unverbrüchlicher Treue zu Anna Amalia ab, der seit 1775 seine Liebesdichtung gilt. Zwar verwendet der Dichter immer wieder neue Namen, unter diesen verbirgt sich aber immer nur eine Frau: Anna Amalia. Im 32. Gedicht vom BUCH SULEIKA findet Goethe hierfür ein Bild:

> Möge Wasser, springend, wallend,
> Die Zypressen dir gestehen:
> Von Suleika zu Suleika
> Ist mein Kommen und mein Gehn.

Goethe will Anna Amalia immer neu besingen, die Zypressen, die schon den Römern als Symbol des Todes galten, sind die Zeugen seines Treueversprechens. Mit dem DIVAN verfolgt Goethe das Ziel, wenigstens für eine kurze Zeit im Land der Poesie die verlorene Geliebte wieder zu sehen. Von dieser Aussicht beflügelt, schreibt Goethe an seinen DIVAN-Liedern. Rückblickend sagt er gegenüber Eckermann (11. März 1828): „Als mich ... die Gedichte des ‚Divan' in ihrer Gewalt hatten ...". Im 21. Gedicht des BUCHES SULEIKA verwendet Goethe für sich das Bild eines Vulkans: „Unter Schnee und Nebelschauer/Rast ein Ätna dir hervor." Im Juni 1814 beginnt Goethe die Arbeit am DIVAN, kurze Zeit später unternimmt er eine Fahrt nach Frankfurt und an den Rhein. Der 65-jährige Goethe weilt an den Schauplätzen seiner Jugend, wo er auch die Zeit seiner Jugendliebe zu Lili Schönemann durchlebte,[800] bevor er nach Weimar kam und Anna Amalia als die Liebe seines Lebens fand. Durch die Nähe zu dem Ort seiner Jugendträume, umgeben von freundlichen Menschen, die ihn mit Ehrungen und Aufmerksamkeiten überschütteten, entstand eine für die Arbeit am DIVAN förderliche Atmosphäre. Im 30. Gedicht des BUCHES SULEIKA rechtfertigt Goethe die Länge desselben damit, dass er sich in einem Zustand des Liebeswahnsinns befunden habe. Sein Gesang gilt seiner Einzigen, dem „Stern der Sterne", wie er Suleika im 40. Gedicht WIEDERFINDEN nennt, doch weilt sie nicht mehr auf der Erde. Goethe charakterisiert den WEST-ÖSTLICHEN DIVAN daher mit subtiler Ironie als den „Schleier irdischer Liebe ... [der] höhere Verhältnisse zu verhüllen" scheint,[801] denn die höheren Verhältnisse spielen nicht mehr auf Erden. Der Dichter Hatem wohnt nach dem Tod der Geliebten im „stillen Witwerhaus", so das Gedicht ABGLANZ, er sieht seine Suleika nur als Geist, wenn er vor dem Spiegel steht. Goethes Ehefrau Christiane lebte noch als er das Gedicht ABGLANZ schrieb, um es drei Tage nach Anna Amalias Geburtstag, am 27. Oktober 1815 an Frau von Willemer zu schicken.[802] Dass Hatem für Goethe steht, macht der Dichter im 21. Gedicht des BUCHES SULEIKA deutlich, denn nur, wenn man im dritten Vers statt „Hatem" „Goethe" liest, reimt es sich:

>Du beschämst wie Morgenröte
>Jener Gipfel ernste Wand,
>Und noch einmal fühlet Hatem
>Frühlingshauch und Sommerbrand.

Bereits der Vorspruch zum BUCH SULEIKA, den Goethe aus der Sammlung des orientalischen Sultans und Dichters Selim I. (um 1467–1520) auswählte, enthält ein bekanntes Motiv:

>Ich gedachte in der Nacht,
>Daß ich den Mond sähe im Schlaf;
>Als ich aber erwachte,
>Ging unvermutet die Sonne auf.

Das Symbol der Sonne (☉) verwendet Goethe in seinem Tagebuch, um das Blendwerk mit Frau von Stein durchzuführen, das des Mondes (☾), um Anna Amalia direkt zu bezeichnen. Bei seinem Aufenthalt in den Schweizer Alpen hatte Goethe an Anna Amalias 40. Geburtstag am 24. Oktober 1779 ihrer mit einer erhabenen Schilderung eines Sonnenunterganges bei gleichzeitigem Mondaufgang gedacht. Die immer wieder betonte Einzigartigkeit der Geliebten Suleika schließt aus, dass eine andere Frau als seine 1807 verstorbene Anna Amalia besungen sein kann.[803] Im 19. Gedicht heißt es: „Alles Erdenglück vereinet/Find' ich in Suleika nur." Im dritten Gedicht aus dem BUCH DES PARADIESES, AUSERWÄHLTE FRAUEN steigert der Dichter die Bedeutung seiner Geliebten ins Unermessliche, denn nur vier Frauen seien schon im Paradies eingetroffen: Maria, die Mutter Jesu, Chadidja, die Frau des Propheten Mohammed, deren Tochter Fatima und Suleika. Weil der

Dichter in seinem Lied diese Damen gepriesen hat, sei ihm gestattet worden, im Paradies mit ihnen zu lustwandeln.

Am 24. Oktober 1815 schreibt Goethe das Gedicht VOLLMONDNACHT als 41. Gedicht des BUCHES SULEIKA, das mit dem Vers beginnt: „Herrin, sag' was heißt das Flüstern?" Damit nennt er an Anna Amalias Geburtstag Suleika seine Herrin. Dieses Gedicht ist kein gewöhnliches innerhalb der Hunderte im DIVAN, es ist das „Schlüsselgedicht des ganzen Zyklus",[804] weil darin die Geliebte Suleika – wie Helena im FAUST-Drama (um 1772–1831) – beschworen wird. Hatem (Goethe) wendet sich in VOLLMONDNACHT an Suleika. Da sie gestorben ist, ist der Refrain in den ersten zwei Strophen in der Vergangenheit gehalten: „Ich will küssen! Küssen! Sagt' ich." Dies ist der Höhepunkt einer durch viele Gedichte vorbereiteten Beschwörung, denn nun soll sich Suleika materialisieren. Die dritte und letzte Strophe ist tatsächlich im Präsens gehalten, Suleika ist erschienen: „Ich will küssen! Küssen! Sag' ich." Der Dichter, der noch kurz zuvor im Gedicht NACHKLANG einen verzweifelten Schmerzensschrei ausgestoßen hatte („Vermagert bleich sind meine Wangen/Und meine Herzensthränen grau./Laß mich nicht so der Nacht, dem Schmerze,/Du Allerliebstes, du mein Mondgesicht"), kann jetzt den Lohn für seinen Liebesgesang empfangen und dem Sänger steht im Land der Poesie eine glühende Liebesnacht mit der ersehnten Geliebten bevor. Dass mit Suleika Anna Amalia gemeint ist, zeigt der Umstand, dass das Gedicht VOLLMONDNACHT am 24. Oktober 1815, an Anna Amalias Geburtstag, geschrieben wurde. Vollmond war aber am 18. Oktober 1815 gewesen. In einem Brief an das Ehepaar von Willemer vom 26. Oktober 1815 nimmt Goethe auf den Vollmond am 18. Oktober Bezug, „vor dessen Angesicht Liebende sich jedesmal in unverbrüchlicher Neigung gestärkt fühlen sollen." Mit „Liebende" meint Goethe einerseits das Ehepaar von Willemer, denen er schreibt, andererseits sich und seine verstorbene Anna Amalia.

Anna Amalias Geburtstag ist von größter Bedeutung für Goethes Verschlüsselungsstrategie, daher heißt das Gedicht, das auf VOLLMONDNACHT folgt, GEHEIMSCHRIFT. Mit diesem Titel weist Goethe auf den 24. Oktober als Verschlüsselung für die wahre Identität seiner Herrin hin. „Mir von der Herrin süße/Die Chiffer ist zur Hand", sagt Hatem in GEHEIMSCHRIFT. Am 24. Oktober 1826 – dem 50. Geburtstag Anna Amalias seit 1776, dem ersten, den sie gemeinsam feierten – übersendet Goethe Frau von Willemer ein buntbesticktes Kissen mit einem Vierzeiler. Das berühmte Gedicht GINKGO BILOBA aus dem BUCH SULEIKA reflektiert insofern nur Goethes trauriges Schicksal, sich nicht öffentlich zu seiner Frau bekennen zu dürfen: „Sind es zwei, die sich erlesen,/Daß man sie als eines kennt?" Man kennt nur Goethe und sieht nicht seine zweite Hälfte: Anna Amalia. Seine Dichtungen ohne das Bewußtsein um die Bedeutung Anna Amalias für sein Leben zu lesen, bedeutet aber, sie nur zur Hälfte zu verstehen: „Fühlst du nicht an meinen Liedern,/Daß ich eins und doppelt bin?" In einem Brief an Anna Amalia („Frau von Stein") vom 11. März 1781 drückte Goethe das Gefühl des Einsseins mit Anna Amalia schon ähnlich aus: „Und alle meine Beobachtungen über Welt und mich, richten sich nicht, wie Mark Antonins, an mein eignes, sondern an mein zweites selbst. Durch diesen Dialog, da ich mir bey iedem dencke was Sie dazu sagen mögten, wird mir alles heller und werther." Am 28. Juni 1784 schrieb Goethe an Anna Amalia („Frau von Stein") aus Eisenach bereits: „... ietzt wird es mir erst deutlich wie du meine eigne Hälfte bist und bleibst. Ich bin kein einzelnes kein selbstständiges Wesen. Alle meine Schwächen habe ich an dich angelehnt, meine weichen Seiten durch dich beschützt, meine Lücken durch dich ausgefüllt. Wenn ich nun entfernt von dir bin so wird mein Zustand höchst seltsam. Auf einer Seite bin ich gewaffnet und gestählt, auf der andern wie ein rohes Ey, weil ich da versäumt habe mich zu Harnischen wo du mir Schild und Schirm bist. Wie freue ich mich dir ganz anzugehören."

Im 34. Gedicht bringt der Dichter Hatem Suleikas Bedeutung zum Ausdruck. Er möchte, dass sein Lied sie als seine Muse erreicht, ohne dass die Ferne, in der es weder Ton noch Schall gibt, also das Jenseits, dies verhindert:

>Hast mir dies Buch geweckt, du hast's gegeben;
>Denn was ich froh, aus vollem Herzen sprach,
>Das klang zurück aus deinem holden Leben,
>Wie Blick dem Blick, so Reim dem Reime nach.
>
>Nun tön' es fort zu dir, auch aus der Ferne
>Das Wort erreicht, und schwände Ton und Schall.
>Ist's nicht der Mantel noch gesäter Sterne?
>Ist's nicht der Liebe hochverklärtes All?

Immer wieder weist Goethe auf eine einzige Liebe in seinem Leben hin. So teilt der einundsiebzigjährige Dichter im Oktober 1820 im Gedicht ZWISCHEN BEIDEN WELTEN seinen Lesern mit:

Einer Einzigen angehören,
Einen Einzigen verehren,
Wie vereint es Herz und Sinn!
Lida! Glück der nächsten Nähe,
William! Stern der schönsten Höhe,
Euch verdank ich, was ich bin.
Tag' und Jahre sind verschwunden,
Und doch ruht auf jenen Stunden
Meines Wertes Vollgewinn.

Neben William Shakespeare (1564–1616), der ihm als Dichter den Weg zu den Sternen gewiesen hat, gibt es nur Lida – einer der vielen Namen in Goethes Werk, der für Anna Amalia steht. Da ihre Rolle in Goethes Leben aber unbekannt war, verstand man Goethes Aussage nicht und behalf sich mit der Vermutung, dass die letzten drei Zeilen 1820 als „Siegel" hinzugefügt wurden, mit Lida Frau von Stein gemeint sei und sie daher im ersten Weimarer Jahrzehnt geschrieben wurden.[805] Goethe soll demnach 1820 bekräftigt haben, nur Frau von Stein anzugehören, jener Frau von Stein, die sich etwa am 21. Februar 1816 in einem Brief an Knebel beschwerte, von Goethe wie ein zehnjähriges Mädchen behandelt worden zu sein: „Gestern las uns Goethe bei der Herzogin [Luise] persische Gedichte vor. Es war lange, daß ich nichts von ihm gesehen hatte. Ich wünschte ihm in seinem Wesen etwas von Ihrer Herzlichkeit: mit Ihnen ist so hübsch Gedanken und Gefühle auswechseln! Auf das geringste, was man nicht ganz in seiner [Goethes] Vorstellung sagt, hat man einen Hieb weg. Ich frug ihn, ob diese Gedichte von einem oder verschiedenen orientalischen Dichtern wären. ... [darauf] erwiderte er: ‚Liebes Kind, das wird mir niemand erforschen.' Als wenn ich ein Mädchen von zehn Jahren wäre!"[806]

Im Oktober 1820 schrieb Goethe auch das Gedicht GEGENTOAST DER SCHWESTERN. ZUM 24. OKTOBER 1820, DEM STIFTUNGS- UND AMALIENFESTE. Darin geht es um die Freimaurerbrüder in Weimar, die am Stiftungstag ihrer Loge ANNA AMALIA feierlich zusammentrafen und dort von ihren nicht aufnahmeberechtigten Frauen überrascht wurden. Unter den Vorwand, ein Amalienfest zu feiern, bahnten sie sich einen Weg zu ihren verdutzten Männern. Für Goethe, der unzählige Geburtstage Anna Amalias nur verschlüsselt feiern durfte, war dies eine willkommene Gelegenheit, dem 44. Amalienfest seit 1776 öffentlich zu gedenken. Die Begebenheit wurde ihm dabei nur erzählt, denn seinem Tagebuch zufolge war er nicht in der Loge gewesen, er weilte in Jena. Im Gedicht wirft Goethe die Frage auf, was denn ein Mann ohne seine Frau sei. Die folgenden Verse (9 ff.) sind den Freimaurerschwestern in den Mund gelegt:

> Doch Amalien, der hehren,
> Die auch euch verklärt erscheinet,
> Sprechend, singend ihr zu Ehren
> Sind wir doch mit euch vereinet.
>
> Und indem wir eure Lieder
> Denken keineswegs zu stören,
> Fragen alle sich die Brüder
> Was sie ohne Schwestern wären?

Im Gedicht ZWISCHEN BEIDEN WELTEN, das Goethe um die gleiche Zeit schrieb, beantwortet er die Frage, was denn ein Mann ohne seine Frau sei, für sich: Weil er Anna Amalia seines „Wertes Vollgewinn" verdankt, tut er „Einer Einzigen angehören". Am 20. Juli 1781 schrieb Goethe an Anna Amalia („Frau von Stein"): „Ich kan's nicht erwarten vor dir zu knien, dir tausend tausendmal zu sagen daß ich ewig dein bin."

In der Marienbader ELEGIE (1823), später der Mittelteil der TRILOGIE DER LEIDENSCHAFT, findet Goethe weitere erhabene Verse, um Anna Amalias zu gedenken. Die Annahme, dass die ELEGIE Ulrike von Levetzow gilt, hält einer kritischen Auswertung der Quellen nicht stand. Goethe war 1823 in Marienbad in der Nähe von Karlsbad zur Kur. Nach Goethes Tagebuch waren er und der Herzog Carl August am 2. Juli fast zur gleichen Stunde in Marienbad eingetroffen. Am 11. Juli ist vermerkt: „Frau von Levetzow und Töchter". Mit der Familie von Levetzow hatte Goethe schon zwei Sommer zuvor Bekanntschaft gemacht und erfreute sich eines anregenden, freundlich-bereichernden Umgangs. Carl August entging nicht, dass Goethe gerne die vom Mädchen zur Frau heranblühende Ulrike von Levetzow – die er mit „liebes Töchterchen" titulierte –, sah und kam auf einen besonderen Einfall. Des „Großherzogs Anwesenheit brachte Leben und Lust in die ganze Colonie", schrieb Goethe an Meyer am 13. August. Carl August war nämlich auf die Idee gekommen, ohne Goethe zu fragen, einen Heiratsantrag in seinem Namen vorzutragen.[807] Er stellte Ulrike beträchtliche Privilegien sowie im Falle von Goethes Ableben eine üppige Witwenpension in Aussicht. Die Familie Levetzow fasste den Antrag als Scherz auf, sie „meinten, daß Goethe sicher nicht daran denke, was er [Carl August] widersprach, und oft wiederholte".[808] Am 7. August findet sich in Goethes Tagebuch der Eintrag: „Auf der Terrasse. Viel hin und her gegangen. Vorher bey den Großherzog [Carl August]. Die Verlobung aus dem Stegreife besprochen." Am 7. und 8. August 1823 wurde der von Carl Augusts Heiratsantrag übertölpelte Goethe, der die Verlobung mit Ulrike „aus dem Stegreife" besprochen hatte, zunächst krank. Im Tagebuch heißt es jeweils „schlimme Nacht". Der Staatsminister Goethe durfte seinem Fürsten öffentlich nicht widersprechen, indem er sich jedoch über das Heiratsprojekt ausschwieg, machte er der Familie von Levetzow deutlich, dass er nicht beabsichtige, nochmals zu heiraten und der Antrag tatsächlich nur ein böser Scherz des Herzogs war. Ähnliches dürfte sich 1790 in Schlesien abgespielt haben, als Goethe der Überlieferung zufolge angeblich der 21-jährigen Henriette von Lüttwitz einen Heiratsantrag gemacht hatte – Goethe verlor darüber kein Wort.[809]

Der dreiundsiebzigjährige Dichter nahm schließlich gelassen hin, plötzlich monatelang im Scheinwerferlicht einer spöttelnden Öffentlichkeit zu stehen. Bereits am 12. August berichtete Caroline von Humboldt an ihren Mann: „Man spricht hier viel von zwei Fräulein von Levetzow … Man sagte vorige Woche sogar, er [Goethe] hätte die älteste geheiratet."[810] Dies bestätigt, dass Carl August um den 7. August den Heiratsantrag gestellt hatte und sogleich publik machte.[811] Caroline von Wolzogen schreibt in einem Brief vom 24. September 1823: „Alle Welt trägt sich mit Goethens Liebesgeschichte, und seine Familie fürchtete sogar eine Heirat".[812] Weil Goethe über manche Reaktion, vor allem seines Sohnes und seiner Schwiegertochter, verärgert war, waren ihm die langen Spekulationen um eine Ehe mit Ulrike scheinbar ganz recht. Dahingehend urteilte sein Freund, der Diplomat Carl Friedrich von Reinhard (1761–1837), in einem Brief vom 2. November 1823: „Er war im Bade mit einer jungen und hübschen Person [Ulrike] bekannt geworden, und es hieß, daß er sie eingeladen hätte, nach Weimar zu kommen, und daß er sie heiraten wolle. Es ist nichts daran; aber da die Aufregung ihm mißfallen hat, hat er sich den Spaß gemacht, sie zu verlängern."

Da Ulrike von Levetzow derart in den Vordergrund geriet, konnte Goethe Anna Amalia in der ELEGIE, die auf der Heimreise nach Weimar entstand, ungewöhnlich offen verherrlichen. Während die Spekulationen um eine Wiederverheiratung Goethes die Runde machten, gab sich der Dichter ganz dem bezaubernden Klavierspiel der schönen Gräfin Marie Szymanowska (1789–1831) hin, die ihn damit besonders an Anna Amalia erinnerte. Von allen Instrumenten, die Anna Amalia spielte, brachte sie es auf dem Klavier zur höchsten Reife, sodass sie als Fürstin sogar „ziemlich öffentlich" auftrat.[813] Marie Szymanowska war Hofpianistin der Zarin; Cherubini (1760–1840) und Rossini (1792–1868) rühmten sie als erste Klavierspielerin der Epoche.[814] Am 14. August 1823 trägt Goethe in sein Tagebuch ein: „Zu Madame Szymanowska, welche ... auf dem Flügel spielte ... ganz herrlich. Mit ihr spazieren gegen die Mühle." Am 16. August heißt es: „Gedicht für Madame Szymanowska. Mittag zu Hause. Um 4 bey Madame Szymanowska, welche köstlich spielte." Das Gedicht sollte der dritte Teil der TRILOGIE DER LEIDENSCHAFT werden. Um diese Zeit arbeitet Goethe an der WILHELM MEISTER-Novelle DER MANN VON FÜNFZIG JAHREN, einer weiteren Verschlüsselung seiner verbotenen Liebe zu Anna Amalia. Von Musik umgeben schwelgte Goethe in der Erinnerung an Anna Amalia. Am 24. August 1823 schreibt Goethe an Zelter: „Die ungeheure Gewalt der Musik auf mich in diesen Tagen! Die Stimme der Mildner, das klangreiche der Szymanowska, ja sogar die öffentlichen Exhibitionen des hiesigen Jägercorps falten mich aus einander, wie man eine geballte Faust freundlich flach läßt".

Jenen Personen, denen Goethe die ELEGIE vorab zu lesen gab, etwa Eckermann am 27. Oktober oder Wilhelm von Humboldt am 19. November 1823, bezogen sie erwartungsgemäß auf Ulrike.[815] Die ELEGIE bildet das Mittelstück der TRILOGIE DER LEIDENSCHAFT, am Anfang steht AN WERTHER (1824), am Ende das Gedicht AUSSÖHNUNG (1823). Gegenüber Eckermann erklärt der Dichter die Entstehung seiner TRILOGIE:[816] „Meine sogenannte ‚Trilogie der Leidenschaft' ... ist ... erst nach und nach und gewissermaßen zufällig zur Trilogie geworden. Zuerst hatte ich wie Sie wissen, bloß die ‚Elegie' als selbständiges Gedicht für sich. Dann besuchte mich Szymanowska ... Die Strophen, die ich dieser Freundin widmete, sind daher auch ganz im Versmaß und Ton jener ‚Elegie' gedichtet ... Dann wollte Weygand eine neue Ausgabe meines ‚Werther' veranstalten und bat mich um eine Vorrede, welches mir denn ein höchst willkommener Anlaß war, mein Gedicht ‚An Werther' zu schreiben. Da ich aber immer noch einen Rest jener Leidenschaft im Herzen hatte, so gestaltete sich das Gedicht, wie von selbst als Introduktion zu jener ‚Elegie'. So kam es denn, daß alle drei jetzt beisammen stehenden Gedichte von demselbigen liebesschmerzlichen Gefühle durchdrungen worden und jene ‚Trilogie der Leidenschaft' sich bildete, ich wußte nicht wie." Was für Goethe eine Trilogie ist, sagt er im selben Gespräch: „Es kommt darauf an, daß man einen Stoff finde, der sich naturgemäß in drei Partien behandeln lasse, so daß in der ersten eine Art Exposition, in der zweiten eine

Art Katastrophe, und in der dritten eine versöhnende Ausgleichung stattfinde."

In AN WERTHER als Exposition wird des „vielbeweinten Schattens" gedacht, denn Werther ist der Jüngling, der in dem Briefroman DIE LEIDEN DES JUNGEN WERTHER (1774) wegen unerwiderter Liebe den Freitod wählt. Damit stimmt Goethe die dramatische Handlung der ELEGIE an: „Zum Bleiben ich, zum Scheiden du erkoren,/Gingst du voran – und hast nicht viel verloren." Die Schlussverse von AN WERTHER lehnen sich an den Schluss von TASSO an (Vers 3432 f.): „Verstrickt in solche Qualen, halbverschuldet,/Geb ihm ein Gott, zu sagen, was er duldet." Die ELEGIE beginnt dann fast wortgleich wie die Schlussverse des TASSO: „Und wenn der Mensch in seiner Qual verstummt,/Gab mir ein Gott, zu sagen, was ich leide". Die Leiden Werthers bilden damit die Exposition zu den Leiden Tassos. Mit diesem Bezug weist Goethe darauf hin, dass die in der Mitte der TRILOGIE stattfindende Katastrophe seine dramatische Liebesgeschichte mit Anna Amalia ist. Mit den TASSO-Schlussversen hatte sich Goethe 1790 ein Arbeitsprogramm für die Zukunft gegeben: Anna Amalia in unvergleichlichen Dichtungen der Liebe zu verehren. Nun, nachdem fast drei Jahrzehnte nach den TASSO-Versen vergangen waren, konnte der Dichter auf einzigartige Dichtungen zurückblicken, die er Anna Amalia gewidmet hatte.

In der ELEGIE erscheint ihm seine verstorbene Prinzessin Anna Amalia als eine Lichtgestalt (Vers 5 f.): „Kein Zweifel mehr! Sie tritt ans Himmelstor,/Zu ihren Armen hebt sie dich empor." Andere Frauen sind für Goethe nur „ein Luftgebild", das ihn bloß kurz festhalten kann, denn sein Leben gilt nur einer, Anna Amalia, und er hebt an, sie zu verherrlichen (Vers 43 ff.):

> Doch nur Momente darfst dich unterwinden,
> Ein Luftgebild statt ihrer festzuhalten;
> Ins Herz zurück! dort wirst du's besser finden,
> Dort regt sie sich in wechselnden Gestalten:
> Zu Vielen bildet Eine sich hinüber,
> So tausendfach, und immer, immer lieber.
> …
> So klar beweglich bleibt das Bild der Lieben,
> Mit Flammenschrift, ins treue Herz geschrieben.
>
> Ins Herz, das fest, wie zinnenhohe Mauer,
> Sich ihr bewahrt und sie in sich bewahret,

> Für sie sich freut an seiner eignen Dauer,
> Nur weiß von sich, wenn sie sich offenbaret,
> Sich freier fühlt in so geliebten Schranken
> Und nur noch schlägt, für alles ihr zu danken.
> …
> Wenn Liebe je den Liebenden begeistet;
> Ward es an mir aufs lieblichste geleistet;
>
> Und zwar durch sie!…

Goethe steigert die Huldigung an seine Prinzessin in den folgenden Versen noch höher und höher. In den Schlussversen der ELEGIE wird seine Lebenskatastrophe wieder zusammengefasst, der Verlust seiner Pandora: Anna Amalia (Vers 133 ff.):

> Mir ist das All, ich bin mir selbst verloren,
> Der ich noch erst den Götter Liebling war;
> Sie prüften mich, verliehen mir Pandoren,
> So reich an Gütern, reicher an Gefahr;
> Sie drängten mich zum gabeseligen Munde,
> Sie trennten mich, und richten mich zugrunde.

Am Ende der Marienbader ELEGIE stellte Goethe also einen Bezug zum Festspiel PANDORA vom Herbst 1807 her, das er als Ausdruck seines schmerzlichen Abschieds von der kurz zuvor verstorbenen Geliebten Anna Amalia gestaltet hatte. Im dritten Teil der TRILOGIE findet „eine versöhnende Ausgleichung" statt, sie führt in das Reich der Musik. Das Gedicht AUSSÖHNUNG ist der Pianistin Marie Szymanowska gewidmet. Die Ausgleichung nach der Katastrophe bringt ihm also die Musik, darin hatte Goethe nach Anna Amalias Tod Zuflucht gefunden. In einem Brief an Zelter vom 27. Juli 1807 aus Karlsbad äußerte er gegenüber dem Berliner Komponisten einen Wunsch, der zeigt, in welcher Weise er sich damals der verstorbenen Geliebten zu nähern suchte: „Ich möchte daher das Saeculum sich selbst überlassen und mich ins Heilige zurückziehn. Da möchte ich nun alle Woche einmal bei mir mehrstimmige geistliche Gesänge aufführen lassen". Sobald er nach Weimar zurückgekehrt war, gründete er tatsächlich eine eigene Hauskapelle, die sich Donnerstagabends zusammenfand, um mehrstimmige geistliche Gesänge einzustudieren und aufzuführen.[817] Das Programm war höchst anspruchsvoll; veranstaltet wurdem am Sonntagmorgens im kleinen Kreis Hauskonzerte, Kanons von Mozart und Ferrari, Lieder von Haydn und Jommelli kamen zur Ausführung unter unter der kundigen Leitung von Zelters Schüler Carl Eberwein (1786–1868),[818] wobei Goethe im Ensemble als Bassist mitwirkte. Goethe lud Marie Szymanowska nach Weimar ein und sie kam an Anna Amalias Geburtstag, am 24. Oktober 1823, an: „Stiftungstag der Loge [ANNA AMALIA] ... Gemeldet Madame Szymanowska von Dresden und Leipzig kommend", heißt es im Tagebuch, „Madame Szymanowska und Schwester zu Tische. So gefällig als trefflich auf dem Flügel gespielt." Kanzler von Müller notierte: „Bezaubernde Klavierspielerin ... braunes Kleid, weisses Spitzentuch, weisse Mütze mit Rose".[819] Am nächsten Tag schrieb von Müller einer Freundin: „Madame Szymanowska, die schöne Polin, die unvergleichliche Klavierspielerin, von der Goethe sich im Bade so angezogen fühlte, an die er das herrliche Gedicht machte, ist mit ihrer Schwester seit gestern früh hier ... Ihre kindliche Verehrung für Goethe spricht sich aufs einfachste, ohne alle Ziererei, aus und so findet man sein [Goethes] Bild von ihr, ‚daß sie wie die heiterste Ätherluft sei, die einen rings umfließe, ohne daß man sie greifen könne', wohl passend".[820] Anna Amalia hatte einmal geäußert: „Die Musik ist ein Kordial für schweres Blut, denn es steht in der Bibel, daß König Saul seine schwarze Melancholie damit vertrieben habe".[821] Wie Anna Amalia suchte auch die Prinzessin in TASSO Trost und Zuflucht in der Musik (Vers 1806 ff.):

> ... Eines war,
> Was in der Einsamkeit mich schön ergetzte,
> Die Freude des Gesangs; ich unterhielt
> Mich mit mir selbst, ich wiegte Schmerz und Sehnsucht
> Und jeden Wunsch mit leisen Tönen ein.
> Da wurde Leiden oft Genuß, und selbst
> Das traurige Gefühl zur Harmonie.

Zwei Wochen später reiste die Pianistin Szymanowska ab und Goethe wurde schwer krank. Anfang und Schluss des ihr gewidmeten Gedichts AUSSÖHNUNG lauten:

> Die Leidenschaft bringt Leiden! – Wer beschwichtigt,
> Beklommnes Herz, dich, das zu viel verloren?
> ...

Und so das Herz erleichtert merkt behende,
Daß es noch lebt und schlägt und möchte schlagen,
Zum reinsten Dank der überreichen Spende
Sich selbst erwidernd willig darzutragen.
Da fühlte sich – o daß es ewig bliebe! –
Das Doppel-Glück der Töne wie der Liebe.

Goethes Herz hat mit dem Verlust Anna Amalias zu viel verloren und er lebt nur noch, um seine Prinzessin in seinen Werken zu verherrlichen. Drei Liebesgedichte von 1828 erweisen sich ebenfalls als eine Anna Amalia geltende Trilogie. Als Carl August am 14. Juni 1828 starb, zog sich Goethe zu einem längeren Aufenthalt auf die Dornburger Schlösser bei Jena zurück. Hoch über der Saale entstanden die Liebesgedichte, die als DORNBURGER TRILOGIE bezeichnet werden können. Das erste unbetitelte Gedicht der DORNBURGER TRILOGIE knüpft an den WEST-ÖSTLICHEN DIVAN an und zeigt glücklich-unglücklich Liebende, nach Goethes Trilogieverständnis wird hier der Stoff eingeleitet: „Suleika, du aber ruhst/Auf dem zarten Polster,/Das ich dir bereitet und geschmückt." Am Ende des Gedichts wird zur Katastrophe, das Mittelstück der Trilogie, übergeleitet mit den Versen: „Da schwebt sie ja, die goldene Leier,/Komm, alte Freundin, komm ans Herz." Das Mittelstück trägt den Titel DER BRÄUTIGAM. Goethe empfand sich im ersten Weimarer Jahrzehnt als Bräutigam Anna Amalias. Das Verbot, Anna Amalia ehelichen zu können, gilt aber nur für die irdische Sphäre und hat im Jenseits keine Geltung: dort dürfen Goethe und Anna Amalia endlich ein Paar sein. In der ersten und zweiten Strophe blickt der Dichter auf die Nachtliebe zurück, die tagsüber zur Täuschung wurde. Die dritte Strophe handelt vom Abschied von der Geliebten durch ihren Tod. In der letzten Strophe überwindet der greise Dichter den Schmerz über sein tragisches Schicksal durch die Anna Amalia gewidmete verklärende Liebesdichtung. Er hofft nun als Lohn für seine Treue die Todesschwelle als Bräutigam überschreiten zu können, um endlich mit seiner Anna Amalia vereinigt zu sein:

DER BRÄUTIGAM

Um Mitternacht, ich schlief, im Busen wachte
Das liebevolle Herz, als wär es Tag;
Der Tag erschien, mir war, als ob es nachte –
Was ist es mir, so viel er bringen mag?

Sie fehlte ja! mein emsig Tun und Streben
Für sie allein ertrug ichs durch die Glut
Der heißen Stunde; welch erquicktes Leben
Am kühlen Abend! lohnend wars und gut.

Die Sonne sank, und Hand in Hand verpflichtet
Begrüßten wir den letzten Segensblick,
Und Auge sprach, ins Auge klar gerichtet:
Von Osten, hoffe nur, sie kommt zurück.

Um Mitternacht, der Sterne Glanz geleitet
Im holden Traum zur Schwelle, wo sie ruht.
O sei auch mir dort auszuruhn bereitet!
Wie es auch sei, das Leben, es ist gut.

Im dritten Gedicht mit dem Titel DEM AUFGEHENDEN VOLLMONDE findet die versöhnende Ausgleichung statt. Goethe, der in seinen Tagebüchern im ersten Weimarer Jahrzehnt Anna Amalia offiziell das Mondsymbol (☾) zuwies, fühlt sich ihr bei Vollmond ganz nahe. Im DIVAN-Gedicht VOLLMONDNACHT vom 24. Oktober 1815 als Höhepunkt eines magischen Beschwörungszyklus' kam es zur Materialisierung der verstorbenen Geliebten und zu einer Liebesnacht in der Dichterwelt. Das Gedicht DEM AUFGEHENDEN VOLLMONDE ist ein poetisches Wiedersehen mit Anna Amalia. In wenigen erhabenen Momenten kann der Dichter die Nähe der Geliebten fühlen. Um diese Zeit schildert Jenny von Pappenheim (1811–1890), die uneheliche Tochter von Napoleons Bruder Jérôme, den greisen Goethe in Tiefurt: „Goethe stieg aus, umfaßte jede von uns mit einem Arm und führte uns zurück nach der Ilm, lebhaft von Tiefurts Glanzzeit und der Herzogin Amalia erzählend. An einem länglich viereckigen Platz, von alten Bäumen umgeben, blieb er stehen; es war der Theeplatz der edlen Fürstin. Etwas weiter zeigte er uns die Stellen, für die er ‚Die Fischerin' geschrieben hatte und wo sie aufgeführt worden war. So weich und mild sah ich ihn nie; der ganze Tag war so harmonisch."[822] Goethes versöhnende Ausgleichung im dritten Teil seiner Trilogie ist die Gewissheit, dass seine Anna Amalia ihm verbunden ist und sich bald im Jenseits mit ihm vereinigen wird:

Dem Aufgehenden Vollmonde

Willst du mich sogleich verlassen?
Warst im Augenblick so nah!
Dich umfinstern Wolkenmassen,
Und nun bist du gar nicht da.

Doch du fühlst, wie ich betrübt bin,
Blickt dein Rand herauf als Stern!
Zeugest mir, daß ich geliebt bin,
Sei das Liebchen noch so fern.

So hinan denn! hell und heller,
Reiner Bahn, in voller Pracht!
Schlägt mein Herz auch schmerzlich schneller,
Überselig ist die Nacht.

Schon am 22. März 1781 hatte Goethe an Anna Amalia („Frau von Stein") geschrieben: „Deine Liebe ist mir wie der Morgen und Abendstern, er geht nach der Sonne unter und vor der Sonne wieder auf. Ja wie ein Gestirn des Pols das nie untergehend über unserem Haupt einen ewig lebendigen Kranz flicht. Ich bete daß es mir auf der Bahn des Lebens die Götter nie verdunckeln mögen." Im offiziellen Nachruf von Goethe, Zum feyerlichen Andenken der Durchlauchtigsten Fürstin und Frau Anna Amalia (1807), heißt es am Schluss: „… das ist der Vorzug edler Naturen, daß ihr Hinscheiden in höhere Regionen segnend wirkt, wie ihr Verweilen auf der Erde; daß sie uns von dorther, gleich Sternen, entgegen leuchten, als Richtpuncte, wohin wir unsern Lauf bei einer nur zu oft durch Stürme unterbrochenen Fahrt zu richten haben".

Epilog:

»Alles um Liebe«

Wäre es Gott darum zu tun gewesen, daß die Menschen in Wahrheit leben und handeln sollten, so hätte er seine Einrichtung anders machen müssen.
MAXIMEN UND REFLEXIONEN, *Aus dem Nachlass*

Wer lange in bedeutenden Verhältnissen lebt, dem begegnet freilich nicht alles was dem Menschen begegnen kann; aber doch das Analoge, und vielleicht einiges was ohne Beispiel war.
AUS MAKARIENS ARCHIV, WILHELM MEISTERS WANDERJAHRE *(1829)*

Da alles, was von mir mitgeteilt worden, auf Lebenserfahrung beruht, so darf ich wohl andeuten und hoffen, daß man meine Dichtungen auch wieder erleben wolle und werde."
Goethe an Iken, 27. September 1827

Anna Amalias und Goethes Leitgedanke war die unablässige Arbeit des Menschen an seiner Veredelung durch Wissenschaft und Kunst, um das Göttliche in sich zu verwirklichen. „Der edle Mensch/Sei hülfreich und gut!/ Unermüdet schaff' er/Das Nützliche, Rechte", heißt es am Ende des Gedichts DAS GÖTTLICHE, das Goethe Anna Amalia widmete, indem er es Ende 1783 in ihrem TIEFURTER JOURNAL abdrucken ließ. Goethe hat sich in seinem dichterischen Werk, wenn auch verschlüsselt, immer an die Wahrheit gehalten; deshalb gab er viele Hinweise, mit deren Hilfe das Blendwerk, das mit Frau von Stein in Szene gesetzt worden war, erkannt werden konnte. Goethe erwies sich in einem höheren Sinne immer als würdig, mit der Gabe der Dichtkunst als „das, was die Natur allein verleiht,/Was jeglicher Bemühung, jedem Streben/Stets unerreichbar bleibt, was weder Gold,/Noch Schwert, noch Klugheit, noch Beharrlichkeit/Erzwingen kann" (TASSO, Vers 2324 ff.), beschenkt worden zu sein. An einem Fürstenhof an höchster

Stelle eingebunden, hatte Goethe die Wahl zwischen der Inszenierung einer undefinierbaren Liebe zu der verheirateten Frau von Stein oder dem Verzicht auf sein Lebensglück. Nur unter dem Deckmantel einer Täuschung war es ihm möglich, die Fürstin Anna Amalia zu lieben. Wenn die Liebenden ihre Briefe unter das Motto ALLES UM LIEBE stellten, indem sie mit dieser Inschrift ihre Briefe siegelten, so weisen sie auf das erhabenste Motiv hin, um ihr Blendwerk zu rechtfertigen. Zugleich war es aber eben diese Welt, die Goethe alles gab, dessen er bedurfte, und die ihm im Rahmen seines Standes alle nur denkbare Ehrung und Förderung angedeihen ließ. Ziel- und planlos war er nach Weimar gekommen und dank Anna Amalia, die seine Leistung zu würdigen wusste, durfte er sich „erst entwickeln, dann vollenden/Zu nie geseh'ner Herrlichkeit." Riemer charakterisierte Goethe, bei dem er drei Jahrzehnte gearbeitet hatte, wie folgt (1841): „Es zirkulieren in ihm des Geistes großartigste und fruchtbarste Ideen, des Herzens edelste und zarteste Gefühle, der Sinne feinste und mannigfaltigste Empfindungen, des Lebens weiseste Vorschriften und Maximen, um zu Tugend und Glückseligkeit zu gelangen."[823] Was die stolze bürgerliche Reichsstadt Frankfurt zu bieten gehabt hätte, war dem jungen Goethe bald klar: Der Verfasser des GÖTZ (1771/73), des WERTHER (1774) oder von unsterblichen Gedichten, die ein einzigartiges Genie offenbarten, hätte als Dichter in der bürgerlichen Gesellschaft keinen Platz gehabt. Der Vater beharrte darauf, dass er den Beruf des Anwalts ausüben solle, sein Genie sollte in ein Korsett gezwängt werden. An Johanna Fahlmer hatte Goethe am 6. März 1776 nach Frankfurt geschrieben: „… der Vater mag kochen was er will … Ich bleibe hier … aber der Vater ist mir Ausstattung und Mitgift schuldig das mag die Mutter nach ihrer Art einleiten, sie soll nur kein Kind seyn, da ich Bruder und alles eines Fürsten bin." In den LEHRJAHREN bekannte Goethe: „… enterbt und nackt übergab ich mich der Muse, die mir ihren goldenen Schleier zuwarf und meine Blöße bedeckte" (I, 8).

Auch in Weimar hatte Goethe gegen Widerstände zu kämpfen. Als er auf Wunsch des Herzogs in den Staatsrat berufen werden sollte, erklärte etwa der Minister von Fritsch am 24. April 1776, „daß ich in einem Collegio dessen Mitglied gedachter Dr. Goethe anjetzt werden soll, länger nicht sitzen kann". Carl August verteidigte in einem Brief vom 10. Mai 1776 die Berufung: „… nicht alleine ich sondern einsichtsvolle Männer wünschen mir Glück diesen Mann zu besitzen. Sein Kopf, und Genie ist bekant. Sie werden selbst einsehen, daß ein Mann wie dieser nicht würde die langweilige und mechanische Arbeit, in einem Landes Collegio von untenauf zu dienen außhalten. Einem Mann von Genie, nicht an den Ort gebrauchen, wo er seine außerordentl. Talente nicht gebrauchen kann, heißt denselben mißbrauchen".[824] Es blieb Goethe damals gar nichts anderes übrig, als ein Aristokrat zu werden und damit eine mächtige Stütze des ganzen Adelssystems, denn nur von dieser Gesellschaftsschicht wurde er gefördert. Gegenüber der Prinzessin und dem Herzog Alfons sagt Tasso (Vers 402 ff.): „Doch seh ich näher an, was dieser Dichtung/Den innern Wert und ihre Würde gibt:/Erkenn ich wohl, ich hab es nur von euch."

Goethe ist dennoch gegenüber der Monarchie kritisch, was dadurch zum Ausdruck kommt, dass er für ein Gespräch mit Eckermann über den am 14. Juni 1828 verstorbenen Herzog Carl August den 23. Oktober 1828 wählt, den Tag vor Anna Amalias Geburtstag. An diesem Tag schickte er bereits Marianne von Willemer das Gedicht DEM AUFGEHENDEN VOLLMONDE, den dritten Teil der DORNBURGER TRILOGIE, den er am 25. August 1828 geschrieben hatte und worin es um ein poetisches Wiedersehen mit Anna Amalia geht. Dieser Bezug zu Anna Amalia besagt, dass Carl Augusts angebliche Verdienste um Kunst und Wissenschaft Anna Amalia zuzuschreiben sind. Der entscheidende Satz über Carl August ist eine unverhohlene Kritik an der Geburt als ausschließlichem Kriterium für die Herrschaft, denn mit der Geburt allein ist noch gar nichts getan: „Der Großherzog war freilich ein geborener großer Mensch, womit alles gesagt und alles getan ist." Im Gespräch belehrt Goethe Eckermann weiter über die wichtigste Eigenschaft eines Fürsten: „Und das ist's eben, worauf es ankommt, daß, wenn auch der Purpur abgelegt worden, noch sehr viel Großes, ja eigentlich noch das Beste übrigbleibe." Anna Amalia hatte, nachdem Carl August sie 1775 als Regent ablöste, unablässig an der Idee eines Musenhofes gearbeitet, worin das Programm einer modernen Klassik vorgelebt wurde: die unablässige Selbstveredelung durch Wissenschaft und Kunst. Seit Napoleons Sieg bei Jena und Auerstedt am 14. Oktober 1806 nannte Goethe in „gutem Humor ... alles vor dieser Epoche liegende antediluvianisch",[825] also vorsintflutlich. Als Goethe 1807 an der Novelle DIE NEUE MELUSINE weiter schrieb, verglich er die Adeligen mit dem Geschlecht der Zwerge, die immer kleiner werden, den nachgeborenen Bruder der Prinzessin – Carl August war Anna Amalias Nachfolger in der Regierung – haben „die Wärterinnen sogar aus den Windeln verloren". Dies ist ein Bild für Carl August, der nur dank Anna Amalias Einfluss so lange an ihm als Günstling festhielt. Im April entließ Carl August den Theaterdirektor Goethe nach einem Vierteljahrhundert Tätigkeit und der Aufführung von rund 650 Stücken, weil der Dichter in Widerstreit mit seiner Nebenfrau Caroline geraten war; der Fürst nahm ohne Bedenken in Kauf, dass „das Weimarer Theater rasch wieder auf die Stufe provinzieller Mediokrität zurück[sank]".[826] Mit Napoleon schien es für einen Augenblick in Deutschland möglich, die Monarchie abzulösen, die umfassende Macht einem einzigen nur aufgrund der Geburt verlieh. Vor allem die Gesetzbücher Napoleons räumten mit jahrtausendealtem Missbrauch durch die Geltung eines undurchdringlichen Rechts auf. Den CODE NAPOLÉON, das bürgerliche Gesetzbuch Frankreichs, empfahl Goethe seinem Sohn dringend zum Studium. Seit der Gesetzgebungsarbeit von Friedrich II. von Sizilien war eine derartige klare Gesetzeslage nicht mehr erwünscht gewesen. Mit Napoleon waren Stände-, Feudal- und Korporativrechte sowie sonstige Privilegien mit einem Federstrich erloschen. Heutige Prinzipien wie Freiheit der Person, Trennung von Kirche und Staat, Gleichheit vor dem Gesetz, Freiheit des Eigentums und Vertragsfreiheit waren geltendes Recht geworden.[827]

Doch Goethe geht einen Schritt weiter. Anna Amalia ist für ihn das Ideal einer Fürstin, denn sie trachtete nach der Förderung von Kultur und Wissenschaft. Daher stellt Goethe sie sogar dem von ihm bewunderten Napoleon als Ideal gegenüber, für ihn sonst „die höchste Erscheinung, die in der Geschichte möglich war".[828] Dabei war Anna Amalia nur stellvertretend für ihren unmündigen Sohn und nicht aus eigenem Recht regierende Herzogin gewesen. In seiner UNTERREDUNG MIT NAPOLEON 1808, einer Skizze von 1824, die erst nach Goethes Tod veröffentlicht wurde, berichtet er von einer Audienz in Erfurt beim Kaiser. Darin erwähnt Goethe zwei Mal Anna Amalia. Das erste Mal erwähnt er sie, als Napoleon die Unterredung unterbrochen hatte und Goethe sich im Saal der Statthalterei umschauen kann: „Hier hatte das Bild der Herzogin Amalia gehangen, im Redoutenanzug [Maskenkostüm, Abb. 22], eine schwarze Halbmaske in der Hand". Das zweite Mal spricht Goethe von Anna Amalia, weil Napoleon ihn nach seinem „Verhältnisse zu dem fürstlichen Hause, nach Herzogin Amalia" gefragt haben soll. Dies ist aber unwahrscheinlich, denn Anna Amalia war schon über ein Jahr tot; der in den Rheinbund (1806-13) aufgenommene Carl August hatte Napoleon den Tod seiner Mutter mitgeteilt, der daraufhin seine Anteilnahme aussprach.[829] Kaiser Napoleon I. hatte 34 Fürsten nach Erfurt berufen, um vor dem glänzenden Hintergrund seiner Vasallen mit Zar Alexander I. (1777–1825) über eine Allianz zu verhandeln. Ein „Parterre von Königen", befand sarkastisch Napoleons Außenminister Talleyrand (1754–1838) im Theater.[830] Nur mit Mühe bekam Goethe im streng nach dynastisch-militärischen Kriterien besetzten Theater einen Platz.[831] Von allen Herrschern, die Goethe kennen gelernt und vor Augen hatte, erwähnt er in seiner Unterredungsskizze neben Napoleon aber nur Anna Amalia namentlich und dies zwei Mal. Für Goethe hat gute Politik, wie sie sich in Napoleons bahnbrechender Gesetzgebungsarbeit widerspiegelte, für gute soziale Verhältnisse zu sorgen als Grundlage für Kunst und Wissenschaft, die der Veredelung des Menschen dienen sollen. „Die Bestimmung der Kultur ist zur Veredelung der Menschen", so Anna Amalia in ihren BETRACHTUNGEN ÜBER KULTUR, „alles, was nicht dahinzielt, ist nichts".[832] Goethes Mutter äußerte einmal über Anna Amalia: „... eine Fürstin, die wirklich Fürstin ist, die der Welt gezeigt hat, daß sie regieren kann, die die große Kunst versteht, alle Herzen anzuziehen, die Liebe und Freude um sich her verbreitet, die, mit Einem Worte, zum Segen für die Menschen geboren wurde."[833]

Dass der aufgeklärte Absolutismus nur eine Phase des Überganges darstellen würde, weil kein Mächtiger selbst seine Machtausübung kontrollieren kann, war für den Staatsmann Goethe klar. Die Hauptforderung der Amerikanischen (ab 1776) und der Französischen Revolution (1789) war eine echte Gewaltenteilung auf der Grundlage von Menschenrechten gewesen. Dass der angebliche Fürstenknecht Goethe mit seinen Gedanken zum Staat seinen Kritikern, die nach Napoleons Sturz (1814/15) die Nation forderten, in seinem Staatsdenken überlegen war, zeigt er mit seiner Dichtung WEST-ÖSTLICHER DIVAN (ab 1814). Diese wird durch das Gedicht HEGIRE eröffnet, ein Begriff, der bei Goethe im Sinne von Flucht verwendet wird, so in einem Brief vom 14. Oktober 1786 aus Venedig, in dem er gegenüber Carl August seine Flucht nach Italien eine Hegire nannte. Goethe flüchtet mit dem WEST-ÖSTLICHEN DIVAN vor den Bestrebungen, allein in einer deutschtümelnden Nation eine Alternative zum bisherigen politischen System zu sehen. Am 8. Februar 1815 schreibt Goethe an Knebel: „Ich segne mein Entschluß zu dieser Hegire, denn ich bin dadurch der Zeit und dem lieben Mittel-Europa entrückt". Franz Grillparzer prophezeite eine Entwicklung, die „Von Humanität/Durch Nationalität/Zur Bestialität" führen würde. Mit dem WEST-ÖSTLICHEN DIVAN hat Goethe den Zustand jenseits des Wahns der Nation beschrieben, doch damit sah er weit in die Zukunft. Zu Beginn des Ersten Weltkrieges (1914) hatten die Buchhändler die meisten Exemplare der Ausgabe des DIVAN von 1819 noch nicht verkauft.[834]

Goethes unehelicher Sohn August Vulpius wurde für die Entsagenden zu einem gravierenden Problem. Unehelichkeit war damals ein Grund für Verachtung durch die Gesellschaft, Goethes Mutter spricht dieses Problem anlässlich der Geburt von Karl Vulpius (geb. und gest. 1795) vorsichtig gegenüber ihrem Sohn an: „Nur ärgert mich, daß ich mein Enkelein nicht darf ins Anzeigenblättgen setzen laßen – und ein öffentliches Freudenfest anstellen – doch da unter diesem Mond nichts Vollkommenes anzutreffen ist, so tröste ich mich damit, daß mein Hätschelhans vergnügt und glücklicher als in einer fatalen Ehe ist – Küße mir deinen Bettschatz und den kleinen Augst" (24. September 1795). Ein Zeitgenosse urteilte: „Mit G[oethes] Verbindung mit der Donna Vulpia ist sie [Goethes Mutter] zufrieden, weil sie es seyn muß."[835] In seinen Testamenten von 1797 und 1800 setzte Goethe seinen Sohn als Erben ein, Christiane sollte nur als dessen Mutter zu versorgen sein. Viele fragten sich, warum Goethe Christiane Vulpius nicht ehelichte, um damit seinen Sohn, der als Bastard galt, zu legitimieren, denn es gab keinen ersichtlichen Hinderungsgrund, auch nicht die Gesellschaftskonvention.[836] Wie die meisten dachte auch Friedrich Schiller, dass Goethe Christiane bald heiraten würde, in einem Brief vom 1. November 1790 schreibt er an Körner: „Es ist sehr wahrscheinlich, daß er sie in wenigen Jahren heiratet. Sein Kind soll er sehr lieb haben, und er wird sich bereden, daß, wenn er das Mädchen heiratet, es dem Kinde zuliebe geschehe, und daß dieses wenigstens das Lächerliche dabei vermindern könnte." Auch für heutige Biographen „bleibt es doch schwer zu verstehen, daß er [Goethe] fast zwei Jahrzehnte lang Geliebte und Kind in gesellschaftlicher Diskriminierung leben ließ … Niemand kennt die Beweggründe für sein Verhalten … Warum Goethe das bei den damals herrschenden Verhältnissen geduldet und ihr [Christiane] angetan hat, bleibt für immer rätselhaft".[837] Als Goethe eine dritte Reise nach Italien plante, die wegen der Kriegswirren am Ende scheiterte, vertraute Wieland Böttiger in einem Gespräch vom 26. März 1797 an: „Goethe sollte die Vulpia als Pagen mit nach Italien nehmen, damit die Italiener auch einmal etwas zu sehn bekäumen. Sie sei eine Sau mit dem Perlenhalsband."[838]

August Vulpius ließ man von Kindesbeinen an seine uneheliche Herkunft spüren. Henriette von Egloffstein berichtet, ihn als Kind liebkost zu haben als die Herzogin Luise hinzutrat: „Mit der Lorgnette [Stielbrille] vor den Augen blieb die Herzogin stehen und fragte mich, während sie das Kind betrachtete: ‚Wissen Sie auch, wer der Kleine ist?' Da ich es verneinen mußte, setzte sie sonderbar lächelnd hinzu: ‚Es ist Goethens Sohn.' Unverzüglich entließ ich den Knaben aus meiner Umarmung, als könne seine Nähe mich verunreinigen, denn ich wußte, daß Goethe gleich nach seiner Rückkehr aus Italien ein Mädchen von sehr zweideutigem Ruf (Mamsell Vulpius) zu seiner Geliebten erkoren und diese, ohne Scheu vor dem Urteil der Welt, in seinem Hause aufgenommen hatte."[839] Wie feindlich man der Familie Vulpius gegenüber stand, zeigt etwa ein Brief von Charlotte von Schiller an Fritz von Stein: „Die Schwester der Vulpius ist gestorben [Ernestine, 1779–1806]; der arme Mann [Goethe] hat so geweint! Dies schmerzt mich, daß seine Tränen um solche Gegenstände fließen müssen."[840] Als französische Plünderer im Oktober 1806 die Ehefrau von Christianes Bruder Christian August Vulpius vergewaltigten, konnte der gefeierte Autor des Räuberromans RINALDO RINALDINI (1797) über sein Unglück in einer der angesehensten Zeitungen Deutschlands lesen: „Unserem famösen Romanfabrikaten V…s ist es auch scharf ans Leben, und seiner Frau ans Nothzüchtigen gegangen; aber wenn es traurig ist, dergleichen zu erleben, so ist es eine Wonne, ihn die Szene erzählen zu hören. In jenen Momenten ist die Gebärmutter seines Geistes, aus der schon so viele Räuber und Ungeheuer hervorgingen, gewiß aufs neue zu einem Dutzend ähnlicher Schöpfungen geschwängert worden, die in den nächsten Messen wie junge Ferkel herumgrunzen werden." Goethe protestierte gegen das „Ungeziefer", das so etwas, weil es um seinen Schwager ging, schrieb.[841]

1801 besorgte Goethe bei Carl August ein „Legitimations-Diplom" für seinen Sohn August, damit dieser rechtmäßig den Namen Goethe tragen konnte. Dieser Rechtsakt hatte aber außerhalb des kleinen Herzogtums keine Rechtswirkung und selbst für das Inland wurde der Satz für erforderlich gehalten: „… daß selbigen (August Goethe) seine außereheliche Geburt von niemand zu einiger Verkleinerung und Nachtheil oder sonstiger Behinderung vorgerückt werden solle bey Vermeidung ernsten Einsehens und unnachbleiblicher schwerer Strafe."[842] Die Ausstellung eines „Legitimations-Diplom" durch den Herzog Carl August kraft landesherrlicher Macht war also kein wirklicher Ersatz für eine kirchliche Heirat des Herrn Geheimrats von Goethe mit Christiane Vulpius. Als August im Frühjahr 1806 eine Reise zu Goethes Freund Zelter nach Berlin plante, gab man ihm zu verstehen, dass er dort unmöglich unter den Namen Goethe verkehren könne. Die bereits vorbereitete Reise wurde daraufhin unterlassen.[843]

Obwohl Goethe mehrmals lebensgefährlich erkrankt war – 1801 etwa hatten ihn die Ärzte schon aufgegeben –, ehelichte er Christiane lange nicht. Goethe berichtet, bei seiner Erkrankung 1801 besinnungslos gewesen zu sein. Als er sich langsam erholte, war sein rechtes Auge geschwollen. An dem Tag, an dem „sich das Auge wieder geöffnet, … durfte [ich] hoffen, frei und vollständig abermals in die Welt zu schauen. Auch konnte ich zunächst mit genesendem Blick die Gegenwart der durchlauchtigsten Herzogin Amalia und ihrer freundlich-geistreichen Umgebung bei mir verehren" (TAG- UND JAHRESHEFTE, Eintrag 1801). In einem der ganz wenigen erhaltenen Briefe Anna Amalias an Goethe vom 27. Januar 1801 drückt die Fürstin ihre Freude über die Genesung aus: „… so wünschte ich nichts mehr als daß ich Ihnen meine Freude darüber selbst beweisen könnte. Wenn es Ihnen gelegen ist so wollte ich heute um halb sechs also zu Ihnen kommen".[844]

Goethe wollte Christiane deshalb lange Zeit nicht ehelichen, weil er sich bereits als mit Anna Amalia verheiratet fühlte. Das letzte, von 1806 stammende Ölgemälde,[845] das Anna Amalia von sich malen ließ, stellt sie als Braut dar und könnte daher ANNA AMALIA ALS BRAUT betitelt werden (ABB. 32). Wahrscheinlich ergänzte Anna Amalia das Gemälde eigenhändig um Details wie etwa den Zeichenstift. Die Fürstin hatte es in der Malerei weit gebracht, „unter der Leitung Oeser's [gelangen] der geübten Hand der Herzogin Oelbilder von besonderer Ähnlichkeit", heißt es bei einem frühen Biographen.[846] Anna Amalia trägt auf dem Gemälde einen weißen Schleier und ein weißes Kleid, das aber fast vollständig von einem rotbraunen Gewand verdeckt wird. In ihrer linken Hand hält sie einen weißen Handschuh, an ihrer Halskette hängt ein Medaillon, das, so scheint es, Goethe darstellt und nicht wie bisher angenommen, ihren knapp ein halbes Jahrhundert zuvor verstorbenen Ehemann, über den sie sich, soweit ersichtlich, völlig ausschwieg.[847] Der linke Arm stützt sich auf einen Tisch, auf dem drei Bücher stehen, jeweils eines von Goethe, Herder und Wieland. Unter diesen sind Zeichnungen eingeklemmt, die oberste stellt Homer dar. Daneben liegen ein Lorbeerzweig, der das oberste Buch von Goethe kranzartig umschließt, sowie ein Zeichenstift; in der Mitte der Tischvorderseite ist das Profil der Göttin Athene zu erkennen. Gewisse Bezüge des Gemäldes sind leicht zu deuten, darüber hinaus verschlüsselt Anna Amalia ihr wirkliches Verhältnis zu Goethe. Die Bücher stehen für den Musenhof, den sie in Weimar begründet hat, sodass aus der kleinen Stadt eines der führenden geistigen Zentren Europas wurde. Daher sieht sie sich in der Tradition der Göttin Athene, im griechischen Mythos unter anderem die Schutzherrin der Helden, der Wissenschaft und der Künste. Anna Amalia galt bei den Zeitgenossen als die „Gründerin Weimars, die Wohltäterin des ganzen Landes, die Beschützerin aller Künste und Wissenschaften".[848] Im Scherzgedicht AN LUISE VON GÖCHHAUSEN, das um 1778 entstand, vergleicht Goethe Anna Amalias Hofdame mit einem Kauz auf dem Schild der Göttin Minerva, des römischen Äquivalents der Athene, die damit für Anna Amalia steht:

> Der Kauz, der auf Minervens Schilde sitzt,
> Kann Götter wohl und Menschen nützen;
> Die Musen haben dich so treu beschützt,
> Nun magst du ihnen wieder nützen.

Die Bücher beschweren den vorderen Teil einer Zeichnung mit dem Profil Homers, diese fließt sozusagen aus den drei Büchern. Unbesehen der literarischen Verdienste Wielands und Herders ist nur Goethe derjenige, der auf einer Stufe mit Homer steht. Goethe ist hervorgehoben, denn sein Buch steht ganz oben und berührt den ihm geltenden kranzartig gewundenen Lorbeerzweig. Dieser ist das Symbol des Sieges und des Ruhmes, als Lorbeerkranz traditionell die höchste Auszeichnung für einen Dichter. Die Verbindung zwischen Anna Amalia und Goethe wird mit Hilfe des Zeichenstifts hergestellt. Dieser liegt zum Teil auf der Zeichnung Homers als Sinnbild für den größten Dichter, hier also Goethe, während die Spitze des Stifts auf das linke Handgelenk von Anna Amalia weist. In dieser Hand hält sie einen weißen Handschuh, was Auskunft darüber gibt, wem Goethe am 23. Juli 1780 nach Aufnahme in die Freimaurerloge ANNA AMALIA wirklich die weißen Handschuhe gab, die ein Freimaurer „derjenigen zu übergeben [hat], mit welcher der Aufgenommene ehelich verbunden ist, oder mit der er sich zu verbinden gedenkt."[849] In seinem Brief vom 24. Juni 1780 an Anna Amalia („Frau von Stein") hatte er geschrieben: „Ein geringes Geschenk, dem Ansehen nach, wartet auf Sie wenn Sie wiederkommen. Es hat aber das merckwürdige dass ich's nur Einem Frauenzimmer, ein einzigsmal in meinem Leben schenken kan." Anna Amalia trägt diesen weißen Handschuh in der linken Hand, was auf eine „Ehe zur linken Hand" hinweist, beim Hochadel die Bezeichnung für eine standesungleiche Ehe. Weiter trägt Anna Amalia einen weißen Schleier sowie ein weißes Kleid, was seit dem 19. Jahrhundert zur traditionellen Brautkleidung geworden ist, allerdings ist diese durch einen rotbraunen Mantel fast ganz verdeckt. Da Anna Amalias wahre Biographie unbekannt war, wurde der weiße Schleier bisher unkritisch als Witwenschleier deklariert, einmal mehr ein Beispiel für den oberflächlichen Umgang mit zentralen Zeugnissen der „stummen Sprache" der verbotenen Liebe.[850] In keiner Kostümkunde der Epoche wird man einen weißen Schleier als Witwenschleier finden; für das christliche Abendland steht Schwarz traditionell für den Tod und die Trauer, Weiß für Freude, Reinheit, Hochzeit.[851] Entsprechend wirkt das Gemälde feierlich erhaben, gerade durch das mit dem Weiß zusammenklingende, in der Mitte dominierende Rot, unter anderem die Farbe der Liebe, der Erotik, der Sünde und der Wärme. Goethe war also in einem höheren Sinne bereits mit Anna Amalia verheiratet und darauf weist das Gemälde ANNA AMALIA ALS BRAUT hin. Bereits am 16. September 1776 trug Goethe im Tagebuch ein: „Abends Comödie die heimliche Heurath!" Ein Ausrufezeichen nach einem Stück ist in Goethes Tagebüchern aus dem ersten Weimarer Jahrzehnt (bis 1782) nur noch ein weiteres Mal zu finden.[852] Als diese beliebte englische Komödie von George Colman (1732–1794) und David Garrick (1717–1779) von Cimarosa zur komischen Oper DIE HEIMLICHE HEIRAT ausgearbeitet wurde (1792), wurde sie zu einer Lieblingsoper von Goethe. Er verbesserte die Texte, einzelne Verse daraus zitierte er zu passenden Gelegenheiten immer wieder, etwa den Satz: „… ja, so sind die Herrn von Stande, ich bin auch zuweilen so".[853]

Am 14. Oktober 1806, dem Tag, an dem unweit von Weimar die Doppelschlacht von Jena und Auerstedt tobte, bei der die preußische Armee unterlag, flüchtete Anna Amalia im letzten Moment mit „blutendem Herzen"[854] aus Weimar, um ihre Enkelin Caroline in Sicherheit zu bringen. Fünf Tage später, am Sonntagmorgen, den 19. Oktober 1806, ehelichte Goethe Christiane und legitimierte damit seinen 17-jährigen Sohn August, der mit Riemer Trauzeuge war.[855] Dem Pfarrer erklärte Goethe zuvor: „Dieser Tage und Nächte ist ein alter Vorsatz bei mir zur Reife gekommen; ich will meine kleine Freundin, die so viel an mir getan und auch diese Stunden der Prüfung mit mir durchlebte, völlig und bürgerlich anerkennen als die Meine". An Carl August schrieb Goethe am 25. Dezember 1806: „Da man der bösen Tage sich oft erinnert; so ist es eine Erheiterung auch der guten zu gedenken … so fiel mir auf daß heute vor siebzehn Jahren mein August mich mit seiner Ankunft erfreute. Er läßt sich noch immer gut an und ich konnte mir Ew. Durchl.[aucht] Einwilligung aus der Ferne versprechen als ich, in den unsichersten Augenblicken, durch ein gesetzliches Band, ihm Vater und Mutter gab, wie er es lange verdient hatte." An Knebel schrieb Goethe am 21. Oktober: „Daß ich mit meiner guten Kleinen seit vorgestern verehlicht bin wird euch freuen. Unsere Trauringe werden vom 14. Octbr. datiert". Der 14. Oktober war der Tag, an dem Anna Amalia abgereist war; nur in Anna Amalias Abwesenheit fand Goethe die Kraft, Christiane zu ehelichen, um seinen nunmehr legitimierten Sohn eine Zukunft zu ermöglichen. Noch heute wird über den vom Minister Goethe vordatierten Hochzeitstag gerätselt, auch der Tag, an dem das alte Preußen unter den Befehlhaber Carl Wilhelm Ferdinand von Braunschweig, Anna Amalias Bruder, unterging.[856] Am 30. Oktober kehrte Anna Amalia zurück und Goethes „kleine Freundin" war nunmehr dessen Ehefrau.

Das von Goethe erwartete Verständnis für diesen Schritt brachte Anna Amalia nicht auf und beklagte und tadelte sein angeblich gleichgültiges Verhalten während der Kriegshandlungen.[857] Von Anna Amalias Rückkehr bis Ende November verzeichnet Goethe in seinem Tagebuch allein 13 Besuche bei ihr. Im Dezember 1806 folgen weitere acht Besuche, die im Entschluss des Dichters münden, TASSO auf die Bühne zu bringen. Am 13. Februar 1807 diktiert Goethe für sein Tagebuch: „Abends Probe von Tasso im Theater. Darauf bey der Herzogin Mutter." Nach außen gab sich Anna Amalia gefasst, sie nahm die ihr von Goethe im September 1806 angebotene Mitpräsidentschaft in der Naturforschenden Gesellschaft in Jena (ab 1793) an.[858] In Wirklichkeit war Anna Amalia aber von der „völligen und bürgerlichen Anerkennung" Christianes als Goethes Ehefrau erschüttert. Als Fürstin von frühster Jugend an mit Staatsakten und Zeremonien vertraut, maß sie dem göttlichen Band der Ehe, dem Sakrament, höchstes Gewicht bei. Dies ist der Grund, warum im Gemälde ANNA AMALIA ALS BRAUT die Fürstin nur einen Freimaurerhandschuh in Händen hält, denn es ist ihre Antwort auf Goethes Vermählung. Goethe wird sich im Roman DIE WAHLVERWANDTSCHAFTEN (1808/09) leidenschaftlich zur Ehe bekennen, ihm war diese aber auf Erden nicht mit jener Frau vergönnt, die er wollte, weil sie eine Fürstin war. Als der Ästhetiker Carl Ernst Schubarth (1796–1861) seine Braut heiraten wollte, schrieb er Goethe im Oktober 1821: „Es ist … für uns Nordländer Pflicht die Maximen einer höhern Sittlichkeit zu befolgen, die uns auf das Gesetzmässige verweist. – Nur als Ausnahme mag es der begünstigten Natur des Nordens einmal vergönnt seyn, um abzuweichen, und doch eigentlich das Gesetzliche Rechte in seinem höchsten Sinne durchzuführen. Das Beyspiel, das Ew. Exzellenz gegeben, darf man erstaunen, bewundern, aber man darf es nicht nachahmen wollen – weil wir nicht Sie sind. Für mich sind die Römischen Elegien in demselben zarten reinen, wahren, sittlichen Geiste abgefasst als es der Charakter einer Ottilie [in DIE WAHLVERWANDTSCHAFTEN] ist."[859] Goethe antwortet am 7. November 1821, dem 46. Jahrestag seiner Ankunft in Weimar: „Alles, was Sie darüber sagen, unterschreibe Wort für Wort, denn ich darf wohl aussprechen, daß jedes Schlimme, Schlimmste, was uns innerhalb des Gesetzes begegnet, es sey natürlich oder bürgerlich, körperlich oder ökonomisch, immer noch nicht den tausendsten Theil der Unbilden aufwiegt, die wir durchkämpfen müssen, wenn wir außer oder neben dem Gesetz, oder vielleicht gar Gesetz und Herkommen durchkreuzend und doch zugleich mit uns selbst, mit andern und der moralischen Weltordnung im Gleichgewicht zu bleiben die Nothwendigkeit empfinden."

Goethe hatte durch seine Heirat, mit der er seinen Sohn legitimierte, Anna Amalia tief verwundet, daher ist er in dieser Zeit gegenüber seinem Sohn, nunmehr August von Goethe, gereizt und streng. Johanna Schopenhauer berichtet von einer Begebenheit am 10. November 1806: „… ich [war] mit Adelen zu Mittag bey Göthe, die Gesellschaft war klein, ich, Bertuchs, Major Knebel mit seiner Frau aus Jena, ein höchst interessanter Mann, der auch als Dichter bekannt ist, und einige Fremde. Ich kann Göthen nicht genug sehen, alles an ihm weicht so vom Gewöhnlichen ab, und doch ist er unendlich liebenswürdig; diesmal habe ich ihn einmahl böse gesehen, sein Sohn, eine Art Tapps, der aber im äußern viel vom Vater hat, zerbrach mit großem Geräusch ein Glas. Göthe erzählte eben etwas und erschrak über den Lärm so, daß er aufschrie, ärgerlich darüber sah er den August nur einmahl an, aber so, daß ich mich wunderte, daß er nicht untern Tisch fiel".[860]

Das Herzogtum Braunschweig, aus dem Anna Amalia stammte, wurde von Napoleon mit den Worten ausgelöscht: „Das Haus Braunschweig hat aufgehört zu existieren."[861] Am 14. Oktober 1806 war ihr Bruder Carl Wilhelm Ferdinand von Braunschweig, der preußische Heerführer, gleich zu Beginn der Schlacht gegen die Franzosen in Auerstedt durch einen Kopfschuss tödlich verwundet worden. Das Herzogtum Weimar entging nur deswegen dem gleichen Schicksal, weil die Frau des Erbprinzen, Maria Paulowna (1786–1859), die Schwester des russischen Zaren Alexander I. war, den Napoleon für eine Allianz mit Frankreich gewinnen wollte.[862] Bis zum Friedensschluss von Posen Ende 1806 behielt sich Napoleon vor, das Herzogtum Sachsen-Weimar-Eisenach aufzulösen. In Posen entschied er, Carl August – vor kurzem noch Befehlshaber der preußischen Avantgarde-Division – in den wenige Monate zuvor gegründeten Rheinbund (1806-13) aufzunehmen, mit dem das Heilige Römische Reich Deutscher Nation (seit etwa 962) abgelöst wurde. Goethe war von Napoleon begeistert, er hoffte auf ein besseres Zeitalter, in dem die Herrschaft nach Verdienst und nicht nach Geburt verteilt werden würde. Offiziere von herausragender Tapferkeit waren im Haus des Dichters einquartiert, so der Marschall Jean Lannes (1769–1809), der Sohn eines Stallknechts, oder der Marschall Pierre François Charles Augereau (1757–1816), der Sohn eines Obsthändlers, beide von Napoleon in den Fürstenstand erhoben.[863] Auf Seiten der Preußen waren die höchsten Befehlshaber zwar Fürsten, also „geborene große Menschen", eine militärische Begabung aber war oft nicht vorhanden. Dies galt wohl auch für Carl August, den höhere Offiziere für unfähig hielten.[864] Während der vernichtenden Doppelschlacht von Jena und Auerstedt führte Carl August eine militärisch sinnlose Seitenaktion in Franken durch. Ebenso unfähig war der preußische Oberbefehlshaber, Anna Amalias Bruder Carl Wilhelm Ferdinand von Braunschweig. Dieser hatte bereits 1792 den katastrophalen ersten Koalitionskrieg gegen Frankreich zu verantworten gehabt, zuvor wurde ihm zu Ehren für überschätzte militärische Leistungen in Holland (1787) das BRANDENBURGER TOR (1788–91) erbaut.[865]

Anna Amalia wurde durch Napoleons Sieg eindrücklich vor Augen geführt, wie relativ die Fürstentümer von Gottes Gnaden waren. Sie muss sich wohl gefragt haben, ob die Rücksichtnahme auf die Monarchie, die zum Verzicht auf eine gemeinsame Zukunft mit Goethe in Amerika geführt hatte, nicht ein nutzloses Opfer gewesen war. Privilegienmissbrauch und Korruption einer parasitären adligen Führungsschicht kennzeichnete das Alte Reich. Auch in Weimar herrschte eine rigide Trennung der Stände, obwohl ihre berühmtesten Einwohner aus dem bürgerlichen Stand hervorgegangen waren, etwa Wieland, Herder, Schiller und Goethe. Wieland vertraute Böttiger in einem Gespräch vom 22. April 1804 an: „Der Herzogin Mutter [Anna Amalia] sei er immer gut genug, eine Lücke auszufüllen. Sonst müsse man auf die süssen Honigreden der Fürsten gegen Bürgerliche nie trauen."[866] Im Weimarer Theater waren Adel und Bürgerschaft streng getrennt, der Adel auf dem rechten, die Bürgerschaft auf dem linken Balkon sitzend.[867] Erst im europäischen Revolutionsjahr 1848 hob man diese Regelung auf, als für einen Augenblick in Deutschland die Beseitigung der Monarchie möglich schien. Die Herzogin Luise war 1788 tief gekränkt über die Liaison des geadelten Goethe mit Christiane Vulpius.[868] Sie war auch bitter enttäuscht, dass die adlige Charlotte von Lengefeld 1790 den bürgerlichen Dichter Friedrich Schiller heiratete[869] und quittierte die Heirat des adligen Knebel mit Luise Rudorf (1777–1852) im Jahre 1798 mit verbissener Feindseligkeit.[870] Die Kammersängerin Luise Rudorf war in Weimar aufgrund eines Empfehlungsschreibens von Anna Amalias in Verbannung lebender Schwester Elisabeth Christine Ulrike eingestellt worden.[871] Knebel, dessen Vater 1756 in den preußischen Briefadel aufgenommen worden war,[872] heiratete Luise 1798, nachdem sie Carl August einen Sohn geboren hatte. Knebels Heirat mit Luise war als schwerer Vorwurf gegen Carl August gedacht, er wurde dem Spross des Herzogs, Carl Wilhelm (1796–1861), ein Vater. Carl August missbrauchte in Knebels Augen seine Stellung als Landesherr für sexuelle

Ausschweifungen, ohne sich um die verheerenden Folgen bei den jungen Frauen und ihren unehelichen Kindern zu kümmern. Zwischen Carl August und Knebel kam es daraufhin zum Bruch.[873] Als Carl Wilhelm von Knebel Jahrzehnte später durch eine Indiskretion seine wahre Abstammung erfuhr, soll er daran innerlich zerbrochen sein.[874]

Als Herzogin Luises Sohn 1828 Großherzog wurde, verbot er Adligen bei geselligen Anlässen, Bürgerliche einzuladen, was etwa für die berühmte Salonière Johanna Schopenhauer, die Mutter des Philosophen Arthur Schopenhauer (1788–1860), entsprechende Folgen hatte: „Sie [Johanna] pflegte sonst an allen geselligen Zusammenkünften des Adels Theil zu nehmen. Nun hat der jetzige G[roß]h[erzog] die Gewohnheit angenommen, sich häufig bei diesen einzufinden, u. da sein eingefleischter Haß gegen die bürgerliche Canaille bekannt ist, wagt man nicht mehr, solche einzuladen. Daher sieht die arme Frau sich jetzt aus vielen Gesellschaften verbannt, wo man sie ehemals mit Freuden aufnahm".[875] Johanna Schopenhauer, Goethes Freundin – über 20 Jahre war sie in Weimar der Mittelpunkt eines Teesalons gewesen – verließ daraufhin Weimar; einem Freund schrieb sie: „Ich verlasse im nächsten Sommer Weimar – wahrscheinlich auf immer! ... Ich ziehe an den Rhein, nach Bonn, wo ich alles beinahe wiederfinde, was ich hier verlasse – nur gottlob das Hofwesen nicht".[876] Auch die Ehefrau von Carl Augusts Nachfolger, Maria Paulowna, besaß einen „eingefleischten Haß gegen die bürgerliche Canaille". Als ihre Hofdame Henriette von Stein-Nordheim (1807–1869) sich entschlossen zeigte, den Bürgerlichen Ludwig Schorn (1793–1842) zu heiraten, versuchte sie diese gewaltsam davon abzubringen und noch 30 Jahre später verursachte ihr diese Auseinandersetzung Albträume. Als dem Großherzog die Verlobung der Hofdame mitgeteilt wurde, fuhr sich dieser „vor Entsetzen mit beiden Händen in die Haare".[877] Der neue Großherzog begann hingegen ohne Bedenken die Vereinnahmung und Instrumentalisierung Goethes als Aushängeschild für die Monarchie als vermeintlich überlegene Staatsform, in der auch Bürgerlichen höchste Förderung zuteil wird, wenn sie entsprechende Leistung erbringen. Da die Dokumente zu Goethes verbotener Liebe zu Anna Amalia in den dunklen Verliesen der großherzoglichen Privatbibliothek verschwanden, erkannte keiner, dass der Dichter nur in Weimar geblieben war, um als wahrhaft Liebender in Anna Amalias Nähe bleiben zu können, und später, als sie gestorben war, um seine verbleibende Kraft dazu zu verwenden, sie im Land der Dichtung in den höchsten Tönen zu besingen.

Für nicht in das Liebesgeheimnis Eingeweihte blickte Goethe, wie die ihn tief verehrende Johanna Schopenhauer urteilte, auf „ein gewissermaßen selbst verpfuschtes Leben" zurück.[878] Als Goethe 1788 Christiane zu sich genommen hatte, um unbehelligt als Entsagender in Anna Amalias Nähe bleiben zu können, konnte er noch nicht ahnen, was mit diesem Schritt alles verbunden sein würde. An seiner Liebe zur Fürstin in „höherem inneren Sinne" bestand für den Dichter nie ein Zweifel, beide weißen Freimaurerhandschuhe gehörten nur Anna Amalia. Im Dezember 1806 malte Goethe für Anna Amalia einen Aquädukt, das aus den Buchstaben AMALIE gebildet wird (ABB. 28), sowie einen See in gebirgiger Landschaft, vor dem ein riesiges A steht (ABB. 29). Gleichzeitig malte er vor eine italienische Küstenlandschaft ein großes C, das für die Prinzessin Caroline steht, Anna Amalias Enkelin, für Goethe das „holde Prinzeßchen".[879] Mit dem Hinweis auf ihre Enkeltochter suchte Goethe Anna Amalia seine Heirat begreiflich zu machen, denn wie sie Freude an ihrer legitimen Enkelin hat und, um diese zu schützen, am 14. Oktober flüchtete, will auch er seinen Sohn August vor weiteren gesellschaftlichen Nachteilen bewahren und ihm deshalb seinen Namen geben. Diese für die biographischen Hintergründe so wichtigen Zeichnungen waren lange verschollen gewesen und wurden erst 1927 veröffentlicht – ein Beispiel für den manipulierenden Umgang mit Dokumenten, die zu einer Hinterfragung der vom großherzoglichen Hause Sachsen-Weimar und Eisenach gewünschten Goethe-Biographie hätten führen müssen.[880] In dieser für beide schweren Situation entschloss sich Goethe zu der Erstaufführung des TASSO, seines Liebesdenkmals für Anna Amalia. Im Februar 1807 wurde er angeblich von seinem Lieblingsschüler zu einer Inszenierung umgestimmt,[881] wobei das Stück lange Zeit vorher einstudiert worden war. Er wandte sich mit der Aufführung an Anna Amalia; die Inszenierung sollte sie als eine Versicherung seiner ewigen Liebe auffassen, ein Flehen, ihn zu verstehen, denn die Heirat mit Christiane war aus Verantwortung für seinen Sohn längst unumgänglich gewesen – doch vergebens. Im Eintrag 1807 der TAG- UND JAHRESHEFTE heißt es: „Gar bald nach Aufführung des ‚Tasso', einer so reinen Darstellung zarter, geist- und liebevoller Hof- und Weltscenen, verließ Herzogin Amalie den für sie im tiefsten Grund erschütterten, ja zerstörten Vaterlandsboden." Für sein Tagebuch diktierte der erschütterte Goethe am 10. April: „Starb Durchlaucht die Herzogin Mutter." Anna Amalia schied ohne Anzeichen einer Krankheit. Im Park ihres Waldschlosses Ettersburg hatte die Fürstin zu Beginn von Goethes erstem Weimarer Jahrzehnt die Verse des Anakreontikers Johann Georg Jacobi (1740–1814) einmeißeln lassen: „O laßt beim klange süßer Lieder/Uns lächelnd durch dies Leben gehn,/ Und, sinkt der letzte Tag hernieder,/Mit diesem Lächeln stille stehn."[882] Goethe hielt in seinem offiziellen Nachruf fest: „Ihr Tod, ihr Verlust sollte nur schmerzen als nothwendig, unvermeidlich, nicht durch zufällige, bängliche, angstvolle Nebenumstände." Ihr „Tod war schön, sanft und edel, sie starb mit vollem Bewußtsein", schrieb Caroline von Egloffstein am 23. April 1807.[883] Goethe verfasste die offizielle Gedenkrede und entwarf eine Grabinschrift: [884]

> Anna Amalia
> zu Sachsen
> Gebohrne zu Braunschweig
> erhabenes verehrend
> Schönes geniesend
> Gutes wirkend
> Förderte sie alles
> was Menschheit
> ehrt ziert und bestätigt
> Sterblich
>
> 1739–1807
> unsterblich nun
> fortwirkend
> fürs
> Ewige.

Johanna Schopenhauer berichtet in einem Brief vom 13. April 1807, nachmittags im Wittumspalais der Aufbahrung Anna Amalias beigewohnt zu haben: „… ich habe gesehen und nicht gesehen, das schwarz behängte Vorhaus, die Treppen mit Tuch schwarz bedeckt, die künstliche durch tausend Kerzen erhellte Nacht, die lange schwarze Gallerie an deren Wänden die Lichter wie Sterne aussahen und kaum leuchteten weil das Schwarz rings umher jeden Lichtstrahl beynahe einsaugte, alles das stimmte mich wunderbar feyerlich … Nun trat ich in den Saal, er war voll Menschen, und kein Laut war zu hören, ich wurde vorgeschoben bis an das Geländer das die Menge von dem Trauergerüste trennte, da lag sie im Sarge mit ihrem Fürsten Mantel, ich konnte in der grauenhaften Beleuchtung ihr Gesicht nicht unterscheiden, neben ihr lag der Fürsten Hut und der Scepter, die Juweelen dran blizten wunderbar in dem Helldunkel, am Haupte standen zwey in Krep gehülte Damen, von beyden Seiten viele Männer in Trauermänteln mit großen an beyden Seiten aufgekrämpten Hüten von denen lange Flöre herab hingen, sie standen starr und stumm wie Geister …".[885]

Nach Anna Amalias Tod lebt Goethe, um der Geliebten weitere unsterbliche Werke der Liebe zu schenken. Eine Schilderung des neapolitanischen Nachthimmels von Anna Amalia könnte zugleich Goethes enormes Lebenswerk meinen, es ist „die funkelnde Milchstraße mit ihren Millionen Sternen, die wie der Gürtel der Venus den ganzen Erdenkreis mit Liebe zu umgeben scheint".[886] Die unerschöpfliche Inspirationsquelle für Goethes Dichtung war sein erstes Weimarer Jahrzehnt, in dem er in leidenschaftlicher Liebe zu Anna Amalia entbrannt war. Diese Zeit waren sie „glücklich eingeschifft" gewesen, wenn auch unter dem Schutzmantel einer Täuschung. In TASSO spricht die Prinzessin angesichts des Aufbruchs des Dichters nach Rom die Worte aus (Vers 1875 ff.):

> Die Sorge schwieg, die Ahnung selbst verstummte,
> Und glücklich eingeschifft, trug uns der Strom
> Auf leichten Wellen ohne Ruder hin:
> Nun überfällt in trüber Gegenwart
> Der Zukunft Schrecken heimlich meine Brust.

Die Entsagung von Anna Amalia bedeutete die Entrückung der verbotenen Liebe auf eine höhere Ebene, zugleich aber für beide unsägliche Schmerzen. Erst bei Kenntnis von Goethes Liebestragödie im ersten Weimarer Jahrzehnt offenbart ein 1797 veröffentlichtes Gedicht seinen erschütternden Sinn. Die klaffende Herzenswunde kann sich nicht schließen, weil Goethes Schiff nicht im „Hafen" ankommen darf, denn Goethe darf Anna Amalia nicht zur Frau nehmen:

AN MIGNON

> Über Tal und Fluß getragen,
> Ziehet rein der Sonne Wagen.
> Ach, sie regt in ihrem Lauf,
> So wie deine, meine Schmerzen,
> Tief im Herzen,
> Immer morgens wieder auf.

Kaum will mir die Nacht noch frommen,
Denn die Träume selber kommen
Nun in trauriger Gestalt,
Und ich fühle dieser Schmerzen,
Still im Herzen
Heimlich bildende Gewalt.

Schon seit manchen schönen Jahren
Seh ich unten Schiffe fahren,
Jedes kommt an seinen Ort;
Aber ach, die steten Schmerzen,
Fest im Herzen,
Schwimmen nicht im Strome fort.

Schön in Kleidern muß ich kommen,
Aus dem Schrank sind sie genommen,
Weil es heute Festtag ist;
Niemand ahnet, daß von Schmerzen
Herz in Herzen
Grimmig mir zerrissen ist.

Heimlich muß ich immer weinen,
Aber freundlich kann ich scheinen
Und sogar gesund und rot;
Wären tödlich diese Schmerzen
Meinem Herzen,
Ach, schon lange wär ich tot.

Wie bei einer Muschel, die eine Verwundung durch konzentrische Perlmutterschichten ummantelt, sodass eine Perle entsteht, wird Goethe als Entsagender unentwegt seinen Liebesschmerz mit unsterblichen Werken ummanteln. Wie eine Fackel in der Finsternis sollten Goethes Liebesdichtungen Licht spenden, das tausendfach reiner und heller leuchtet, wenn Anna Amalia als die Frau, der diese galten, erkannt wird. Ohne die Bedeutung der „seltenen Frau, und noch seltneren Fürstin"[887] Anna Amalia für Goethes Leben zu erkennen, kann sein dichterisches Werk nicht interpretiert werden: „Fühlst du nicht an meinen Liedern,/Daß ich eins und doppelt bin?", dichtete Goethe in GINKGO BILOBA. Im Rahmen eines nicht datierten

Märchens, das nur drei Seiten umfasst,[888] beschreibt Anna Amalia die Entdeckung ihres Geheimnisses. Das Märchen handelt von zwei „außerordentlich schönen Brillianten" in einer Stadt in Nubien, wo die Leute besonders stolz auf ihren Verstand sind – eine ironische Umschreibung für Weimar. Der größere Brillant, „so groß wie ein halbes Ei", wird von dem Eigentümer für wertvoller gehalten. Ein weiser Mann lässt sich beide Brillanten zeigen und stellt bezüglich des größeren fest: „Der Stein ist nicht echt." Zum Beweis lässt er eine Kohlenpfanne kommen: „Er nahm die beiden Steine und warf sie beide in das Feuer, der große ging sogleich in Rauch auf, der echte aber blieb, was er war. Eine stumme Stille der Dumpfheit überfiel die ganze Gesellschaft. Der weise Mann erhob seine Stimme, und sprach: ‚Mit Erlaubnis, meine Herren und Damen, Sie können samt und sonders den Lauf der Welt daraus sehen, das Falsche wird oft für Wahrheit gehalten und vorgezogen, der Narr läßt sich durch glänzende Farben hinreißen, der Weise aber schätzet die Sache nach ihrem innern Werte.' Alle schrieen ihn für einen weisen Mann aus, einen Namen, den er bis ans Ende seines Lebens beibehielt."

Anhang

PERSONENREGISTER

Unter dem Stichwort Anna Amalia, J. W. Goethe, Carl August und Charlotte von Stein finden sich nur die Lebensdaten.

Albrecht, Johann C. (vor 1736–1803) 179
Alexander I., Zar (1777–1825) 264, 272
Alexander der Große (356–323 v. Chr.) 233
Alton, Eduard Joseph Wilhelm d' (1772–1840) 222
Anakreon (6. Jh. v. Chr.) 231
Anna Amalia, Herzogin von Sachsen-Weimar-Eisenach (1739–1807)
Antonius, Marcus (um 82–30 v. Chr.) 234, 250
Anton Ulrich, Herzog von Sachsen-Meiningen (1687–1763) 40
Apuleius, Lucius (um 125 – nach 161 n. Chr.) 107, 198
Arnim, Bettina von, geb. Brentano (1785–1859) 244, 246
Augereau, Pierre François Charles (1757–1816) 272

Basedow, Johann Bernhard (1724–1790) 157
Becker, Sophie (1754–1789) 34
Bellomo, Joseph (1754–1833) 61, 239
Bertuch, Caroline, geb. Slevoigt (1750–1810) 46 f., 122
Bertuch, Friedrich Johann Justin (1747–1822) 46 f., 65, 73 ff., 131, 181, 217, 272
Bion (2. Jh. v. Chr.) 231
Boccaccio, Giovanni (1313–1375) 43
Bodenstedt, Friedrich Martin von (1819–1892) 23
Böttiger, Karl August (1760–1835) 62, 87, 107, 120 f., 130, 157, 160, 163, 184, 266, 272
Boisserée, Sulpiz (1783–1854) 215 f., 241 ff., 245
Bonaparte, Jérôme, König von Westfalen (1784–1860) 259

Borgia, Lucretia (1480–1519) 145
Branconi, Maria Antonia von, geb. von Elsener (1746–1793) 204 f.
Brenn, Ernestine Auguste Wilhelmine von (1730–1772) 120
Brentano, Clemens (1778–1842) 131, 245
Brentano, Maximiliane, geb. La Roche (1756–1793) 45
Brossard, Jeanette 123
Brühl, Heinrich Graf von (1700–1763) 29
Bünau, Heinrich Graf von (1697–1762) 29

Cäsar, Gajus Julius (100–44 v. Chr.) 188, 233 f.
Cagliostro, Alessandro Graf, scheinbar Giuseppe Balsamo (1743–1795) 39
Camper, Petrus (1722–1789) 166
Capacelatro, Giuseppe Erzbischof von Tarent (1744–1836) 169
Carl II. August, Herzog von Pfalz-Zweibrücken (1746–1795) 79 f.
Carl VI., Kaiser (1685–1740) 40
Carl VII., Kaiser (1697–1745) 40
Carl Alexander, seit 1853 Großherzog von Sachsen-Weimar-Eisenach (1818–1901) 18
Carl August, seit 1775 Herzog von Sachsen-Weimar-Eisenach (1757–1828)
Carl Friedrich, seit 1828 Großherzog von Sachsen-Weimar-Eisenach (1783–1853) 137, 274 f.
Carl Wilhelm Ferdinand, Herzog von Braunschweig (1735–1806) 204, 209, 270, 272 f.
Caroline Luise, Prinzessin von Sachsen-Weimar-Eisenach (1786–1816) 223, 270, 275
Caroline Mathilde, Königin von Dänemark (1751–1775) 40, 94

Caroline von Hessen-Darmstadt, Landgräfin (1721–1774) 182
Castrop, Jean Antoine Joseph de (1731–1785) 60
Catull (um 84 v. Chr. – um 54 v. Chr.) 230
Cervantes Saavedra, Miguel de (1547–1616) 73
Chadidja bint Chuwailid (um 555–619) 248
Cherubini, Luigi Carlo Zenobio Salvatore Maria (1760–1842) 254
Christian VII., König von Dänemark und Norwegen (1749–1808) 40
Christian von Hessen-Darmstadt (1763–1830) 118, 138
Christiani, Eleonore Wilhelmine (gest. 1731) 120
Cimarosa, Domenico (1749–1801) 239 f., 279
Colman, George (1732–1794) 270
Constantin I., Kaiser (um 272–337) 132

Dalberg, Carl Theodor von (1744–1817) 72 f., 75, 77
Danovius, Ernst Jakob (1741–1782) 147
Dante Alighieri (1265–1321) 107
Dorigny, Nicolas (1658–1746) 199
Drydens, John (1631–1700) 234

Eberwein, Franz Carl Adalbert (1786–1868) 226, 257
Eckermann, Johann Peter (1792–1854) 38, 56, 64, 68, 190 f., 247, 254, 263
Edelsheim, Wilhelm Freiherr von (1737–1793) 80
Engel, Johann Jacob (1741–1802) 84

Egloffstein, Caroline Gräfin (1789–1868) 155, 244, 276
Egloffstein, Henriette von, gesch. von Egloffstein, wiederver. Beaulieu-Marconnay (1773–1864) 20, 24, 118 ff., 122, 124, 129, 136, 154 f., 185, 205, 223, 244, 266
Egloffstein, Hermann von (1861–1938) 137
Egloffstein, Graf Leopold von (1766–1830) 119

Einsiedel, August von (1754–1837) 213
Einsiedel, Emilie von, geb. von Münchhausen-Steinburg, gesch. von Werthern-Beichlingen (1757–1844) 117, 213
Einsiedel, Friedrich Hildebrand von (1750–1828) 117, 130, 154, 172, 187, 213
Elisabeth Christine, Königin von Preußen (1715–1797) 95
Elisabeth Christine Ulrike, gesch. Erbprinzessin von Preußen (1746–1840) 94 f., 144, 235, 273
Ernst August I., Herzog von Sachsen-Weimar-Eisenach (1688–1748) 28, 32, 120
Ernst August Constantin, Herzog von Sachsen-Weimar-Eisenach (1737–1758) 28, 32, 57, 268
Eschenburg, Johann Joachim (1743–1820) 195
Este, Eleonore d' (1537–1581)
Este, Hippolyt d' (1509–1572) 140
Euripides (um 480–406 v. Chr.) 181

Fahlmer, Johanna Catharina Sibylle, verh. Schlosser (1744–1821) 42, 262
Ferrari, Benedetto (1603–1681) 226, 257
Fichte, Johann Gottlieb (1762–1814) 131
Franckenberg, Sylvius Friedrich Ludwig von (1728–1815) 51, 73, 96, 234
Franklin, Benjamin (1706–1790) 215
Franz I., Kaiser (1708–1765) 29
Friederike Luise von Hessen-Darmstadt (1751–1805) 75, 182
Friedrich V., König von Dänemark 29
Friedrich II. von Sizilien, Kaiser (1194–1250) 233, 264
Friedrich II., König von Preußen (1712–1786) 29, 40, 70 f., 76 ff., 80, 82, 84, 93–96, 162, 233, 235 f.
Friedrich August II., Kurfürst von Sachsen (1696–1763) 29
Friedrich Barbarossa, Kaiser (1122–1190) 130
Friedrich Ferdinand Constantin von Sachsen-Weimar-Eisenach (1758–1793) 28, 73, 95, 180, 238
Friedrich Wilhelm II., König von Preußen (1744–1797) 71 f., 75, 94–97

Fritsch, Jakob Friedrich von (1731–1814) 32, 51 f., 57 f., 65, 70, 72 f., 82, 107, 183, 262
Fritsch, Thomas Freiherr von (1700–1775) 70, 72
Garrick, David (1717–1779) 270
Giannini, Wilhelmine Gräfin (um 1719–1784) 49, 84 f., 92
Gleim, Johann Wilhelm Ludwig (1719–1803) 73 ff., 231 f.
Gluck, Christoph Willibald von (1714–1787, 1756 geadelt) 167
Göchhausen, Luise von (1752–1807) 33, 47, 63, 86, 91, 140, 156, 168, 173 f., 187, 190, 195, 207, 230, 268
Görtz, Fritz, eigentlich Graf von Schlitz 76, 78, 82
Görtz, Johann Eustachius, eigentlich Graf von Schlitz (1737–1821) 10, 19, 26, 30, 35, 37, 41, 50 f., 55, 62, 68, 72-87, 89-94, 96 f., 101, 109, 161, 180, 183 f., 208, 218
Görtz, Caroline Gräfin, geb. von Üchtritz (1749–1809) 10, 19, 26, 35, 37, 49, 62, 68, 73, 76 f., 79 ff., 83-87, 89 f., 92 ff., 109, 118, 123, 183, 208, 218
Goethe, August Walther von, geb. Vulpius (1789–1830) 124, 126, 265 ff., 270, 272, 275
Goethe, Catharina Elisabeth (1731–1808) 49, 59 f., 91, 126, 134, 154, 178, 190 ff., 216, 262, 265 f.
Goethe, Christiane von, geb. Vulpius (1765–1816) 11, 16, 117, 119 f., 122, 124-127, 172 ff., 219, 221, 230, 232, 234, 237, 266 ff., 270 f., 273, 275
Goethe, Cornelia, verh. Schlosser (1750–1777) 161, 178, 218
Goethe, Cornelia, geb. Walther, verw. Schellhorn (1668–1754) 93
Goethe, Friedrich Georg (1657–1730) 93
Goethe, Johann Wolfgang von (1749–1832, 1782 geadelt)
Goethe, Johann Caspar (1710–1782) 93, 191, 262
Goethe, Walther Wolfgang von (1818–1885) 18
Gore, Charles (1729–1807) 134

Gore, Elisabeth Maria (1754–1802) 134
Gotter, Friedrich Wilhelm (1746–1797) 31, 158
Grave, David Heinrich (1752–1789) 172
Greiner, Johann Poppo von (1708–1772) 177
Grillparzer, Franz (1791–1872) 265
Grimm, Herman (1828–1901) 243, 245 f.

Hadrian, Kaiser (76–138) 170
Hafis (um 1320 – um 1389) 243
Hamann, Johann Georg (1730–1788) 206
Hauptmann, Anton Georg (1735–1803) 61
Haydn, Franz Joseph (1732–1809) 167, 226, 257
Hegel, Georg Wilhelm Friedrich (1770–1831) 131
Hehn, Victor (1813–1890) 186
Heinsius, Johann Ernst (1731–1794) Umschlagbild, Abb. 2, 5, 22; 57
Helena, Kaiserin, Heilige (um 250–329) 132
Herder, Caroline von, geb. Flachsland (1750–1809) 88, 124, 130 f., 157, 213
Herder, Johann Gottfried von (1744–1803, 1801 geadelt) 27, 42, 58, 65, 85, 88, 130, 133 f., 136 f., 140 f., 146, 148, 154 f., 157 f., 160, 166, 173, 213, 219, 268 f., 273
Herzan, Franziskus von Paula von Harras, Kardinal (1735–1804) 100
Heyne, Marie Therese, verw. Forster, wiederver. Huber (1764–1829) 180
Hiller, Johann Adam (1728–1804) 31
Hölderlin, Johann Christian Friedrich (1770–1843) 131
Horn, Johann adam (1749–1806) 41
Homer (8. Jh. v. Chr.) 111, 268
Humboldt, Caroline von (1766–1829) 253
Humboldt, Wilhelm von (1767–1835) 104, 131, 253

Iken, Carl Jacob Ludwig (1789–1841) 261

Jacobi, Friedrich Heinrich (1743–1819) 122, 210
Jacobi, Johann Georg (1740–1814) 275
Jagemann, Christian Joseph (1735–1804) 39, 107 f., 113
Jagemann, Ferdinand (1780–1820) Abb. 32-33, Abb. 40
Jagemann, Caroline Henriette Friederike, ab 1809 von Heygendorf (1777–1848) 125 f., 143, 264
Jerusalem, Johann Friedrich Wilhelm (1709–1789) 153, 179
Jerusalem, Karl Wilhelm (1747–1772) 179
Jesus Christus 248
Jommelli, Niccolò (1714–1774) 226, 257
Joseph II., Kaiser (1741–1790) 27, 65, 77
Juliane Marie von Braunschweig-Wolfenbüttel, Königin von Dänemark (1729–1796) 40

Kalb, August von (1747–1814) 80, 90, 92
Kalb, Charlotte von, geb. Marschalk von Ostheim (1761–1843) 129 f., 137, 222 f.
Kant, Immanuel (1724–1804) 216
Karl I., Herzog von Braunschweig-Wolfenbüttel (1713–1780) 162, 224
Karl Eugen, Herzog von Württemberg (1728–1793) 41
Karl Theodor, Kurfürst von der Pfalz (1724–1799) 77 f.
Katharina II., genannt die Große (1729–1796) 83, 96
Kauffmann, Angelica (1741–1807) Abb. 18-19; 140 f.
Kaufmann, Johann Christoph (1753–1795) 157 f., 162 f.
Kestner, Charlotte, geb. Buff (1753–1828) 45, 207
Klauer, Gottlieb Martin (1742–1801) Abb. 6-9; 33, 195
Kleopatra, Pharaonin (69–30 v. Chr.) 234
Klinger, Friedrich Maximilian (1752–1831) 162 ff.
Klopstock, Friedrich Gottlieb (1724–1803) 56, 150
Knebel, Carl Ludwig von (1744–1834) 17, 30, 53 f., 61, 69, 71, 105, 108, 118, 120, 130, 154, 156 f., 159, 166 f., 169, 171, 173, 179 f., 182 ff., 196-199, 201 f., 205, 208, 210, 212, 214, 221 f., 230, 239, 251, 265, 270, 272 ff.
Knebel, Carl Wilhelm von (1796–1861) 17, 273 f.
Knebel, Luise von, geb. Rudorf (1777–1852) 17, 272 f.
Kobell, Ferdinand (1740–1799) 167
Koch, Heinrich Gottfried (1703–1775) 31
Körner, Christian Gottfried (1756–1831) 164, 266
Kräuter, Friedrich (1790–1856) 26, 241
Kranz, Johann Friedrich (1754–1810) 226
Kraus, Georg Melchior (1737–1806) Abb. 1, Abb. 3, Abb. 20; 32, 57, 62, 65, 133 f., 164, 181

Lannes, Jean (1769–1809) 272
Lavater, Johann Caspar (1741–1801) 36, 53, 55 f., 59, 161, 203 ff.
Lehndorff, Ernst Ahasverus Heinrich Graf von (1727–1811) 84
Lengefeld, siehe Wolzogen
Lenz, Jakob Michael Reinhold (1751–1792) 86, 109, 158 f., 161 f.
Lenz, Johann Georg (1748–1832) 131
Lenz, Karl Heinrich Gottlob (1757–1836) 161
Lessing, Gotthold Ephraim (1729–1781) 130, 194 f., 224
Levetzow, Ulrike von (1804-1899) 252 ff.
Lips, Julius Heinrich (1758–1817) 200
Lossius, Johann F. Abb. 12
Ludecus, Johann August (1742–1801) 120, 156
Ludwig I., König von Bayern (1786–1868) 241
Ludwig IX., Landgraf von Hessen-Darmstadt (1719–1790) 47
Luise, Herzogin von Sachsen-Weimar-Eisenach (1757–1830) 26, 33, 35, 54, 64 f., 75, 85, 87-90, 93-95, 123, 125 f., 136 f., 138, 158, 182, 184, 223 f., 251, 266, 273 f.
Lüttwitz, Henriette Freiin von, verh. von Schuckmann, (1769–1799) 125, 253

Lyncker, Carl Wilhelm Friedrich von (1767–1843) 92

Machiavelli, Niccolò (1469–1527) 95
Manso, Giambattista (1560–1645) 142
Maria, Mutter Jesu 248
Maria Paulowna, Großherzogin von Sachsen-Weimar-Eisenach (1786–1859) 272, 274
Maria Theresia, Kaiserin (1717–1780) 29, 70
Marie-Antoinette, Königin von Frankreich (1755–1793) 38
May, Georg Oswald (1738–1816) Abb. 4
Merck, Johann Heinrich (1741–1791) 46 f., 49, 51, 63, 66 f., 76, 84, 91, 98, 112, 114, 153, 158, 161, 164, 168, 178, 182, 195, 198 f., 232, 236
Merkel, Garlieb Helwig (1769–1850) 126
Meyer, Johann Heinrich (1760–1832) Abb. 26; 129, 252
Möller, Johann Philip, Goethes Pseudonym in Italien (1786–1788) 71
Möser, Justus (1720–1794) 180
Mohammed (ca. 570–632) 248
Moors, Friedrich Maximilian (1747–1782) 41
Motte, Gräfin de la (1756–1791) 38
Mozart, Wolfgang Amadeus (1756–1791) 167, 226, 239, 257
Müller, Friedrich von (1779–1849) 17, 19, 56, 114, 128, 135, 137 f., 155, 164, 257
Münter, Friedrich (1761–1830) 84, 129
Musäus, Johann Carl August (1735–1787) 30, 65

Napoleon I. Bonaparte, Kaiser (1769–1821) 41, 259, 263 f., 272
Newton, Isaac (1643–1727) 130
Novalis, bürgerlich Friedrich von Hardenberg (1772–1801) 131

Oeser, Adam Friedrich (1717–1799) 32, 164, 194, 196 ff., 268
Oliva, Nicole Leguay d' (1761–1789) 38

Pagès, Vicomte de (1748–1793) 68
Paisiello, Giovanni (1740–1816) 239

Pappenheim, Jenny von (1811–1890) 259
Paul I., Zar (1754–1801) 75, 96
Paul, Jean, bürgerlich Johann Paul Friedrich Richter (1763–1825) 129
Petrarca, Francesco (1304–1374) 24
Philippine Elisabeth Cäsar, Herzogin von Sachsen-Meiningen, geb. Schurmann 40
Philippine Charlotte, Herzogin von Braunschweig (1716–1801) 95
Pius VI., Papst, bürgerlich Gian Angelo Braschi (1717–1799) 39, 170
Properz (um 50–16 v. Chr.) 230 f.
Putbus, Moritz Ulrich Graf von (1729–1776) 76

Raffael, bürgerlich Raffaello Santi (1483–1520) 199 f.
Reinhard, Carl Friedrich von (1761–1837) 253
Rembrandt, Harmensz van Rijn (1606–1669) 232
Riemer, Caroline Wilhelmine Johanna, geb. Ulrich (1790–1855) 120
Riemer, Friedrich Wilhelm (1774–1845) 22 f., 26, 37, 120, 244, 246, 262, 270
Rohan, Louis René Prinz von (1734–1803) 38
Rohlwes, Johann Nicolaus (1755–1823) 188
Rossini, Gioacchino Antonio (1792–1868) 254
Rotenhan, Friedrich Carl von (1750–1792) 34

Salom, Michele (1751–1837) 106
Schadow, Johann Gottfried (1764–1850) 96
Schardt, Johann Wilhelm Christian von (um 1711–1790) 32, 34
Schardt, Ludwig Ernst Wilhelm von (1748–1826) 224
Schardt, Sophie Friederike Eleonore von, geb. von Bernstorff (1755–1819) 118
Schelling, Friedrich Wilhelm Joseph von (1775–1854, 1808 geadelt) 131
Schiller, Charlotte von, geb. von Lengefeld (1766–1826) 64, 108, 127, 223,

232, 267, 273
Schiller, Friedrich von (1759–1805, 1802 geadelt) 33 f., 64, 126, 131, 164, 189, 215, 221 ff., 266, 273
Schlegel, Friedrich von (1772–1829, 1815 geadelt) 131
Schleiermacher, Ernst (1755–1844) 162 f.
Schlosser, Johann Georg (1739–1799) 161
Schönemann, Anna Elisabeth, genannt Lili (1758–1817) 42, 128, 215, 247
Schönkopf, Anna Katharina, auch „Käthchen" (1746–1810) 41, 154 f., 225, 272, 274 ff.
Schopenhauer, Arthur (1788–1860) 274
Schopenhauer, Johanna, geb. Trosiener (1766–1838) 25, 32
Schorn, Henriette von, geb. von Stein-Nordheim (1807–1869) 274
Schorn, Ludwig von (1793–1842) 274
Schröter, Corona (1751–1802) 32, 178
Schubarth, Carl Ernst (1796–1861) 271
Schütz, Johann Georg (1755–1815) Abb. 14; 141 f.
Seckendorff, Siegmund von (1744–1785) 32, 55
Seidel, Philipp Friedrich (1755–1820) 13, 97, 102, 104, 216
Seyler, Abel (1730–1801) 31 f., 164, 179
Selim I. (um 1467–1520) 248
Serassi, Pierantonio (1721–1791) 142
Seume, Johann Gottfried (1763–1810) 65, 155
Shakespeare, William (1564–1616) 130, 139, 251
Spinoza, Baruch (1632–1677) 106
Sophie Caroline Marie Markgräfin von Brandenburg-Bayreuth (1737–1817) 76 f., 90
Sophie, Großherzogin von Sachsen-Weimar-Eisenach (1824–1897) 18
Soret, Frédéric Jacob (1795–1865) 128
Staff, Friederike von, geb. von Voß (1764–1796) 120 ff., 124
Staff, Christian Friedrich August von (1755–1823) 120 f.
Stein, Charlotte Albine Ernestine von, geb. von Schardt (1742–1827)

Stein, Elisabeth Rosina Dorothea Charlotte, geb. von Rotenhan (1712–1778) 88
Stein, Gottlob Carl Wilhelm Friedrich von (1765–1837) 103, 219, 224
Stein, Gottlob Ernst Josias Friedrich von (1735–1793) 10, 34, 81, 86-89, 93 f., 120, 187, 196, 202, 224
Stein, Gottlob Friedrich Constantin von (1772–1844) 34, 71, 102 ff., 112, 129, 189, 207, 212, 219, 222, 224 f., 236, 267
Stein, Johann Friedrich von (1749–1799) 96
Steiner, Rudolf (1861–1925) 174
Stolberg-Stolberg, Augusta Luise Gräfin zu (1753–1835) 66
Stolberg-Stolberg, Christian Reichsgraf zu (1748–1821) 184
Stolberg-Stolberg, Friedrich Leopold Reichsgraf zu (1750–1819) 184
Struensee, Johann Friedrich Graf von (1737–1772, 1771 geadelt) 40, 94
Szymanowska, Maria, geb. Marianne Agata Wolowska (1789–1831) 253 f., 256 f.

Talleyrand, Charles Maurice de, Fürst von Benevent (1754–1838) 264
Tasso, Torquato (1544–1595) 142, 169
Thales von Milet (um 625–um 547 v. Chr.) 110
Theokrit (3. Jh. v. Chr.) 231
Thibaut, Anton Friedrich Justus (1772–1840) 131
Thüna, Sophie von (1742–1807) 119
Thurn und Taxis, Augusta Elisabeth geb. Prinzessin von Württemberg (1734–1787) 40
Thurn und Taxis, Carl Anselm Fürst von (1733–1805) 40 f.
Thurn und Taxis, Elisabeth Fürstin von, geb. Hillebrand (1757–1841) 41
Tibull (um 50 v. Chr.– um 17 v. Chr) 230
Tieck, Christian Friedrich (1776–1851) Abb. 36-37; 241
Tieck, Johann Ludwig (1773–1853) 131

Tischbein, Johann Friedrich August (1750–1812) Abb. 27; 33
Tischbein, Johann Heinrich Wilhelm (1751–1829) Abb. 16-17; 100 f., 115
Tobler, Georg Christoph (1757–1812) 203 ff.

Vergil (70 v. Chr.–19 v. Chr.), eigentlich Publius Vergilius Maro 221
Villoison, Anse de (1750–1805) 167, 208
Voltaire (1694–1778) eigentlich François Marie Arouet 188, 195
Voß, Amalie von (1763–1808) 121
Voß, Johann Heinrich (1751–1826) 131
Vulpius, Christian August (1762–1827) 120, 267
Vulpius, Ernestine (1779–1806) 267
Vulpius, Johann Friedrich (gest. 1786) 120, 122, 124
Vulpius, Karl (geb. und gest. 1795) 265

Wagner, Heinrich Leopold (1747–1779) 184
Wagner, Richard (1813–1883) 139
Waldner, Luise Adelaide von Freundstein (1746–1830) 86, 89, 94
Washington, George (1732–1799) 215
Wedel, Johanna Marianne Henriette von, geb. von Wöllwarth-Essingen (1750–1815) 87, 118
Weiße, Christian Felix (1726–1804) 31
Weißer, Carl Gottlob (1779–1815) Abb. 34-35, Abb. 38-39; 240 f.

Welf IV., Herzog von Bayern (gest. 1101) 140
Wesendonck, Mathilde (1828–1902) 139
Wieland, Christoph Martin (1733–1813) 30 f., 55 f., 59, 63, 65 ff., 73-77, 112, 116, 130, 140, 153 ff., 158, 160, 162, 164, 167 f., 179-184, 222 f., 231, 266, 268 f., 273
Wilhelmine Luise von Hessen-Darmstadt (1755–1776) 75, 95, 182
Willemer, Johann Jakob von (1760–1838, 1816 geadelt) 242, 244 f., 249
Willemer, Marianne von, geb. Pirngruber, genannt Jung (1784–1860) 242 ff., 245 ff., 249, 263
Winckelmann, Johann Joachim (1717–1768) 194
Wöllwarth-Essingen, siehe Wedel, Johanna Marianne Henriette von
Wolzogen, Caroline von, geb. von Lengefeld, gesch. von Beulwitz (1763–1847) 223, 253
Wolzogen, Henriette von (1745–1788) 215

Zelter, Carl Friedrich (1758–1832) 110 158, 225 f., 254, 256 f., 267
Zimmermann, Johann Georg von (1728–1795) 55, 182, 204

Werke Goethes

Abglanz (1815) 248
Ach so drückt mein Schicksal (1776) 192
Ach wie bist du mir (1776) 44
Alexander und Cäsar und (1790) 233
Alles gaben Götter (1777) 66
Als Gottes Spürhund (1779) 163
Amerika, du hast es besser (1827) 217
Anna Amalia zu Sachsen (1807) 276
An den Mond (um 1777) 52 f.
An Luise von Göchhausen (um 1778) 91 f., 268 f.
An Mignon (1797) 277
An Werther (1824) 254 f.
Aufzug der vier Weltalter (1782) 166 f.
Auserwählte Frauen (1815) 248
Aussöhnung (1823) 254, 256 f.

Claudine von Villabella (ab 1774) 31

Das Göttliche (1783) 131, 261
Dem Aufgehenden Vollmonde (1828) 259 f., 263
Den Freunden (1826) 227
Den Einzigen, ~~Lotte~~ Lida (1781) 206
Den 6. Juni 1816 127
Den Vereinigten Staaten (1827) 217
Der Becher (1781) 206
Der Bräutigam (1828) 229, 258 f.
Der Erkönig 61
Der Falke (1776) 42
Der Fischer 61
Der Großkophta (1791) 39, 66
Der Kauz, der auf Minervens (um 1778) 92
Der liebt nicht (Nachlass) 153
Der Mann von fünfzig Jahren (ab 1807) 243, 254
Der Sänger (um 1782) 61
Dichtung und Wahrheit (1811–1831) 22, 44, 70, 125, 179, 181, 215, 240
Dich verwirret, Geliebte (1798) 175

Die Du der Musen reinste Kost (1800) 175 f.
Die Fischerin (1782) 259
Die Geschwister (1776) 52, 86 f.
Die Leiden des jungen Werther (1774) 45, 84, 106, 179 f., 183, 210, 212, 255, 262
Die Metamorphose der Pflanze (1798) 173 f., 217
Die neue Melusine (1782/1807) 263
Die Vögel (1780) 70
Die Wahlverwandtschaften (1808/09) 271
Dornburger Trilogie (1828) 230, 258, 263
Du versuchst, o Sonne (1816) 127 f.

Edel sei der Mensch (1783) 131
Egmont (1788) 121 f., 124 f., 240
Einer Einzigen angehören (1820) 251
Eines ist mir verdrießlich (1790) 237
Erwin und Elmire (ab 1773) 57, 159

Faust (um 1772–1831) 22, 59, 188, 249
   Prolog im Himmel (um 1800) 176

Gegentoast der Schwestern (1820) 251 f.
Geheimschrift (1815) 249
Gewiß, ich wäre schon so ferne (1784) 67
Ginkgo Biloba (1815) 249 f., 278
Götter, Helden und Wieland (1774) 179 f.
Götz von Berlichingen mit der eisernen Hand (1771/73) 31, 84, 180, 192, 262

Hegire (1814) 265
Heiß mich nicht reden (1782) 21, 26
Hier bildend nach der reinen stillen (1776) 192

Ich denke dein 115
Iphigenie auf Tauris (1779/1787) 61, 116
Italienische Reise (ab 1816) 101, 105 f., 108, 110 f., 113

Jahrmarktsfest zu Plundersweilern (1773/1778) 211
Jery und Bately (1779) 31

Kampagne in Frankreich (1822) 132
Königen sagt man (1782) 206

Laß dich, Geliebte, nicht reun (1790) 231
Lila (ab 1776) 31

Manche Töne sind mir Verdruß (1790) 236
Maximen und Reflexionen 153, 261
Marienbader Elegie (1823) 229, 252 ff., 255 f.

Nachklang (1815) 249
Nähe (1789) 190
Nähe des Geliebten 115
Nausikaa (1787) 111 f.
Nur wer die Sehnsucht (1796) 113 f.

Paläophron und Neoterpe (1800) 175 f.
Pandora (1807) 256
Prometheus (1774) 38

Rastlose Liebe (1776) 189
Reichte die schädliche Frucht (1781) 206
Römische Elegien, auch Erotica romana (1788–1790) 21 f., 97, 99, 229–239, 271

Sag ich's euch geliebte Bäume (1780) 200
Sanft wie ein Morgentraum (1782) 167
Steile Höhen besucht 157
Stella (1775) 189

Tagebuch für „Frau von Stein" (1786) 105, 108
Tag- und Jahreshefte – Als Ergänzung meiner sonstigen Bekenntnisse (1817–1830) 37, 60, 127, 235, 268, 275
Torquato Tasso (1780–1790) 22, 25 f., 61, 70, 91, 98, 111 f., 114, 116, 128, 135-153, 166, 168, 178, 200, 208, 218 f., 223, 226, 229, 231, 255, 257, 261, 263, 271, 275, 277
Trilogie der Leidenschaft 230, 252, 254 ff.

Über allen Gipfeln (1780) 193

Über Tal und Fluß getragen (1797) 277
Um Mitternacht (1780) 198
Um Mitternacht, ich schlief (1828) 258

Unterredung mit Napoleon 1808 (1824) 264

Venetianische Epigramme (1790) 172
Vermächtnis (1829) 135
Versuchung (1781) 206
Vollmondnacht (1815) 249
Vorspiel zur Eröffnung des Weimarischen Theaters 1807 241 f.

Wandrers Nachtlied (1780) 193
Wäre es Gott darum zu tun gewesen (Nachlass) 261
Warum bist du, Geliebter (1790) 236
Warum gabst Du uns die tiefen Blicke (1776) 192
Was bedeutet die Bewegung? (1815) 245
Was ich leugnend gestehe (1784) 209
Wenn du mir sagst (1790) 233
Wer lange in bedeutenden Verhältnissen lebt (1829) 261
West-östlicher Divan (1814–1819) 230, 242-250, 258, 265
Wie du mir oft, geliebtes Kind (1789) 190
Wiederfinden 247
Wilhelm Meisters Lehrjahre (1796) 21 f., 26, 61, 65, 113, 124, 128 f., 182, 190, 202, 214 f., 238, 261 f.
Wilhelm Meisters Wanderjahre oder Die Entsagenden (1821/1829) 9, 22, 66, 68, 103, 114, 182, 214-217, 225, 239, 241, 243, 254
Willst du mich sogleich verlassen? (1828) 260
Winckelmann und sein Jahrhundert (1805) 176

Xenien (um 1796) gemeinsam mit Schiller 9

Zieret Stärke den Mann (1790) 21
Zum feyerlichen Andenken der Durchlauchtigsten Fürstin und Frau Anna Amalia (1807) 52, 138, 147, 241, 260, 276
Zwischen biden Welten (1820) 250, 252

Werke anderer Autoren

Aeneis (19 v. Chr.) von Virgil 221
Agathon (1766/67) von Wieland 181 f.
Alceste (1773) von Wieland 180
All for Love (1678) von Dryden 234
Als jüngst Amalie (1776) von Lenz 159
Amalia (1807) von Seume 155
Amor und Psyche von Apuleius 107, 198
Auf die Musik zu Erwin und Elmire (1776) von Lenz 159

Betrachtungen über Kultur von Anna Amalia 131, 265
Bibel (etwa ab 5. Jh. v. Chr.) 33, 196 f., 257

Code Napoléon (1804) 264

Der Diwan von Hafis (14. Jh.), Übersetzung von Hammer-Purgstall (1812-13) 243
Der Falke von Boccaccio 42 f.
Der Westinder (1771) von Cumberland 87
Dido (1795) von Stein 220 f.
Die Fee Urganda (1776) von Lenz 159
Die Heimliche Heirat (1792) von Cimarosa 270
Die Heimliche Heurath (1772) von Colman/Garrick 270
Die Hochzeit des Figaro von Mozart 239
Die Jagd (1770) von Weiße 31
Die Stufen des menschlichen Alters (1771) von Musäus 30
Die theatralischen Abentheuer von Cimarosa 239
Die vereitelten Ränke von Cimarosa 240
Die Welt wie sie ist (1748) von Voltaire 196
Don Karlos, Infant von Spanien (1787) von Schiller 189

Elfride (1773) von Bertuch 73

Es ist doch Nichts so zart von Carl August 187
Fünf Briefe über Italien (1790er) von Anna Amalia 110, 140, 169 f., 221

Gedanken über die Musik (um 1799) von Anna Amalia 171, 226
Gedenkblätter von Kalb 129 f.
Gespräche mit Goethe (1836/1848) von Eckermann 38, 56, 64, 69, 143, 190 f., 240, 247, 254, 263
Glaub wer ein Narr ist (1779) von Lavater 161
Goethes Briefwechsel mit einem Kinde (1835) von Arnim 244
Goethe und Suleika (1869) von Grimm 245
Göttinger Musenalmanach (ab 1769) 231

Jesus Messias (ab 1783) von Lavater 204

La Divina Commedia (beendet 1321) von Dante Alighieri 107
La Gazzetta di Weimar (1787–1789) 113
La Vita di Torquato Tasso (1619/1634) von Manso 142
La Vita di Torquato Tasso (1785) von Serassi 142
Le Barbier de Séville (1775) von Beaumarchais 159
Leben und Thaten des weisen Junkers Don Quixote von Mancha (1605–1615) von Cervantes, Übersetzung von Bertuch (ab 1775) 73
Literarische Zustände und Zeitgenossen (1838) von Böttiger

Märchen von Anna Amalia 279
Meine Gedanken (um 1772) von Anna Amalia 144, 177 f., 181, 233
Merope (1773) von Gotter 31

Mittheilungen über Goethe (1841) von Riemer 23
Morgenblatt für gebildete Stände (ab 1807) 22

Nathanael (1786) von Lavater 204

Odyssee (8. Jh. v. Chr) von Homer 111
O laßt beim klange süßer Lieder von Jacoby 276

Patriotische Phantasieen (1774) von Möser 180
Peinliche Gerichtsordnung (1532) 59
Pontius Pilatus (ab 1782) von Lavater 204
Prometheus, Deukalion und seine Rezensenten (1775) von Wagner 183 f.

Rinaldo Rinaldini (1797) von Vulpius 267
Robert und Kalliste oder der Triumph der Treue, Bearbeitung der Sposa fedele (1778) von Eschenburg 195

Sturm und Drang (1776) von Klinger 215

Tiefurter Journal (1781–1784) 107, 131, 199, 261

Voyages autour du monde (1782) von Pagès 68

Woldemar (1777/1794) von Jacoby 210 f.

LITERATURNACHWEISE

Im Folgenden sind Ausgaben von Goethes Schriften sowie oft zitierte Sekundärliteratur wiedergegeben. Die übrige Literatur ist in den Anmerkungen jeweils vollständig zitiert.

Andreas, Willy: Carl August von Weimar, Ein Leben mit Goethe 1757 – 1783, Stuttgart 1953. Zitiert: Andreas, Carl August.
Anna Amalia: Briefe über Italien, Hollmer, Heide (Hrsg.), St. Ingbert 1999.
dies.: Meine Gedanken, abgedruckt in: Volker Wahl (Hrsg.), in: Wolfenbütteler Beiträge, Band IX, Wiesbaden 1994, S. 102 ff.
dies.: Märchen, abgedruckt in: Goethe-Museum Frankfurt (Hrsg.), Goethe-Kalender auf das Jahr 1932, Leipzig 1931, S. 101 ff.
Ballweg, Jan: Wer war Josias von Stein? Erkundungen über einen vermeintlich Abwesenden, in: Ilse Nagelschmidt/Stefan Weiß/Jochanan Trilse-Finkelstein (Hrsg.), Goethes erstes Weimarer Jahrzehnt, Weimar 2010. Zitiert: Ballweg, Erkundungen.
Beaulieu-Marconnay, Carl F. v.: Anna Amalia, Carl August und der Minister von Fritsch, Weimar 1874. Zitiert Beaulieu-Marconnay, Anna Amalia.
Berger, Joachim: Anna Amalia von Sachsen-Weimar-Eisenach (1739–1807), Denk- und Handlungsräume einer ‚aufgeklärten' Herzogin, Jena 2002 (Manuskript); Heidelberg 2003. Zitiert: Berger, Anna Amalia.
Biedermann Flodoard F. v./ Herwig, Wolfgang (Hrsg.): Goethes Gespräche, Eine Sammlung zeitgenössischer Berichte aus seinem Umgang, Band I, 1749–1805, München 1998. Zitiert: Biedermann I.
Biedrzynski, Effi: Goethes Weimar – Das Lexikon der Personen und Schauplätze, Zürich ²1993. Zitiert: Biedrzynski.
Bode, Wilhelm: Amalie Herzogin von Weimar, Band I: Das vorgoethische Weimar; Band II: Der Musenhof der Herzogin Amalie; Band III: Ein Lebensabend im Künstlerkreise, Berlin 1908. Zitiert: Bode, Amalie I, II, III.
ders.: Charlotte von Stein, Berlin ⁵1920. Zitiert: Bode, Stein.
Böttiger, Karl August: Literarische Zustände und Zeitgenossen. Begegnungen und Gespräche im klassischen Weimar, 1838 (unvollständig), K. Gerlach/R. Sternke (Hrsg.), Berlin ²1998. Zitiert: Böttiger, Zustände.
Bojanowski, Eleonore v.: Louise Großherzogin von Sachsen-Weimar und ihre Beziehungen zu den Zeitgenossen, Stuttgart u.a. 1903. Zitiert: Bojanowski, Louise.
Bornhak, F.: Anna Amalia, Herzogin von Sachsen-Weimar-Eisenach, Berlin 1892.

Zitiert: Bornhak, Anna Amalia.

Boyle, Nicholas: Goethe – Der Dichter in seiner Zeit, Band I, 1749–1790, übersetzt von Holger Fliessbach, München 1995; Band II, 1791–1803, übersetzt von Holger Fliessbach, München 1999. Zitiert: Boyle, Goethe I, II.

Bürgin, Hans: Der Minister Goethe vor der römischen Reise. Seine Tätigkeit in der Wegebau- und Kriegskommission, Weimar 1933. Zitiert: Bürgin, Minister, 1933.

Carl August, Herzog v. Sachsen-Weimar-Eisenach: Briefe des Herzogs Carl August von Sachsen-Weimar an seine Mutter, die Herzogin Anna Amalia, Bergmann, Alfred (Hrsg.), Jena 1938. Zitiert: Carl August, Briefe an Anna Amalia.

ders: Politischer Briefwechsel des Herzogs und Großherzogs Carl August von Weimar, Band I, 1778-1790, Tümmler, Hans (Hrsg.), Stuttgart 1954. Zitiert: Carl August, Politische Briefe.

ders.: Briefwechsel des Herzogs-Großherzogs Carl August mit Goethe, Band I, 1775–1806, Band II, 1807–1820, Wahl, Hans (Hrsg.): (1915), Nachdruck Bern 1971. Zitiert: Carl August, Briefe an Goethe.

Conrady, Karl Otto: Goethe – Leben und Werk, München/Zürich 1994. Zitiert: Conrady, Goethe.

Damm, Sigrid: Christiane und Goethe – Eine Recherche, Frankfurt am Main/ Leipzig 1998. Zitiert: Damm, Christiane.

dies.: Vögel, die verkünden Land, Das Leben des Jakob Michael Reinhold Lenz, Frankfurt am Main u.a. 1992. Zitiert: Damm, Lenz.

Eckermann, Johann Peter: Goethes Gespräche mit Eckermann. Zugleich Friedrich Sorets Gespräche mit Goethe in Eckermanns Bearbeitung, mit einem Vorwort von Edith Zenker, Berlin 1955.

Egloffstein, Hermann F. v. (Hrsg.): Alt-Weimars Abend, Briefe und Aufzeichnungen aus dem Nachlasse der Gräfinnen Egloffstein, München 1923. Zitiert: Egloffstein, Briefe.

ders. (Hrsg.): Ein Kind des achtzehnten Jahrhunderts – Jugenderinnerungen der Gräfin Henriette Egloffstein, in: Deutsche Rundschau, Dezember 1919 und Januar 1920. Zitiert: Egloffstein, Jugenderinnerungen.

Esenwein, Jürgen v./Gerlach, Harald (Hrsg.): Johann Wolfgang von Goethe: Zeit – Leben – Werk, CD-ROM, Berlin u. a. 1999. Zitiert: Esenwein/Gerlach, Goethe, CD-ROM.

Friedenthal, Richard: Goethe. Sein Leben und seine Zeit, 1963, München 1999. Zitiert: Friedenthal, Goethe.

Gersdorff, Dagmar v.: Marianne von Willemer und Goethe. Geschichte einer Liebe, Frankfurt a.M./Leipzig 2003. Zitiert: Gersdorff, Willemer.

Ghibellino, Ettore/Weiß, Stefan: Erwiderung zu „Stellungnahme der Klassik Stiftung Weimar zu den Hypothesen Ettore Ghibellinos", in: Ilse Nagelschmidt/ Stefan Weiß/Jochanan Trilse-Finkelstein (Hrsg.), Goethes erstes Weimarer Jahrzehnt, Weimar 2010. Zitiert: Erwiderung.

Goethe, Johann Wolfgang v.: Goethes Werke, Weimarer Ausgabe, Weimar 1887–1919, fotomechanischer Nachdruck, München 1987. Zitiert: Goethe, WA.

ders.: Torquato Tasso – Ein Schauspiel, Stuttgart (^{1}1969) 1999, der Text folgt der Ausgabe: Goethes Werke, Festausgabe, Robert Petsch (Hrsg.), Band VII, Dramen III, Leipzig 1926.

ders.: Poetische Werke, Berliner Ausgabe, Band XIV, Italienische Reise, Berlin ^{3}1978; Band XV, Briefe aus der Schweiz 1779 u. a., Berlin ^{2}1972; Band XVI, Tag- und Jahreshefte – Als Ergänzung meiner sonstigen Bekenntnisse, Berlin ^{2}1973.

ders.: West-östlicher Divan, Ernst Beutler (Hrsg.), Leipzig 1943. Zitiert: Goethe, Divan.

ders.: Sämtliche Werke, Frankfurter Ausgabe, Abteilung I, Band IX, Wilhelm Voßkamp/Herbert Jaumann (Hrsg.), Wilhelm Meisters Theatralische Sendung, Wilhelm Meisters Lehrjahre, Unterhaltungen deutscher Ausgewanderten, Frankfurt 1992; Band X, Gerhard Neumann/Hans-Georg Dewitz (Hrsg.), Wilhelm Meisters Wanderjahre, Frankfurt 1989; Abteilung II, Band II, Hartmut Reinhardt (Hrsg.), Das erste Weimarer Jahrzehnt, Briefe, Tagebücher und Gespräche vom 7. November 1775 bis zum 2. September 1786, Frankfurt 1997; Band VI, Rose Unterberger (Hrsg.), Napoleonische Zeit, Briefe, Tagebücher und Gespräche vom 10. Mai 1805 bis 6. Juni 1816, Frankfurt 1993. Zitiert: Goethe, FA Band.

ders.: Dichtung und Wahrheit, Walter Hettche (Hrsg.), Stuttgart 1998. Zitiert: Goethe, Wahrheit.

ders.: Briefe an Charlotte von Stein, Petersen, Julius (Hrsg.), Band I, II/1, II/2, Leipzig 1923. Zitiert: Goethe, Briefe an Stein.

ders.: Gedichte in zeitlicher Folge, Nicolai, Heinz (Hrsg.), Frankfurt am Main/Leipzig ^{11}1999.

ders.: Römische Elegien, Jost, Dominik (Hrsg.), Deutsche Klassik, München u. a. ^{2}1978. Zitiert: Goethe, Elegien.

Grimm, Herman: Goethe und Suleika. Zur Erinnerung an Marianne von Willemer, 1869, Nachdruck o.J. Darmstadt. Zitiert: Grimm, Marianne.

Grumach, Ernst/Grumach, Renate (Hrsg.): Goethe. Begegnungen und Gespräche, Band I, 1749-1776, Berlin 1965; Band II, 1777-1785, Berlin 1966.

Grumach, Renate (Hrsg.): Goethe. Begegnungen und Gespräche, Band III, 1786-1792, Berlin u.a. 1977. Zitiert: Grumach I, II, III.

Herwig, Henriette: „Wilhelm Meisters Wanderjahre": Geschlechterdifferenz, sozialer Wandel, historische Anthropologie, Tübingen/Basel ^{2}2002. Zitiert: Herwig, Wanderjahre.

Heuschele, Otto: Herzogin Anna Amalia. Die Begründerin des Weimarischen Musenhofes, München 1947. Zitiert: Heuschele, Anna Amalia.

Houben, H.H. (Hrsg.): Damals in Weimar, Erinnerungen und Briefe von und an Johanna Schopenhauer, Berlin ^{2}1929. Zitiert: Houben, Schopenhauer.

Wolfgang Huschke, Forschungen zur Geschichte der führenden Gesellschaftsschicht im klassischen Weimar, in: Hans Eberhardt (Hrsg.), Forschungen zur thüringischen Landesgeschichte, Festschrift für Friedrich Schneider, Weimar

1958, S. 55-114. Zitiert: Huschke, Gesellschaftsschicht.

Keil, Robert: Vor hundert Jahren, Mitteilungen über Weimar, Goethe und Corona Schröter aus den Tagen der Genie-Periode, Band II, Leipzig 1875. Zitiert: Keil, Mitteilungen.

Klauß, Jochen: Charlotte von Stein. Die Frau in Goethes Nähe. Zürich 1995. Zitiert: Klauß, Stein.

Kleßmann, Eckart (Hrsg.): Goethe aus der Nähe, Berichte von Zeitgenossen, München/Zürich 1994. Zitiert: Kleßmann, Goethe.

Knebel, Carl Ludwig v.: K. L. von Knebel's Literarischer Nachlaß und Briefwechsel, K. A. Varnhagen v. Ense/Th. Mundt (Hrsg.), Leipzig ²1840. Zitiert: Knebel, Nachlaß.

Lenz, Jakob Michael Reinhold: Werke, München 1992, Nachwort von G. Sauder. Zitiert: Lenz, Werke, Bd.

Lyncker, Karl v.: Am Weimarischen Hofe unter Amalien und Karl August, Berlin 1912. Zitiert: Lyncker, Amalien.

Mentz, Georg: Aus den Papieren des Grafen Görtz, des Erziehers Karl Augusts, in: Festschrift für Otto Dobenecker, Jena 1929. Zitiert: Mentz, Papiere.

Merck, Johann Heinrich: Johann Heinrich Mercks Briefe an die Herzogin-Mutter Anna Amalia und an den Herzog Carl August von Sachsen-Weimar, Gräf, Hans Gerhard (Hrsg.), Leipzig 1911. Zitiert: Merck, Briefe.

Müller, Friedrich v.: Unterhaltungen mit Goethe, Ernst Grumach (Hrsg.), 1870, Weimar 1956, ²1982. Zitiert: Müller, Unterhaltungen (²1982).

Pleticha, H. (Hrsg.): Das Klassische Weimar, München 1983. Zitiert: Pleticha, Weimar.

Riemer, Friedrich Wilhelm: Mitteilungen über Goethe, 1841, A. Pollmer (Hrsg.), Leipzig 1921. Zitiert: Riemer, Goethe.

Schwanke, Martina: Name und Namengebung bei Goethe, Computergestützte Studien zu epischen Werken, Heidelberg 1992. Zitiert: Schwanke, Namengebung.

Sichardt, Gisela: Das Weimarer Liebhabertheater unter Goethes Leitung, Weimar 1957. Zitiert: Sichardt, Liebhabertheater.

Sengle, Friedrich: Das Genie und sein Fürst, Die Geschichte der Lebensgemeinschaft Goethes mit dem Herzog Carl August, Stuttgart/Weimar 1993. Zitiert: Sengle, Genie.

Steiger, Robert: Goethes Leben von Tag zu Tag, Band I, 1749–1775, München 1982. Zitiert: Steiger, Goethe.

Stein, Charlotte v.: Dramen (Gesamtausgabe), Susanne Kord (Hrsg.), Hildesheim u. a. 1998. Zitiert: Stein, Dramen.

Trauchburg, Gabriele von: Zwei verkannte Weimarer Schöngeister: Beobachtungen und Anmerkungen der Gräfin Caroline und des Grafen Johann Eustachius von Görtz zu Literaten und Philosophen zwischen 1768 und 1778, in: in: Ilse Nagelschmidt/Stefan Weiß/Jochanan Trilse-Finkelstein (Hrsg.), Goethes erstes Weimarer Jahrzehnt, Weimar 2010. Zitiert: Trauchburg, Schöngeister.

Weiß, Stefan: Spionage in der Goethezeit, in: Ilse Nagelschmidt, Alles um Liebe, Anna Amalia und Goethe, 1. Interdisziplinäres Symposium, Weimar 2008. Zitiert: Weiß, Spionage.
Weitz, Hans-J. (Hrsg.): Goethe. Sollst mir ewig Suleika heißen, Goethes Briefwechsel mit Marianne und Johann Jakob Willemer, Frankfurt am Main 1995. Zitiert: Weitz, Suleika.
Weitz, Hans-J. (Hrsg.): Marianne und Johann Jakob Willemer, Briefwechsel mit Goethe, Dokumente, Lebens-Chronik, Erläuterungen, Frankfurt a.M. 1965. Zitiert: Weitz, Willemer.
Werner, Charlotte Marlo: Goethes Herzogin Anna Amalia, Düsseldorf 1996. Zitiert: Werner, Anna Amalia.
Wilpert, Gero v.: Goethe-Lexikon, Stuttgart 1998. Zitiert: Wilpert, Goethe.
Zeitler, Julius (Hrsg.): Goethe-Handbuch, Stuttgart, Band I/1916, Band II/1917, Band III/1918. Zitiert: Zeitler, Goethe, Band.

Für die Abdruckgenehmigung der Briefe der Gräfin Görtz aus dem Gräflich Rechberg'schen Archiv zu Donzdorf ist Bernhard Graf von Rechberg und Rothenlöwen herzlich zu danken.

ABBILDUNGSNACHWEISE

Für eine Historik der Bildquellen bildet der Fall Goethe und Anna Amalia eine Fundgrube an Beispielen. Entsprechend wurde die tradierte Bezeichnung einiger Bilder anhand der neuen Forschungsergebnisse geändert (Abb. 3, 15, 26, 27, 32). Vgl. hierzu *Michael Maurer*, Bilder repräsentieren Geschichte. Repräsentieren Bilder Geschichte? Zur Funktion historischer Bildquellen in Wissenschaft und Öffentlichkeit, in: K. Füßmann/H. T. Grütter/ J. Rüsen (Hrsg.), Historische Faszination – Geschichtskultur heute, Köln, Weimar, Wien 1994, S. 86.

BILDARCHIV PREUßISCHER KULTURBESITZ, Berlin: Abb. 21
FREIES DEUTSCHES HOCHSTIFT, Frankfurt am Main: Umschlagbild (Foto: Ursula Edelmann), Abb. 2
GOETHE-MUSEUM, Düsseldorf: Abb. 22, Abb. 34 (Foto: Walter Klein), Abb. 38
GLEIM HAUS, Halberstadt: Abb. 27
GOETHE- UND SCHILLER-ARCHIV, Weimar: Abb. 23
STIFTUNG WEIMARER KLASSIK UND KUNSTSAMMLUNGEN, Weimar: Abb. 1, 3, 4, 5, 6, 7, 8, 9, 10, 11 (Foto: Thoma Babovic), 12, 14, 15, 17, 18, 19, 20, 24, 25, 26, 28, 29, 30, 31, 32, 33, 35, 37, 39, 40
WALHALLA, Donaustauf: 36 (Foto: Robert Raith)
Abb. 13: Verbleib unbekannt, Vorlage aus: Werner Deetjen, Schloß Belvedere, Leipzig 1926, S. 31.
Abb. 16 aus: Jörn Göres, Goethes Leben in Bilddokumenten, Augsburg 1999, S. 123. Standort: STÄDELSCHES KUNSTINSTITUT, Frankfurt am Main.

ANMERKUNGEN

Zum Geleit

[1] Gräflich Rechbergsches Familienarchiv Donzdorf, Abt. Goertz, Briefe der Gräfin Caroline von Görtz an ihren Ehemann, Transkription und Übersetzung Gabriele von Trauchburg: *„On dit que c'est une vraye passion que cet attachement de la mere, et qu'il n'en à jamais éxisté de pareil de son coté."*

[2] Huschke, Gesellschaftsschicht, S. 110.

[3] Gutachten zur Kriegsschuldfrage 1914, mit einer Einführung von Imanuel Geiss, Frankfurt a.M. 1967.

[4] http://www.annaamalia-goethe.de/fileadmin/Daten-Akademie/Material_2009/Wei%DF_Ghibellino.pdf; abgedruckt in: I. Nagelschmidt/S. Weiß/J. Trilse-Finkelstein (Hrsg.), Goethes erstes Weimarer Jahrzehnt, Weimar 2010, Erwiderung, S. 253-310.

[5] *Bruno Latour*, Science in action, How to follow scientists and engineers through society, Cambridge Massachusetts (1987) [11]2003.

[6] Alexander Nebrig, Besprechung, Zeitschrift für Germanistik XXI – 2/2011, S. 391.

[7] Vgl. nur Karl Bartsch, Goethe und der Alexandriner, in: Goethe-Jahrbuch Bd. 1, Frankfurt a.M. 1880, S. 139.

[8] Vgl. etwa Kurt Flasch, Meister Eckhart, Die Geburt der ‚Deutschen Mystik' aus dem Geist der arabischen Philosophie, München [2]2008, Text der hinteren Umschlagseite: „Die Methode ist also nicht Intuition oder Assoziation, sondern historisch-philologischer Beweis."

[9] *Wilhelm Solms*, Das Bild der Geliebten in Goethes Versen an Lida, Weimar 2012, S. 36.

[10] *Marlis Helene Mehra*, Die Bedeutung der Formel „offenbares Geheimnis" in Goethes Spätwerk, Austin 1976, S. iv (Zitat), S. 231 f.

[11] Zitiert nach Bernd Tilp (Hrsg.), Karl August Varnhagen von Ense/Heinrich Düntzer: „durch Neigung und Eifer dem Goethe'schen Lebenskreis angehören", Briefwechsel 1842–1858, Teil I, Frankfurt am Main u.a., 2002, S. 118.

[12] Zitiert nach Bernd Tilp (Hrsg.), Karl August Varnhagen von Ense/Heinrich Düntzer: „durch Neigung und Eifer dem Goethe'schen Lebenskreis angehören", Briefwechsel 1842–1858, Teil I, Frankfurt am Main u.a., 2002, S. 152.

[13] Siehe *Regine Otto/Christa Rudnik*, Karl Ludwig von Knebel – Goethes „alter Weimarischer Urfreund", in: J. Golz (Hrsg.), Das Goethe- und Schiller-Archiv 1896–1996, Weimar u. a. 1996, S. 311.

[14] Egloffstein, Briefe, S. 261.

[15] Vgl. *Berger*, Anna Amalia, S. 39.

[16] *Wolfgang Vulpius*, Walther Wolfgang von Goethe und der Nachlass seines Großvaters, Weimar 1963, S. 196.

[17] *Carl Alexander*, zitiert nach Wolfgang Vulpius, Walther Wolfgang von Goethe und der Nachlass seines Großvaters, Weimar 1963, S. 205.

[18] So *Jutta Hecker* (1904–2002), die Tochter des Archivars am Goethe- und Schiller-Archiv Max Hecker, in: Rudolf Steiner in Weimar, Dornach [2]1999, S. 24.

[19] *Edmund Höfer*, Goethe und Charlotte v. Stein, 1878, Berlin/Leipzig [8]1923, S. 7.

[20] So etwa Hans Wahl, der das Verzeichnis ausdrücklich erwähnt, vgl. *ders.* (Hrsg.), Anmerkung zu: Anna Amalia, Herzogin zu Sachsen. Briefe über Ischia und Apulien, in: Goethe. Viermonatsschrift der Goethe-Gesellschaft 1939, S. 127.

[21] Als ein Biograph des Herzogs Carl August den Briefwechsel auswertete, erwähnte er zwar, von einer Liaison zwischen Goethe und Anna Amalia gelesen zu haben, maß dem aber keine

weitere Bedeutung bei, vgl. *Willy Andreas*, Sturm und Drang im Spiegel der Weimarer Hofkreise, in: Goethe, Viermonatsschrift der Goethe-Gesellschaft, Neue Folge des Jahrbuchs, Bd. VIII (1943), S. 243. Ein Biograph Anna Amalias zitiert 2003 eine Briefpassage der Gräfin Görtz, worin es um „die Liebschaft von Anna Amalia und Goethe" gehe, folgt diesem Hinweis aber nicht, *Berger*, Anna Amalia, S. 285 f., S. 157, Fn. 250, S. 38 ff.

Prolog: Das Staatsgeheimnis

[22] Zitiert aus Müller, Unterhaltungen, S. 281.
[23] Abgedruckt in: *Johann Wolfgang Goethe*, Sämtliche Werke, Frankfurter Ausgabe, Abt. I, Bd. X, Gerhard Neumann/Hans-Georg Dewitz (Hrsg.), Wilhelm Meisters Wanderjahre, Äußerungen Goethes, Frankfurt 1989, S. 855.
[24] *Friedrich Wilhelm Riemer*, Mitteilungen über Goethe, 1841, A. Pollmer (Hrsg.), Leipzig 1921, S. 130.
[25] Ihre Vornamen werden nicht einheitlich wiedergegeben, vgl. *Bode*, Stein, S. 7.
[26] Vgl. *Riemer*, Goethe, S. 396, Stichwort: Liebe.
[27] Siehe nur *Bode*, Stein, S. V; *Bodenstedt* zitiert nach K. Heinemann, Goethes Briefe an Frau von Stein, Bd. I, Stuttgart u. a. 1894, S. 3.
[28] Vgl. nur *Keil*, Mitteilungen, S. 78 ff.
[29] Ein Drehbuchautor könne diese Liebesbeziehung gar nicht erfinden, so sinngemäß *Klauß*, Charlotte, S. 136.
[30] *Fritz Liebeskind*, Der große Hermannstein bei Ilmenau, Ilmenau ²1928, S. 37.
[31] *Angelika Fischer/Bernd Erhard Fischer*, Schloss Kochberg – Goethe bei Frau von Stein, Berlin-Brandenburg 1999, S. 76, S. 30, S. 14.
[32] *Boyle*, Goethe I, S. 304.
[33] *Susanne Kord* (Hrsg.), in: Stein, Dramen, S. V.
[34] *Ingelore M. Winter*, Goethes Charlotte von Stein. Die Geschichte einer Liebe, 1992, Nachdruck Düsseldorf 2003, S. 157.
[35] *Helmut Koopmann*, Goethe und Frau von Stein, München 2002, S. 278.
[36] *Edmund Höfer*, Goethe und Charlotte v. Stein, 1878, Berlin/Leipzig ⁸1923, S. 71.
[37] So *Wilhelm Bode*, Charlotte von Stein, Berlin ⁵1920, S. 267.
[38] Zitiert nach Doris Maurer, Charlotte von Stein, Frankfurt a. M. u. a. 1997, S. 290.
[39] Brief an Carl v. Holtei vom 26. September 1828, zitiert nach Frauen der Goethezeit in ihren Briefen, G. Jäckel (Hrsg.), Berlin ²1969, S. 392.
[40] *Wilhelm Bode*, Lotte Kestner in Weimar, in: ders. (Hrsg.), Stunden mit Goethe, Für die Freunde seiner Kunst und Weisheit, Bd. IX, Berlin 1913, S. 314.
[41] Friedenthal, Goethe, S. 223.
[42] So *Adolf Stahr*, zitiert nach Keil, Mitteilungen, S. 74.
[43] *Edmund Höfer*, Goethe und Charlotte v. Stein, 1878, Berlin/Leipzig ⁸1923, S. 9.
[44] DICHTUNG UND WAHRHEIT, 7. Buch.
[45] *Riemer*, Goethe, S. 47.
[46] Zitiert nach Keil, Mitteilungen, S. 64.

Anna Amalia und Charlotte v. Stein: Fürstin und Hofdame

[47] Zitiert nach Friedrich v. Müller, Unterhaltungen mit Goethe, R. Grumach (Hrsg.), 1870, Weimar ²1982, S. 177; vgl. auch Renate Seydel, Charlotte von Stein und Johann Wolfgang von Goethe, Die Geschichte einer großen Liebe, München 1993, S. 14.
[48] Zitiert nach Ursula Salentin, Anna Amalia. Wegbereiterin der Weimarer Klassik, Köln u.a. ³2001, S. 121.
[49] So *Christian Graf zu Stolberg*, zitiert nach Bode, Stein, S. 87.
[50] Vgl. nur *Conrady*, Goethe, S. 280 f., S. 287.
[51] Egloffstein, Jugenderinnerungen, S. 350.
[52] So die Kammerfrau *Spormann*, zitiert nach E. Scheidemantel (Hrsg.), Erinnerungen von

Charlotte Krackow, Weimar 1917, S. 1.
[53] E. Scheidemantel (Hrsg.), Erinnerungen von Charlotte Krackow, Weimar 1917, S. 1.
[54] Vgl. eingehend *Beaulieu-Marconnay*, Anna Amalia, S. 18 f.
[55] Vgl. ausgewogen etwa *Walter Fellmann*, Heinrich Graf Brühl, Ein Lebens- und Zeitbild, Leipzig 1989, S. 382 ff., S. 387 f., S. 7 f
[56] Vgl. *Bode*, Amalie I, S. 53, S. 94 f.
[57] Vgl. die Zahlen bei *Marcus Ventzke*, Das Herzogtum Sachen-Weimar-Eisenach 1775-1783, Köln u.a. 2004, S. 59, wobei hier für 1759 als Jahr des Regierungsantrittes Anna Amalias keine Angaben gemacht werden, Referenz ist insofern das Jahr 1761 mit 364.995 Reichstaler Schulden, sowie das Jahr 1775 mit 383.845 Reichstaler Schulden.
[58] Vgl. die Zahlen bei *Marcus Ventzke*, Das Herzogtum Sachen-Weimar-Eisenach 1775-1783, Köln u.a. 2004, S. 63, 1759: 109.355 Reichstaler schulden, 1775: 103.245 Reichstaler schulden.
[59] Vgl. hierzu *Lothar Frede*, Die Sechserplage. Geldschwierigkeiten in Sachsen-Weimar-Eisenach unter Anna Amalia, in: Zeitschrift des Vereins für thüringische Geschichte und Altertumskunde, Jena 1939, S. 135 ff.; *Marcus Ventzke*, Das Herzogtum Sachen-Eisenach 1775-1783, Köln u.a. 2004, S. 161 ff.
[60] *Keil*, Mitteilungen, S. 69.
[61] So *Voigt-Ludecus*, zitiert nach Sichardt, Liebhabertheater, S.124.
[62] Zitiert nach Hellmuth F. v. Maltzahn, Karl Ludwig von Knebel, Jena 1929, S. 39.
[63] Zitiert nach Böttiger, Zustände, S. 240.
[64] Zitiert nach Bode, Amalie I, S. 125, siehe auch S. 124 ff.
[65] *Wilhelm Bode*, Karl August von Weimar, Jugendjahre, Berlin 1913, S. 127.
[66] *Willy Andreas*, Aus der Kindheit Carl Augusts von Weimar, Tagebuchaufzeichnungen und Berichte seines Erziehers, in: Archiv für Kulturgeschichte 1941, S. 282 f.
[67] Vgl. *A. Schöll*, Carl August Büchlein, Weimar 1857, S. 28 ff.
[68] *Goethe*, WA, I., 36, S. 311 ff.: Zu brüderlichem Andenken Wielands, 1813.
[69] Vgl. *Keil*, Mitteilungen, S. 68; siehe auch *Andreas*, Carl August, S. 56 ff.
[70] Thüringisches Hauptstaatsarchiv Weimar, HA AXVIII, Nr. 110, Transkription/Übersetzung Ettore Ghibellino: *„Une princesse, qui par les grandes qualités de Son esprit et de Son coeur fait le bonheur de Son peuple, l'admiration des étrangers et l'ornament de son siécle."*
[71] Vgl. *Gerhart v. Westerman/Karl Schumann*, Knaurs Opernführer, München 1969, S. 57.
[72] *Keil*, Mitteilungen, S. 69.
[73] Sowie entsprechendes Fachpersonal, vgl. *Sichardt*, Liebhabertheater, S. 69 ff.
[74] *Michael Wenzel*, Adam Friedrich Oeser und Weimar, Heidelberg 1994, S. 48 ff.
[75] Vgl. ausführlich *Wilhelm Bode*, Charlotte von Stein, Berlin ⁵1920, S. 13 ff.
[76] *Sigmund v. Seckendorff*, Weimarische Briefe, Leipzig 1865, S. 6; siehe auch *Wilhelm Bode*, Charlotte von Stein, Berlin ⁵1920, S. 108.
[77] Hierzu ausführlich *Wilhelm Bode*, Charlotte von Stein, Berlin ⁵1920, S. 21 f., S. 26 ff.
[78] *Klauß*, Charlotte, S. 203.
[79] *Wilhelm Bode*, Charlotte von Stein, Berlin ⁵1920, S. 28.
[80] *Klauß*, Charlotte, S. 203; sie wurde auch als solche angesehen, vgl. den Brief von *Johanna Schopenhauer* an ihren Sohn vom 22. Dezember 1806, abgedruckt in Houben, Schopenhauer, S. 62.
[81] *Houben*, Schopenhauer, S. 62.
[82] Vgl. den Gesamtkatalog-Auszug des Goethe-Nationalmuseums in Weimar, Nr. 330.713.
[83] Eine Kreidezeichnung von Goethe aus dem Jahr 1777, die eine Frau im Profil zeigt, wurde ursprünglich für das Abbild der Herzogin Luise oder Goethes Schwester Cornelia gehalten. Inzwischen wird sie wenig überzeugend zum Abbild der Charlotte v. Stein erklärt, so *Helmut Koopmann*, Goethe und Frau von Stein, München 2002, S. 101; für *Ludwig Münz*, Goethes Zeichnungen und Radierungen, Wien 1949, Bild Nr. 63 ist es „wahrscheinlich Charlotte von Stein"; für *Friedrich August Hohenstein*, Weimar und Goethe – Ereignisse und Erlebnisse, Berlin 1931, neben S. 112 ist es die Herzogin Luise, ebenso für *Bode*, Amalie II, neben S. 4;

die Identifikation der Dargestellten als Frau v. Stein begann 1932, als Hans Wahl „zweifellos" Luise als die Dargestellte ablehnte, u. a. mit Bezug auf Goethes Tagebucheintrag vom 15. März 1777, wonach er „Frau v. Stein" gemalt hätte; vgl. *Gerhard Femmel* (Hrsg.), Corpus der Goethezeichnungen, Bd. I, Von den Anfängen bis zur italienischen Reise 1786, Leipzig ³1983, S. 102; für die Einschätzung, es handele sich um Goethes Schwester Cornelia, vgl. Gerhard Schuster/Caroline Gille (Hrsg.), Wiederholte Spiegelungen, Weimarer Klassik, München/Wien 1999, S. 249; vgl. auch *Klauß*, Charlotte, S. 53, „mit hoher Wahrscheinlichkeit" Frau v. Stein.

⁸⁴ *Klauß*, Charlotte, S. 59.
⁸⁵ Zitiert nach Bojanowski, Louise, S. 238.
⁸⁶ Siehe *Walter Geese*, Gottlieb Martin Klauer – Der Bildhauer Goethes, Leipzig 1935, Abbildung Nr. 30.
⁸⁷ Vgl. *Gabriele Oswald*, Personen des Geschehens, Nr. 5, in: C. Juranek, Abenteuer Natur Spekulation, Goethe und der Harz, Halle an der Saale 1999, S. 16 f.
⁸⁸ Zitiert nach H. Guenther Nerjes, Ein Unbekannter Schiller – Kritiker des Weimarer Musenhofes, Berlin 1965, S. 79.
⁸⁹ Vgl. *Ballweg*, Erkundungen, S. 44.
⁹⁰ *Huschke*, Gesellschaftsschicht, S. 70 f. und Tafel IV.
⁹¹ Vgl. *Andreas*, Carl August, S. 337; *Klauß*, Charlotte, S. 92 f.
⁹² *Carola Sedlacek*, Hochzeitskniekissen von Charlotte von Stein, in: Bestandhalten, Sechzig Neuerwerbungen des Goethe-Nationalmuseums Weimar, München u.a. 1996, S. 19.
⁹³ Vgl. *Ballweg*, Erkundungen, S. 39 ff., S. 50 (Zitat).
⁹⁴ *Ballweg*, Erkundungen, S.43 f., S. 50.
⁹⁵ Vgl. *Ingelore M. Winter*, Goethes Charlotte von Stein. Die Geschichte einer Liebe, 1992, Nachdruck Düsseldorf 2003, S. 22.
⁹⁶ Zitiert nach Biedermann, I, S. 361, Brief Nr. 727; vgl. auch *Klauß*, Charlotte, S. 32.
⁹⁷ *Wilhelm Bode*, Charlotte von Stein, Berlin ⁵1920, S. 240 ff., S. 245 (Zitat).
⁹⁸ Zitiert nach Mentz, Papieren, S. 414: „ ... la Stein devient de jour en jour plus grande favorite ... dans peu elle aura effacé toutes les autres".
⁹⁹ Zitiert nach Mentz, Papieren, S. 415: „La Stein continue à être fort bien avec la D.[uchesse] ... elle devient poète, on m'a dit qu'elle fait de très jolis vers."
¹⁰⁰ So *Olga G. Taxis-Bordogna*, Frauen von Weimar, München 1948, S. 51.
¹⁰¹ *Heinrich Düntzer*, Charlotte v. Stein, Goethes Freundin, Bd. I, 1742–1793, Stuttgart 1874, S. 36.

Erste Zugänge: »Das Problem meines Lebens«

¹⁰² *Zeitler* in: ders. (Hrsg.), Goethe, Bd. II, Stichwort: Die Halsbandgeschichte, S. 115.
¹⁰³ *Riemer*, Goethe, S. 234.
¹⁰⁴ *Helmut Mathy*, Die Halsbandaffäre, Mainz 1989, S. 106.
¹⁰⁵ Vgl. *Helene Matthies*, Lottine – Lebensbild der Philippine Charlotte, Schwester Friedrichs des Großen, Gemahlin Karls I. von Braunschweig, Braunschweig 1958, S. 114 f.
¹⁰⁶ *Paul Barz*, Der Leibarzt des Königs. Die Geschichte des Doktor Struensee, Berlin 2002, S. 241 f., S. 247.
¹⁰⁷ *August Wilhelm Heffter*, Beiträge zum deutschen Staats- und Fürstenrecht, I., Ueber Ebenbürtigkeit, Standesgleichheit und Standesungleichheit in den deutschen souveränen und ersten standesherrlichen Häusern, Berlin 1829, S. 26 f.
¹⁰⁸ Vgl. für die folgenden Angaben *Rudolf Reiser*, Adliges Stadtleben im Barockzeitalter – Internationales Gesandtenleben auf dem Immerwährenden Reichstag zu Regensburg, München 1969, S. 127 ff.
¹⁰⁹ Vgl. *Rudolf Reiser*, Adliges Stadtleben im Barockzeitalter – Internationales Gesandtenleben auf dem Immerwährenden Reichstag zu Regensburg, München 1969, S. 132 f.; zu den Ausschweifungen S. 120 ff.
¹¹⁰ Zitiert nach Rudolf Reiser, Adliges Stadtleben im Barockzeitalter – Internationales

Gesandtenleben auf dem Immerwährenden Reichstag zu Regensburg, München 1969, S. 157.
[111] Siehe *Heinrich Pallmann* (Hrsg), Johann Adam Horn. Goethes Jugendfreund, Leipzig 1908, S. 15 f.
[112] Zitiert nach Bode, Briefe 1749-1793, S. 9 ff. Für den Hinweis ist Frau Gabriele von Trauchburg herzlich zu danken. Siehe auch Heinrich Pallmann (Hrsg), Johann Adam Horn. Goethes Jugendfreund, Leipzig 1908, S. 19 ff.
[113] Vgl. die Zahlenangaben bei *Klauß*, Charlotte, S. 206.
[114] Vgl. nur K. *Heinemann*, Goethes Briefe an Frau von Stein, Bd. I, Stuttgart u. a. 1894, S. 8 f.
[115] *Lyncker*, Amalien, S. 23; *Bornhak*, Anna Amalia, S. 104.
[116] Vgl. die Münze aus dem Bestand des Goethe-Nationalmuseums Weimar, NE-Nr. 375/1959.
[117] Zitiert nach Conrady, Goethe, S. 290.
[118] Zitiert nach Weimarische Wöchentliche Anzeigen, Nr. 65 vom 12. August 1772, S. 257.
[119] Siehe *Fritz Liebeskind*, Der große Hermannstein bei Ilmenau, Ilmenau ²1928, S. 40 f., der die Geschichte der Einmeißelungen in der Höhle widergibt. Vgl. für ein Verzeichnis der von Goethe eingesetzten astronomischen Symbole *Goethe*, WA, III., 1, S. 346; Goethe, FA Bd. II, S. 1268.
[120] *Bode*, Amalie I, S. 137.
[121] Vgl die Schilderung bei *F. Arndt*, Mütter berühmter Männer, Anna Amalia, Herzogin von Sachsen-Weimar, die Mutter Carl August's, Berlin 1872, S. 60 f.
[122] ITALIENISCHE REISE, 22. September 1787; vgl. auch *Hellmuth F. v. Maltzahn*, Karl Ludwig von Knebel, Jena 1929, S. 140.
[123] Zitiert nach Bode, Amalie II, S. 207.
[124] *Bornhak*, Anna Amalia, S. 168.
[125] *Boyle*, Goethe I, S. 354.
[126] *Böttiger*, Zustände, S. 289 f.
[127] Vgl. für die drei Beispiele *Wilhelm Bode/Valerian Tornius*, Goethes Leben 1790-1794, Berlin 1926, S. 122.

Der Staatsminister: Aufstieg und Fall

[128] Vgl. hierzu *von Trauchburg*, Schöngeister, S. 59 ff.
[129] Vgl. *Karl-Heinz Hahn*, Die Regentin und ihr Minister. Herzogin Anna Amalia von Sachsen-Weimar und Eisenach und der Minister Jakob Friedrich Freiherr von Fritsch, in: Wolfenbütteler Beiträge, Bd. IX, Wiesbaden 1994, S. 76 ff. (Zitat S. 77); grundlegend *Beaulieu-Marconnay*, Anna Amalia, S. 55 ff.
[130] *Bode*, Amalie II, S. 21.
[131] Siehe eingehend *Willy Andreas*, Kämpfe und Intrigen um den Regierungsantritt Carl Augusts von Weimar, in: Historische Zeitschrift, München 1949, S. 514 ff.
[132] Zitiert nach Willy Andreas, Kämpfe und Intrigen um den Regierungsantritt Carl Augusts von Weimar, in: Historische Zeitschrift, München 1949, S. 551.
[133] Zitiert nach Mentz, Papieren, S. 417: „ ... et alors [1771] déjà la D.[uchesse] me haïssoit autant qu'à présent."
[134] Vgl. *Willy Andreas*, Aus der Kindheit Carl Augusts von Weimar, Tagebuchaufzeichnungen und Berichte seines Erziehers, in: Archiv für Kulturgeschichte 1941, S. 287; *Huschke*, Gesellschaftsschicht, S. 84.
[135] Vgl. *Willy Andreas*, Kämpfe und Intrigen um den Regierungsantritt Carl Augusts von Weimar, in: Historische Zeitschrift, München 1949, S. 554 ff.; siehe auch *ders.*, Die Kavaliersreise Carl Augusts von Weimar nach Paris, in: Archiv für Kulturgeschichte 1952, S. 180 ff.
[136] Vgl. *von Trauchburg*, Schöngeister, S. 108, die jedoch v. Fritsch zur Partei der Aufklärer zählt.
[137] *Conrady*, Goethe, S. 291.
[138] *Andreas*, Carl August, S. 299.
[139] Vgl. nur *Felix Freiherr v. Stein-Kochberg*, In Kochberg, dem Reiche von Charlotte von Stein, Leipzig 1936, S. 46.

¹⁴⁰ Zitiert nach Willy Andreas, Kämpfe und Intrigen um den Regierungsantritt Carl Augusts von Weimar, in: Historische Zeitschrift, München 1949, S. 555.
¹⁴¹ Für die unlängst geforderte Historik der Bildquellen bildet der Fall Goethe und Anna Amalia eine Fundgrube an Beispielen, vgl. *Michael Maurer*, Bilder repräsentieren Geschichte. Repräsentieren Bilder Geschichte? Zur Funktion historischer Bildquellen in Wissenschaft und Öffentlichkeit, in: K. Füßmann/H. T. Grütter/J. Rüsen (Hrsg.), Historische Faszination – Geschichtskultur heute, Köln, Weimar, Wien 1994, S. 86.
¹⁴² Zitiert nach Kleßmann, Goethe, S. 33.
¹⁴³ *H. Guenther Nerjes*, Ein Unbekannter Schiller – Kritiker des Weimarer Musenhofes, Berlin 1965, S. 84.
¹⁴⁴ Zitiert nach Hellmuth F. v. Maltzahn, Karl Ludwig von Knebel, Jena 1929, S. 122.
¹⁴⁵ *Bojanowski*, Louise, S. 132, S. 217
¹⁴⁶ *Goethe*, WA, I., 36, S. 233.
¹⁴⁷ *Böttiger*, Zustände, S. 217.
¹⁴⁸ Zitiert nach Julius Petersen (Hrsg.), Goethe, Briefe an Stein, I, S. 530.
¹⁴⁹ *Sigmund v. Seckendorff*, Weimarische Briefe, Leipzig 1865, S. 5; vgl. auch *Berger*, Anna Amalia, S. 470.
¹⁵⁰ Vgl. Wilhelm Bode (Hrsg.), Goethe in Vertraulichen Briefen seiner Zeitgenossen 1749–1793, Bd. I, Berlin 1999, S. 191.
¹⁵¹ Zitiert aus Müller, Unterhaltungen, S. 283.
¹⁵² Vgl. etwa die ausgewogene Schilderung von *Bode*, Amalie II, S. 6 ff., S. 82.
¹⁵³ *Edmund Höfer*, Goethe und Charlotte v. Stein, 1878, Berlin/Leipzig ⁸1923, S. 42.
¹⁵⁴ Vgl. *Carl Freiherr von Beaulieu-Marconnay* in: Allgemeine Deutsche Biographie, Artikel „Fritsch, Thomas Freiherr von" hg. bei der Bayerischen Akademie der Wissenschaften, Bd. 8 (1878), S. 110–116, Digitale Volltext-Ausgabe in Wikisource, http://de.wikisource.org/w/index.php?title=ADB:Fritsch,_Thomas_Freiherr_von&oldid=1171169
¹⁵⁵ Eingehend *Wilhelm Bode*, Karl August von Weimar, Jugendjahre, Berlin 1913, S. 343.
¹⁵⁶ Zitiert nach Bode, Amalie II, S. 197 f.
¹⁵⁷ Vgl. *Renate Müller-Krumbach*, Nachlaß Johann Wolfgang von Goethe, in: Stiftung Weimarer Klassik, Verlassenschaften – Der Nachlaß Vulpius, Weimar 1995, S. 22 ff.
¹⁵⁸ Gelegentlich wird Frau v. Stein vermutet, vgl. *Hermann Rollet*, Die Goethe-Bildnisse, (1883), Wiesbaden 1978, S. 54.
¹⁵⁹ *Bornhak*, Anna Amalia, S. 117.
¹⁶⁰ *Conrady*, Goethe, S. 291.
¹⁶¹ Carl August, Briefe an Anna Amalia, S. VIII.
¹⁶² Zitiert nach Carl August, Briefe an Anna Amalia, S. 137.
¹⁶³ Zitiert nach Biedermann, I, S. 214, Brief Nr. 398.
¹⁶⁴ *Conrady*, Goethe, S. 305.
¹⁶⁵ Art. 131 der PEINLICHEN GERICHTSORDNUNG.
¹⁶⁶ Vgl. ausführlich *Damm*, Christiane, S. 81 ff.
¹⁶⁷ Zitiert nach Grumach II, S. 311.
¹⁶⁸ Zitiert nach Bode, Amalie II, S. 219.
¹⁶⁹ Vgl. hierzu die Darstellung von *Kurt Steenbuck*, Silber und Kupfer aus Ilmenau. Ein Bergwerk unter Goethes Leitung, Hintergründe, Erwartungen, Enttäuschungen, Weimar 1995, S. 19 ff.
¹⁷⁰ Vgl. auch *Kurt Steenbuck*, Silber und Kupfer aus Ilmenau. Ein Bergwerk unter Goethes Leitung, Hintergründe, Erwartungen, Enttäuschungen, Weimar 1995, S. 333.
¹⁷¹ Vgl. eingehend *Bürgin*, Minister, S. 1 ff.
¹⁷² Vgl. eingehend *Bürgin*, Minister, S. 32 ff.
¹⁷³ *Bürgin*, Minister, S. 76.
¹⁷⁴ *Bürgin*, Minister, S. 175; dass Goethe hierbei auf ältere Vorschläge von Carl Alexander von Kalb zurückgegriffen haben soll, ist nirgends belegt, davon aber als von einer Tatsache ausgehend: *Marcus Ventzke*, Das Herzogtum Sachen-Weimar-Eisenach 1775-1783, Köln u.a. 2004, S. 58. Wenn die Ausgaben für das Militär um die 40% der jährlichen Einnahmen

betrugen, vgl. ebd. S. 50 Fn. 8 und 61, so musste beim Versuch die Finanzen zu konsolidieren bei der Reduktion des Militärs begonnen werden.

[175] *Bürgin*, Minister, S. 147 f.
[176] Hierzu *Bürgin*, Minister, S. 60, S. 107 ff.
[177] Vgl. zu Hauptmann etwa *Denis Loch*, Die Jagd in Goethes Leben, Gehren 2002, S. 123 f.
[178] *Sichardt*, Liebhabertheater, S. 13 ff.; *Andreas*, Carl August, S. 346.
[179] *Goethe*, WA, I., 38, S. 496, Nr. 39.
[180] *Klaus Seehafer*, Johann Wolfgang Goethe. Mein Leben ein einzig Abenteuer, Berlin ²2002, S. 178.
[181] *Wilpert*, Goethe, S. 1062; siehe auch *Hans Knudsen*, Goethes Welt des Theaters, Ein Vierteljahrhundert Weimarer Bühnenleitung, Berlin 1949, S. 90.
[182] Vgl. *Sichardt*, Liebhabertheater, S. 30 ff., S. 1, S. 116 und öfters.
[183] *Sichardt*, Liebhabertheater, S. 87.
[184] *Böttiger*, Zustände, S. 42.
[185] *Werner Deetjen*, Auf Höhen Ettersburgs, 1924, hier Nachdruck Weimar 1993, S. 24.
[186] *Christian Friedrich Koch*, zitiert nach Werner Deetjen, Auf Höhen Ettersburgs, 1924, hier Nachdruck Weimar 1993, S. 22 ff.
[187] Zitiert nach Willy Andreas, Sturm und Drang im Spiegel der Weimarer Hofkreise, in: Goethe, Viermonatsschrift der Goethe-Gesellschaft, Neue Folge des Jahrbuchs, Bd. VIII (1943), S. 243.
[188] *F. Arndt*, Mütter berühmter Männer, Anna Amalia, Herzogin von Sachsen-Weimar, die Mutter Carl August's, Berlin 1872, S. 30.
[189] Zitiert nach Grumach II, S. 93.
[190] Zitiert nach Biedermann, I, S. 304, Brief Nr. 588.
[191] Vgl. *Willi Ehrlich*, Das Wittumspalais in Weimar, Weimar 1984, S. 11 f., S. 36.
[192] Zitiert nach Biedermann, I, S. 298 f., Brief Nr. 568.
[193] *Caroline Herder*, zitiert nach Biedermann, I, S. 324, Brief Nr. 638.
[194] *Heinrich Düntzer*, Charlotte v. Stein, Goethes Freundin, Bd. I, 1742–1793, Stuttgart 1874, S. 33.
[195] *Biedrzynski*, S. 354.
[196] *Huschke*, Gesellschaftsschicht, S. 111.
[197] Zum Verlauf von Goethes Karriere als Maurer vgl. *Joachim Bauer/Gerhard Müller*, „Des Maurers Wandeln, es gleicht dem Leben" – Tempelmaurerei, Aufklärung und Politik im klassischen Weimar, Rudolstadt/Jena 2000, S. 107 ff.
[198] Vgl. nur *Hermann Schüttler*, Freimaurerei in Weimar zum 200. Todestag von Johann Joachim Christoph Bode, in: Ettersburger Hefte 3, Weimar 1995, S. 10 ff.
[199] Vgl. zur „Strikten Observanz" *Joachim Bauer/Gerhard Müller*, „Des Maurers Wandeln, es gleicht dem Leben" – Tempelmaurerei, Aufklärung und Politik im klassischen Weimar, Rudolstadt/Jena 2000, S. 24 ff., S. 50 ff.; zur Schließung der Loge 1782 vgl. ebd., S. 117 ff.; *Hermann Schüttler*, Freimaurerei in Weimar zum 200. Todestag von Johann Joachim Christoph Bode, in: Ettersburger Hefte 3, Weimar 1995, S. 12 ff.
[200] Vgl. *Hermann Schüttler*, Freimaurerei in Weimar zum 200. Todestag von Johann Joachim Christoph Bode, in: Ettersburger Hefte 3, Weimar 1995, S. 17 f., 29; *Hartwig Kloevekorn*, Anna Amalia zu den Drei Rosen, in: Zeitschrift für Gesellschaft, Kultur und Geistesleben 1999, Bd. 25, Heft 5, S. 20.
[201] Ähnlich *Eberhard Schmitt*, Elemente einer Theorie der politischen Konspiration im 18. Jahrhundert, in: Peter Christian Ludz (Hrsg.), Geheime Gesellschaften, Heidelberg 1979, S. 65 ff.
[202] Zitiert nach Jörg Drews, Seume, die Fürsten und Anna Amalia, in: Ilse Nagelschmidt, Alles um Liebe, Anna Amalia und Goethe, 1. Interdisziplinäres Symposium, Weimar 2008, S. 63.
[203] Zitiert nach Biedermann, I, S. 238, Brief Nr. 446.
[204] Zitiert nach Biedermann, I, S. 344, Brief Nr. 685.

Italienflucht: »O welch ein Irrtum«

[205] *Boyle*, Goethe I, S. 350.
[206] Vgl. etwa *Walter Fellmann*, Heinrich Graf Brühl, Ein Lebens- und Zeitbild, Leipzig 1989, S. 8, 347 ff.
[207] Vgl. nur *Carl Freiherr von Beaulieu-Marconnay* in: Allgemeine Deutsche Biographie, Artikel „Fritsch, Thomas Freiherr von" hg. bei der Bayerischen Akademie der Wissenschaften, Bd. 8 (1878), S. 110–116, Digitale Volltext-Ausgabe in Wikisource, http://de.wikisource.org/w/index.php?title=ADB:Fritsch,_Thomas_Freiherr_von&oldid=1171169
[208] Julius Vogel, Käthchen Schönkopf, Leipzig 1920, S. 3.
[209] Gespräch vom 7. Oktober 1815 mit Sulpiz Boisserée, Tagebücher 1808–1854, H.-J. Weitz (Hrsg.), Darmstadt 1978, S. 283.
[210] *Hellmuth F. v. Maltzahn*, Karl Ludwig von Knebel, Jena 1929, S. 16.
[211] Vgl. *Konrad Scheurmann*, Goethes Schatten in Rom, in: animo italo-tedesco 2000, S. 162.
[212] Zitiert nach Klauß, Charlotte, S. 113.
[213] Vgl. *Johann Eustachius G. v. Görtz*, Historische und politische Denkwürdigkeiten, Bd. II, Stuttgart/Tübingen 1828, S. 43 ff.; siehe auch Carl August, Briefe an Goethe I, S. 378 f., Rn. 53.
[214] Hierzu *Willy Andreas*, Kämpfe und Intrigen um den Regierungsantritt Carl Augusts von Weimar, in: Historische Zeitschrift, München 1949, S. 514 ff.
[215] Zitiert nach Beaulieu-Marconnay, Anna Amalia, S. 103.
[216] Thüringisches Hauptstaatsarchiv Weimar, HA AXVIII, Nr. 23, Blatt 10,: „ ... *il a tord de conseiller à Monseigneur le Duc de commencer par faire des changements*".
[217] Zitiert nach Mentz, Papieren, S. 416: „*A quoi bon faire des changements subits; deja partout le bruit se répand que C. A. n'est pas bien avec sa mère et plus d'une fois j'ai entendu de mes oreilles ...: Il a bien tord, car sa mère a bien administré. Quel mal y a til après tous que C. A. ne fasse aucun changement dans le premiers mois ? Il ne m'a jamais paru, je l'avoue, que le conseil privé de la Duchesse fut mauvais ou ridicule au point d'exiger une réforme subite qui serait réellement un outrage pour la mère ... Je vous en prie, tranquilisez vous: tout ira bien.*"
[218] Zitiert nach Beaulieu-Marconnay, Anna Amalia, S. 98, S. 250.
[219] Zitiert nach Mentz, Papieren, S. 416: „*Si Wieland a dit au Duc que je l'avois chargé de parler contre Frankenberg il en a menti. Si c'est lui qui a trahi à la Duchesse le plan de Ch.[ales] Au.[guste], qui lui avoit été confié, si vous en êtes bien sur, je le méprise à jamais.*"
[220] Zitiert nach Mentz, Papieren, S. 417: „*Le* Stadthalter *m'a dit l'avoir reçu froidement, j'ai cru que Wieland voudroit se justifier, mais il l'évite. ... La D.[uchesse] a assuré au* Stadthalter *que le coup qu'elle vous a porté, partoit uniquement de sa tête.*"
[221] Vgl. mit Widergabe des Konzepts *Konrad Paul*, Die ersten Hundert Jahre 1774-1873, Zur Geschichte der Weimarer Mal- und Zeichenschule, Weimar 1997, S. 6 ff.
[222] Zitiert nach Heinrich Pröhle, Bertuchs Briefe an Gleim, in: Die Grenzboten, Zeitschrift für Politik, Literatur und Kunst, Leipzig 1881 (Jg. 40), S. 476 ff.
[223] Zitiert nach Heinrich Pröhle, Bertuchs Briefe an Gleim, in: Die Grenzboten, Zeitschrift für Politik, Literatur und Kunst, Leipzig 1881 (Jg. 40), S. 478.
[224] Zitiert nach Heinrich Pröhle, Bertuchs Briefe an Gleim, in: Die Grenzboten, Zeitschrift für Politik, Literatur und Kunst, Leipzig 1881 (Jg. 40), S. 480.
[225] Vgl. auführlich *Gerhard R. Kaiser*, Friedrich Justin Bertuch – Versuch eines Portraits, in: ders./S. Seifert, Friedrich Justin Bertuch (1747-1822), Verleger, Schriftsteller und Unternehmer im klassischen Weimar, S. 19 ff.; *Heide Eilert*, Bertuch und das zeitgenössische Theater, in: ebd., 113 ff., S. 117 ff.; *Jens Riederer*, „.... und mit gelehrten Kenntnissen einen richtigen Spekulationsgeist verbindet" – Bertuch als Mitglied in aufgeklärten Sozietäten, geselligen Vereinen und gelehrten Akademien, in: ebd., S. 256.
[226] Zitiert nach Mentz, Papieren, S. 417: „*Je suis sûre que le* Stadthalter *fera tout pour vous raccommoder avec la D.[uchesse], mais cela ne se fera, je crains, jamais. Mon ami, vous êtes trop confiant, on vous a trahi. ... je désire de ne pas rester ici.*"
[227] Zitiert nach Mentz, Papieren, S. 421: „ ... *l'auteur de nos peines*".

[228] Vgl. *Hans Tümmler*, Zum Weggange des Grafen Görtz aus Weimar, in: Zeitschrift des Vereins für Thüringische Geschichte und Altertumskunde, Jena 1941, S. 185.
[229] *Graf Görtz*, Mémoire historique de la négociation en 1778 pour la succession de la Baviere. Confieé par le Roi de Prusse Fréderic le Grand au Comte Eustache de Goertz, Frankfurt 1812, S. 9.
[230] *Graf Görtz*, Mémoire historique de la négociation en 1778 pour la succession de la Baviere. Confieé par le Roi de Prusse Fréderic le Grand au Comte Eustache de Goertz, Frankfurt 1812, S. 8; vgl. auch *Willy Andreas*, Aus der Kindheit Carl Augusts von Weimar, Tagebuchaufzeichnungen und Berichte seines Erziehers, in: Archiv für Kulturgeschichte 1941, S. 299.
[231] Vgl. *von Trauchburg*, Gräfin Görtz, S. 350 f.
[232] Von *Trauchburg*, Schöngeister, S. 74.
[233] Zitiert nach Bode, Briefe 1749-1793, S. 196.
[234] Zitiert nach Biedermann, I, S. 217, Brief Nr. 403.
[235] Zitiert nach Flodoard F. v. Biedermann/Wolfgang Herwig (Hrsg.), Goethes Gespräche, Eine Sammlung zeitgenössischer Berichte aus seinem Umgang, Bd. I, 1749–1805, München 1998, S. 218, Brief Nr. 405.
[236] Gräflich Rechbergsches Familienarchiv Donzdorf, Abt. Goertz, Fach 1/3 - Briefe der Markgräfin Sophie Caroline Marie an Joh. Eustachius von Görtz, Übersetzung/Transkription Gabriele von Trauchburg: „*Le stadthalter d'Erfort (Dalberg) a lancé beaucoup de toutes ses folies. Il écrit quelqu'un, mais que je n'ose nommer. 'Tout va ici dessus-dessous W. et ainsi que je l'ai désiré, Göthe et Wieland me secondent bien, le dernier mêne le premier'.*"
[237] *Von Trauchburg*, Schöngeister, S. 61; siehe zur Spionage in der Goethezeit *Weiß*, Spionage, S. 45.
[238] Gräflich Rechbergsches Familienarchiv Donzdorf, Abt. Goertz, Briefe der Gräfin Caroline von Görtz an ihren Ehemann, Übersetzung/Transkription Gabriele von Trauchburg: „*Le Gouvernement de Fritsch a ecrit ici a tout plein de monde, pour savoir ce que je fais ici, et quel est le but de mon voyage. Je ne le nomme pour ainsi dire pas, mais il est connu pour ce qu'il est. Ce qu'il y a de certain c'est que celui dont il s'est tant vanté avoir la Protection est fort de mes amis.*"
[239] Vgl. zum Ganzen die Darstellung von *G. P. Gooch*, Friedrich der Große. Herrscher – Schriftsteller – Mensch, München ⁶1984, S. 95 ff.
[240] Zitiert nach G. P. Gooch, Friedrich der Große. Herrscher – Schriftsteller – Mensch, München ⁶1984, S. 98.
[241] Zitiert nach Hans Tümmler, Zum Weggange des Grafen Görtz aus Weimar, in: Zeitschrift des Vereins für Thüringische Geschichte und Altertumskunde, Jena 1941, S. 188.
[242] Zitiert nach Hans Tümmler, Zum Weggange des Grafen Görtz aus Weimar, in: Zeitschrift des Vereins für Thüringische Geschichte und Altertumskunde, Jena 1941, S. 189.
[243] Gräflich Rechbergsches Familienarchiv Donzdorf, Abt. Goertz, Briefe der Gräfin Caroline von Görtz an ihren Ehemann, Übersetzung/Transkription Gabriele von Trauchburg: „*Eh bien, cherie des femmes, me voila ici et on m'acceuille comme un ange tutelaire. J'ai eu mon audience en arrivant dans mon habit de voyage chez le Duc et la Duchesse de Baviere. Je suis tres contant et j'ai le mot que mon affaire est fait ... Si je ne joue pas un role public, je joue toujours un role brillant, et je ne puis douter que le Roi ne soit content et de mon zele et de ma facon de le servir. J'en aurai eternellement la haine Autrichienne, mais il n'est pas possible de bien servir deux.*"
[244] Gräflich Rechbergsches Familienarchiv Donzdorf, Abt. Goertz, Briefe der Gräfin Caroline von Görtz an ihren Ehemann, Übersetzung/Transkription Gabriele von Trauchburg, Brief vom 18.1./22.1. 1778: „*... ce qu'il y a de bon c'est que l'on me devine si peu ici, que l'on me prend pour trop autrichien que les autrichiens meme me croyant a eux et qu'au moins de ce coté l je joue bien mon role.*"
[245] Gräflich Rechbergsches Familienarchiv Donzdorf, Abt. Goertz, Briefe der Gräfin Caroline von Görtz an ihren Ehemann, Übersetzung/Transkription Gabriele von Trauchburg, Brief vom 18.1./22.1. 1778: „*... ce qu'il y a de bon c'est que l'on me devine si peu ici, que l'on me prend pour trop autrichien que les autrichiens meme me croyant a eux et qu'au moins*

de ce coté I je joue bien mon role."

[246] Gräflich Rechbergsches Familienarchiv Donzdorf, Abt. Goertz, Briefe der Gräfin Caroline von Görtz an ihren Ehemann, Übersetzung/Transkription Gabriele von Trauchburg: *„Que dirés vous mon ami si je vous dis que Edelsheim est arrivé hier apres dinés ... On s'en casse ici la tête. ... Le Duc l'est allé voir tout de suite et l 'a logé chés lui. L'ami Veau en a parru un peu éffrayé. ... J'espere de mon coté qu'il fera entendre raison au D. sur votre sujet. On m'a dit qu'on a écrit Wienne pour témoigner, qu'on été de la plus grande ignorance sur vos entreprises. Toutes les peines que prennent ces politiques ... Cela est vraimant amusant."*

[247] Gräflich Rechbergsches Familienarchiv Donzdorf, Abt. Goertz, Briefe der Gräfin Caroline von Görtz an ihren Ehemann, Übersetzung/Transkription Gabriele von Trauchburg: *„La continuation de vos succés dans la service du Roi ma fait un sensible plaisir. Mille graces de vos nouvelles politique. Mais je dois vous dire mon ami que votre derniere letter a tout l'air d'avoir été ouverte. Prennés donc vos mésures en consequence, ne vous servés plus de votre cachet, et si vous le jugés propos, donnés moi une autre addresse, par ex. Mad. Seckendorff, née Kunsberg, et je ferai dire la poste que ces lettres sont pour moi."*

[248] Gräflich Rechbergsches Familienarchiv Donzdorf, Abt. Goertz, Briefe der Gräfin Caroline von Görtz an ihren Ehemann, Übersetzung/Transkription Gabriele von Trauchburg: *„... J'ai fait la partie de la D.M; le Duc a pris longtems son jeu. Il étoit fort hon te, tout parroit oublié, il m'a demandé si vos lettres n'étoient point ouvertes, maman étoit présente."*

[249] Vgl. hierzu *Weiß*, Spionage, S. 49 f.

[250] Gräflich Rechbergsches Familienarchiv Donzdorf, Abt. Goertz, Briefe der Gräfin Caroline von Görtz an ihren Ehemann, Übersetzung/Transkription Gabriele von Trauchburg: *„Stein est réllement fou, enfin hier il m'a parlé de vous, et m'a fait les plus vifs reproches sur votre nouvel engagement, disant 'es wäre ein Wurm der an seinem Herzen nagte', et puis tout de choses que j'ai eu peine tenir contenance. La femme ne pouvant éviter de me dire quelque chose, la fait d'une façon si gauche, si singuliere et avec un visage si extraordinaire, que cela m'a impatienté. Je me felicite tous les jours de n'avoir bientot plus rien a faire avec toute cette engeance."*

[251] *„W.[eimar] le 14 de Mars 1778 – [... 15.3.] Maman est mieux que jamais avec le genie par Excellence, et malgré ses froideurs en publie la médisance en parle, il est de presque tous les soupers fins, [...] [16.3.] Non, mon ami, notre train de vie devient plus insoutenable de jour en jour. [...] il faut que je vous avertise d"une chose. Klinck.[owström] est venu ches moi ce matin me faire part d'une confidence que Fr.[itsch] lui a fait. La voici Le D[uc] lui a dit qu'il lui feroit part au conseil d'une lettre qu'il avoit eu de vous. On à trové moyen de le rendre furieux de ce que vous etes parti sans lui en faire la confidence, c'est sans doute la liaison de maman et G.[oethe] qui se sont reunis pour vous jouer un tour. Fr.[itsch] pretend avoir pris votre parti, mais le D.[uc] à assuré qu'il vous écriroit pour vous en faire des reproches. Je n'espere pas que jamais il aura le courage de le faire, mais je vous supplie que si cela arrive vous le traitiés comme un fou, ou un enfant, et que vous ne vous fassiés point emporter par un mouvement de vivacité. Je vois fort bien ou tout cela méne, on en veut à votre pension mais le Roi, soutiendra vos droits, et je voudrois qu'on pousse jusqu'à là l'ingratitude. Il a été décidé dans ce conseil qu'on ne pouvoit donner la place de Ratisbonne a un homme qui avoit rendu de si mauvais services à l'Emp[ereur], et j'espere que votre refus arrivera d'ailleurs au premier jour. La Maman n'a pas la consience nette, je le vois à la façon d'être avec moi. Je me mocque de tout cela et me trouve fort heureuse de pouvoir m'en mocquer, mais au fond je donnerois tout au monde pour être loin de ses trames, de ces indignités, et de ces coquinèries [...] Huffland [Arzt] vient de me quitter, il ne peut rien me dire de positif sur mon état, mais il est sure qu'il me reste bien peu d'espoir. Mes coliques continuent [...] Je suis dans le plus grand embarras. Tous vos arrangemens sont pour une longue absence, et je reçois encore dans ce moment une lettre de M. votre frere [preußischer General] qui ne me parle que de votre très prochain voyage à Berlin, et de toutes les honetetés possibles qu'on y aura pour vous. Que faire dans cet embarras? [...] Mon ami pourvu que je ne fasse rien qui vous déplaise. Les embaras en tout genre s'accumulent j'avois écrit á M. votre frere au nom des plusieurs officier d'ici, pour le Batailleon de Stein.*

Il me repond dans ce moment qu'il les voudroit tous pour un régiment de dragons qu'il doit ériger. Mon dieu que faire? on trouvera fort mal si je les enleve, nouvelle raison pour se gendarme contre vous, pour vouloir vous prendre ce que vous avés. D'un autre coté dois-je empêcher la fortune de ces pauvres gens. Je tacherai de tirer mon épingle du jeu, affin que cela ne retombe n'y sur vous, n'y sur moi. Ah si j'etois hors de cette galere! [...] Weimar est pour moi l'enfer. Je n'y soutiens pas. [...] Adieu meilleur des maris, recevés les assurances de ma plus vive tendresse et de celle de vos enfants." Gräflich Rechbergsches Familienarchiv Donzdorf, Abt. Goertz, Briefe der Gräfin Caroline von Görtz an ihren Ehemann, Übersetzung/Transkript Gabriele von Trauchburg/E. G., für die Durchsicht ist Adolf Baumann in Zürich, für die Besorgung einer Abschrift (2003) ist Kreisarchivar Walter Ziegler in Göppingen zu danken.

[252] Die Bezeichnung „Maman" gilt Anna Amalia, vgl. *Willy Andreas*, Sturm und Drang im Spiegel der Weimarer Hofkreise, in: Goethe, Viermonatsschrift der Goethe-Gesellschaft, Neue Folge des Jahrbuchs, Bd. VIII (1943), S. 243, der den Briefwechsel der Gräfin Görtz gesichtet und etwas kommentiert hat; siehe seine Bemerkung, die Gräfin Görtz würde berichten, „daß sich ‚die Medisance' [üble Nachrede, böse Zungen] mit diesen Beziehungen Goethes und Anna Amalias trotz der nach außen hin gezeigten Kälte beschäftige, fast als handle es sich um eine kleine Liaison der beiden."

[253] Brief vom 17. März 1778, zitiert nach Grumach II, S. 68: „*La seule chose que je crains, c'est une missive de Mr. G. signée par le D[uc].*"

[254] Zitiert nach G. P. Gooch, Friedrich der Große. Herrscher – Schriftsteller – Mensch, München ⁶1984, S. 101.

[255] Zitiert nach Hans Tümmler, Zum Weggange des Grafen Görtz aus Weimar, in: Zeitschrift des Vereins für Thüringische Geschichte und Altertumskunde, Jena 1941, S. 190.

[256] Gräflich Rechbergsches Familienarchiv Donzdorf, Abt. Goertz, Briefe der Gräfin Caroline von Görtz an ihren Ehemann, zitiert nach von Trauchburg, Gräfin Görtz, S. 347.

[257] Zitiert nach Biedermann, I, S. 253, Brief Nr. 475.

[258] Zitiert nach Grumach II, S. 82: „*... et il a eu le dernier jour une leçon laquelle Vous fera rire, mais n'en parlés pas a W pas meme a la Csse car on ne peut etre trop circonspect.*"

[259] Aus den Tagebüchern Friedrich Münters, Øjvind Andreasen, Teil I, Kopenhagen/Leipzig 1937, S. 44.

[260] Johann Heinrich Merck, Briefwechsel, Ulrike Leuschner (Hrsg.), Bd. II, Brief 297, Göttingen 2007, S. 146; Anna Amalia beschwichtigte, ebd., Brief 302, S. 157; siehe auch Goethes Briefe an Frau von Stein, Julius Wahle (Hrsg.), Bd. I, Frankfurt a.M. 1899, S. 525.

[261] Gräflich Rechbergsches Familienarchiv Donzdorf, Abt. Goertz, Briefe der Gräfin Caroline von Görtz an ihren Ehemann, Transkription/Übersetzung Gabriele von Trauchburg: „*On dit que c'est une vraye passion que cet attachement de la mere, et qu'il n'en à jamais éxisté de pareil de son coté.*"

[262] Gräflich Rechbergsches Familienarchiv Donzdorf, Abt. Goertz, Briefe der Gräfin Caroline von Görtz an ihren Ehemann, Transkription/Übersetzung Gabriele von Trauchburg: „*J'ai aussi eu l'honneur de voir le favori, qui y passoit la journée, et j'ai trouvé qu'il est toujours le même, mais plus fêté que jamais, vous verrés son buste de pendant avec celui du duc pour faire les ornemens d'une cheminé, je n'en pouvois croire mes yeux et je me fis donner une explications.*"

[263] Gräflich Rechbergsches Familienarchiv Donzdorf, Abt. Goertz, Briefe der Gräfin Caroline von Görtz an ihren Ehemann, Übersetzung/Transkription Gabriele von Trauchburg: „*Votre ami G. fait des merveilles. Je voudrois que de quelque part que on l'écrive à cette chère Maman. Il me feroit grand plaisir que pour ses indignités elle fut un peu mortifiée.*"

[264] Gräflich Rechbergsches Familienarchiv Donzdorf, Abt. Goertz, Briefe der Gräfin Caroline von Görtz an ihren Ehemann, Übersetzung/Transkription Gabriele von Trauchburg. „*Je viens d'avoir une visite bien tendre de Herder, qui vous dit bien des choses. Qui partage notre joye, qui sent avec nous. Il est toujours triste, et plaint le malheureux sort de Weimar, les égaremens du maitre, la situation de la femme. Il mepris plus que jamais la mere et blame le favori.*"

[265] Gräflich Rechbergsches Familienarchiv Donzdorf, Abt. Goertz, Briefe der Gräfin Caroline von Görtz an ihren Ehemann, Übersetzung/Transkription Gabriele von Trauchburg. „*Lotte est la campagne avec le sieur Lenz pour faire taire les bruits au sujet de son ami, qui n"ose la venir voir. On pretend que cette délicatesse a mis de l'humeur dans la tête de la mere contre elle.*"

[266] Gräflich Rechbergsches Familienarchiv Donzdorf, Abt. Goertz, Briefe der Gräfin Caroline von Görtz an ihren Ehemann, Übersetzung/Transkription Gabriele von Trauchburg: „*En attandant le Duc, sa mère, les Stein et la Waldner ont diné, dancé et soupé Tieffurt avec tous les beaux esprits et dame Tusnelda. On dit que l'amour de Lotte va grand train et qu"on ne fait pas les yeux doux comme elle.*"

[267] *Sichardt*, Liebhabertheater, S. 140.

[268] Gräflich Rechbergsches Familienarchiv Donzdorf, Abt. Goertz, Briefe der Gräfin Caroline von Görtz an ihren Ehemann, Übersetzung/Transkription Gabriele von Trauchburg: „*Hé bien mon ami, il faut que je vous parle de cette petite piece. Elle est vraiment jolie. On en a été enchanté, et de la piece et de la représentation. Lotte était transportée, comme elle a admiré son ami comme elle s'est recriée sur son jeu. On a tant loué ce jeu, que je n'ai pas le courage de dire que j'y ai trouvé Sr. G. mais pas ce qu'on peut dire un bon acteur. Malgré cela elle m'a interessé et la satisfaction de ses amis m'a amusé.*"

[269] Gräflich Rechbergsches Familienarchiv Donzdorf, Abt. Goertz, Briefe der Gräfin Caroline von Görtz an ihren Ehemann, Übersetzung/Transkription Gabriele von Trauchburg: „*Les nouvelles de la journée d'hier, sont une partie de plaisir à Jena, pour voir une comedie d'étudians, Mad. la D.[uchesse] M[ère] y est allé avec son cher ami Goethe, et Lotte qui se met au dessus de tot et même au dessus de l'humeur de Maman, quand il s'agit de voir son ami, á fait une partie à elle, pour y aller aussi. On a soupé à Ketschau et si on est revenue et quand on est revenu je l'ignore.*" Vgl. auch das Exzerpt bei Grumach II, S. 73.

[270] Zitiert nach Biedermann, I, S. 307, Brief Nr. 598.

[271] Gräflich Rechbergsches Familienarchiv Donzdorf, Abt. Goertz, Briefe der Gräfin Caroline von Görtz an ihren Ehemann, Übersetzung/Transkription Gabriele von Trauchburg: „*La D.M. est revenue hier de trés bonne heure de Kochberg, cela me fait croire qu'elle s'y est ennuyée. On pretend qu'il y a du refroidissement entre elle et le favori. Je ne puis m'imaginer que se sera de durée, et meme il n'y auroit rien à ésperer qu'une brouillerie entre Mere et fils, qui n'aboutiroit pas à grand chose, puisqu'il n'y a d'ailleurs plus confiance.*"

[272] Gräflich Rechbergsches Familienarchiv Donzdorf, Abt. Goertz, Briefe der Gräfin Caroline von Görtz an ihren Ehemann, Übersetzung/Transkription Gabriele von Trauchburg: „*Ce qui est très sur, c'est que G. est entierement brouillé avec la mere, et j'espere qu'elle verra enfin que vous ne lui avéz point enlevé comme lui la confiance de son fils.*"

[273] Vgl. etwa *Wilhelm Bode*, Charlotte von Stein, Berlin ⁵1920, S. 86 f.

[274] *Sichardt*, Liebhabertheater, S. 135 f., S. 147.

[275] *Böttiger*, Zustände, S. 217.

[276] Vgl. ausführlich *Bojanowski*, Louise, S. 121 ff. und öfters.

[277] Einleitung zu Johann Gottfried v. Herder, Ausgewählte Werke in einem Bande, Stuttgart/Tübingen 1844, S. 27.

[278] Ähnlich *Bojanowski*, Louise, S. 132, S. 136 und öfters.

[279] Zitiert nach Bode, Stein, S. 146; vgl. auch Bojanowski, Louise, S. 105

[280] Zitiert nach Bode, Stein, S. 146.

[281] Zitiert nach Bojanowski, Louise, S. 151.

[282] Gräflich Rechbergsches Familienarchiv Donzdorf, Abt. Goertz, Briefe der Gräfin Caroline von Görtz an ihren Ehemann, Übersetzung/Transkription Gabriele von Trauchburg/Ettore Ghibellino: „*Goethe file toujours le parfait amour, et le pauvre Stein plus bête qu'il n'a été reçoit en patience les mauvais propos du public, et de Mr. Goethe, et les humeurs de sa femme. Vous voyés que tout cela reste sur l'ancien pied.*" Auch abgedruckt in: Grumach II, S. 242.

[283] Gräflich Rechbergsches Familienarchiv Donzdorf, Abt. Goertz, Briefe der Gräfin Caroline von Görtz an ihren Ehemann, Transkription Gabriele von Trauchburg, Übersetzung Ettore Ghibellino: „*Madame de Stein s'affiche plus que jamais avec son ami, enfin la plupart des*

choses sont telles que nous les avons laissés." Abgedruckt auch in Biedermann, I, S. 305, Brief Nr. 589, Grumach II, S. 387.

[284] So *Merkus Ventzke*, Wilhelmine Elisabeth Eleonore Gräfin von Giannini, in : Frauengestalten Weimar-Jena um 1800, S. Freyer/K. Horn/N. Grochowina (Hrsg.), Heidelberg 2009, S. 147; Huschke, Gesellschaftsschicht, S. 76 vermutet es.

[285] Gräflich Rechbergsches Familienarchiv Donzdorf, Abt. Goertz, Briefe der Gräfin Giannini an die Gräfin und Graf von Görtz, Übersetzung/Transkription Gabriele von Trauchburg: 12. März 1779: *„... je suis persuadée que ma Duchesse me veut du bien mais que ne puis je lui oter le bandeau qu'elle a devant les yeux sur le sujet de cette folle de ST? Le mari de cette derniere est sur le point de devenir fou, par amour pour le Freuden Pferdt , cela devient langoureux; que sera ce encore, si Einsiedel lui prends son Bijou, ce que l'on m'assure devenir serieux."*.

[286] 22. Oktober 1779 *„L'absence du Duc, cela vous auroit fait passer votre temps ici assez bien, car Dieu scait quant il reviendras, la Duchesse et moi nous sommes bras dessus bras dessous, il me tarde si le retour de la Dame absurde de Kochberg n'y portera point d'attention au moins je me prepare; son mari m'aime si bien que je l'ai sur les bras touttes les après-diners pour une couple d'heures; Ouf cela est dure."*; 8. Januar 1780: *„ ... j'ai sujet encore d' tre fort contente de ma facon avec ma D. Elle me marque de l'amitié et de la confiance le trin tran avec la St. n'est pas le meme. Elle connoit G. en un mot c'est pour le moment toute autre chose, mais je crains beaucoup que le retour du D. me gattera tout, car il ne jure que par cette folle et tachera de la racrocher avec sa femme et me mettre de côté, nous verrons."*

[287] Gräflich Rechbergsches Familienarchiv Donzdorf, Abt. Goertz, Briefe der Gräfin Caroline von Görtz an ihren Ehemann, Übersetzung/Transkription Gabriele von Trauchburg/ Ettore Ghibellino: *„Cette derniere [Anna Amalia] vient de faire encore une jolie folie, Elle a célébrée hier à Diefurth le jour de Naissance de Göthe par une Comedie d'Hombres chinoisés, et un pétit feu d'artifice, comment cela vous plait il?"* Auch abgedruckt in Grumach II, S. 317

[288] Gräflich Rechbergsches Familienarchiv Donzdorf, Abt. Goertz, Briefe der Gräfin Caroline von Görtz an ihren Ehemann, Übersetzung/Transkription Gabriele von Trauchburg/Ettore Ghibellino: *„Nos nouvelles d'ici ne vous le seront pas tant, en attendant, le renvoi de Kalb vous aura pourtant étonnée davantage au moins que la nouvelle noblesse de Goethe, les amours de ce dernier avec sa vieille haridelle vont toujours grand train, et le pouvoir de cette clique auprès du Duc et de la Duchesse est plus grande que jamais. Ma maladie et mon absence leur a fait gagner du terrain, de façon qu'il y en a pour dégobiller, mais j'en suis fort tranquille, s'ils en font trop, je sais où aller et être reçue à bras ouverts."* Auch abgedruckt bei Biedermann, I, S. 324, Brief Nr. 640.

[289] Freundliche Auskunft von Gabriele von Trauchburg, die 2012 die Briefe für eine Publikation auswertet.

[290] Gräflich Rechbergsches Familienarchiv Donzdorf, Abt. Goertz, Briefe der Gräfin Giannini an die Gräfin Caroline von Görtz, Übersetzung/Transkription Gabriele von Trauchburg: *„... Elle paroit la Cadette de 10 années de Mad. sa Soeur, aussi cette derniere avoit de l'humeur comme un Dogue tout ce temps ..."*

[291] *„Sa Soeur est au désespoir de sa visite, et en general de la plus mauvaise humeur du monde, puisque Goethe lui préfere sa divine Lotte, elle s'est enterrée fine seule avec la Goech[hausen] à Tieffurt."* Zitiert nach Grumach II, S. 311, Übersetzung Ettore Ghibellino.

[292] Zitiert nach Grumach II, S. 311.

[293] Zitiert nach Bode, Amalie II, S. 214.

[294] *F. Arndt*, Mütter berühmter Männer, Anna Amalia, Herzogin von Sachsen-Weimar, die Mutter Carl August's, Berlin 1872, S. 60 f.

[295] Vgl. *Egloffstein*, Jugenderinnerungen, S. 352.

[296] Gräflich Rechbergsches Familienarchiv Donzdorf, Abt. Görtz, Fach 1/3 - Briefe der Markgräfin Sophie Caroline Marie von Bayreuth-Ansbach (*1737) an Joh. Eustachius von Görtz, Schreiben vom 23.11.1775, Transkription/Übersetzung aus dem Görtzschen Archiv in Donzdorf von Gabriele von Trauchburg: *„Le prodigieuse Göte est dont des vôtres on formera un Parnasse Pégase sera apparemment Mr. de Witzleben car il ressemble au cheval Isabelle de ma mère."*

[297] Gräflich Rechbergsches Familienarchiv Donzdorf, Abt. Görtz, Fach 1/3 – Briefe der Markgräfin Sophie Caroline Marie von Bayreuth-Ansbach (*1737) an Joh. Eustachius von Görtz, Schreiben vom 14.12.1775, Transkription/Übersetzung aus dem Görtzschen Archiv in Donzdorf von Gabriele von Trauchburg: *„Je voudrai voir Mr. Göte jouer aux petits jeux."*

[298] Vgl. *Biedrzynski*, S. 222 ff.; dass Goethe den Titel „Kammerpräsident" nicht führte, was etwa Herder, der von Kalbs Unschuld überzeugt war, in einem Brief erwähnt (Biedermann, I, S. 321, Brief Nr. 633), hing damit zusammen, dass Goethe als Minister der untergeordneten Titulierung nicht bedurfte, so *Alfons Pausch/Jutta Pausch*, Goethe im Finanzdienst, Berlin 2003, S. 94.

[299] Grumach II, S. 376 f.

[300] Grummach II, S. 378 f.

[301] Gräflich Rechbergsches Familienarchiv Donzdorf, Abt. Goertz, Briefe der Gräfin Caroline von Görtz an ihren Ehemann, Transkription/Übersetzung aus dem Görtzschen Archiv in Donzdorf von Gabriele von Trauchburg: *„J'ai passé hier ma journée à la cour ... Le Baron Goethe est venu à moi très cordialment me demander avec beaucoup d'intérêt des nouvelles de votre santé et continuues la conversation jusqu'au moment qu'on me rappella pour le jeu. Mad. de Stein m'a étouffée de tendresse…. [12. Oktober] Pour le Sieur Baron de Goethe, il est devenu très gentil et parlant et a un peu adopté les façons de gentilhomme, il conserve toujours le même empire et sur mari et sur femme [Carl August und Luise], ainsi que Mad. de St[ein] qui joue toujours son rôle le mieux qu'elle peut, mangeant des pommes de terre presque tous les soirs dans sa maison avec G.[oethe] et la D[uche]sse. Le mari St., s'étant mis audessus de tout plus que jamais, est redevenu gros et gras, est aussi insipide et plus faux que jamais."* Abgedruckt auch in Biedermann, I, S. 326, Brief Nr. 646; Grumach II, S. 387.

[302] Vgl. *Theodor Günther*, Goethes Crailsheimer Vorfahren und ihre fränkisch-thüringische Verwandtschaft, Köln 1970, S. 148 f.

[303] Vgl. *Jochen Klauß*, Genie und Geld. Goethes Finanzen, Düsseldorf 2009, S. 18.

[304] Vgl. *Andreas Hansert*, Auf dem Weg ins Patriziat: Johann Caspar Goethes Stellung in Frankfurt, in: Doris Hopp (Hrsg.), Goethe Pater, Frankfurt am Main 2010, S. 62.

[305] Bekehrungsgeschichte des vormaligen Grafen J. F. Struensee von B. Münter, Kopenhagen 1772, in: *Goethe*, WA, I, 37, S. 253 ff.

[306] *Weiß*, Spionage, S. 46.

[307] Vgl. *Andreas*, Carl August, S. 348 f.

[308] Zitiert nach Helene Matthies, Lottine – Lebensbild der Philippine Charlotte, Schwester Friedrichs des Großen, Gemahlin Karls I. von Braunschweig, Braunschweig 1958, S. 90, weitere Angaben auf S. 89 ff., S. 104, S. 175 und öfters.

[309] Siehe nur *Werner*, Anna Amalia, S. 96.

[310] Vgl. *Bornhak*, Anna Amalia, S. 220 ff; siehe auch Anna Amalias Briefe an Friedrich II. in: Thüringisches Hauptstaatsarchiv Weimar, Sammlung F 1532 III, Blatt 182 ff.

[311] *Roderick E. McGrew*, Paul I of Russia, Oxford 1992, S. 110, Fn. 9.

[312] Zitiert nach Helmut Probst, Prinz Louis Ferdinand von Preußen. Seine Beziehungen zu Goethe und Carl August, in: Weimarbrief 2/2000, S. 99.

[313] Vgl. die ausgewogene Darstellung von *Brigitte Meier*, Friedrich Wilhelm II. König von Preußen – Ein Leben zwischen Rokoko und Revolution, Regensburg 2007, S. 8 ff u.ö.

[314] Zitiert nach Carl August, Politische Briefe I, S. 253.

[315] Zitiert nach Carl August, Politische Briefe I, S. 256.

[316] Zitiert nach Carl August, Politische Briefe I, S. 258.

[317] Zitiert nach Carl August, Politische Briefe I, S. 259.

[318] Zitiert nach Carl August, Politische Briefe I, S. 277 f.

[319] Vgl. Carl August, Politische Briefe I, S. 486 ff., S. 493.

[320] „167 französische Livres und 14 Scudi", Brief an Philipp Seidel vom 14. Oktober 1786.

[321] Zitiert nach Bode, Amalie II, S. 223.

[322] *Goethe*, WA, II., 6, S. 131.

[323] Vgl. hierzu Carl August, Briefe an Goethe I, S. 387, Rn. 97 und S. 388, Rn. 101.

[324] Vgl. aber Carl August, Briefe an Goethe I, S. 399, Rn. 109, mit genauen Angaben über die

österreichische Überwachung.

³²⁵ Zitiert nach Carl August, Politische Briefe I, S. 303 f.

³²⁶ Zurückhaltend *Konrad Scheurmann*, Goethes Schatten in Rom, in: animo italo-tedesco 2000, S. 174.

³²⁷ Für Tischbeins rührende Bittbriefe, die von Goethes Freund Merck nach Weimar geschickt wurden, um seine Förderung als Kunstmaler zu erreichen, siehe etwa Merck, Briefe, S. 142 ff., mit Wendungen wie: „... sehe ich aber mein jetziges Geschmier an, so fällt mir immer mein Vater ein, und ich sehe seinen Geist, der mir drohet und sagt: ‚Schäme dich, unnützer Bube, so wenig glaubte ich nicht von dir'" (S. 145).

³²⁸ *Klauß*, Charlotte, S. 108.

³²⁹ Vgl. nur *Wilhelm Bode*, Charlotte von Stein, Berlin ⁵1920, S. 249 ff.

³³⁰ Siehe hierzu *J. W. Goethe*, Corpus der Goethezeichnungen, Bd. III, Gerhard Femmel (Hrsg.), Italienische Reise 1786 bis 1788, Leipzig 1965, Nr. 14, Nr. 49; ders., Corpus der Goethezeichnungen, Bd. II, Gerhard Femmel (Hrsg.), Italienische Reise 1786 bis 1788, Leipzig 1960, Nr. 321, Nr. 331 f.

³³¹ Zitiert nach Steiger, Goethe, Bd. I, S. 671.

³³² *Schwanke*, Namengebung, S. 426.

³³³ Vgl. nur *Wilhelm Bode*, Charlotte von Stein, Berlin ⁵1920, S. 590, S. 660.

³³⁴ Zitiert nach Wilhelm Bode, Charlotte von Stein, Berlin ⁵1920, S. 564.

³³⁵ Vgl. *Wilhelm Bode*, Charlotte von Stein, Berlin ⁵1920, S. 362 ff., S. 392 ff., S. 436 ff. und öfters; *Klauß*, Charlotte, S. 113 ff.

³³⁶ Vgl. ausführlich *Wilhelm Bode*, Charlotte von Stein, Berlin ⁵1920, S. 520 ff.

Sizilien: »Auf dem Wendepuncte«

³³⁷ Vgl. den Kommentar zu Goethe, WA, III., 1, S. 143 ff., S. 363; I., 30, S. 284.

³³⁸ Vgl. nur den Kommentar von *Wilhelm Bode*, der den Brief erstmals abdruckte in: ders. (Hrsg.), Stunden mit Goethe, Für die Freunde seiner Kunst und Weisheit, Bd. IX, Berlin 1913, S. 307: „... so mußte es sie [Frau v. Stein] seltsam berühren, daß er [Goethe] ihr nicht den ersten Abdruck brachte."

³³⁹ So *Paul Kühn*, Die Frauen um Goethe, eingeleitet und bearbeitet von G. Biermann, Salzburg 1949, S. 348.

³⁴⁰ Bode, Amalie I, S. 137; für das Jahr 1772 vgl. etwa Weimarische Wöchentliche Anzeigen, Nr. 89 vom 4. November 1772, S. 373.

³⁴¹ Vgl. *Bode*, Amalie II, S. 54 f.

³⁴² Vgl. eingehend zu den italienischen Sprachkenntnissen *Berger*, Anna Amalia, 2002, S. 260 ff.

³⁴³ Zitiert nach Joachim Berger, Herzogin Anna Amalia als Vermittlerin italienischer Kultur, in: J. Rees u.a. (Hrsg.), Europareisen politisch-sozialer Eliten im 18. Jahrhundert, Berlin 2002, S. 278, Fn. 11.

³⁴⁴ Thüringisches Hauptstaatsarchiv Weimar, HA AXVIII, Nr. 62, Blatt 1, Übersetzung und Transkription vom Autor: *„Se la vostra filosofia vi ha fatto prendere la risoluzione di menare una vita solitaria, ne sono contenta, e avete ragione che il mondo non è più fatto per un uomo che pensa e che è pieno di meriti come voi ... Per tutto l'amicizia mia vi seguirà financo nell'inferno!"*

³⁴⁵ Böttiger, Zustände, S. 47.

³⁴⁶ *Bärbel Raschke*, Anna Amalia von Sachsen-Weimar-Eisenach – Buchbesitz, Lektüre und Geselligkeit, in: J. Berger (Hrsg.), Der Musenhof Anna Amalias, Köln u. a. 2001, S. 87.

³⁴⁷ Zitiert nach Gertrud Bäumer, Goethes Freundinnen, Briefe zu ihrer Charakteristik, Leipzig/Berlin 1909, S. 146.

³⁴⁸ Abgedruckt in: Wilhelm Bode (Hrsg.), Stunden mit Goethe, Für die Freunde seiner Kunst und Weisheit, Bd. VI, Berlin 1910, S. 189.

³⁴⁹ Vgl. Lenz, Werke III, S. 507.

³⁵⁰ So *Wilhelm Bode*, Charlotte von Stein, Berlin ⁵1920, S. 155.

³⁵¹ Zitiert nach Biedermann, I, S. 305, Brief Nr. 589, Original in Französisch: *„ Madame de*

Stein s'affiche plus que jamais avec son ami, enfin la plupart des choses sont telles que nous les avons laissés."

352 Gräflich Rechbergsches Familienarchiv Donzdorf, Abt. Goertz, Briefe der Gräfin Caroline von Görtz an ihren Ehemann, Transkription/Übersetzung aus dem Görtzschen Archiv in Donzdorf von Gabriele von Trauchburg: „... *ainsi que Mad. de St[ein] qui joue toujours son rôle le mieux qu'elle peut, mangeant des pommes de terre presque tous les soirs dans sa maison avec G.[oethe] et la D[uche]sse."* Abgedruckt auch in Biedermann, I, S. 326, Brief Nr. 646; Grumach II, S. 387.

353 Briefwechsel zwischen Goethe und Zelter 1799–1832, Bd. I, 1799–1818, M. Hecker (Hrsg.), Frankfurt am Main 1987, S. 633. Vgl. auch *Edmund Höfer*, Goethe und Charlotte v. Stein, 1878, Berlin/Leipzig ⁸1923, S. 142.

354 Für die Datierungsversuche vgl. *Heide Hollmer* (Hrsg.), Nachwort, Anna Amalia von Sachsen-Weimar-Eisenach, Briefe über Italien, St. Ingbert 1999, S. 92.

355 Brief vom 19. Februar 1787.

356 Vgl. *Jochen Klauß*, Johann Wolfgang von Goethe, Italienische Landschaft mit Grotte, „hier ist der Schlüssel zu allem", in: Aus dem Goethe Nationalmuseum, Faltblatt Nr. 15/1999.

357 Vgl. die Münze aus dem Bestand des Goethe-Nationalmuseums Weimar, NE-Nr. 331/1959.

358 Brief vom 13. Mai 1779, vgl. den Kommentar zu Goethe, WA, IV., 4, S. 384, Nr. 815.

359 Zitiert nach Werner Deetjen, Auf Höhen Ettersburgs, 1924, hier Nachdruck Weimar 1993, S. 40.

360 Zitiert nach Bode, Amalie II, S. 224.

361 Vgl. nur *Paul Weizsäcker*, Anna Amalia, Herzogin von Sachsen-Weimar-Eisenach, die Begründerin des Weimarischen Musenhofes, in: Sammlung gemeinverständlicher wissenschaftlicher Vorträge, Heft 161, Hamburg 1892, S. 45; Tischbein fertigte zwei Fassungen des Portraits an, vgl. Anke Beinert, in: Wiederholte Spiegelungen. Weimarer Klassik, G. Schuster/C. Gille (Hrsg.), Bd. 1, Weimar 1999, S. 400.

362 Vgl. *Christian Lenz*, Tischbein – Goethe in der Campagna di Roma, Frankfurt am Main 1979, S. 41 f.

363 Vgl. *Winder McConnell*, Mythos Greif, in: U. Müller/W. Wunderlich (Hrsg.), Dämonen, Monster, Fabelwesen, St. Gallen 1999, S. 283 f., eingehend zur Bedeutung des Greifs S. 268 ff.

364 *Berger*, Anna Amalia, S. 107.

365 *Damm*, Christiane, S. 114.

366 *Klauß*, Charlotte, S. 171.

367 *Boyle*, Goethe I, S. 618 f.

368 Zitiert nach Veit Noll, Zwei Teilnehmende des Weimarer Kulturkreises um Anna Amalia und Goethe in der Zeit von 1775-1785, Heft 2, Salzwedel 2009, S. 26 f.; demnach fehlerhaft zitiert bei Berger, Anna Amalia, 2002, S. 527.

369 Zitiert nach Biedermann, I, S. 431, Brief Nr. 861.

370 Zitiert nach Biedermann, I, S. 432, Brief Nr. 864.

371 Zitiert nach Carl August, Politische Briefe I, S. 287 f.

372 *Boyle*, Goethe I, S. 621.

373 *Boyle*, Goethe I, S. 658.

374 Vgl. nur *Biedrzynski*, S. 68 ff.

375 Egloffstein, Jugenderinnerungen, S. 357.

376 Siehe *Huschke*, Gesellschaftsschicht, Tafel IV.

377 Egloffstein, Jugenderinnerungen, S. 358 (1. Zitat), ders. (Hrsg.), ebd., Januar 1920, S. 82 (2. Zitat).

378 Egloffstein, Jugenderinnerungen, S. 358 f.

379 Egloffstein, Jugenderinnerungen, S. 357.

380 *Hermann Blume*, Marienroder Erinnerungen: C. v. Beaulieu und Henriette v. Egloffstein, in: Die Spinnstube, Jg. 8, Nr. 6, Göttingen 1931, S. 62.

381 Egloffstein, Jugenderinnerungen, S. 354 f.

382 *Riemer*, Goethe, S. 164.

383 *Damm*, Christiane, S. 101, derzufolge Christianes Vater am 29. März 1786 gestorben war;

das Jahr 1786 gibt auch Wolfgang Vulpius an, Christiane, Leipzig/Weimar 1987, S. 17.
[384] *René Sternke* (Hrsg.), Vorwort zu Böttiger, Zustände, S. 6.
[385] *Böttiger*, Zustände, S. 77.
[386] *Huschke*, Gesellschaftsschicht, S. 72 sowie Tafel I.
[387] *Sichardt*, Liebhabertheater, S. 169.
[388] Zitiert nach Grumach II, S. 342.
[389] Vgl. Grumach II, S. 475.
[390] Zitiert nach Grumach, III, S. 40; Carl von Lyncker, Ich diente am Weimarer Hof. Aufzeichnungen aus der Goethezeit, Jürgen Lanckner (Hrsg.), Köln, Weimar u.a. 1997, S. 77 Fn. ++ und S. 146.
[391] Vgl. Goethe, WA, I., 55, Register, S. 384.
[392] Zitiert nach Grumach, III, S. 218.
[393] Zitiert nach Grumach, III, S. 60.
[394] Vgl. nur *Volkmar Braunbehrens*, Goethes „Egmont", Text – Geschichte – Interpretation, Freiburg/Br. 1982, S. 75 ff.
[395] *Boyle*, Goethe I, S. 662.
[396] Abgedruckt in der ITALIENISCHEN REISE, Zweiter Römischer Aufenthalt, 3. November 1787, *Goethe*, WA, I., 32, S. 136 f.
[397] *Friedrich Kluge*, Etymologisches Wörterbuch der deutschen Sprache, Berlin/New York [23]1999, Stichwort: Nuance, S. 593.
[398] *Klauß*, Charlotte, S. 266.
[399] *Conrady*, Goethe, S. 282.
[400] In diesem Sinne mit Bezug auf Amelie v. Seebach, die Braut von Carl v. Stein, *Wilhelm Bode*, Charlotte von Stein, Berlin [5]1920, S. 445.
[401] *Friedenthal*, Goethe, S. 184.
[402] Vgl. *Willy Andreas*, Die Kavaliersreise Carl Augusts von Weimar nach Paris, in: Archiv für Kulturgeschichte 1952, S. 185; *Wolfgang Huschke*, Unebenbürtige Sprosse Carl Augusts von Weimar, in: Familie und Volk, Jg. 6 (1957), S. 258.
[403] Zitiert nach Mentz, Papieren, S. 419: *„Hier il a été jusqu'à une heure chez la Werther boire du Punch, chanter et baiser avec la Bechtolsheim et la Kauffberg; c'étoit à qui baiseroit le mieux."*
[404] Zitiert nach Carl August, Briefe an Anna Amalia, S. 179, Anmerkung zu S. 73: *„Cherchez ... une demoiselle nommée Enkchen, qui m'a donnée la chaude pisse, dites-lui que je suis guéri, et que je souhaite qu'elle le soit aussi, l'assurant de mon attachement".*
[405] Vgl. *Bojanowski*, Louise, S. 233.
[406] *Boyle*, Goethe I, S. 622.
[407] Vgl. nur *Biedrzynski*, S. 124.
[408] Zitiert nach Goethe, Briefe an Stein, II/2, S. 715, Anmerkung 1653.
[409] *Boyle*, Goethe I, S. 413.
[410] So aber *Boyle*, Goethe I, S. 674; vgl. auch *Wilpert*, Goethe, S. 401.
[411] Vgl. auch *Damm*, Christiane, S. 134 (Zitat) ff., S. 158 f.
[412] *Conrady*, Goethe, S. 547.
[413] *Karoline Jagemann*, zitiert aus: Pleticha, Weimar, S. 287.
[414] *Christine Reinhard* in einem Brief an ihre Mutter vom 5. Juli 1807, abgedruckt in: Goethe, FA Bd. VI, S. 200.
[415] *Karoline Jagemann*, zitiert aus: Pleticha, Weimar, S. 287.
[416] Zitiert nach Heuschele, Anna Amalia, S. 245.
[417] So *Johanna Schopenhauer*, zitiert aus Damm, Christiane, S. 351.
[418] Vgl. nur *Damm*, Christiane, S. 196 und öfters.
[419] Briefe an Carl August Böttiger, B. Maurach (Hrsg.), Bern 1987, S. 96.
[420] Zitiert nach Biedermann, I, S. 700, Brief Nr. 1449.
[421] So Frau *Augusti*, zitiert aus: Pleticha, Weimar, S. 289.
[422] *Damm*, Christiane, S. 310 f.
[423] Siehe nur *Damm*, Christiane, S. 512 f

⁴²⁴ Zitiert nach Müller, Unterhaltungen, ²1982, S. 60.
⁴²⁵ So *Knebel* zitiert nach Bode, Stein, S. 70.
⁴²⁶ *Bode*, Amalie III, S. 115 f.
⁴²⁷ Zitiert nach Biedermann, I, S. 502, Brief Nr. 1034.
⁴²⁸ *Hermann Rollet*, Die Goethe-Bildnisse, (1883), Wiesbaden 1978, S. 100 ff.
⁴²⁹ Zitiert nach Biedrzynski, S. 70.
⁴³⁰ Zitiert nach Kleßmann, Goethe, S. 55.
⁴³¹ *Karoline Jagemann*, zitiert aus: Pleticha, Weimar, S. 43.
⁴³² *C. v. Kalb*, Gedenkblätter von Charlotte v. Kalb, Emil Palleske (Hrsg.), Stuttgart 1879, S. 193 f.
⁴³³ Einleitung zu Johann Gottfried v. Herder, Ausgewählte Werke in einem Bande, Stuttgart/Tübingen 1844, S. 27.
⁴³⁴ Vgl. für das Folgende *Böttiger*, Zustände, S. 47 ff.
⁴³⁵ Vgl. *Conrady*, Goethe, S. 729 ff.
⁴³⁶ *Bode*, Amalie III, S. 58.
⁴³⁷ Zitiert nach Biedermann, I, S. 319, Brief Nr. 630.
⁴³⁸ Zitiert nach Houben, Schopenhauer, S. 58.
⁴³⁹ Zitiert nach Heuschele, Anna Amalia, S. 289.
⁴⁴⁰ Vgl. *Boyle*, Goethe II, S. 175, S. 154 ff., S. 167.
⁴⁴¹ *Eberhard Zahn*, Die Igeler Säule bei Trier, Neuß 1968, S. 6.
⁴⁴² *Eberhard Zahn*, Die Igeler Säule bei Trier, Neuß 1968, S. 36.
⁴⁴³ So auch der Kommentar zu Goethe, BA, Bd. X, ²1972, S. 705, Rn. 170: „,ihr Leben... zurückzurufen' ist 1792 ein Anachronismus".
⁴⁴⁴ Vgl. etwa *Berger*, Anna Amalia, 2002, S. 324 f.
⁴⁴⁵ Siehe Anna Amalias Brief an Goethes Mutter vom 4. November 1778: „Das Gemälde vom Bänkelsänger hat Wolf [Goethe], Kraus und ich gemalt", zitiert nach Bode, Amalie II, S. 201.
⁴⁴⁶ Ähnlich *Angela Borchert*, Die Entstehung der Musenhofvorstellung aus den Angedenken an Anna Amalia von Sachsen-Weimar-Eisenach, in: J. Berger (Hrsg.), Der Musenhof Anna Amalias, Köln u. a. 2001, S. 166, Fn. 3.
⁴⁴⁷ Dies in Übereinstimmung mit den Methoden der Kunstgeschichte, denen zufolge überkommene Titel im Zuge weiterführender Forschungen revidiert, korrigiert oder neu formuliert werden können, vgl. etwa Lexikon der Kunst, Bd. 5, Leipzig 1993, S. 500 mit Angabe weiterer Literatur. Für die Tiefendimension des Phänomens im späten 18. Jahrhunderts siehe W. McAllister Johnson, Anomalous Pendants in Late 18th-century french prints, in: Gazette des Beaux-Arts, Jahrgang 143, 2001, S. 267-280.
⁴⁴⁸ Zitiert nach Bode, Amalie II, S. 203.

Tasso: Eine »gefährliche Unternehmung«

⁴⁴⁹ In diesem Sinne etwa *Karlheinz Schulz*, Goethes und Goldonis Torquato Tasso, Frankfurt a. M. u. a. 1986, S. 120 ff.
⁴⁵⁰ So *W. Gaede* (1929) zitiert nach Karlheinz Schulz, Goethes und Goldonis Torquato Tasso, Frankfurt a. M. u. a. 1986, S. 7.
⁴⁵¹ *Conrady*, Goethe, S. 484.
⁴⁵² Vgl. *Christian Grawe*, Johann Wolfgang Goethe, Torquato Tasso, Erläuterungen und Dokumente, Stuttgart 1981, S. 124 f.
⁴⁵³ Egloffstein, Jugenderinnerungen, S. 352 f.
⁴⁵⁴ Egloffstein, Jugenderinnerungen, S. 353, Fn. 1.
⁴⁵⁵ Vom 20. März 1789, abgedruckt in Wilhelm Bode (Hrsg.), Goethe in Vertraulichen Briefen seiner Zeitgenossen 1749–1793, Bd. I, Berlin 1999, S. 393; siehe auch *Boyle*, Goethe I, S. 642, S. 710.
⁴⁵⁶ E. Scheidemantel (Hrsg.), Erinnerungen von Charlotte Krackow, Weimar 1917, S. 12.
⁴⁵⁷ *Müller*, Unterhaltungen, ²1982, S. 183.
⁴⁵⁸ Zitiert nach Bojanowski, Louise, S. 303: „*C'est un beau morçeau et on voit avec*

étonnement, qu'elle jouit encore après sa mort du privilège, dont elle jouissait pendant sa vie, c'est à dire de celuici d'une grande réputation."

[459] *Bojanowski*, Louise, S. 303.

[460] So *Herman Grimm*, Goethe-Vorlesungen, 1877, zitiert nach Christian Grawe, Johann Wolfgang Goethe, Torquato Tasso, Erläuterungen und Dokumente, Stuttgart 1981, S. 223.

[461] Zitiert nach Christian Grawe, Johann Wolfgang Goethe, Torquato Tasso, Erläuterungen und Dokumente, Stuttgart 1981, S. 201 f.

[462] Vgl. *Werner*, Anna Amalia, S. 134; siehe auch *Joachim Berger*, Anna Amalias Rückzug auf ihren ‚Musensitz', in: ders. (Hrsg.), Der Musenhof Anna Amalias, Köln u. a. 2001, S. 153.

[463] Zitiert nach Gerhard Bott, Herzogin Anna Amalia von Sachsen-Weimar und ihre Freunde im Park der Villa D'Este in Tivoli, München 1961, S. 490.

[464] Zitiert nach Bode, Amalie III, S. 183.

[465] Vgl. etwa auch *Paul Kühn*, Die Frauen um Goethe, eingeleitet und bearbeitet von G. Biermann, Salzburg 1949, S. 12; *Bornhak*, Anna Amalia, S. 6.

[466] Für *Wilhelm Bode*, Amalie Herzogin von Weimar – Ein Lebensabend im Künstlerkreise, Bd. III, Berlin 1908, neben S. 24 ist etwa die dritte Person von links Angelica Kauffmann; für *Gerhard Bott*, Herzogin Anna Amalia von Sachsen-Weimar und ihre Freunde im Park der Villa D'Este in Tivoli, München 1961, S. 491 ist diese die Herzogin Anna Amalia.

[467] *Gerhard Bott*, Herzogin Anna Amalia von Sachsen-Weimar und ihre Freunde im Park der Villa D'Este in Tivoli, München 1961, S. 491 f.

[468] Vgl. nur *Karlheinz Schulz*, Goethes und Goldonis Torquato Tasso, Frankfurt a. M. u. a. 1986, S. 145.

[469] *Gerhard Bott*, Herzogin Anna Amalia von Sachsen-Weimar und ihre Freunde im Park der Villa D'Este in Tivoli, München 1961, S. 492.

[470] Vgl. *Winder McConnell*, Mythos Greif, in: U. Müller/W. Wunderlich (Hrsg.), Dämonen, Monster, Fabelwesen, St. Gallen 1999, S. 283 f., eingehend zur Bedeutung des Greifs S. 268 ff.

[471] *Gerhard Bott*, Herzogin Anna Amalia von Sachsen-Weimar und ihre Freunde im Park der Villa D'Este in Tivoli, München 1961, S. 494 (1. Zitat) und S. 495 (2. Zitat).

[472] *Christian Grawe*, Johann Wolfgang Goethe, Torquato Tasso, Erläuterungen und Dokumente, Stuttgart 1981, S. 5 f.

[473] *Christian Grawe*, Johann Wolfgang Goethe, Torquato Tasso, Erläuterungen und Dokumente, Stuttgart 1981, S. 54.

[474] Hierzu etwa *Karlheinz Schulz*, Goethes und Goldonis Torquato Tasso, Frankfurt a. M. u. a. 1986, S. 34.

[475] Hierzu *Christian Grawe*, Johann Wolfgang Goethe, Torquato Tasso, Erläuterungen und Dokumente, Stuttgart 1981, S. 49 ff.

[476] Brief an Knebel vom 7. Juli 1783.

[477] So auch *Karlheinz Schulz*, Goethes und Goldonis Torquato Tasso, Frankfurt a. M. u. a. 1986, S. 110 f.

[478] Zitiert aus Pleticha, Weimar, S. 44.

[479] Vgl. *Paul Kühn*, Die Frauen um Goethe, eingeleitet und bearbeitet von G. Biermann, Salzburg 1949, S. 347 f.

[480] *Paul Weizsäcker*, Anna Amalia, Herzogin von Sachsen-Weimar-Eisenach, die Begründerin des Weimarischen Musenhofes, in: Sammlung gemeinverständlicher wissenschaftlicher Vorträge, Heft 161, Hamburg 1892, S. 9.

[481] Vgl. auch *Werner*, Anna Amalia, S. 69.

[482] Zitiert nach Volker Wahl, Anna Amalia und die Wissenschaft in Weimar und Jena, in: Wolfenbütteler Beiträge, Bd. IX, Wiesbaden 1994, S. 95.

[483] E. Scheidemantel (Hrsg.), Erinnerungen von Charlotte Krackow, Weimar 1917, S. 10.

[484] *Boyle*, Goethe I, S. 589.

Anna Amalia: »Urbild jeder Tugend, jeder Schöne«

[485] Zitiert nach Gotthard Frühsorge, Der Abt Jerusalem als Erzieher und Berater Anna Amalias, in: Wolfenbütteler Beiträge, Bd. IX, Wiesbaden 1994, S. 63.
[486] Zitiert nach Bode, Amalie II, S. 29.
[487] *Lyncker*, Amalien, S. 21.
[488] E. Scheidemantel (Hrsg.), Erinnerungen von Charlotte Krackow, Weimar 1917, S. 9.
[489] Egloffstein, Jugenderinnerungen, S. 354.
[490] *Johanna Schopenhauer*, Im Wechsel der Zeiten, im Gedränge der Welt. Jugenderinnerungen, Tagebücher, Briefe, München 1986, S. 371; Houben, Schopenhauer, S. 92 f.
[491] *Karl v. Lyncker*, Am Weimarischen Hofe unter Amalien und Karl August, zitiert nach Grumach, III, S. 397.
[492] *Paul Weizsäcker*, Anna Amalia, Herzogin von Sachsen-Weimar-Eisenach, die Begründerin des Weimarischen Musenhofes, in: Sammlung gemeinverständlicher wissenschaftlicher Vorträge, Heft 161, Hamburg 1892, S. 3.
[493] *Heuschele*, Anna Amalia, S. 324.
[494] Johann Gottfried Seume, Werke, Bd. II, Jörg Drews (Hrsg.), Frankfurt a.M. 1993, S. 391 f.; S. 853.
[495] Brief an H. A. O. Reichard vom 13. Dezember 1808, in: *Johanna Schopenhauer*, Im Wechsel der Zeiten, im Gedränge der Welt. Jugenderinnerungen, Tagebücher, Briefe, München 1986, S. 384.
[496] Vgl. ihren Brief an F. A. Brockhaus vom 24. Februar 1817, abgedruckt in: *Johanna Schopenhauer*, Im Wechsel der Zeiten, im Gedränge der Welt. Jugenderinnerungen, Tagebücher, Briefe, München 1986, S. 398 ff., S. 402.
[497] Egloffstein, Briefe, S. 261.
[498] Zitiert nach Müller, Unterhaltungen, ²1982, S. 177.
[499] *Henriette v. Egloffstein*, verheiratet v. Beaulieu-Marconnay, zitiert aus Bode, Amalie III, S. 73.
[500] *Karoline Jagemann*, zitiert aus: Pleticha, Weimar, S. 44; E. Scheidemantel (Hrsg.), Erinnerungen von Charlotte Krackow, Weimar ²1918, S. 4; vgl. auch *Hans Wahl*, Tiefurt, Leipzig 1929, S. 83.
[501] Zitiert nach Biedermann, I, S. 320 f., Brief Nr. 632.
[502] Zitiert nach Grumach II, S. 366.
[503] Zitiert nach Grumach II, S. 390.
[504] Zitiert nach Biedermann, I, S. 327, Brief Nr. 650.
[505] Thüringisches Hauptstaatsarchiv Weimar, Rechnungsbuch 1782, A 949 Blatt 1058.
[506] Zitiert nach Biedermann, I, S. 351, Brief Nr. 702.
[507] F. Arndt, Mütter berühmter Männer, Anna Amalia, Herzogin von Sachsen-Weimar, die Mutter Carl August's, Berlin 1872, S. 63.
[508] Zitiert nach F. Arndt, Mütter berühmter Männer, Anna Amalia, Herzogin von Sachsen-Weimar, die Mutter Carl August's, Berlin 1872, S. 60.
[509] Vgl. *Böttiger*, Zustände, S. 36, S. 73 f.
[510] Vgl. eingehend *Andreas*, Carl August, S. 332 ff.
[511] *Böttiger*, Zustände, S. 73 f.
[512] Vgl. *Bode*, Amalie II, S. 85 f., S. 138.
[513] Zitiert nach Bode, Amalie II, S. 201.
[514] *Jakob Michael Reinhold Lenz*, Werke, München 1992, Nachwort von G. Sauder, S. 590.
[515] Zitiert nach Bode, Stein, Berlin, S. 127.
[516] Zitiert nach Goethe, Briefe an Stein, I, S. 533.
[517] Vgl. *Andreas*, Carl August, S. 327.
[518] *Lenz*, Werke III, S. 478.
[519] *Friedenthal*, Goethe, S. 192.
[520] *Andreas*, Carl August, S. 591.
[521] *Lenz*, Werke III, S. 439.
[522] *Lenz*, Werke III, S. 188 f.

[523] *Lenz*, Werke III, S. 189 f.
[524] *Christoph Weiss*, Zu den Vorbereitungen einer Lenz-Gesamtausgabe: Wiederentdeckte und unbekannte Handschriften, in: I. Stephan/H.-G. Winter (Hrsg.), „Die Wunde Lenz", I. M. R. Lenz Leben, Werk und Rezeption, Bern u.a. 2003, S. 20.
[525] *J. M. R. Lenz*, Gesammelte Schriften, Ludwig Tieck (Hrsg.), Bd. III, Berlin 1828, S. 285 (1. Zitat), S. 286 (2./3. Zitat), S. 290 (4. Zitat).
[526] *Lenz*, Werke III, S. 507.
[527] *Lenz*, Werke III, S. 507.
[528] *Wilhelm Bode*, Charlotte von Stein, Berlin ⁵1920, S. 137; kritisch zu den bisherigen Erklärungsversuchen der Kommentar zu Goethe, FA Bd. II, S. 770 f.
[529] *Böttiger*, Zustände, S. 73.
[530] *Lenz*, Werke III, S. 517.
[531] Zitiert nach Sigrid Damm, Lenz, S. 288.
[532] *Damm*, Lenz, S. 325.
[533] Vgl. eingehend *Damm*, Lenz, S. 324 ff.
[534] Zitiert nach Damm, Lenz, S. 325.
[535] Zitiert nach Bode, Amalie II, S. 208.
[536] Zitiert nach Damm, Lenz, S. 337 f.
[537] Vgl. *M. Rieger*, Klinger in der Sturm- und Drangperiode, Darmstadt 1880, S. 144 f., 25 ff.; *Andreas*, Carl August, S. 330 f.
[538] Zitiert nach Damm, Lenz, S. 274.
[539] Zitiert nach Biedermann, I, S. 217, Brief Nr. 403.
[540] Vgl. *Andreas*, Carl August, S. 333.
[541] *M. Rieger*, Klinger in der Sturm- und Drangperiode, Darmstadt 1880, S. 154.
[542] Zitiert nach M. Rieger, Klinger in der Sturm- und Drangperiode, Darmstadt 1880, S. 396 f.
[543] Vgl. *M. Rieger*, Klinger in der Sturm- und Drangperiode, Darmstadt 1880, S. 155; *Jörg-Ulrich Fechner*, Nachwort zu: Friedrich Maximilian Klinger, Sturm und Drang, 1776, Stuttgart 1998, S. 152 f.
[544] Zitiert nach M. Rieger, Klinger in der Sturm- und Drangperiode, Darmstadt 1880, S. 398.
[545] *Böttiger*, Zustände, S. 46.
[546] Zitiert nach Grumach I, S. 458.
[547] *Damm*, Lenz, S. 292 f.; dass Goethe Kaufmann in der Schweiz besuchte, nehmen wohl an Grumach II, S. 204; nach anderer Ansicht traf dies nicht zu, so etwa *Wilpert*, Goethe, S. 555; Carl August schreibt seiner Frau am 3. Dezember 1779: „... getroffen haben wir ihn nicht".
[548] Zitiert nach M. Rieger, Klinger in der Sturm- und Drangperiode, Darmstadt 1880, S. 401.
[549] Zitiert nach M. Rieger, Klinger in der Sturm- und Drangperiode, Darmstadt 1880, S. 177.
[550] Zitiert nach Grumach I, S. 458.
[551] *Bode*, Amalie II, S. 56.
[552] Vgl. etwa die Angaben von *Olga G. Taxis-Bordogna*, Frauen von Weimar, München 1948, S. 19.
[553] Zitiert nach Bode, Amalie II, S. 210.
[554] Zitiert nach Bode, Amalie II, S. 220.
[555] Gräflich Rechbergsches Familienarchiv Donzdorf, Abt. Goertz, Briefe der Gräfin Giannini an Joh. Eustachius von Görtz, Übersetzung/Transkription Gabriele von Trauchburg: „... *il y a du grabuge parmi les beaux Esprits de puis que Merck est ici, ou plutot Ettersbourg, dont l'Esprit est monté sur un ton different que celui des autres, il l'a juste, satirique, et n'est point enthousiaste et ennemi jure de Herder et de Knebel, IL dit que la Stein est une guenille* ..."
[556] Vgl. hierzu nur *Tilman Jens*, Goethe und seine Opfer. Eine Schmähschrift. Düsseldorf 1999, S. 38 ff.
[557] *Goethe*, WA, I., 16, S. 440.
[558] Zitiert nach Bode, Amalie II, S. 150.
[559] Vgl. etwa *Andreas*, Carl August, S. 55 ff.
[560] Für den Versuch einer ausgewogenen Wertung vgl. *Wolfram Huschke*, Anna Amalia und die Musik ihrer Zeit, in: Wolfenbütteler Beiträge, Bd. IX, Wiesbaden 1994, S. 143 f.; vgl. auch

Sandra Dreise-Beckmann, Anna Amalia und das Musikleben am Weimarer Hof, in: J. Berger (Hrsg.), Der Musenhof Anna Amalias, Köln u. a. 2001, S. 63, S. 66 ff.; *Heide Hollmer*, Herzogin Anna Amalias Kunstwahrnehmung und Kunstförderung, in: ebenda, S. 117.

[561] Vgl. unter Berücksichtigung der Sängerin und Gelegenheitskomponistin Corona Schröter *Sandra Dreise-Beckmann*, Anna Amalia und das Musikleben am Weimarer Hof, in: J. Berger (Hrsg.), Der Musenhof Anna Amalias, Köln u. a. 2001, S. 69 f.; vgl. allgemein *Berger*, Anna Amalia, 2002, S. 281 ff.

[562] Zitiert nach Knebel, Nachlaß, S. 190; siehe auch *Carl Georg Jacob*, Erinnerungen aus dem Leben der Herzogin Amalia von Weimar, Jena 1838, S. 45; *Berger*, Anna Amalia, S. 316, Fn. 112.

[563] Zitiert nach Ernst Lieberkühn, Die Herzogin Anna Amalia von Sachsen-Weimar und ihr Einfluß auf Deutschlands Literaturzustände, Eine Vorlesung, Weimar 1847, S. 464 f.

[564] Zitiert nach Bode, Amalie II, S. 224.

[565] Gespräch mit Eckermann vom 3. Mai 1827.

[566] Vgl. eingehend Gian Paolo Marchi, Eine freundschaftliche Begegnung: Anna Amalia und der Erzbischof von Tarent Giuseppe Capacelatro, in: Peter Kofler u.a. (Hrsg.), Herzogin Anna Amalia von Sachsen-Weimar-Eisenach und die Italien-Beziehungen im klassischen Weimar, S. 117 ff., Bozen 2010.

[567] Zitiert nach Heuschele, Anna Amalia, S. 223.

[568] Zitiert nach Heuschele, Anna Amalia, S. 290.

[569] Zitiert nach Knebel, Nachlaß, S. 198 f.

[570] Zitiert nach Gertrud Bäumer, Goethes Freundinnen, Briefe zu ihrer Charakteristik, Leipzig/Berlin 1909, S. 196 f.

[571] Vgl. den Brief von Goethe an Carl August vom 28. Februar 1790; zum Motiv des Selbstmords vgl. ganz ausführlich die 2. Auflage dieses Buches (2004), S. 141-147.

[572] So *Horst Rüdiger*, Goethe und Europa, Berlin u. a. 1990, S. 62.

[573] Zitiert nach Werner, Anna Amalia, S. 227.

[574] *Nicholas Boyle*, Goethe – Der Dichter in seiner Zeit, Bd. I, 1749–1790, H. Fliessbach (Übersetzung), München 1995, S. 768.

Ein Blendwerk: Briefe an »Frau v. Stein«

[575] Goethe- und Schiller-Archiv Weimar, Bestand: Göchhausen, Signatur 24/II, 1; *Steiger*, Goethe, Bd. II, S. 671; siehe auch *Werner*, Anna Amalia, S. 229.

[576] Vgl. nur *Damm*, Christiane, S. 514.

[577] *Goethe*, WA, II., 6, S. 132.

[578] *Goethe*, WA, II., 6, S. 143.

[579] Goethe- und Schiller-Archiv Weimar, Bestand: Anna Amalia, Signatur 28/767, Blatt V.

[580] Vgl. die einleitende Anmerkung zu den Lesarten und Paralipomena der Morphologie in: Goethe, WA, II., 6, S.367 ff.; siehe ausführlich *Rudolf Steiner*, Goethes Weltanschauung, Weimar 1897.

[581] Goethe- und Schiller-Archiv Weimar, Bestand: Anna Amalia, Signatur 28/767, Blatt X.

[582] *Goethe*, WA, I., 13.1, S. 167 f., vgl. zu den Datierungen ebd., 13.2, S. 230.

[583] Um 1800 datiert ihn *Erich Trunz* (Hrsg.), Goethe – Faust, Der Tragödie erster und zweiter Teil, Urfaust, München [14]1989 S. 507.

[584] Vgl. nur *Bode*, Amalie I, S. 145; für den Text nebst einer Abbildung des Originals siehe *Anna Amalia*, Meine Gedanken, Volker Wahl (Hrsg.), in: Wolfenbütteler Beiträge, Bd. IX, Wiesbaden 1994, S. 102 ff.; für eine Datierung auf 1774 ohne Angabe von Gründen siehe *Berger*, Anna Amalia, 2002, S. 107, S. 111 und öfters.

[585] Vgl. *Wilpert*, Goethe, S. 66.

[586] Hierzu Carl August, Briefe an Goethe I, S. XIII.

[587] *Hans Gerhard Gräf* (Hrsg.), in: Merck, Briefe, S. VII.

[588] Vgl. *Susanne Kord* (Hrsg.), in: Stein, Dramen, S. VI.

[589] *Hermann Rollet*, Die Goethe-Bildnisse, (1883), Wiesbaden 1978, S. 3 f.; ähnlich *Edmund*

Hoefer, Goethe's Stellung zu Weimar's Fürstenhause, Stuttgart 1872, S. 5.
[590] Für die Datierung siehe *Steiger*, Goethe, Bd. I, S. 544.
[591] *Werner*, Anna Amalia, S. 93; *Berger*, Anna Amalia, 2002, S. 127 f.
[592] Thüringisches Hauptstaatsarchiv Weimar, Fourier-Buch für das Jahr 1772, S. 246 ff.
[593] *Keil*, Mitteilungen, S. 74.
[594] Vgl. den Brief der Gräfin Görtz an ihren Mann vom 28. März 1775, abgedruckt in Mentz, Papieren, S. 415.
[595] DICHTUNG UND WAHRHEIT, 15. Buch.
[596] Abgedruckt in: Wilhelm Bode (Hrsg.), Stunden mit Goethe, Für die Freunde seiner Kunst und Weisheit, Bd. IX, Berlin 1913, S. 303.
[597] Zitiert nach Klauß, Charlotte, S. 263.
[598] Vgl. *Böttiger*, Zustände, S. 241 f.; siehe auch *Sandra Dreise-Beckmann*, Anna Amalia und das Musikleben am Weimarer Hof, in: J. Berger (Hrsg.), Der Musenhof Anna Amalias, Köln u. a. 2001, S. 60 f.
[599] Hierzu *Wolfram Huschke*, Anna Amalia und die Musik ihrer Zeit, in: Wolfenbütteler Beiträge, Bd. IX, Wiesbaden 1994, S. 128 f.; siehe auch *Bode*, Amalie II, S. 171 f.; *Friedrich August Hohenstein*, Weimar und Goethe – Ereignisse und Erlebnisse, Berlin 1931, S. 102 ff.
[600] Vgl. *Böttiger*, Zustände, S. 424.
[601] *Antje Vanhoefen*, Zum Oßmannstädter Porträt der Herzogin Anna Amalia von Georg Melchior Kraus, in: Die Pforte 6/2002, S. 34.
[602] Vgl. *Hans Gerhard Gräf* (Hrsg.), in: Merck, Briefe, S. X f.
[603] *Klauß*, Charlotte, S. 261.
[604] Zitiert nach Beaulieu-Marconnay, Anna Amalia, S. 1874, S. 133, S. 252; vgl. auch *Bornhak*, Anna Amalia, S. 89 f.
[605] Zitiert nach Ernst Hallbauer, Graf Görtz und Goethe, in: Wilhelm Bode (Hrsg.), Stunden mit Goethe, Für die Freunde seiner Kunst und Weisheit, Bd. VIII, Berlin 1912, S. 86 f.
[606] Zitiert nach Ernst Hallbauer, Graf Görtz und Goethe, in: Wilhelm Bode (Hrsg.), Stunden mit Goethe, Für die Freunde seiner Kunst und Weisheit, Bd. VIII, Berlin 1912, S. 87 (1. Zitat), S. 88 (2. Zitat).
[607] *Willy Andreas*, Die Kavaliersreise Carl Augusts von Weimar nach Paris, in: Archiv für Kulturgeschichte 1952, S. 185.
[608] *Wilhelm Bode*, Karl August von Weimar, Jugendjahre, Berlin 1913, S. 212.
[609] Zitiert nach Ernst Hallbauer, Graf Görtz und Goethe, in: Wilhelm Bode (Hrsg.), Stunden mit Goethe, Für die Freunde seiner Kunst und Weisheit, Bd. VIII, Berlin 1912, S. 88.
[610] *Wilpert*, Goethe, S. 164.
[611] *Böttiger*, Zustände, S. 214; vgl. auch *Bode*, Amalie II, S. 85.
[612] *Böttiger*, Zustände, S. 213.
[613] *Karl August Böttiger*, Literarische Zustände und Zeitgenossen. Begegnungen und Gespräche im klassischen Weimar, 1838 (unvollständig), K. Gerlach/R. Sternke (Hrsg.), Berlin ²1998, S. 217.
[614] *Wilpert*, Goethe, S. 1025.
[615] Zitiert aus: Pleticha, Weimar, S. 44 f.
[616] *Wilhelm Ludecus*, Aus Goethe's Leben, Wahrheit und Dichtung, Leipzig 1849, S. 65 f.
[617] *Viktor Hehn*, Über Goethes Gedichte, Eduard von der Hellen (Hrsg.), Stuttgart/Berlin 1911, S. 125, 127 f.
[618] Man nimmt an, dass die „Empfängerin" sie vernichtet habe und zwar aufgrund von drei Briefen Goethes, in denen es etwa heißt (8. Dezember 1786): „Die Kasten auf dem Archive gehören dein, liebst du mich noch ein wenig; so eröffne sie nicht eher als biß du Nachricht von meinem Todte hast, so lang ich lebe laß mir die Hoffnung sie in deiner Gegenwart zu eröffnen"; der Inhalt von zwei Kästen ist auf einem erhaltenen Foliobogen verzeichnet, danach enthielt Kasten I unter anderem „Briefe von ☉", wobei vor *Briefe* ein hakenförmiges Zeichen steht, vgl. den Kommentar zu Goethe, WA, IV., 7, S. 335. In Goethes Tagebüchern ist das Sonnensymbol (☉) offiziell das Zeichen für „Frau v. Stein". Von Vernichtung ist aber nicht die Rede, vielmehr von Rückgabe, daher zu Recht kritisch *Susanne Kord* (Hrsg.), in:

Stein, Dramen, S. VI und Fn. 35.

[619] In der Literatur wird sie fälschlicherweise als Charlotta von Stein bezeichnet, so etwa *Berger*, Anna Amalia, S. 678, ihre vollständiger Name lautet: Gottlob Sophie Christiane Johanna Friederike Charlotte, Freiin von Stein, vgl. nur *Huschke*, Gesellschaftsschicht, S. 78.

[620] Goethe- und Schiller-Archiv Weimar, Bestand: Luise v. Göchhausen, Signatur 54/274,2 Blatt 3b.

[621] Zitiert nach Doris Maurer, Charlotte von Stein, Frankfurt a. M. u. a. 1997, S. 77.

[622] Zitiert nach Bode, Stein, S. 154.

[623] Vgl. nur den Kommentar zu Goethe, WA, IV., 3, S. 276.

[624] *Henriette v. Egloffstein*, verheiratet v. Beaulieu-Marconnay, zitiert aus Bode, Amalie III, S. 73.

[625] *Willmar Hager*, Brieftauben, ihre Geschichte und ihre Leistungen, Berlin 1938, S. 10.

[626] *Willmar Hager*, Brieftauben, ihre Geschichte und ihre Leistungen, Berlin 1938, S. 13; vgl. etwa auch http://www.brieftaubenring.de/geschichte.htm.

[627] Zitiert nach Werner Möbes, Trainierte man zu Goethes Zeiten Brieftauben in Deutschland?, in: Zeitschrift für Brieftaubenkunde, Hannover 1943 (Nr. 18), S. 183.

[628] *Werner Möbes*, Trainierte man zu Goethes Zeiten Brieftauben in Deutschland?, in: Zeitschrift für Brieftaubenkunde, Hannover 1943 (Nr. 18), S. 183.

[629] *Werner Möbes*, Trainierte man zu Goethes Zeiten Brieftauben in Deutschland?, in: Zeitschrift für Brieftaubenkunde, Hannover 1943 (Nr. 18), S. 183.

[630] Vgl. *J. K. Höck*, Die Taubenpost, in: Morgenblatt für gebildete Stände, Stuttgart/Tübingen Nr. 267, S. 1066.

[631] Vgl. den Kommentar zu Goethe, WA, IV., 3, S. 311, IV., 5, S. 382, Briefnr. 1393 und öfters.

[632] Vgl. etwa den Brief vom 12. Dezember 1781.

[633] Brief vom 22. Juli 1782 an den Herzog Carl August, in: Merck, Briefe, S. 151 f.

[634] Zitiert nach Bode, Amalie II, S. 200.

[635] *Bornhak*, Anna Amalia, S. 187.

[636] Zitiert nach Bode, Amalie II, S. 215.

[637] Zitiert nach Bode, Amalie II, S. 217.

[638] *Michael Wenzel*, Adam Friedrich Oeser und Weimar, Heidelberg 1994, S. 51.

[639] Für eine Abbildung und Beschreibung siehe *Wilhelm Bode*, Charlotte von Stein, Berlin ⁵1920, S. 179.

[640] So *Wilhelm Bode*, Charlotte von Stein, Berlin ⁵1920, S. 191, S. 267.

[641] So *Julius Petersen in:* Goethe, Briefe an Stein, I, S. 593, Anmerkung Nr. 335.

[642] *Friedrich Kluge*, Etymologisches Wörterbuch der deutschen Sprache, Berlin/New York ²³1999, Stichwort: Omen, S. 601.

[643] Vgl. seine Büste aus dem Sommer 1780, abgebildet in Walter Geese, Gottlieb Martin Klauer – Der Bildhauer Goethes, Leipzig 1935, Abbildung Nr. 49 f.

[644] Vgl. eingehend den Kommentar in: Goethe, BA, Bd. XIX, Berlin, S. 777 ff., zitiert nach Esenwein/Gerlach (Hrsg.): Goethe CD-ROM.

[645] *Goethe*, WA, I., 47, S. 107.

[646] Zitiert nach Walter Geese, Gottlieb Martin Klauer – Der Bildhauer Goethes, Leipzig 1935, S. 27.

[647] Zitiert nach Bode, Amalie II, S. 214.

[648] Vgl. eingehend *Walter Geese*, Gottlieb Martin Klauer – Der Bildhauer Goethes, Leipzig 1935, S. 25 ff.

[649] Siehe für eine Auflistung *Walter Geese*, Gottlieb Martin Klauer – Der Bildhauer Goethes, Leipzig 1935, S. 218, S. 212 ff.

[650] *Voltaire*, Sämtliche Romane und Erzählungen, Frankfurt am main/Leipzig 2004, S. 213, S. 230.

[651] Vgl. *Hans Wahl*, Tiefurt, Leipzig 1929, S. 144.

[652] So der Gesamtkatalog-Auszug des Goethe-Nationalmuseum in Weimar, Nr. 20.663 und öfters: „Eventuell Geschenk d. Herzogin Anna Amalia an Goethe im August 1778. Diese besaß die Serie selbst."

[653] Siehe auch *Werner*, Anna Amalia, S. 137.

[654] So der Kommentar zu Goethe, BA, Bd. II, Berlin, S. 708, zitiert nach Esenwein/Gerlach (Hrsg.): Goethe CD-ROM.
[655] Vgl. für die Auflistung des Hofstaats Anna Amalias im Jahre 1777 *Werner*, Anna Amalia, S. 140 f.
[656] *Max Hecker*, Anna Amalia, Herzogin von Sachsen-Weimar und Eisenach, in: Deutsches Mädchenbuch 1892, S. 236.
[657] *Lyncker*, Amalien, S. 86.
[658] Abgedruckt in Wilhelm Bode (Hrsg.), Goethe in Vertraulichen Briefen seiner Zeitgenossen 1749–1793, Bd. I, Berlin 1999, S. 287.
[659] Vgl. etwa *Boyle*, Goethe I, S. 278.
[660] Sowie 1811 und 1813, vgl. *Robert Steiger*, Goethes Leben von Tag zu Tag.
[661] Vgl. nur *Conrady*, Goethe, S. 319.
[662] Zitiert nach H. Bräuning-Oktavio, in: Zeitler, Goethe, II, Stichwort: Lavater, S. 424.
[663] Vgl. *Wilpert*, Goethe, S. 2, S. 610 f.
[664] *J. K. Lavater*, Pontius Pilatus oder die Bibel im Kleinen und der Mensch im Großen, Bd. I, 1782, Nachdruck Zürich 2001, S. 3.
[665] *Goethe*, WA, IV., 8, S. 415.
[666] Zitiert nach Paul Kühn, Die Frauen um Goethe, eingeleitet und bearbeitet von G. Biermann, Salzburg 1949, S. 103.
[667] Abgedruckt in Goethe, FA Bd. II, S. 349.
[668] *Julius Petersen* in: Goethe, Briefe an Stein, I, S. 630, Anmerkung Nr. 726.
[669] Zitiert nach Steiger, Goethe, Bd. I, S. 540.
[670] Der Junge war Karl v. Lyncker, vgl. *ders.*, Amalien, S. 48.
[671] *Boyle*, Goethe I, S. 391.
[672] Vgl. für die Zeitangaben den Brief Anna Amalias an Merck vom 3. März 1783, abgedruckt in: Bode, Amalie II, S. 217 f.
[673] *Wilhelm Bode*, Karl August von Weimar, Jugendjahre, Berlin 1913, S. 222.
[674] *Willy Andreas*, Die Kavaliersreise Carl Augusts von Weimar nach Paris, in: Archiv für Kulturgeschichte 1952, S. 188.
[675] *Lyncker*, Amalien, S. 96 f.
[676] *Böttiger*, Zustände, S. 38.
[677] Abgedruckt in Biedermann, I, S. 326, Brief Nr. 646; zugleich abgedruckt in: Grumach II, S. 387; Transkription aus dem Görtzschen Archiv in Donzdorf von Gabriele von Trauchburg: „... *Madame de St[ein] qui joue toujours son rôle le mieux qu'elle peut, mangeant des pommes de terre presque tous les soirs dans sa maison avec G.[oethe] et la D[uche]sse. Le mari Stein, s'étant mis audessus de tout plus que jamais ...* "
[678] Brief vom 2. April 1776, zitiert nach Mentz, Papieren, S. 421: „... *l'auteur de nos peines".*
[679] Vgl. mit weiteren Angaben Goethes Briefe an Charlotte von Stein, Jonas Fränkel (Hrsg.), Berlin 1962, Bd. III, S. 128 f.
[680] Hierzu *Weiß*, Spionage, S. 49 f.
[681] „*Nous faison si bien notre devoir ma chere Lotte qu'a la fin on pourroit douter de notre amour."*
[682] Hier aus dem Französischen nach der Übersetzung in Goethe, FA Bd. II, S. 1059 f.
[683] Vgl. *Heinz Nicolai*, Nachwort zu Friedrich H. Jacobi, Woldemar, 1779, Nachdruck Stuttgart 1969, S. 6 f.
[684] Vgl. *Regine Otto/Christa Rudnik*, Karl Ludwig von Knebel – Goethes „alter Weimarischer Urfreund", in: J. Golz (Hrsg.), Das Goethe- und Schiller-Archiv 1896–1996, Weimar u. a. 1996, S. 299; für Anna Amalias Beteiligung vgl. etwa ihren Brief vom 1. Januar 1780 an Knebel, abgedruckt in Knebel, Nachlaß, S. 185; siehe auch *Werner*, Anna Amalia, S. 147, S. 161 f.; Brief *Jacobis* an Heinse vom 20.-24. Oktober 1780, abgedruckt in Wilhelm Bode (Hrsg.), Goethe in Vertraulichen Briefen seiner Zeitgenossen 1749–1793, Bd. I, Berlin 1999, S. 262.
[685] Vgl. *Wilpert*, Goethe, S. 528.
[686] Kommentar zu Goethe, WA, IV., 7, S. 313 f, Brief Nr. 2180.

[687] Vgl. auch *Steiger*, Goethe, Bd. II, S. 456.
[688] Goethe, Briefe an Stein, I, S. 541 f.
[689] *Speidel*, Psychogramm, S.157, S.179 Fn. 4.
[690] *Werner*, Anna Amalia, S. 202.
[691] Vgl. zur Geschichte *Wilhelm Bode*, Charlotte von Stein, Berlin ⁵1920, S. 232 ff.
[692] Brief an Charlotte Schiller, zitiert nach Werner, Anna Amalia, S. 263; vgl. auch *Alfons Nobel*, Charlotte von Stein, München 1985, S. 98.
[693] *Schwanke*, Namengebung, S. 368 f.
[694] *Johannes Urzidil*, Das Glück der Gegenwart, Goethes Amerikabild, Stuttgart 1958, S. 11.
[695] *Friedrich Schiller*, Werke, Bd. XXIII, W. Müller-Seidel (Hrsg.), Weimar 1956, S. 60.
[696] *Johannes Urzidil*, Das Glück der Gegenwart, Goethes Amerikabild, Stuttgart 1958, S. 12.
[697] Zitiert nach Woldemar F. v. Biedermann, Goethes Gespräche, Eine Sammlung zeitgenössischer Berichte aus seinem Umgang, III. Bd.: 1811–1818, Leipzig 1889, S. 185.
[698] *Schwanke*, Namengebung, S. 433.
[699] Vgl. zum Faktor Daniel die Ausführungen bei *Schwanke*, Namengebung, S. 467 ff.
[700] *Klaus Seehafer*, Johann Wolfgang Goethe. Mein Leben ein einzig Abenteuer, Berlin ²2002, S. 154; Allein der Verleger Johann Friedrich Lauth verfügte in Weimar und Weimarer Land über 360 Webstühle mit einer Produktion im Jahr im Wert von 58.000 Talern, siehe Christian Deuling, Bertuch und der Handel mit Nordamerika, in: *G. R. Kaiser*/S. Seifert, Friedrich Justin Bertuch (1747-1822), Verleger, Schriftsteller und Unternehmer im klassischen Weimar, S. 207.
[701] *Conrady*, Goethe, S. 368.
[702] *Hans-Hellmut Allers*, Goethe und Berlin, Berlin 1999, S. 52.
[703] Zitiert nach Flodoard F. v. Biedermann/Wolfgang Herwig (Hrsg.), Goethes Gespräche, Eine Sammlung zeitgenössischer Berichte aus seinem Umgang, Bd. I, 1749–1805, München 1998, S. 262, Brief Nr. 490.
[704] Kommentar in: Johann Wolfgang Goethe, Sämtliche Werke, Frankfurter Ausgabe, Abt. I, Bd. X, *Gerhard Neumann/Hans-Georg Dewitz* (Hrsg.), Wilhelm Meisters Wanderjahre, Frankfurt 1989, S. 1202; siehe auch *Walter Schleif*, Goethes Diener, Berlin/Weimar 1965, S. 242 f.
[705] *Johannes Urzidil*, Das Glück der Gegenwart, Goethes Amerikabild, Stuttgart 1958, S. 16.
[706] Christian Deuling, Bertuch und der Handel mit Nordamerika, in: *G. R. Kaiser*/S. Seifert, Friedrich Justin Bertuch (1747-1822), Verleger, Schriftsteller und Unternehmer im klassischen Weimar, S. 206 f.
[707] *Johannes Urzidil*, Das Glück der Gegenwart, Goethes Amerikabild, Stuttgart 1958, S. 47, S. 20; *Walter Steiner/Uta Kühn-Stillmark*, Friedrich Justin Bertuch, Ein Leben im klassischen Weimar zwischen Kultur und Kommerz, Köln u.a., 2001, S. 138 f.
[708] Vgl. mit weiteren Nachweise *Herwig*, Wanderjahre, S. 164, Fn. 1.
[709] *George Bancroft* (1800–1891), zitiert nach Johannes Urzidil, Das Glück der Gegenwart, Goethes Amerikabild, Stuttgart 1958, S. 27.
[710] Am 21. Juni 1827 schrieb Goethe: „Vor einigen Tagen erging ich mich in folgenden Zeilen: Amerika, du ...", Weimarer Ausgabe (1887-1919), IV., 42, S. 378.
[711] Gräflich Rechbergsches Familienarchiv Donzdorf, Abt. Goertz, Briefe der Gräfin Caroline von Görtz an ihren Ehemann, Übersetzung/Transkription Gabriele von Trauchburg: „*On pretend qu'il y a du refroidissement entre elle et le favori. Je ne puis m'imaginer que se sera de durée, et meme il n'y auroit rien à ésperer qu'une brouillerie entre Mere et fils ...*"
[712] *Alfons Nobel*, Charlotte von Stein, München 1985, S. 168.
[713] Vgl. *Damm*, Christiane, S. 126.
[714] *Klauß*, Charlotte, S. 174.
[715] *Boyle*, Goethe I, S. 625.
[716] Siehe im Vergleich mit Vergils Fassung *Susanne Kord* (Hrsg.), Einleitung zu Charlotte von Stein, Dramen (Gesamtausgabe), Hildesheim u. a. 1998, S. VIII f.
[717] Vgl. *Susanne Kord* (Hrsg.), Einleitung zu Charlotte von Stein, Dramen (Gesamtausgabe), Hildesheim u. a. 1998, S. VIII.
[718] *Charlotte v. Stein*, Dramen (Gesamtausgabe), Susanne Kord (Hrsg.), Hildesheim u. a. 1998, S. 508.

[719] Zitiert nach K. A. Varnhagen von Ense/Th. Mundt, K. L. von Knebel's Literarischer Nachlaß und Briefwechsel, Leipzig ²1840, S. 198.
[720] *Charlotte v. Stein*, Dramen (Gesamtausgabe), Susanne Kord (Hrsg.), Hildesheim u. a. 1998, S. 501, S. 511.
[721] Zitiert nach Biedermann, I, S. 492, Brief Nr. 1010.
[722] Zitiert nach Doris Maurer, Charlotte von Stein, Frankfurt a. M. u. a. 1997, S. 261.
[723] *C. v. Kalb*, Gedenkblätter von Charlotte v. Kalb, Emil Palleske (Hrsg.), Stuttgart 1879, S. 164; vgl. auch *Werner*, Anna Amalia, S. 204.
[724] *C. v. Kalb*, Gedenkblätter von Charlotte v. Kalb, Emil Palleske (Hrsg.), Stuttgart 1879, S. 164; siehe das Konzept eines Briefes von Goethe an Wieland vom 10. April 1776.
[725] Siehe *Boyle*, Goethe I, S. 642, S. 710.
[726] Egloffstein, Jugenderinnerungen, S. 353 (beide Zitate).
[727] Zitiert nach Kleßmann, Goethe, S. 45 f.
[728] Abgedruckt in Wilhelm Bode (Hrsg.), Goethe in Vertraulichen Briefen seiner Zeitgenossen 1794–1816, Bd. II, Berlin 1999, S. 550 ff.
[729] Hierzu etwa *Wilhelm Bode*, Charlotte von Stein, Berlin ⁵1920, S. 215 f., S. 360.
[730] *Bode*, Amalie I, S. 108.
[731] *Werner*, Anna Amalia, S. 16.
[732] *Boyle*, Goethe II, S. 119.
[733] *Wilhelm Bode*, Charlotte von Stein, Berlin ⁵1920, S. 260.
[734] *Huschke*, Gesellschaftsschicht, S. 72 mit weiteren Literaturangaben.
[735] *Wilhelm Bode*, Charlotte von Stein, Berlin ⁵1920, S. 449.
[736] *Felix Freiherr v. Stein-Kochberg*, In Kochberg, dem Reiche von Charlotte von Stein, Leipzig 1936, S. 50.
[737] *Wilhelm Bode*, Charlotte von Stein, Berlin ⁵1920, S. 560.
[738] Abgedruckt in Wilhelm Bode (Hrsg.), Goethe in Vertraulichen Briefen seiner Zeitgenossen 1794–1816, Bd. II, Berlin 1999, S. 355.
[739] Vgl. *Regine Ziller*, Goethes Beziehung zur Musik, Goethe Museum Düsseldorf 1992, Anmerkung[68], letzte Faltblattseite.
[740] Siehe *Karl Eberwein*, Goethes Hausmusik, in: Wilhelm Bode (Hrsg.), Stunden mit Goethe, Für die Freunde seiner Kunst und Weisheit, Bd. VII., Berlin 1911, S. 270 ff.; ders., in: Pleticha, Weimar, S. 303 f. und in: Kleßmann, Goethe, S. 89 ff., S. 111. Vgl. auch *Ulrike Müller-Harang*, Geselligkeit, in: K.-H. Hahn, Goethe in Weimar, Leipzig 1986, S. 246 f.
[741] Zitiert nach Heuschele, Anna Amalia, S. 290.
[742] „ ... *le paradis est pour les âmes tendres, et condamnés sont ceux qui n'aiment rien.*" Zitiert nach Biedermann, I 1998, S. 378, Brief Nr. 766.
[743] Goethe- und Schiller-Archiv Weimar, Bestand: Anna Amalia, Signatur 28/767, Blatt I.
[744] Goethe- und Schiller-Archiv Weimar, Bestand: Anna Amalia, Signatur 28/767, Blatt IX.
[745] Goethe- und Schiller-Archiv Weimar, Bestand: Anna Amalia, Signatur 28/767, Blatt XIII.
[746] Goethe- und Schiller-Archiv Weimar, Bestand: Anna Amalia, Signatur 28/767, Blatt VII.
[747] Vgl. nur *Olga G. Taxis-Bordogna*, Frauen von Weimar, München 1948, S. 209.
[748] Vgl. auch *Wilhelm Bode*, Charlotte von Stein, Berlin ⁵1920, S. 672.

Die Liebeslyrik: »Einer Einzigen angehören«

[749] *Horst Rüdiger*, Nachwort, Goethes Römische Elegien, Frankfurt am Main ⁴1993, S. 125.
[750] *Conrady*, Goethe, S. 496 f.
[751] Siehe etwa die Akten in: Thüringisches Hauptstaatsarchiv Weimar, HA AXVIII, Nr. 142a, Nr. 141 (Reinschrift); vgl. auch *Bode*, Amalie II, S. 54; *Bornhak*, Anna Amalia, S. 121.
[752] *Wilhelm Bode*, Charlotte von Stein, Berlin ⁵1920, S. 421.
[753] Brief von *Karl A. Böttiger* an Friedrich Schulz vom 27. Juli 1795, zitiert nach Goethe, Elegien, S. 86.
[754] Brief an Charlotte Schiller vom 7. November 1794, zitiert nach Goethe, Elegien, S. 85.
[755] Nach dem Bericht von Falk, abgedruckt in: Heinz Amelung, Goethe als Persönlichkeit,

Berichte und Briefe von Zeitgenossen, Bd. I: 1749–1797, Berlin 1925, S. 189 f.
[756] *Bornhak*, Anna Amalia, S. 163.
[757] *Christoph Martin Wieland*, Briefwechsel, Bd. 7.1, W. Hagen (Hrsg.), Berlin 1992, S. 113 f.
[758] Zitiert nach Bode, Amalie II, S. 200.
[759] Zitiert nach Goethe, Elegien, S. 86.
[760] So der Dichter *Domenico Gnoli*, Gli amori di Volfango Goethe, Livorno 1875, S. 205, Fn. 1.
[761] So aber *Dominik Jost*, in: Goethe, Elegien, S. 168 f.
[762] Siehe *Sandra Dreise-Beckmann*, Anna Amalia's musikalische Reise. Eine deutsche Fürstin in Italien 1788–1790, in: S. Düll/W. Pass, Frau und Musik im Zeitalter der Aufklärung, Sankt Augustin 1998, S. 164, S. 165 (Zitat), S. 167, S. 162, S. 157.
[763] Vgl. den Kommentar zu Goethe, WA, I., 53, S. 468 ff.
[764] *Nihil contra Deum, nisi Deus ipse*, vgl. *Riemer*, Goethe, S. 315; *Goethe*, FA Bd. VI, S. 183, S. 886.
[765] Sowie Napoleon, Paganini, Byron, Zar Peter der Große und Christus; siehe den Kommentar zu Goethe, Wahrheit, S. 1189.
[766] Es kommt nur Weißers Werkstatt in Betracht, denn nachdem Klauer 1801 gestorben war, führten zwei Söhne den Betrieb nur bis 1806 fort, vgl. *Walter Steiner/Uta Kühn-Stillmark*, Friedrich Justin Bertuch, Ein Leben im klassischen Weimar zwischen Kultur und Kommerz, Köln u.a., 2001, S. 68; siehe auch *Werner*, Anna Amalia, S. 321.
[767] Vgl. *Michael Hertl*, Gedenken in Totenmasken, Anmerkung[82], Goethe-Museum Düsseldorf 2000/2001, Faltblattseite 2; eine zweite Maske (1816) von Schadow basiert auf einem Abguss von Weißers Gesichtsmaske von 1807, siehe hierzu *Biedrzynski*, S. 473; *Wilpert*, Goethe, S.929; ansonsten modellierten Bildhauer Goethe nur nach dem Leben, vgl. *Walter Geese*, Gottlieb Martin Klauer – Der Bildhauer Goethes, Leipzig 1935, S. 53 ff.
[768] Vgl. auch *Steiger*, Goethe, Bd. V, S. 130 f.
[769] Vgl. die Ausführungen von Adolf Stahr (1805–1876), abgedruckt in: Kleßmann, Goethe, S. 207.
[770] Weißer war Tiecks Gehilfe bei umfangreichen Plastiken für das neue Schloss in Weimar gewesen und besorgte später den Verkauf seiner Abgüsse in Deutschland, sie waren in ständigem Kontakt, vgl. *Bernhard Maaz*, Friedrich Tieck, Briefwechsel mit Goethe, Berlin 1997, S. 112, Fn. 67, 69, S. 11, Fn. 51, S. 132, Fn. 543, S. 94, S. 87.
[771] Diese Büste wird nach hier vertretener Ansicht bisher zu Unrecht Weißer zugeschrieben. Die womöglich einzige Expertin von Weißers Werk schreibt sie auch Tieck zu, siehe *Gabriele Oswald*, Die Plastiksammlung der Herzogin Anna Amalia Bibliothek in Weimar, Diplomarbeit, Weimar 1995, S. 42, vgl. auch S. 37 ff.; siehe auch den Gesamtkatalog-Auszug des Goethe-Nationalmuseum in Weimar, Nr. 1.719, in dem Weißer „oder Tieck" als Künstler angegeben ist. Bekannt ist, dass teilweise Tiecks Modelle von Weißer nur ausgeführt wurden, siehe *Bernhard Maaz*, Friedrich Tieck, Briefwechsel mit Goethe, Berlin 1997, S. 129 f., Fn. 456, S. 132, Fn. 543.
[772] *Biedrzynski*, S. 473.
[773] Hierzu etwa *Angela Borchert*, Die Entstehung der Musenhofvorstellung aus den Angedenken an Anna Amalia von Sachsen-Weimar-Eisenach, in: J. Berger (Hrsg.), Der Musenhof Anna Amalias, Köln u. a. 2001, S. 165 ff.
[774] So *Ernst Beutler*, Vorwort zu Goethe, Divan, , S. X f.
[775] *Theodor Creizenach*, zitiert nach Gersdorff, Willemer, S. 59.
[776] Gespräch vom 3. Oktober 1815, zitiert nach Sulpiz Boisserée, Tagebücher 1808–1854, H.-J. Weitz (Hrsg.), Darmstadt 1978, S. 276.
[777] Herman Grimm, Goethe und Suleika. Zur Erinnerung an Marianne von Willemer, 1869, Nachdruck Berlin/u.a. 1999/2000, S. 5 ff.
[778] Für die Zeit zuvor vgl. *Weitz*, Suleika, S. XI; *Heinrich Düntzer*, Goethe und Marianne von Willemer, in: Illustrierte Deutsche Monatshefte 1870, S. 639.
[779] Zitiert nach Weitz, Willemer, S. 214.
[780] *Sulpiz Boisserée*, Tagebücher 1808–1854, H.-J. Weitz (Hrsg.), Darmstadt 1978, S. 271.
[781] Vgl. *Weitz*, Suleika, S. 319.

[782] *Weitz*, Suleika, S. IX.
[783] Zitiert nach Paul Kühn, Die Frauen um Goethe, eingeleitet und bearbeitet von G. Biermann, Salzburg 1949, S. 505.
[784] *Riemer*, Goethe, S. 47.
[785] Zitiert nach Gersdorff, Willemer, S. 220.
[786] *Riemer*, Goethe, S. 49.
[787] Zitiert nach Egloffstein, Briefe, S. 150.
[788] Vgl. *Weitz*, Willemer, S. 882; *Herman Grimm*, Goethe und Suleika. Zur Erinnerung an Marianne von Willemer, 1869, Nachdruck Berlin u.a. 1999/2000, S. 20 ff.
[789] *Weitz*, Willemer, S. 877 ff.
[790] *Grimm*, Marianne, S. 13.
[791] Brief vom 23. Februar 1832 an das Ehepaar v. Willemer.
[792] *Grimm*, Marianne, S. 15 f.; vgl. auch *Heinrich Düntzer*, Goethe und Marianne von Willemer, in: Illustrierte Deutsche Monatshefte 1870, S. 650; Kommentar zu Goethe, WA, I., 6, S. 425.
[793] Vgl. *Gersdorff*, Willemer, S. 65 f.; *Weitz*, Willemer, S. 551 f.
[794] Vgl. *Gersdorff*, Willemer, S. 10, S. 185 ff.; *Weitz*, Suleika, S. XXIII.
[795] Vgl. *Gersdorff*, Willemer, S. 174 ff
[796] *Grimm*, Marianne, S. 20.
[797] *Grimm*, Marianne, S. 12.
[798] *Friedenthal*, Goethe, S. 512.
[799] *Weitz*, Suleika, S. XXIII f.
[800] Vgl. *Ernst Beutler*, Erläuterungen zu Goethe, Divan, S. 580, S. 590.
[801] *Goethe*, WA, I., 41.1, S. 88.
[802] BUCH SULEIKA, 43. Gedicht, siehe Goethe, WA, I., 6, S. 429, S. 343 f.; vgl. aber *Weitz*, Willemer, S. 32 f. und S. 349.
[803] Ein neuerlicher Versuch, die Begegnung von Goethe und Marianne als Liebespaar darzustellen, lässt Anna Amalia (1749–1807) Anfang 1816 Goethes Vortrag aus dem DIVAN lauschen, *Gersdorff*, Willemer, S. 153, für weitere Unachtsamkeiten mit Jahreszahlen vgl. etwa S. 115, S. 134 f., S. 157, S. 253.
[804] *Gert Ueding*, Verborgen glühende Bedeutung, in: J. W. Goethe – Verweile doch, 111 Gedichte mit Interpretationen, M. Reich-Ranicki (Hrsg.), Frankfurt am Main u.a., ²1992, S. 355.
[805] Vgl. nur *Julius Petersen* (Hrsg.), Einleitung zu Goethe, Briefe an Stein, I, S. XLI.
[806] Zitiert nach Wilhelm Bode (Hrsg.), Goethe in Vertraulichen Briefen seiner Zeitgenossen 1794–1816, Bd. II, Berlin 1999, S. 645.
[807] Ähnlich *Friedrich Sengle*, Das Genie und sein Fürst, Die Geschichte der Lebensgemeinschaft Goethes mit dem Herzog Carl August, Stuttgart/Weimar 1993, S. 469.
[808] Vgl. ihre Erinnerungen, abgedruckt bei Jochen Klauss, „... keine Liebschaft war es nicht": eine Textsammlung. Johann Wolfgang v. Goethe/Ulrike von Levetzow, Zürich 1997, S. 16-18 (Zitat S. 17).
[809] *Karl Otto Conrady*, Goethe – Leben und Werk, München u.a. 1994, S. 547.
[810] Zitiert nach Jochen Klauss, „... keine Liebschaft war es nicht": eine Textsammlung. Johann Wolfgang v. Goethe/Ulrike von Levetzow, Zürich 1997, S. 34.
[811] Der Heiratsantrag kann daher nicht um Ende August datiert werden, so aber *Jochen Klauss*, „... keine Liebschaft war es nicht": eine Textsammlung. Johann Wolfgang v. Goethe/ Ulrike von Levetzow, Zürich 1997, S. 108, denn der Großherzog reiste am 9. August nach beendeter Kur nach Berlin ab, vgl. Goethes Brief an seine Schwiegertochter Ottilie vom 14. August 1823 sowie an Schultz vom 9. August 1823.
[812] Zitiert nach E. Kleßmann (Hrsg.), Goethe aus der Nähe, Berichte von Zeitgenossen, München/Zürich 1994, S. 250.
[813] *Sandra Dreise-Beckmann*, Anna Amalia und das Musikleben am Weimarer Hof, in: J. Berger (Hrsg.), Der Musenhof Anna Amalias, Köln u. a. 2001, S. 63.
[814] *Richard Friedenthal*, Goethe. Sein Leben und seine Zeit, 1963, München 1999, S. 547.
[815] Vgl. die Schilderung von *W. v. Humboldt*, abgedruckt in: E. Kleßmann (Hrsg.), Goethe aus der Nähe, Berichte von Zeitgenossen, München/Zürich 1994, S. 252 ff.

[816] Gespräch vom 1. Dezember 1831.
[817] Vgl. *Regine Ziller*, Goethes Beziehung zur Musik, Goethe Museum Düsseldorf 1992, Anmerkung[68], letzte Faltblattseite.
[818] Siehe *Karl Eberwein*, Goethes Hausmusik, in: Wilhelm Bode (Hrsg.), Stunden mit Goethe, Für die Freunde seiner Kunst und Weisheit, Bd. VII., Berlin 1911, S. 270 ff.; *ders.*, in: Das Klassische Weimar, H. Pleticha (Hrsg.), München 1983, S. 303 f. und in: E. Kleßmann (Hrsg.), Goethe aus der Nähe, Berichte von Zeitgenossen, München/Zürich 1994, S. 89 ff., S. 111. Vgl. auch *Ulrike Müller-Harang*, Geselligkeit, in: K.-H. Hahn, Goethe in Weimar, Leipzig 1986, S. 246 f.
[819] Zitiert nach den Kommentar zu J. W. Goethe, Weimarer Ausgabe (1887-1919), III., 9, S. 384.
[820] Zitiert nach Hermann F. v. Egloffstein (Hrsg.), Alt-Weimars Abend, Briefe und Aufzeichnungen aus dem Nachlasse der Gräfinnen Egloffstein, München 1923, S. 198 f.
[821] Zitiert nach Walter Geese, Gottlieb Martin Klauer – Der Bildhauer Goethes, Leipzig 1935, S. 130; vgl. auch *Joachim Berger*, Anna Amalia von Sachsen-Weimar-Eisenach (1739–1807) – Denk- und Handlungsräume einer ‚aufgeklärten' Herzogin, Jena 2002, S. 295, Fn. 274.
[822] Zitiert nach Woldemar F. v. Biedermann, Goethes Gespräche, Eine Sammlung zeitgenössischer Berichte aus seinem Umgang, Bd. X, Nachträge 1755–1832, Leipzig 1896, S. 196 f.

Epilog: »Alles um Liebe«

[823] *Riemer*, Goethe, S. 36.
[824] Zitate nach Beaulieu-Marconnay, Anna Amalia, S. 155 ff., S. 160; vgl. auch *Wilhelm Bode*, Karl August von Weimar, Jugendjahre, Berlin 1913, S. 338 ff.
[825] *Riemer*, Goethe, S. 174.
[826] *Wilpert*, Goethe, S. 1062, S. 526.
[827] Hierzu eingehend *Franco Zizzo*, Die Unikative: Vereinfachung als Motor für die Vereinheitlichung von Rechtsnormensystemen, Weimar 2003, S. 26 ff. und öfters.
[828] Brief an Knebel vom 3. Januar 1807.
[829] *Sengle*, Genie, S. 235.
[830] Zitiert nach Gonthier-Louis Fink, Goethe und Napoleon, in: Goethe Jahrbuch 1990, S. 83.
[831] *Friedenthal*, Goethe, S. 450.
[832] Zitiert nach Heuschele, Anna Amalia, S. 288.
[833] Zitiert nach Keil, Mitteilungen, S. 65.
[834] So *Ernst Beutler*, Vorwort zu Goethe, Divan, S. XII.
[835] *Böttiger*, Zustände, S. 92.
[836] Vgl. nur *Alfons Nobel*, Charlotte von Stein, München 1985, S. 222, S. 208.
[837] *Conrady*, Goethe, S. 467 und S. 807 f.
[838] *Böttiger*, Zustände, S. 221.
[839] Zitiert nach Egloffstein, Jugenderinnerungen, S. 82.
[840] Zitiert nach Kleßmann, Goethe, S. 77.
[841] Zitiert nach Friedenthal, Goethe, S. 438.
[842] Zitiert nach Damm, Christiane, S. 268, die ausführlich über den Vorgang berichtet, S. 267 ff.
[843] Vgl. *Conrady*, Goethe, S. 808.
[844] Goethe- und Schiller-Archiv Weimar, Bestand: Anna Amalia, Signatur 28/767, Blatt VI.
[845] Die Unterschrift des Künstlers ist auf einer im Gemälde dargestellten Homerzeichnung angebracht, daneben steht die Jahresangabe 1806; eine andere Datierung versucht, ohne das im Bild wiedergegebene Datum zu berücksichtigen *Antje Vanhoefen*, Zum Oßmannstädter Porträt der Herzogin Anna Amalia von Georg Melchior Kraus, in: Die Pforte 6/2002, S. 43.
[846] *Ernst Lieberkühn*, Die Herzogin Anna Amalia von Sachsen-Weimar und ihr Einfluß auf Deutschlands Literaturzustände, Eine Vorlesung, Weimar 1847, S. 463.
[847] Vgl. *Berger*, Anna Amalia, S. 106.
[848] Vgl. Egloffstein, Jugenderinnerungen, S. 352.

[849] So *Johann C. Gädicke* (Hrsg.), Freimaurer-Lexicon, Berlin 1818, Eintrag Handschuh.
[850] Vgl. etwa *Berger*, Anna Amalia, S. 105, Abb. 2: „Altersporträt Anna Amalias mit Witwenschleier"; für die strittige Datierung vgl. *E. Ghibellino/S. Weiß*, Erwiderung, S. 264 f.
[851] Anlässlich der Filmdokumentation „Glück ohne Ruh' – Goethe und die Liebe", Regie: Dirk Otto, MDR 2008, wurden Experten um ein Gutachten hinsichtlich der Frage gebeten, ob das Gemälde einen Witwen- oder einen Brautschleier darstellt, die Kunsthistorikerin Bärbel Kovalevski (Berlin) schreibt hierzu in zwei E-Mails an den Filmemachern: „In diesem Falle würde ich nicht zur Festlegung auf einen Witwenschleier raten, diesen Begriff fand ich in keiner Kostümkunde. ... Mit dem Witwenschleier möchte ich dieses Kopftuch nicht in Verbindung bringen."
[852] Vgl. die Einträge 5./7. Februar 1777.
[853] *Riemer*, Goethe, S. 365, S. 343.
[854] So ihre Hofdame *v. Göchhausen* in einem Brief an eine Freundin, zitiert nach Gabriele Henkel/Wulf Otte, Herzogin Anna Amalia – Braunschweig und Weimar, Braunschweig 1995, S. 107.
[855] *Riemer*, Goethe, S. 177.
[856] Man stochert im Nebel, vgl. nur *Wolfgang Frühwald*, Goethes Hochzeit, Leipzig u.a. 2007, S. 49, wonach Goethe vordatierte, um die Ehe als „staatserhaltende Institution" inmitten einer epochalen Krise anzuerkennen.
[857] Vgl. *Bode*, Amalie III, S. 166; *Frances Gerard*, A Grand Duchess, The life of Anna Amalia, Bd. II, London 1902, S. 559.
[858] *Frances Gerard*, A Grand Duchess, The life of Anna Amalia, Bd. II, London 1902, S. 549.
[859] Zitiert nach den Kommentar zu.Goethe, WA, IV., 35, S. 357.
[860] Zitiert nach Houben, Schopenhauer, S. 50.
[861] Zitiert nach Bode, Amalie III, S. 163.
[862] Vgl. auch *Bojanowski*, Louise, S. 296 ff.
[863] Vgl. *Friedenthal*, Goethe, S. 436.
[864] Vgl. *Friedenthal*, Goethe, S. 346.
[865] Vgl. zum ganzen *Friedenthal*, Goethe, S. 436 ff.; *Conrady*, Goethe, S. 809 f.
[866] *Böttiger*, Zustände, S. 283.
[867] *Adelheid v. Schorn* (Hrsg.), Zwei Menschenalter, Erinnerungen und Briefe, Berlin 1901, S. 12.
[868] *Boyle*, Goethe I, S. 118.
[869] *Biedrynski*, S. 354.
[870] Vgl. *Boyle*, Goethe II, S. 739.
[871] Vgl. E. Scheidemantel (Hrsg.), Erinnerungen von Charlotte Krackow, Weimar 1917, S. 6 f.
[872] *Huschke*, Gesellschaftsschicht, S. 80.
[873] *Boyle*, Goethe II, S. 739.
[874] Vgl. *Hellmuth F. v. Maltzahn*, Karl Ludwig von Knebel, Jena 1929, S. 171 ff.; *Klauß*, Charlotte, S. 267.
[875] So ihr Freund, der Dichter und Übersetzer *Johann Diederich Gries* in einem Brief an Heinrich Abeken vom 12. Juni 1829, zitiert nach Houben, Schopenhauer, S. 408.
[876] *Johanna Schopenhauer*, Im Wechsel der Zeiten, im Gedränge der Welt. Jugenderinnerungen, Tagebücher, Briefe, München 1986, S. 441.
[877] Vgl. den Bericht der Tochter *Adelheid v. Schorn* (Hrsg.), Zwei Menschenalter, Erinnerungen und Briefe, Berlin 1901, S. 11 f. (Zitat).
[878] Brief an Carl v. Holtei vom 26. September 1828, zitiert nach Frauen der Goethezeit in ihren Briefen, G. Jäckel (Hrsg.), Berlin ²1969, S. 392.
[879] Für eine Abbildung siehe Gerhard Femmel (Hrsg.), Corpus der Goethezeichnungen, Bd. IVa, Leipzig 1966, Nr. 77.
[880] J. W. Goethe, Reise-, Zerstreuungs- und Trost-Büchlein vom September 1806 biss dahin 1807 Ihro Der Prinzess Caroline von Weimar Durchl. unterthänigst gewiedmet von Goethe, Hans Wahl (Hrsg.), Leipzig 1927.
[881] *Lieselotte Blumenthal*, Goethes Bühnenbearbeitung des Tasso, in: E. Grumach (Hrsg.), Beiträge zur Goetheforschung, Berlin 1959, S. 184.

[882] Zitiert nach Werner Deetjen, Auf Höhen Ettersburgs, 1924, hier Nachdruck Weimar 1993, S. 14.
[883] Egloffstein, Briefe, S. 14.
[884] *Goethe*, WA, I., 36, S. 449.
[885] Zitiert nach Houben, Schopenhauer, S. 93 f.
[886] Brief an Knebel vom 13. September 1789, zitiert nach Heuschele, Anna Amalia, S. 223.
[887] *J. Schopenhauer*, zitiert nach Houben, Schopenhauer, S. 92.
[888] *Anna Amalia*, Goethe-Museum Frankfurt (Hrsg.), Goethe-Kalender auf das Jahr 1932, Leipzig 1931, S. 101 ff.

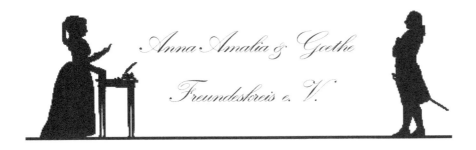

Anna Amalia & Goethe Freundeskreis e. V.

*Zur rechten Zeit vertreibt der Sonne Lauf
Die finstre Nacht, und sie muss sich erhellen.*
Goethe, Mignon (1796)

Der Freundeskreises, um die 250 Mitgliedern aus acht Nationen, will die geheime lebenslange Liebe zwischen der Herzogin Anna Amalia und Goethe weiter erforschen. Der Freundeskreis pflegt den Gedankenaustausch zu Leben und Werk Anna Amalias und Goethes, er fördert die Vermittlung, Vertiefung und Erweiterung der bisherigen Erkenntnisse um die geheime Liebesgeschichte.
Der Freundeskreis ist eine literarische Gesellschaft in dem Mäzenatentum, Studium, aber auch der gesellige Austausch beheimatet ist.

Der Freundeskreis ist ein gemeinnütziger Verein.
Mitgliedsbeiträge/Jahr: EUR 12,00
15,00 (mit Partner) · 8,00 (ermäßigt)

Tel.: 03643 7737 612 | Fax: 03643 7737 572
post@AnnaAmalia-Goethe.de | www.AnnaAmalia-Goethe.de

Ilse Nagelschmidt (Hrsg.),
Alles um Liebe
Anna Amalia und Goethe
1. Interdisziplinäres Symposium
Tagungsband Weimar 2008,
284 S., Br., 24,90 Euro
ISBN 978-3-936177-10-7

I. Nagelschmidt/S. Weiß/
J. Trilse-Finkelstein (Hrsg.),
**Goethes erstes
Weimarer Jahrzehnt**
Anna Amalia und Goethe
2. Interdisziplinäres Symposium
Tagungsband Weimar 2010,
464 S., Br., 24,90 Euro
ISBN 978-3-936177-15-2

Wilhelm Solms
**Das Bild der Geliebten in
Goethes Versen an Lida**
Vortrag, Weimar 2012
44 S., Br., 5,00 Euro
ISBN 978-3-936177-63-3

ANNA AMALIA

Ölgemälde von Georg M. Kraus, 1774
Abb. 1

ANNA AMALIA ALS KOMPONISTIN

Ölgemälde von Johann E. Heinsius, 1780
Wiederholung eines 1775/76 entstandenen Porträts
Abb. 2

DER VERLIEBTE GOETHE

Ölgemälde von Georg M. Kraus, 1775/76
Ausgeführt im Auftrag Anna Amalias
Abb. 3

GOETHE

Ölgemälde von unbekannter Hand,
Kopie nach Georg O. May, 1779
Abb. 4

Anna Amalia

Ölgemälde von Johann E. Heinsius, um 1779
Abb. 5

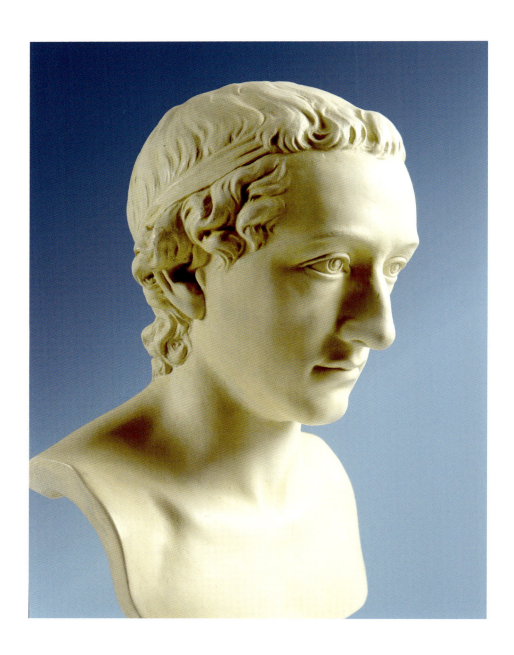

GOETHE

Martin G. Klauer, 1780
Aus Anna Amalias Waldschloss Ettersburg
Abb. 6

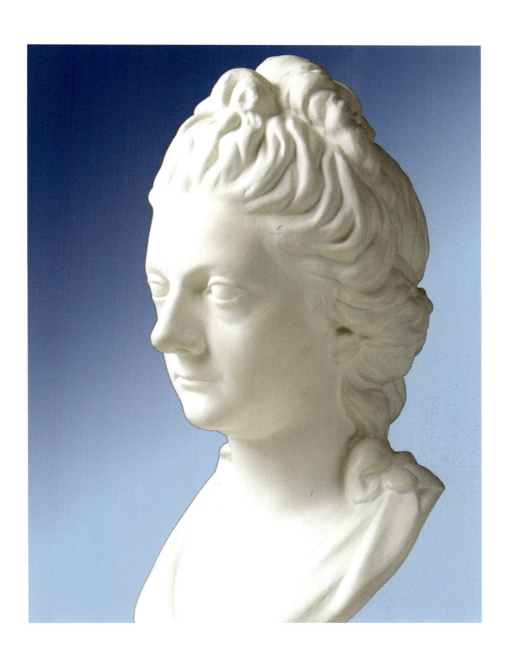

ANNA AMALIA

Martin G. Klauer, um 1780
Aus Goethes Gartenhaus an der Ilm
Abb. 7

ANNA AMALIA IM ANTIKEN GEWAND

Martin G. Klauer, 1780
Abb. 8

GOETHE IM ANTIKEN GEWAND

Martin G. Klauer, 1778/79
Abb. 9

GARTEN DES WITTUMSPALAIS MIT CHINESISCHEM PAVILLON
Aquarell von Anna Amalia, um 1790
Abb. 10

SÄNFTE IM WITTUMSPALAIS, UM 1770
Abb. 11

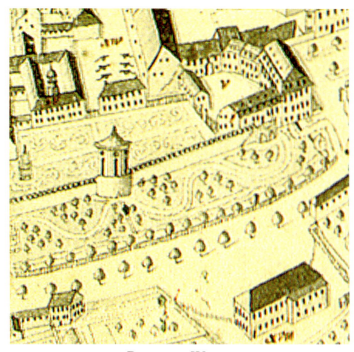

PLAN VON WEIMAR
Angefertigt von Johann F. Lossius, 1785
Ausschnitt: Rechts oben Wittumspalais mit Gärten und chinesischem
Pavillon, rechts unten, am heutigen Theaterplatz, das Komödienhaus
Abb. 12

ANNA AMALIAS GONDEL
Abb. 13

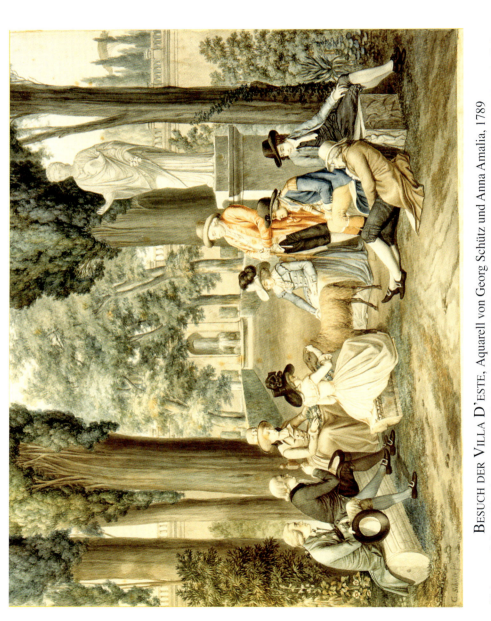

Besuch der Villa d'Este, Aquarell von Georg Schütz und Anna Amalia, 1789

V. l. n. r.: Schütz, Herder, Anna Amalia, Göchhausen, Kaufmann, Reiffenstein, Einsiedel, Zucchi, Verschaffelt.

Abb. 14

Felsenformation, die die Buchstaben AA bildet
Zeichnung von Goethe, um 1787
Abb. 15

GOETHE IN DER CAMPAGNA DI ROMA

Ölgemälde von Johann H.W. Tischbein, 1786/87
Abb. 16

Anna Amalia in Pompeji am Grabmal der Priesterin Mammia

Ölgemälde von Johann H.W. Tischbein, 1789
Abb. 17

ANNA AMALIA IN ROM

Ölgemälde von Josef Rolletschek, 1928
Kopie des verschollenen Ölgemäldes von Angelica Kauffmann, 1788/89
Abb. 18

Goethe in Rom

Ölgemälde von Angelica Kauffmann, 1787/88
Abb. 19

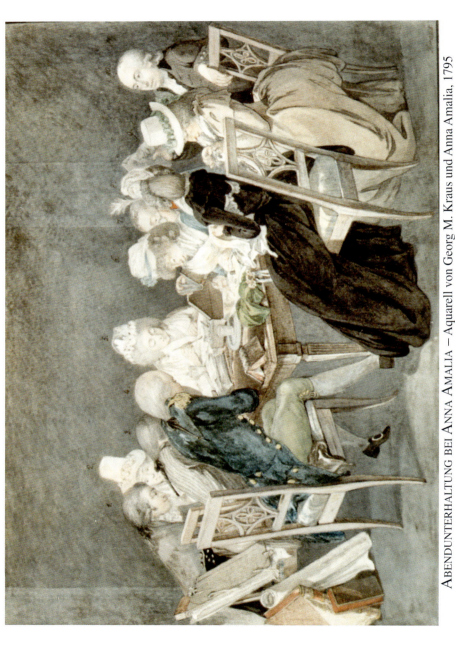

ABENDUNTERHALTUNG BEI ANNA AMALIA – Aquarell von Georg M. Kraus und Anna Amalia, 1795
V. l. n. r.: Meyer, Wolfskeel, Goethe, Einsiedel, Anna Amalia, Elise Gore, Charles Gore, Emilie Gore, Göchhausen, Herder
Abb. 20

ANNA AMALIA IM MASKENKOSTÜM

Ölgemälde von Johann E. Heinsius, um 1785
Abb. 22

IGELER SÄULE

Federzeichnung von Goethe, 1792
Abb. 21

Abb. 23: Briefauszüge

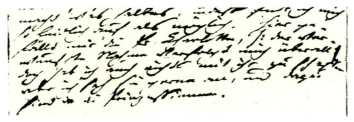

Hier gefällt mir die Pr[inzess] Charlotte, |: der verwünschte Nahme verfolgt mich überall :| doch habe ich auch nichts mit ihr zu schaffen aber ich seh sie gerne an, und dazu sind ia die Prinzessinnen.
Goethe an »Charlotte v. Stein«, 1. Januar 1780

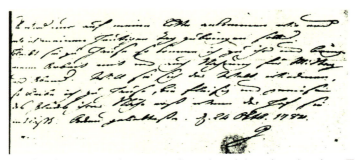

Es wird nur auf meine Lotte ankommen wie und wo ich meinen heutigen Tag zubringen soll. Bleibt sie zu Hause so komme ich zu ihr und bringe meine Arbeit mit und auch Nahrung für Mittag und Abend. Will sie sich der Welt wiedmen, so bleibe ich zu hause, bin fleisig und geniese des Glücks ihrer Nähe erst wenn der Hof sie entlässt. Adieu geliebteste. d. 24. Oktober 1784.
Frau v. Stein befand sich an diesem Tag, Anna Amalias Geburtstag, nicht in Weimar.

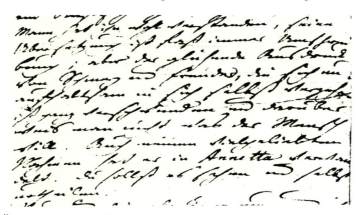

… seine Übersetzung [des Werther ins Italienische] ist fast immer Umschreibung; aber der glühende Ausdruck von Schmerz und Freude, die sich unaufhaltsam in sich selbst verzehren, ist ganz verschwunden und darüber weis man nicht was der Mensch will. Auch meinen vielgeliebten Nahmen [Charlotte] hat er in Annetta verwandelt. Du sollst es sehen und selbst urtheilen.
Goethe an »Frau v. Stein«, 12. Dezember 1781. Frau v. Stein beherrschte kein Italienisch.

CHARLOTTE V. STEIN

Zeichnung von unbekannter Hand nach einem
Selbstbildnis von 1787
Abb. 24

CHARLOTTE V. STEIN

Bildnismedaillon von unbekannter Hand,
um 1785
Abb. 25

GOETHE ALS ENTSAGENDER

Aquarell von Johann H. Meyer, 1795
Abb. 26

Anna Amalia als Entsagende

Ölgemälde von Johann F.A. Tischbein, 1795
Abb. 27

AQUÄDUKT, GEBILDET AUS DEN BUCHSTABEN AMALIE

Aquarell von Goethe, 1806
Abb. 28

SEE IN GEBIRGIGER LANDSCHAFT, VOR DEM EIN A STEHT

Aquarell von Goethe, 1806
Abb. 29

VIGNETTE, DIE EIN A DARSTELLT

Entwurfszeichnung von Goethe, um 1807/10
Abb. 30

VIGNETTE MIT GROTTE

Zeichnung von Goethe, um 1807/10
Abb. 31

ANNA AMALIA ALS BRAUT

Ölgemälde von Ferdinand Jagemann, 1806
Abb. 32

GOETHE

Ölgemälde von Ferdinand Jagemann, 1806
Abb. 33

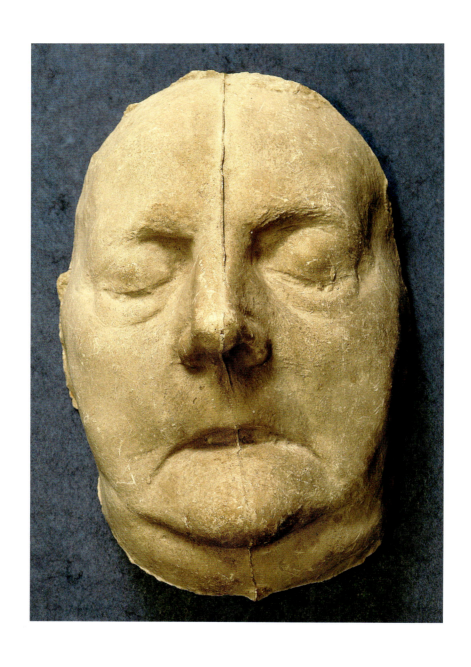

TOTENMASKE VON ANNA AMALIA

Abgenommen 1807 von Carl G. Weißer
Abb. 34

Einzige Maske von Goethe

Abgenommen 1807 von Carl G. Weißer in zwei Sitzungen, an Goethes erstem Hochzeitstag und an Anna Amalias erstem Geburtstag nach ihrem Tod.
Abb. 35

ANNA AMALIA
Christian F. Tieck, um 1807/08
Abb. 37

GOETHE
Christian F. Tieck, 1807/08
Abb. 36

ANNA AMALIA
Carl G. Weißer, 1808
Abb. 39

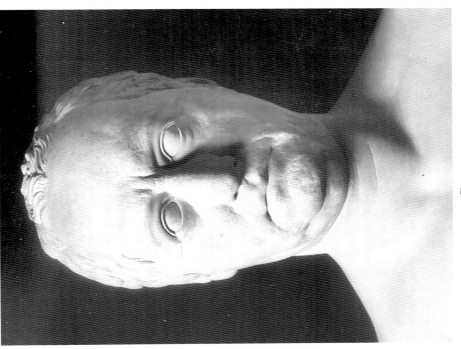

GOETHE
Carl G. Weißer, 1808
Abb. 38

GOETHE

Ölgemälde von Ferdinand Jagemann, 1818
Abb. 40